中山大学历史学系学科建设经费专项出版资助

再造金山

华人移民与澳新殖民地生态变迁

费 晟——著

Modern Chinese Migration and the Social-Ecological Transformation in Australia and New Zealand

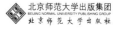

北京师范大学出版集团
BEIJING NORMAL UNIVERSITY PUBLISHING GROUP
北京师范大学出版社

目　录 / Contents

第 03 章

跨越赤道的相遇　　/ 87

第 04 章

"黄金国"来了"天朝客"　　/ 129

第 08 章

资本的力量 / 341

第 09 章

终 章 / 405

图 录

表　录

自　序

　　如果不考虑孙中山先生的诞生，1866 年算是中国近代史上一个比较平淡的年份。这一年，因涉嫌与太平天国暗通款曲而避居香港的王韬采访了一位广东归侨。后者刚从一座远方的"大岛"回国。作为晚清中国知识分子中"睁眼看世界"的一位代表性人物，王韬始终心系国族命运，尤其是通过各种渠道搜集海外"八卦"，被后世誉为中国记者之父。[1] 那么这位不具名姓的华侨对王韬说了什么呢？王韬记录的内容如下：

　　东南洋海中有大岛曰澳大利亚，即粤人所呼为"新金山"也。现属英国，始载于《职方外纪》，谓之为天下第五大洲。土地广大，为东南洋诸岛之冠。数百年前为人迹所不到，野番兽处，亘古昏蒙。

　　明时西班牙王遣使臣墨瓦兰环海探地，既得亚墨利加两土，奢心不已，展转西寻，忽见大地，以为搜奇天外，别一乾坤，不知地球圜转，已至亚西亚之东南洋矣。其地荒秽无人迹，入夜磷火乱飞，以是西班牙人虽得之，未尝经营之也。后荷兰人东来，即于海滨建设埠头，名之曰澳大利亚，又称新荷兰。旋为法兰西所夺，寻以穷荒弃之。于是始为英人属土，因其土地之广，坚意垦辟，流徙罪人于此，为屯田计。贫民无业愿往者，即载之来。他国之民，愿受一廛者，亦听之。久之，遂成都会。

其地在亚西亚洲东南纬线自赤道南十度起至三十九度止。经线自京师偏西三度起至三十八度止。长五千七百里，广八千里，四周二万六千里，其幅员之广大可知。[2]

就今天我们能掌握的文献遗存看，这一记录很可能是中国人第一次比较准确翔实地直接了解澳大利亚的历史与环境。当然这个第一次的到来也不纯属意外：在当时的香港，正有成千上万同胞接踵出洋，散布到海水可及的各个陆块，包括在全世界大众认知中都还很陌生的澳大利亚与新西兰。这段记载清楚地确认，澳大利亚是一片吸纳国际移民的热土，而其社会与生态都因此产生了根本性的变化：曾经是"人迹所不到，野番兽处，亘古昏蒙"，"荒秽无人迹"，而今则"遂成都会"。"新金山"特指澳大利亚，更准确地说，就是墨尔本，一座与美国加利福尼亚州圣弗朗西斯科亦即"旧金山"相对应的城市。"金山"这种毫不矫情的别号，反映了当时华人移民清楚地认识到，生活要摆脱眼前的苟且，还得靠钱和远方，包括前往陌生的南太平洋世界。

作为英国的定居型殖民地（settler society），澳大利亚与新西兰的近代史就是一部国际移民史。尽管与同类型的美国和加拿大相比，这里相对缺少扣人心弦的政治、经济与文化大事，不过若从一种环境史或生态演变的角度看，澳大利亚与新西兰或许别有魅力。众所周知，无论是澳大利亚还是新西兰，今天都以风景优美、资源充裕闻名。而读完这本书后，你可能会意识到这只是一种刻板印象，哪怕确实不能说这纯粹是当地人或国际游客的吹捧。真正有趣的问题不在于这里美不美，而在于一个 150 年前的中国人都知道的所谓荒蛮不毛之地，如何变成了今天的模样。这里显然不仅仅涉及人类社会内部历史的变化，还牵涉到移民对原生态的改造，这恰恰是环境史学家最大的旨趣。因为"环境史是一门历史，通过研究作为自然一部分的人类如何随着时间的变迁，在与自然其余部分互动的过程中生活、劳作与思考，从而推进对人类的理解"[3]。

为此，我需要跳出传统史学叙事中只考虑人类自身的思维模式，时刻提醒自己，人类是大自然的诸多要素之一，参与人类历史进程的不仅仅只有人类自己。我这样说并不是要暗示我们本质上都是禽兽，因为我同样意识到，人类也是自然界一种极特殊的生物，绝不只是多了衣冠而已。我们是所有生物中主观能动性最强、自主流动范围最广、影响大自然能耐最大的一种。考虑到没有哪种生物能像我们这样把欢爱或仇恨带到世界各个角落，上述认识就显得尤为重要。从非洲一隅逐渐散布到从极地到热带的地表，人类亘古未绝的移民活动推动了自身的历史发展，也改造了这颗行星上的大部分陆地景观，形成了各具特色的生态聚落。

所以，人群的迁徙从本质上看是一种生物群落的流动，他们必须应对新环境的挑战，同时为了生存也需要适应并改造新环境。澳大利亚与新西兰这种长期对外隔绝的孤岛性质的地理环境，无疑为分析上述问题提供了一种实验室条件。如唐纳德·沃斯特（Donald Worster）在环境史的奠基之作《尘暴》（*Dust Bowl: The Southern Plains in the 1930s*）中所展示的那样，环境变化会直接刺激移民活动，至少加强了社会因素对人口的推出作用。[4] 又如贾雷德·戴蒙德（Jared Diamond）在《枪炮、病菌与钢铁》（*Guns, Germs, and Steel: The Fates of Human Societies*）中所强调的那样，基因差别并不大的人群，因为分居不同的自然环境，完全有可能构建出迥异的文化。[5] 更重要的是，如艾尔弗雷德·W. 克罗斯比（Alfred W. Crosby）在《哥伦布大交换》（*The Columbian Exchange: Biological and Cultural Consequences of 1492*）中所揭示的那样，人群的交流还有意或无意地推动了更复杂的物种交换，进而导致全球范围内不同文明的扩张或凋亡。[6]

作为具有悠远历史与文化传承的人群，华人从来都是这类变化的积极参与者。一个最直接的证据就是今天地球上几乎每个角落都能见到华人。自哥伦布大航海以降，欧亚大陆与各个所谓"新大陆"建立起联系，国际移民高潮迭起，华人也开始加速移居海外。特别是在19世纪中叶后，华人向海外移民的活动达到空前的广度和密度，环太平洋及印度洋沿岸都出现了蔚为大观的华人社会。就本书所关注的澳大利亚与新西兰的历史来看，华人移民的影响力都不仅局限于经济、社会和文化领域，更包括这里的大自然。华人移民是如何面对并融入这里的环境呢？不仅如此，在与欧洲移民持续混居的过程中，在移民社会与生态整体的变动中，华人移民又遭遇了怎样的机遇与挑战呢？

　　本书试图探讨的主要议题就是近代中国如何与澳大利亚及新西兰等南太平洋地区建立了生态上的联系，尤其是19世纪下半叶华人移民如何卷入了澳大利亚与新西兰殖民地的开发与建设，改变了这里的原生态，推动了一种融入全球市场的复合型农牧矿移民新生态的崛起。[7] 我试图说明，华人移民进入澳大利亚及新西兰，标志着近代中国与南太平洋地区的生态联系进入了一个新阶段，而华人强大的环境适应力与改造力让欧洲移民社会产生过一种生态焦虑，最终诉诸排华种族主义舆论与制度。这不仅反映出19世纪后半叶太平洋区域加速一体化的复杂后果，更提醒我们应该重新审视华人移民在全球范围内，尤其是在所谓新大陆移民国家推动生态与社会变化时所具有的能动性。

　　关于这本小书的内容，我还要特别强调的是，虽然我以华人移民为研究的对象，但读者们请勿期待这是一本严格意义的华人华侨史作品。本书基本上不关心澳大利亚与新西兰华人移民社会内部的组织、生活与文化，不讨论华人移民的认同，也没有关注华人移民对侨乡或母国历史的直接影响。我主要是把澳大利亚与新西兰华人移民的历史作为当地历史的一部分来加以分析。我更关心作为一种生物群落的华人群体如何与周围环境及欧洲移民群体互动，尤其是欧洲移民及其后裔如何看待华人移民及其生态。在"宏大叙事"带有贬义色彩的今日学界，本书依然试图从一种生态体系整体演化的角度来思考华人移民对外部世界的影响，促进中国人对包括澳大利亚与新西兰在内的海外世界的兴趣（在这一点上我高度认同王韬），尤其是澳大利亚这样一个从20世纪70年代开始就不断反省种族主义、强调多元文化的社会，何以在冷战结束后的时代依然不时有人（虽不是主流）对华人移民感到焦虑和排斥，特别是当发生包括传染病在内的社会公共危机之时。

尽管这本书的大部分素材来自十年前我撰写博士论文时未能使用的材料，但它们并不是边角料，而是凝聚了许多同行的慷慨贡献。在本书构思、材料搜集与写作过程中，许多人通过邮件、聚会及研讨会给予我莫大帮助。2010—2011年我在澳大利亚国立大学人文学院的博士研习经历至为重要：澳大利亚国家图书馆东亚部主任欧阳迪频女士给我提供了许多材料及复印上的便利，莉比·罗宾（Libby Robin）教授、约翰·达加维尔（John Dargavel）教授、史林（Graeme Smith）研究员以及李塔娜教授在研究思路和田野考察的方法上给我许多启发。在我前往维多利亚州考察淘金热遗迹并搜集地方档案时，拉筹伯大学的大卫·哈里斯（David Harris）博士、查尔斯·费伊（Charles Fahey）教授，巴拉瑞特大学的凯尔·里夫斯（Keir Reeves）教授，昆士兰大学的黎志刚教授、郭美芬博士都不仅提出了各自的灼见，还曾拨冗为我提供了交通、住宿或引导。这里要特别感谢澳大利亚国立大学的巴里·麦高文（Barry McGowan）博士，他于2019年仙逝，但在此前十年中他曾毫无保留地持续跟我分享他的研究心得与材料。

2012年以来，新西兰惠灵顿维多利亚大学的毕以迪（James Beattie）教授成为我重要的学术伙伴，他无私分享了自己关于新西兰相关问题的思考和研究，不仅让我注意到在本书中应该适当纳入新西兰的案例，也使我也有机会在奥克兰（Auckland）、汉密尔顿（Hamilton）、达尼丁（Dunedin）及箭镇（Arrow Town）旅行和访问。这让我相信地球上真的存在现代化与环境保护并行不悖的"世外桃源"。此外，德国慕尼黑大学蕾切尔·卡森环境与社会中心（Rachel Carson Center for Environment and Society）的克里斯托弗·毛赫（Christof Mauch）教授为我提供了相当优厚的访学资助，让我能在阿尔卑斯山脚下写作和思考，并与来自世界各地的顶级学者交流，其中包括美国环境史学的奠基人之一唐纳德·沃斯特教授及美国历史学会主席、乔治敦大学的约翰·麦克尼尔（John McNeill）教授，他们给了我很多启发，但也让我更加犹豫是否有资格和能力完成这本书。2015 年我在夏威夷大学与太平洋岛国瓦努阿图分别做了一个月的访学和调研，其中与凯科·马特森（Keiko Matteson）教授与泰伦斯·史密斯-泰勒（Terence Smith-Taylor）教授的交流让我对南太平洋的华人生态多样性有了更充分的认识，马特森教授有印第安原住民血统，其特有的视角提醒我注意在外来强势移民群体的生态高压下，少数族裔可以依然保持活力。对此有直接提醒的，还有两位印度裔学者，他们是加利福尼亚大学圣克鲁兹分校的拉维·拉詹（Ravi Rajan）教授和京都大学的洛汗·苏沙（Rohan Dsouza）教授，他们帮助我明确了英帝国环境史研究中如"资源边疆"（resource frontier）这类形象又贴切的概念。2018 年夏天我在美国斯坦福大学访问期间，东亚研究所的张少书（Gordon Chang）教授为我提供了加利福尼亚华人史研究的有益对比经验。2019 年 1 月我应邀在圣彼得堡的俄罗斯高等经济研究大学举办全球史系列讲座课，尤利娅·拉尤斯（Julia Lajus）教授及她来自世界各地的研究生的提问让我注意到移民与历史上海洋自然资源开发的重要问题，促使本书增添了新的章节。

当然，来自国内学界的各种建议和支持同样值得我感恩。未名湖畔求学时的导师包茂红教授无疑是引导我真正进入环境史专业研究领域的关键，另一位导师牛可教授则始终支持我的研究旨趣并提供了让我终身受益的严格学术训练，开拓了我的阅读面，锻炼了我的问题意识。清华大学的梅雪芹教授、北京大学的高岱教授，以及中国人民大学以侯深教授为代表的一群青年学者，都对我的研究和思考提供了言辞难表的种种激励。我也要感谢中国社会科学院中国历史研究院世界历史研究所的徐再荣研究员、俞金尧研究员、张旭鹏研究员和近代史研究所的吴敏超研究员，《历史研究》杂志社的焦兵副研究员，中国社会科学院大学的王华教授，南开大学的付成双教授、丁见民教授，复旦大学的韩昭庆教授，广东省社会科学院的李庆新研究员，他们都对我的阶段性成果提供了修改建议及发表机会。我要特别感谢《广东华侨史》编委会的学术委员们，还有以袁丁教授、刘志伟教授、喻常森教授、程美宝教授与谢湜教授为代表的中山大学同人，为我搜集材料与学术交流提供了丰富的物质与精神支持。此外，本书的编辑宋旭景、岳蕾两位女士以令我感动的耐心细致修订书稿中存在的结构与文字疏漏，并协助我精炼了内容，我要表达万分敬意。最后但或许也最重要的是，我要感谢我的妻子及亲人，他们为我分担了绝大部分的家庭劳务，使我真正理解了为什么我一定要在这里向他们诚挚致谢，就像很多学者那样，不管在前文如何光鲜亮丽地吹嘘，最终都要在这里满怀愧疚地停笔。

费 晟

2020 年 6 月

于中山大学康乐园

注释

1. 林语堂：《中国新闻舆论史》，82 页，上海，上海人民出版社，2008。

2. 阙名：《新金山记》，见（清）王锡祺辑：《小方壶斋舆地丛钞》第十帙，卷十三，508a 页，杭州，杭州古籍书店，1985。

3. [美] J. 唐纳德·休斯著，梅雪芹译：《什么是环境史》，2 页，北京，北京大学出版社，2008。

4. [美] 唐纳德·沃斯特著，侯文蕙译：《尘暴：1930 年代美国南部大平原》，北京，生活·读书·新知三联书店，2003。

5. [美] 贾雷德·戴蒙德著，谢延光译：《枪炮、病菌与钢铁——人类社会的命运》（修订版），上海，上海译文出版社，2016。

6. [美] 艾尔弗雷德·W. 克罗斯比著，郑明萱译：《哥伦布大交换：1492 年以后的生物影响和文化冲击》，北京，中信出版社，2018。

7. 原住民生态是指欧洲殖民者抵达之前，原住民与周围环境已经形成的稳定互动方式与形态。在本文中，原住民生态与原生态基本上是同义词，后文中的表述会根据具体语境决定。

第01章

/ 序 章

1788 年初，英国的第一舰队（The First Fleet）押运着流放犯抵达了悉尼植物湾（Botany Bay），建立起新南威尔士殖民地。从此时起至 1901 年澳大利亚联邦独立，这一时间段被称为澳大利亚的殖民地时代。"这个新殖民地是海上探险、贸易和刑罚学的产物。…… 依靠罪犯创建一个殖民地，是一个更富有胆略的作为。"[1] 作为西方列强在南太平洋建立的第一个拓殖点，澳大利亚殖民地的建立不仅意味着近代西方殖民扩张的进一步推进，也意味着全球人口获得了新的迁徙目的地。对北半球的访客而言，这的确是全新的地理空间，不仅是因为它超越传统的地理认知范围，而且其自然环境与生物体系也令人耳目一新。

不过因犯流放制度在 19 世纪 30 年代后期开始不断瓦解，取而代之的是自由移民，尤其是受政府资助的移民。因为此时澳大利亚出现了牧羊业大扩张，而新西兰也正式被确立为英国自耕农的海外新家园，这创造了新的就业机会。紧接着，以 1851 年爆发的淘金热为契机，澳大利亚与新西兰迎来了空前的国际移民高潮，成为全球首屈一指的自然资源开发热土，这也奠定了这两个国家当代移民社会及生态的基础。正是在淘金热中，珠三角地区的华人通过"赊单船票制"进入澳大利亚大陆，1866年后又扩散到新西兰，及至1901年、1907年，澳、新先后获得自治，半个世纪中，澳大利亚与新西兰华人移民构成了近代华人全球离散蔚为壮观的一部分。据可查的官方记录显示，至1861年淘金热的高峰时期，澳大利亚合法华人移民数量约达5万人，几乎全部是男性，主要集中在维多利亚殖民地。考虑到1861年时维多利亚总人口不过50万，华人移民的影响显然不可小觑。[2] 然而吊诡的是，数十年来澳大利亚与新西兰的移民史研究里很少见到华人的踪影。这使得本书在进入具体的论述之前，不得不花一些篇幅来系统梳理一下这种学术史现象是如何造成的，最近又发生了怎样的变化。

/ 老问题之否思

不应该的"学术空白"

相较于同时段的东南亚与美国华人移民，19世纪后半叶开始出现的早期澳新华人移民较少得到学界的关注，甚至堪称"空白"。对国内学人而言，一个显而易见的客观原因在于澳新地区历史上吸纳华人移民的数量相对有限。[3] 尽管难以获知精确的历史数据，学界大体认为从19世纪中期到20世纪前期，出国契约华工超过265万人，而其中运往东南亚以外地区的只不过90余万人。其他类华工尚不在其数，但迄20世纪初，华人已达四五百万之众，竟约有九成聚居在东南亚。[4] 东南亚华人史研究遂成为学界热点自不必说。此外，海外华人史研究的另一个热点对象是美国，这不仅是因为其华人人口规模较大，更是由于在近现代世界史整体叙事中美国的存在感更强，美国学术界的话语权也更大。总之，在语言障碍不明显的前提下，移民体量与地缘处境是国内学人关注澳新华人较少的主因。

然而上述原因不足以解释华人移民史在澳大利亚与新西兰学界同样不受重视的状况。这里最大的掣肘在于两国历史上长期维持的种族歧视政策，这就是"白澳政策"（white Australia policy）与"白新西兰政策"（white New Zealand policy）。这两项政策其实并非具体的法令，而是类似于一种国家立法与治理的原则，基本含义即澳大利亚/新西兰只属于白人移民。[5] 这种理念在淘金热时代发端于民间，在19世纪末逐渐成为两国构建国家认同的基础，最终在两地独立后成为国家各个层面生活的指导原则。在20世纪70年代种族主义制度被废止之前，系统的种族歧视政策不仅排斥华人入境，还对已经落户的移民施加置产、就业等方面的诸多限制，在数十年中俨然成为澳新主流社会的意识形态。白人精英竭力回避讨论历史上有色人种移民的影响和价值，这就导致华人群体不断被边缘化，华人历史无人问津。对此安德鲁·马库斯（Andrew Markus）在 1983 年时曾感慨道：

> 第一部系统研究 19 世纪澳大利亚华人史的著作是 1923
> 年迈拉·威拉德（Myra Willard）的《白澳政策史》（*History
> of the White Australia Policy*）。……这本书回顾并解释了当时
> 一系列重大的事件——它们导致澳大利亚最终采纳了一种排
> 斥华人移民的政策。但此后近 40 年时间中，几乎没有任何后
> 续研究。结果当这本书在 1967 年再版的时候，它仍然是当时
> 唯一针对 19 世纪华人的综合性研究。[6]

新西兰种族歧视政策相对弱化，但仅有的作品也只是 1959 年冯
吴碧伦（Ng Bickleen Fong）的《新西兰华人同化之研究》（*The
Chinese in New Zealand: A Study in Assimilation*）[7]。这本书用"同
化"（assimilation）这个词来形容华人移民在新西兰的命运，反而
体现了当年移民社会的不兼容性。

1973 年，澳大利亚废除了"白澳政策"；1975 年，《反种族
歧视法》开始实施，宣告了"白澳政策"的彻底瓦解。这直接刺
激了澳大利亚学界对本国多元文化历史的重审。1983 年，澳大利
亚新任总理霍克（Bob Hawke）任命史学家曼宁·克拉克（Manning
Clark）为政府核心顾问，后者不遗余力地提倡反思种族主义史学。
1991 年克拉克去世后，新任总理基廷（Paul John Keating）又任
命克拉克的助手沃特森（Don Watson）为首席发言稿起草人，继
续清算种族主义历史。1987 年新西兰政府实施新移民政策以后华

人新移民大量涌入，当地社会和学术界对华人社会历史与现实产生更多关注。至 2002 年新西兰总理海伦·克拉克（Helen Clark）就华人在历史上所遭受的不公对待向华人社会公开道歉，随后成立了新西兰华人人头税历史遗产信托基金会，旨在资助华人历史研究并保护华人语言和文化，这些都对华人移民史的研究起到了积极推动作用。加之西方学界整体出现新文化史研究勃兴的态势，澳新华人移民史研究环境空前宽松，研究成果加速问世。

早期移民史研究的特点与缺点

20 世纪 80 年代以来，中国与澳大利亚、新西兰两国关系的快速升温同样滋养了华人移民史研究，但是有关 19 世纪澳大利亚与新西兰华人历史的研究成果仍然很单薄。一个最关键的掣肘在于学者们可利用的档案资料不够丰富。殖民地时期官方留存的档案很少具体介绍华人生产生活的情况，而早期移民自身几乎没有留下任何直接的文字材料，结果除了议会调查报告中的有限描述，淘金热时期华人移民的活动几乎无法被深入了解。比如，王省吾曾经尝试对早期华人移民澳大利亚的过程与组织做探索性研究，但认为立论薄弱，难以为继。[8] 来自澳大利亚华人社会的资料直到 1890 年后才丰富起来，这是因为当时出现了华人自己办的报纸。比如，华裔学者杨进发就利用这些材料结合官方档案完成了著名的《新金山：澳大利亚华人，1901—1921 年》（*The New Gold Mountain：The Chinese in Australia，1901–1921*）一书，通常这也被视为当代澳大利亚华人史研究的起始典范。[9]郭美芬则加大了对华文报刊的利用,将华人网络运作及对澳大利亚认同的过程也纳入考察对象。[10]但这些优秀的作品都难以触及19世纪华人群体的遭遇。

不仅如此,澳大利亚华人历史研究者大多不通中文,结果许多中文资料和成果难以被澳大利亚史学家了解。值得一提的是我国台湾学者刘达人与田心源合作完成的《澳洲华侨经济》,它算是华语学界中开拓性的作品。[11]比如,它综合利用了海外学界研究的既有成果以及中国海关方面的史料,探索了19世纪中国与大洋洲的海上交通贸易路线,为了解早期华人移民进出澳大利亚的路径与规模做出了贡献。而以悉尼大学为学术基地的刘渭平也通过中文札记与随笔大大补充了中澳交流方面的史料。[12]在这类研究的基础上,大陆学者张秋生通过对档案资料的系统整理,完成了澳大利亚华人史最全面翔实的通史性作品——《澳大利亚华侨华人史》。该书建立在作者早年的一系列研究论文的基础上,还利用了中文原始资料《华工出国史料汇编》中涉及大洋洲劳工的记录,较为全面地探讨了华人移民澳大利亚的原因、过程及影响。[13]但是这部通史的叙事重点明显落在20世纪之后。

与澳大利亚相比,新西兰早期华人移民史研究的成果相对充实。一个客观条件是新西兰是地理位置较孤立的小岛国,历史发展脉络及移民背景相对更简单清晰,人口群聚性更高。从社会政治背景上看,新西兰种族歧视问题的历史包袱较轻,而后世的检讨更深入彻底。尤其是当代政府退赔曾经对华人征收的人头税，以此成立基金会整理并公开出版历史上所有涉华立法的资料集以及人头税缴纳明细记录，正视自己历史的阴暗面。[14] 就学术研究看，更重要的因素是，从华人移民首次卷入新西兰南岛淘金热开始，矿区就活跃着一批当地的长老会传教士团体，他们不仅详细记录华人移民的生产生活，与之交流，还直接前往华人移民的故乡珠三角地区开展传教及社会福利活动。这些教会记录为后人细致了解新西兰华人移民的社会生活及其与欧洲移民共处的情况提供了宝贵素材。[15] 毫不奇怪的是，新西兰学界出现了公认的优秀通史成果，尤其是伍德明（James Ng）的四卷本《新西兰华人史》，详细记述了 19 世纪 60 年代至 20 世纪 90 年代华人群体在新西兰的流散以及社会舆论对华人移民态度的变化。[16] 而叶曼茵（Manying Ip）主编的《此心安处是吾乡》（*Unfolding History, Evolving Identity: The Chinese in New Zealand*）则凝聚了新西兰华人史研究团体的集体智慧，以华人如何融入新西兰历史整体叙事过程分析了华人移民的遭遇。[17]

不仅如此，除了体量上仍显不足，澳大利亚与新西兰早期华人移民史研究的视角也有一些局限性。在安德鲁·马库斯看来，至少在 20 世纪 80 年代之前，澳大利亚学界讨论早期华人移民史的一大弊端在于华人总是被视为一种外来客体。其中一种倾向是，学者们研究华人移民最终只是关注政府对他们的反应。另一种倾向则是将华人群体视为相对隔绝的人群，包括杨进发的研究，只讨论其发展的内部组织与活动特点。[18] 具有开拓性意义的《新西兰华人同化之研究》亦不例外，作者是华人，但着眼点仍然是华人可以如何被"同化"。[19]

　　综上，无论是在材料发掘上还是在研究视角上，澳大利亚与新西兰殖民地时代华人移民史的研究都亟待改变。这不仅是因为此时华人移民数量众多，更是因为这是华人移民与新土地及欧洲移民互动并引发后续诸多问题的起点。在愈演愈烈的种族歧视政策下，至少从 1881 年开始，华人社会开始日益萎缩。澳大利亚与新西兰独立后，新移民的补充几乎中断。以澳大利亚为例，到 1947 年时华人人口仅剩 12 000，只占全国总人口的三百五十分之一。尽管在 20 世纪 80 年代后澳大利亚华人移民数量重新开始快速增长，但其背景与经历都不可同日而语了。[20]澳大利亚华人史研究存在无法掩盖的厚今薄古的现实。学界对早期华人史的一些重要问题罕有具体的回应，如淘金热引发的大批华人移民对殖民地的影响究竟有多深，不同的欧洲殖民者对华人移民的影响力是否有不同理解，等等。不回答这些问题，华人移民就摆脱不了当地历史中的"他者"或过客（sojourners）的形象，而当地排华种族主义话语的根源也会一直含混不清。

研究的转型

　　对于上述问题，澳大利亚学界并非没有反思，凯瑟琳·克罗宁（Kathryn Cronin）所著的《殖民地的牺牲品》（*Colonial Casualties: Chinese in Early Victoria*）具有里程碑意义的贡献。[21]此书不仅扭转了华人史研究中轻视早期移民经历的问题，而且试图探讨华人与欧洲移民互动的机制。克罗宁强调了淘金热中华人与欧洲移民的交流，特别是华人对欧洲移民活动的反应。在史料方面，她大量利用维多利亚殖民地 19 世纪后期报刊媒体资料，一举突破了既往研究过分依赖官方档案的局限。澳大利亚华人史研究从此更注重发掘社会史素材，借此展示早期华人移民经历的复杂性。在其之后，相关的个案研究成果不断涌现，华人移民史研究日渐被澳大利亚主流史学界所认可。比如，2004 年《澳大利亚殖民史研究》(*Journal of Australian Colonial History*) 发表了专号《积极的声音，湮没的历史：澳大利亚殖民地时代的华人》("Active Voices, Hidden Histories: The Chinese in Colonial Australia")。而 2011 年，澳大利亚史学界最权威的刊物《澳大利亚历史研究》(*Australian Historical Studies*) 也刊发了专号《龙之尾：重新阐释澳大利亚华人历史》("Dragon Tails: Re-interpreting Chinese Australian History")。[22] 从相关研究成果上看，这些丰富的个案分析大大拓宽了人们对早期华人移民活动的观察视角，它们展现出欧洲与华人移民之间有许多互动交流，华人内部也并非铁板一块，而是有各种不同的组织和斗争。具体涉及的新议题包括华人与欧洲移民的联姻、基层司法纠纷，甚至还有早期华人对澳大利亚重大政治运动的参与等。在针对淘金热时代的相关研究中，瓦莱丽·拉芙乔（Valerie Lovejoy）、凯尔·里夫斯（Keir Reeves）的成果格外值得重视。[23] 他们利用华人矿工的死亡记录、遗书和法庭卷宗、考古遗迹等描绘了故乡传统对华人移民的羁绊，展现了许多底层华人在澳大利亚谋生的复杂感受。借助材料和视角的创新，他们颠覆了淘金热时代华人移民是过客的刻板形象，也修正了克罗宁有关华人总是沦为殖民地牺牲品的消极被动形象。[24]

越来越多的事实证明，华人移民曾积极推动了淘金热的发展，贡献了许多欧洲移民难以达到的成就，而殖民地社会排华种族主义也不是一蹴而就的，华人与欧洲移民的互动是复杂纠结的。所以，既不能用"过客"的概念来分析华人，也不能用"同化叙述"（assimilation narrative）来描绘他们扎根澳大利亚的过程。[25] 总之，在过去 30 年中，伴随澳大利亚、新西兰多元文化价值观的树立，华人历史研究有了长足的发展，而澳大利亚与新西兰早期华人史研究的基础日臻成熟。早期华人移民的主体性与能动性得到了学术界的平衡观照。

/ 一种新思路：移民环境史

移民与生态

在华人移民史研究的推进道路上，除了深入发掘个案细节及填补地域空白的努力，历史学整体的发展与创新也为移民史研究提供了新思路，其中基于环境或生态维度的视角为许多既有议题指出了全新的研讨方向。如一直致力于推动全球环境史研究的唐纳德·休斯（J. Donald Hughes）所说：

所有的人类社会都生活在一定的生态群落之中，并依赖生态群落生存。……生态系统在很大程度上影响着人类活动的模式。因此历史叙述必须将人类活动放到特定的生态环境背景中，而世界史则要将其放到世界生态系统的大背景中。[26]

美国历史学会主席约翰·麦克尼尔（John McNeill）则进一步指出：

人口迁徙通常比人口增长更重要，尽管这二者很难分开讨论，因为人口增长有时会推动人口迁徙。……在任何时期，人口迁徙都给土地使用和生态环境带来剧烈的变化。从环境变化的角度看来，向未开发地区的人口迁徙最为重要。[27]

在环境史的视阈中，移民无论来自哪里，都是一种生态群落的流动。一个新移民社会的诞生本质上意味着一种新生态体系的兴起，而特定移民群体的重要性不仅仅取决于移民数量本身，他们活动的具体内容以及对环境造成的影响才是最值得关注的。俯瞰这个星球，自大航海时代开始，之前相对隔绝的地理空间被迅速拉近并建立起稳定的联系。欧洲列强的海外殖民、掠夺与开发行为使得全球移民活动空前活跃。以移民为媒介，全世界的生态都遭遇了空前的重塑，这在远离欧亚传统地缘政治中心的"新大陆"尤为剧烈，因为这里脆弱的原住民生态最易为外来移民所改造。

事实上,移民史研究从来都无法忽视生态环境因素的作用。比如,在移民动力机制理论里,著名的"推—拉"理论就把规避自然灾害及追求宜居环境等要素视作人口流动的重要动因。[28]就更具体的研究看,生态环境因素也日益得到重视。比如,孔飞力(Philip Kunh)的《他者中的华人》(*Chinese among Others: Emigration in Modern Times*)一书,相比传统的华人华侨史研究,强调要彰显不同地区华人移民社会的类型差异。孔飞力开宗明义地提出了自己用于概括并比较不同移民群体差异性的核心概念——"生态":

> (移民)数量并非最重要的议题。要了解移民生活的不同类型,我们必须着重进行不同路径之生态差异的比较。此处的"生态",指的是"人类适应环境的方式"。……在特定历史时期中,特定的自然、社会与经济环境中的人口,构成了移民生态,即生存模式、谋生技能和社会组织世代相传的模式。描述这一漫长的、全球性的历史进程,要求我们探索在与不同地域、不同时间和不同环境中的调适中发展起来的不同生态,如何使相应的移民生活形成了不同的特征。[29]

尽管所有古老文明都思考过人与周围环境的关系,但生态/生态学这个概念是一个现代发明。人们一般认为它出自1866年德国科学家海克尔(Ernst Heinrich Haeckel)的定义:研究动物与其有机及无机环境之间相互关系的科学，特别是动物与其他生物之间的有益和有害关系。在今日语境下，人们对"生态"一词的共识性定义是，指一切生物的生存状态，以及它们之间和它与周围环境之间的关系。[30] 显然，孔飞力之所以使用"生态"这个术语，是想说明他的目光不仅仅局限于华人移民本身——无论是作为个体的变化还是作为一个群落的变化。他更关注华人移民与周围环境要素尤其是与其他人类关系的变化。对本书的创作而言，他提醒我在考察特定地区华人移民历史的时候，应该把他们归置到该地区整体的历史进程中去，尤其是注意作为影响华人移民命运的外部自然与文化条件。

基于孔飞力的提示，本书试图对移民环境史 / 生态史下一个简单直白的定义：所谓移民环境史，简言之即以移民为中心的人与自然环境互动的历史。它不仅讨论环境因素在迁徙过程中扮演的作用，也关注移民适应并改造新环境的行为、思想与后果。

澳大利亚与新西兰的华人移民显然属于"主要由欧洲移民在'新大陆'和大洋洲形成的移民社会"[31]。而与前往美洲新大陆的移民相比，华人移民在大洋洲塑造新生态的过程中的影响格外明显。第一个理由在于，这里是欧洲势力在全球扩张中最晚拓殖的空间：美国独立后的 1788 年英国才派出第一舰队遣送流放犯移居澳大利亚，这比华人结队移居此地仅仅早了半个多世纪。更重要的是 1851 年前澳新移民社会的人口增长极为缓慢，并且定居点基本龟缩于沿海据点。当 19 世纪 50 年代整个美洲大陆包括大片腹地在内都已确立起相对稳固的移民生态体系时，澳大利亚与新西兰殖民地才迎来第一次国际自由移民的浪潮。这种差异意味着许多情况下华人移民与欧洲移民都要面临同一种原生态，而不像美洲华人移民那样需要面对一个初具规模的新欧洲生态。第二个理由在于，澳大利亚与新西兰的原住民生态体系单调且脆弱，迥异于地球上其他各个陆块。这一方面使得初来乍到的新移民更难理解和适应当地环境，另一方面又迫使他们最大限度地释放自己的能动性。事实上，除了有限的几个沿海城市，澳大利亚与新西兰至今都属于地球上人口密度最低的地区之一。尤其是澳大利亚从来都以地广人稀、无人区广袤闻名，这就给了移民极大的迂回空间。综上，虽然澳新华人移民跟美洲华人相比在人口绝对数量上并不突出，但造成的生态与社会影响却可能更加重大，这使我们能够更完整地认识到华人移民在海外不同地区的影响。

对"生态扩张"理论的再思考

对于移民如何影响并创造新生态，美国学者艾尔弗雷德·克罗斯比提出的"哥伦布大交换"或"生态帝国主义"（Ecological Imperialism）理论最具启发性。克罗斯比发现，自 1492 年哥伦布抵达美洲以后，大西洋两岸之间因新诞生的航海网络产生了密集且不间断的生物交换现象，结果既有的生态都因此改观。欧洲人及其后裔之所以独霸世界上大部分区域，除了因为拥有坚船利炮之优势，还有一个关键但相对隐蔽的武器，即他们带入新大陆的疾病、作物和牲畜，连带移民本身，合力重塑了当地的生态。将"新大陆"改造为适合欧洲移民生存和发展的"新欧洲"，一个最直接的后果就是：

> （移民）野蛮地改变了旧世界的样貌，有时虽纯属无心之举，有时则蓄意而为。他与他带来的动植物，在过去400年内消灭的生命种类，可能比100万年进化灭绝的物种都多。[32]

欧洲生态扩张的另一个结果是，原产于欧亚大陆的许多农作物与牲畜获得了更大的播种或蓄殖空间，而其主导的全球市场获得了自然资源与劳动力的新产地，也就诞生了所谓"资源边疆"[33]。生态帝国主义的扩张与"资源边疆"的开辟相辅相成。它们解释了生态因素何以促成了特定移民群体的成功，也揭示了移民目的地生态变化的必然性与必要性。

不过，既然移民是一种古老的现象，那么生物交流会仅仅局限于近代跨大西洋世界吗？从张骞通西域这种家喻户晓的故事以及胡桃、胡萝卜、胡椒等日常名词中，我们都可以获得启发，历史上的生物交换绝不仅仅发生在欧洲与美洲之间，如贯穿欧亚大陆腹地，将中国与地中海世界连接起来的"丝绸之路"，又如非洲生态要素跨大西洋及印度洋的流动，再如环南中国海世界持久而丰富的生态交流。对本书的研究来说，南太平洋地区的大陆与岛屿和欧亚大陆之间的生态交换尤其不可忽视：

18世纪后期，随着英国库克船长在太平洋上的多次航行，以往各自存在的生态系统从此结合，结果惊人的戏剧化——可与哥伦布大交换齐驱。虽然这些两极相逢事例，并没有马铃薯或玉米等级的礼物送给世界（其中最成功的生物出口，大概要数桉树属植物），可是对澳大利亚、新西兰或塔西提等地的居民与生态系统来说，这个或可称之为"库克大交换"的事件，绝对震撼冲击到了极点。[34]

基于对澳大利亚与新西兰殖民史的考察，欧美环境史学界通常认为"库克大交换"最终让澳大利亚与新西兰成为类似于北美的新欧洲，因此欧洲殖民者对原住民生态的破坏与改造是叙事的中心。[35]然而如前文已经提到的，以珠三角居民为主体的华人移民也广泛参与了现代太平洋世界的整体重塑，甚至被认为创造了所谓19世纪"广东人的太平洋"。[36]他们以矿工、种植园劳工、铁路修建工、菜农、商贩及其他许多职业身份离散到太平洋世界的各个角落。在资本主义世界市场体系调配南太平洋资源的历史过程中，华人移民绝不只是作为一种劳动力要素卷入，更传导和扩大了中国市场对各种原材料的需求，还把中国的环境知识与文化传播到全新的地域，引发了复杂的交融与冲突。这些都大大加快了19世纪澳大利亚及新西兰生态与社会变化的过程。因此，澳大利亚与新西兰的生态变化，也可以被视为中国影响全球生态并拓展资源边疆的结果。[37]

近年来在对英帝国太平洋殖民地历史的考察中兴起的"生

态—文化网络"分析方法有力地支撑了上述视角，因为它关注"各种贸易通道、征服以及治理活动如何促进了意识形态、生物以及商品在英帝国领地内外的迁移"[38]。它有意突破常用的"核心—边缘"框架，不再强调政治经济权力分配的关系，而是追踪具体自然与文化要素的流动轨迹，从而摆脱帝国行政地理界限的束缚。[39] 因此，研究澳大利亚与新西兰华人移民环境史，目前最大的意义在于提醒学界，同一向度的生物交流与同一块资源边疆的创造中，包含着多元文化移民的努力。

当然，强调环境因素绝不意味着如环境决定论那般对文化性与制度性因素的轻视。一个更重要的问题在于，欧亚大陆之间悠久而复杂的生物交流给中国和欧洲都造成了远比大洋洲更复杂的生物体系，绝大部分华人也同欧洲人一样在温带气候中生活，但华人不仅具有人口上的压倒性优势，而且后文还将证明，华人在环境适应性与改造能力上也不弱于欧洲移民，可是为什么澳大利亚与新西兰的移民新生态最终更具有欧洲特性而不是中国或东亚特性呢？在这两个地方，克罗斯比主要分析了欧洲移民生态面对原生态时胜出的生物性原因，却没有讨论过欧洲移民生态如何在利用多元移民群体扩大并巩固自己的资源边疆时，成功压制了非欧洲移民群体的生态竞争。

要理解上述问题，就需要将华人移民的历史放置到澳大利亚、新西兰乃至英帝国各项制度的演化中加以理解。澳大利亚与新西兰殖民地生态之所以由欧洲移民及其后裔主导，不仅在于用枪炮、细菌与钢铁战胜了原住民，很大程度上也是因为他们在多元移民之间的生态竞争中占据了优势。而这是欧洲移民及其后裔充分利用并千方百计维持其政治、经济与文化霸权的结果。所以，要研究华人移民对澳大利亚新西兰生态与社会变化的影响，不仅不能绕开当时殖民地整体的政治、经济与社会变化进程，还要格外看到这些因素如何在特定历史关头压制、排挤华人移民生态，从而巩固了欧洲移民生态的主体地位。

研究材料

对于任何历史学的专业书写而言，原始档案都是必不可少的。考虑到澳新早期华人移民主要的地理分布，澳大利亚东南部及新西兰南岛殖民管理当局保留的官方档案至关重要，尤其是作为淘金热中心的维多利亚殖民地的档案。尽管专门涉及华人移民事务的政府公报及议会法令并不丰富，但是其背后大量的听证材料以及华人的申辩材料能够揭示华人具体的生产生活内容及其他移民对此的反应。新南威尔士及昆士兰殖民地的档案则有助于说明在采矿业之外，华人如何发展起多样化的生计。

对本书写作至关重要的是近年来澳大利亚国家图书馆发起的"Trove"数据库及新西兰国家图书馆发起的"Papers Past"数据库。这两个数据库将各自馆藏的所有可能扫描的媒体出版物尤其是历史报刊进行了全文数字化处理，而且对外免费开放。这为本书的撰写提供了丰富且易获得的史料。殖民地时代的报刊不仅证明了华人曾经是澳大利亚与新西兰历史上极为活跃的移民群体，而且记录了许多华人移民日常生产生活的细节，以及普通欧洲移民对他们的看法，从而使我有机会分辨在不同领域、不同时段的社会与环境变化中，华人在殖民地可能扮演的角色。这大大弥补了官方档案存在的片面性、单调性与不连贯的缺憾。对我而言，材料方面最大的遗憾在于缺乏华人自己的历史记录。因为1890年之前华人移民极少有自己的传媒或者公开出版物，而本书研究重点关注的时间段恰恰在19世纪90年代之前，所以大部分历史文献，无论来自官方还是民间，都是英文形式的。

出于一种尽可能全面观照的目的，本研究也努力参考了一些回忆录与口述史材料，尤其是公共档案中可找见的中文资料。在尽可能剔除明显夸张的渲染性内容后，这些材料依然能增添特定故事的生动性。最值得一提的是伍德明先生耗费毕生精力完成的四卷本《新西兰华人史》，这部篇幅庞大的作品本身搜集、整理并完整收录了大量官方档案及民间出版物资料，对国内外所有的后继学者而言，很大程度上具有一手史料的价值。

最后，环境史研究本身的特性也决定了本研究使用的资料具有跨学科特性。首先是大量的地理学、生物学、矿冶学、农学及其他自然科学的专业研究成果。其次是物质文化资料。它们主要包括考古学的研究报告以及田野调查的记录。人物图片与风景照得以让我们能够生动形象地感受到华人丰富的生产生活活动以及与此相关的一系列生态与文化后果。恰如基尔与巴里等人推崇的物质文化方法所提示，环境史新视角与新材料的配合可以让学界更全面地理解华人移民在淘金热乃至澳大利亚与新西兰整体近代史上的影响，最终促成一种"澳大利亚/新西兰历史的华人叙事"（Chinese narrative of Australian/New Zealand history）。[40]

/ 澳新殖民地的社会与生态之变

考虑到绝大部分读者都不甚了解澳大利亚与新西兰殖民地的历史，本书在这一章还是要花些篇幅扼要介绍一下这里人类社会与生态变化的历程与特点。这也有助于后文进一步理解中国、华人移民与澳大利亚、新西兰产生联系的时机、过程与意义。事实上，自英国詹姆斯·库克（James Cook）船长的太平洋航海探险将澳大利亚与新西兰同时拽入世界历史的进程以来，两地在产业发展、社会制度演变及文化传承方面都呈现了高度的同步性与同质性，以至于在英语中它们可以被统称为"对极"（the Antipodes）或"澳大拉西亚"（Australasia）。但是这种刻板印象也造成了很大的公众认识误区。这两个地方不管是自然环境还是历史进程实在不能一概而论，只是在今天的地球人中，除了新西兰人自己，绝大部分人都不太在意或者无法区分两者的差异。

平坦的大陆与崎岖的岛屿

尽管澳大利亚与新西兰这两个地块（land mass）都来源于冈

瓦纳古陆 [41]，但新西兰率先脱离古陆后就向东方漂移，与澳大利亚渐行渐远。如今这两个地方之间存在着平均宽度达到 2 200 千米的塔斯曼海。考古学家可以证明，在 19 世纪前的大部分历史时期中，澳大利亚与新西兰几乎不存在任何交流。也就是说，至少澳大利亚与新西兰的原住民根本不知道在山的那边和海的那边还住着一群"邻居"。

今天的澳大利亚包含大陆及沿海的诸多岛屿（尤其是东南海角的塔斯马尼亚岛），总面积达到惊人的 769 万平方千米。而新西兰的主要领土就是南北两座岛屿，总面积不到 27 万平方千米，仅相当于澳大利亚的三十分之一。新西兰的人口则从来没有超过澳大利亚的五分之一。除了陆地面积上显而易见的差异，从自然环境角度看，新西兰与澳大利亚也根本不同：

> 澳大利亚是一块辽阔、棕色的大地，平坦且饱受侵蚀，而新西兰是绿色与黑色相间、地势起伏、雾气缭绕的岛屿。 [42]

这是因为在板块漂移的过程中，澳大利亚一方面朝向赤道靠拢，整体变得高温干燥，另一方面它的浅层地壳活动越来越不活跃，结果是地质古老，地表被严重风化侵蚀，土壤变得贫瘠。澳大利亚大陆 80% 以上的土地是荒漠，不适宜人类定居。而新西兰则完全相反，整体纬度较高，还坐落在环太平洋火山地震带上，不仅地壳运动活跃，地质年轻，而且地貌不平坦，土壤则因为不断得到火山灰的补充而较为肥沃，除了南岛西部的雪山高原，几乎没有不适宜人类定居的地表。从气候上看，澳大利亚大陆拥有地球上几乎所有的气候带，但绝大部分地区没有季风，同时又深受"厄尔尼诺—南方涛动（ENSO）"现象的影响。其后果是这里会不规律地发生持续干旱，随后立刻迎来连续的暴雨，形成所谓"洪旱交替"的景观，这进一步导致了土壤流失问题。相比之下，新西兰大部分地区的气候与英国相似，属于典型的温带海洋性气候，雨水与地表径流都很充沛，只是山峦起伏，平原狭小。

澳大利亚与新西兰的动植物形态深受土壤肥力与水热条件差异的影响，不过这两个地方的生物都面临着另一个自然因素的重大影响，即由于地理上都远离其他大陆，所以很少与外界发生物种交流，结果澳大利亚与新西兰的生物自然进化轨迹与地球上其他地区分道扬镳，原生动植物群落都与众不同。澳大利亚大陆的生态体系极其单调，原生植物品种中高大的乔木仅有桉树（eucalyptus）一类，灌木状的金合欢树（acacia）则支配了近地植物群。在殖民者进入澳大利亚时还存在的原生动物中除了毒蛇和鳄鱼，几乎没有任何猛兽。各种鹦鹉占据了天空，不会飞的鸸鹋和各种有袋类哺乳动物如考拉和袋鼠等则主宰了陆地——金合欢、袋鼠和鸸鹋成为日后澳大利亚联邦国徽上的标志。相比之下，新西兰的植被远比澳大利亚丰茂，但是与欧亚大陆的品种也多有不同，基本上是温带丛林与藤蔓植物，尤其是近地植物中大面积分布的蕨类植物，占这里所有原生植物种类的十分之一。银蕨（桫椤）叶也成为日后新西兰国徽的一部分。更奇特的是，如果澳大利亚因为大量分布着有袋类哺乳动物而显得另类，那么新西兰更加诡异，除了蝙蝠，这里的原生态中干脆就没有哺乳动物，但是又遍布着品种异常丰富的鸟类，包括成为新西兰人绰号的几维鸟（kiwi），这令生物学家到今天仍困惑不已。[43] 显然，尽管新西兰与欧洲的自然存在巨大的差别，但它比澳大利亚更适合欧洲移民定居。

移民地社会与生态的变化

从人类社会演化的进程看，澳大利亚与新西兰也有着迥然不同的轨迹，不过今天在这里所说的自然生态都与两波移民的塑造有关，第一波是澳大利亚的原住民与新西兰的毛利人，第二波就是现代国际移民。1788 年英国殖民者抵达澳大利亚之时，从今日亚洲东部尤其是东南亚移民而来的原住民（aboriginal people）[44]已经在澳大利亚大陆上游荡了至少五万年。由于常年生活在与世隔绝、生物体系简单的南方大陆上，澳大利亚原住民生产力发展非常缓慢，基本以采集游猎为生，但是通过使用火，他们依然深刻影响了澳大利亚的生态。1969 年，考古学家琼斯（Ryan Jones）提出了"烧荒农业"或者说"点火棍"农业（Fire Stick Farming）的概念[45]，即原住民会定期焚烧林间空地或者树林地表腐殖物，刺激植被新老更替，加速新鲜植物的生长，借此吸引来小动物，然后以"守株待兔"的方式围而歼之。烧荒农业也充分反映了澳大利亚原住民的智慧，他们在满足自己生存所需后，并不过分追求剩余猎物，保持人口的稳定。不仅如此，由于多数原住民不密集定居，而是在相当大的区间里进行季节性的辗转迁徙，烧荒农业就在无意中全面改造了澳大利亚的景观。在原住民有意无意的用火过程中，殖民者抵达前澳大利亚的森林生态已经不断让位于草地生态。

在现代移民抵达之前，新西兰也已经形成了由毛利人（Maori）主导的原住民社会与生态。需要注意的是，新西兰是地球上出现人类定居者最晚的温带陆块，毛利人跟澳大利亚原住民没有什么亲戚关系，他们是著名的航海民族波利尼西亚人（Polynesian）的一个分支，直到 13 世纪才开始在新西兰定居。因为新西兰南岛的雪山高耸绵延，远眺如天边的狭长白云，所以毛利人将这里命名为"长白云之乡"（Aotearoa）。当澳大利亚原住民开始在大陆四处游荡焚火时，波利尼西亚人还在太平洋的群岛间纵横穿梭，从今日美国的夏威夷到智利的复活节岛都成了他们的领地，在反复迁徙并接触不同环境及人群的过程中，他们的生产力发展更快，身体也更强壮。毛利人开始在新西兰生活时，已经具有比较复杂的社会组织形态。在英国殖民者到来前，毛利人普遍形成了定居生活，还发展起了原始种植农业。作为波利尼西亚岛民饮食传统之一，他们种植着一种叫"库马拉"（kumara）的甘薯。不仅如此，毛利人社会已经形成比较完整的文字体系，尤其以血统为纽带形成了明确界定的集体认同观念与相对明显的领土意识，不同部族之间有持续的战争。虽然缺乏铁制武器，但毛利武士魁梧的身形，配上各种锋利的磨制武器与骇人的战舞，令所有外来者都印象深刻。事实上包括库克船长都专门报告，强调要给予毛利人充分的尊重，新西兰不是无主的领土。[46]

1788 年英国利用流放犯移民在澳大利亚创建南太平洋地区的第一个殖民地新南威尔士时，新西兰在理论上也被纳入了殖民计划，只是英国一时没有精力再向这里有计划地派遣移民。[47]整个殖民地时代，欧洲拓殖者持续不断地扩大移民范围，直到占据整个大陆和主要岛屿：1825 年，为了遣送重刑犯和二次犯罪者，同时也为了防范法国插手，英国将塔斯马尼亚岛列为单独的流放犯殖民地，1831 年英国又吞并了荷兰声称占有的澳大利亚西部领土，建立了西澳大利亚殖民地。随着定居农业与畜牧业的发展，19 世纪 30 年代后又有三块殖民地作为自由移民殖民地从新南威尔士分离，即南澳大利亚（1836 年）、维多利亚殖民地（1851 年）、昆士兰（1859 年）。1840 年，新西兰也作为自由移民殖民地脱离新南威尔士。[48]1901 年，除了新西兰之外，其余殖民地联合建立了澳大利亚联邦，正式宣告独立，而新西兰于 1907 年自行独立。所以，在本书讨论的大部分时间段里，把澳大利亚视为一个囚犯殖民地是不准确的。同时，新西兰与澳大利亚都只是一个自然地理概念，其中新西兰应该被视为与澳大利亚各块殖民地并列的殖民地。

无论对澳大利亚大陆还是对新西兰而言，其原住民社会与生态都因为现代移民的抵达而出现了根本性的变化。从生态变化的表现与结果看，这里由原住民主导的、人口分散的社会与生态，不断转变成一种以农牧矿生态为基础的、密集定居的现代移民生态。从最直观的层面看，伴随殖民者拓殖范围的扩大，澳大利亚原住民与新西兰毛利人的传统栖息地都遭受了侵夺，原住民人口不断凋零，大片土地被新移民改造为牧业、矿业、混合农业用地或城市。澳大利亚原住民的命运格外不幸，因为没有定居农业生产活动，其土地被殖民者视为无主之地而遭肆意圈占。由于生产力和社会动员能力的劣势，原住民也难以组织有效抵抗，他们最终被普遍排挤出殖民者聚居的地带，尤其失去了澳大利亚东南部的土地。从 19 世纪 30 年代开始，在英国殖民理论家爱德华·韦克菲尔德（Edward Wakefield）"系统殖民"（Systematic Colonization）理论（后文中会有专门讨论）的激励下，澳大利亚发生了"牧羊业大扩张"（Squattering Leap），随后又于 1851 年爆发淘金热，自由移民源源不断涌入圈地，原住民的生态压力陡增。据估计，1788 年澳大利亚原住民人口有 314 500 人，但是在外来传染病侵袭、殖民者屠杀以及剥夺传统家园的打击下，原住民人口到 1861 年时下降为 180 402 人，至 1901 年澳大利亚联邦成立时，澳大利亚总人口为 3 788 123 人，其中原住民人口仅有 94 564 人。[49] 对此，《澳大利亚环境史》对移民生态的扩张做出过如下评述：

> 1815 年，大多数的拓殖地都围绕在悉尼周围方圆 100 公里的范围内，只在范迪门斯地区（今天的塔斯马尼亚）有一些较小的拓殖点。五十年后，为了寻求经济利益，牧民们占据了澳大利亚东部几乎所有的土地。继牧民之后，采矿者、

农场主、城镇定居者、羊群、牛群，甚至还有铁路，逐步占据了这片土地。总而言之，是19世纪工业资本主义边区所拥有的一切。到19世纪90年代，澳大利亚北领地和西澳大利亚也被占据，几乎成了永久性的白人拓殖地。……如此少的人却拥有改变地球表面如此大面积的自然环境的权力，这种情况是少有的。[50]

　　相比于澳大利亚原住民，新西兰的毛利人从一开始就得到了更多尊重。1793年，两位毛利人领袖首次应邀访问了澳大利亚，一位是叫作图基（Tuki）的祭司，另一个是叫作胡鲁（Huru）的武士，他们受命指导流放犯如何用亚麻编织绳索。随后又有数十名毛利人精英前往澳大利亚交流。毛利人从不觉得自己低人一等：1806年，澳大利亚总督菲利普·金（Philip King）在办公室接待了图基，发现他对澳大利亚原住民表现出了明显的轻蔑：看不起他们赤身裸体地行走，尤其瞧不起他们微不足道的战争模式。毛利人甚至同样鄙视从英国来的流放犯们。[51]1840年，为了防止法国的并吞，英国与毛利人主要部落领袖签订了《怀唐伊条约》（Treaty of Waitangi），正式宣布新西兰成为英国殖民地。条约允许殖民政府从酋长手中购买土地，同时也肯定了毛利人受英国保护并享有英国公民权利。这个条约的英文与毛利文译本在土地归属权及元首权威的表述上有差异，结果随着外来移民占地行为的增加，毛利人与新移民爆发了漫长的武装冲突"毛利战争"，最终以原住民的妥协收场。[52]

与澳大利亚不同的是，新西兰殖民地从来没有被预设为囚犯流放地。恰恰相反，从正式建立伊始它就践行爱德华·韦克菲尔德的"系统殖民"理论，鼓励自由移民。韦克菲尔德曾在 1836 年向议会下议院特别委员会报告说：

> 在邻近澳大利亚的地方有一个国家，所有的人都将其描绘为："一个世界上最适宜于殖民的国家，一个最为美丽的国度，它有着最宜人的气候和最肥沃的土壤……。"[53]

前往新西兰的英国移民被赋予一种勤奋耕耘、安居乐业的期许，立志要在南半球一块比澳大利亚大陆更宜居的土地上建立更纯洁的殖民地——所有移民都经过挑选，没有犯罪前科，主要是信仰虔诚的自耕农。因此，除了早与悉尼建立人员与物资交流的奥克兰（Auckland），1837 年成立的英国新西兰公司（New Zealand Company）专门组织安排英国小农尤其是苏格兰人前往南岛的坎特伯雷（Canterbury）与奥塔哥（Otago）半岛建立拓殖区，这里的土地较为平坦，适宜农牧。坎特伯雷的主城被命名为克赖斯特彻奇 / 基督城（Christ Church），唯恐外界感受不到它的自命不凡。由于在对潜在移民的宣传中，新西兰被描绘得只配有道德的移民前来，以至于韦克菲尔德本人在 1853 年抵达新西兰时也遭受了打击：他满以为自己能够在这个根据其理论建立起来的全新殖民地成为政治领袖，结果他发现，自己因为有牢狱前科而广受鄙视。[54] 从 1861 年到 1900 年，新西兰接收了 223 000 名新移民。而至 19 世纪 50 年代末，毛利人口已经从 1840 年的 10 万人降至 56 049 人，而欧洲移民人口从 2 000 人增加到 115 461 人。[55] 新西兰三分之二的土地已经被欧洲人控制，澳大利亚成功的畜牧业与矿产业经验被引入新西兰，它们与自耕农经济不断结合、扩大，最终也形成了欧洲移民主导的新生态。

殖民地生态变化的动力

从生态变化的动力机制上看，根据资本主义世界市场的需求开辟资源边疆是澳大利亚与新西兰移民社会与生态持续整合、壮大的关键。比如，新南威尔士殖民地建立后不久，澳大利亚与新西兰的高纬度海域就成为捕鲸与捕猎海豹的资源边疆。围绕海豹捕猎与运输，新西兰通过塔斯曼海上的诺福克岛与澳大利亚的悉尼产生了直接的联系。在 18 世纪 90 年代至 19 世纪 30 年代，捕猎海豹并出口海豹皮逐渐成为殖民地的出口盈利支柱，而这主要是为了满足中国市场的需求。[56] 在开辟对中国的直航商贸路线后，华南口岸就通过商人与捕猎者开始影响新西兰与澳大利亚的沿海生态。

19 世纪 30 年代后，以牧羊业与矿业扩张为代表，澳大利亚与新西兰内陆迅速成为满足工业化世界所需原材料的资源边疆。为了开辟并维持初级产品出口，殖民地迎来了空前规模的国际移民，他们一方面征服、破坏原生态，另一方面则营建适宜开展营利性生产同时持续定居的新生态。国际移民不仅根据自己的经济或审美喜好引入各种新物种，也会无意中引入杂草、害虫与微生物。在克罗斯比看来，这是移民新生态得以在殖民地全面确立的关键。比如，在 19 世纪 90 年代，作为外来物种的绵羊在澳大利亚的数量已达到一亿只，与此同时几乎所有牧场草种都已经是外来品种。新西兰一直被各路学者视为殖民地移民生态扩张的一个经典范例。整个 19 世纪，新西兰大约出现了三万种外来植物，在砍伐森林并排干沼泽后，移民通过引进牧草发展畜牧业，许多种鸟类以及绵羊、马、牛等有蹄动物也来到新西兰，与它们在澳大利亚的同类一样种群空前膨胀。[57] 在新移民抵达前，新西兰森林覆盖率约为 50%，而 1900 年已经跌至 25%[58]，新西兰的湿地在殖民过程中减少了大约 85% ~ 90%，部分地区的原生植物和鸟类数量急剧下降，一些物种濒临灭绝。[59] 事实上，在殖民地时代结束之时，毛利人主导的新西兰原生态虽不像澳大利亚原生态那样几近湮灭，但也基本让位于新的移民生态，其过程甚至更为疾速。"在欧洲用了 20 个世纪、在美洲用了 4 个世纪才完成的转变，在新西兰用了一个世纪就完成了。"[60]

中国因素的作用

在这样的生态转变中，中国因素绝不是毫无影响的。早在澳大利亚与新西兰殖民地草创阶段，由于中国市场促成了商贸直航的不断成熟化，华人移民就已经开始出现在澳大利亚与新西兰，尽管这是零星偶然的个体行为。就明确的官方记录看，1818 年，年仅 20 岁的广州人麦世英（Mak Shying）以英国船队随船木匠的身份抵达了悉尼，随后并未离开，而是前往建筑工地及商铺帮工，最终在帕拉玛塔（Parramata）安居置业。他两次与欧洲裔女性结婚，最终于 1880 年 6 月 18 日去世。[61] 新西兰建立殖民地后也加速融入了英帝国的太平洋殖民体系。1842 年，新西兰出现了首位有明确记载的华人移民，一位叫作黄鹤廷（Appo Hocton）的广东人以英国商船勤杂员的身份抵达了南岛最北端的尼尔森（Nelson）。他先后做过仆役、车夫与农民，并在 1852 年入籍，娶过两位英国裔女性为妻。他最终成为一个农场主，参与改造了新西兰内陆的原生态。[62]

随着澳大利亚畜牧业的扩张与农牧生态的崛起，1848 年后，以厦门移民与珠三角移民为代表的华人开始有组织地先后进入澳大利亚与新西兰，所谓环太平洋地区终于以"不规则的三角形样式开始呈现"。[63] 从此时起，移民——而不仅是货物——成为中国与澳大利亚、新西兰殖民地生态交流的关键载体。尤其是 1851 年淘金热之后，华人移民积极参与改造了澳大利亚大陆东部殖民地如维多利亚、新南威尔士、昆士兰及以新西兰南岛为主的环境。[64] 他们在许多情况下是与欧洲移民一起推动移民生态的建设，而在昆士兰等地则是几乎独当一面地发展。一方面，华人淘金者与开荒者翻掘土地、改变径流、砍伐森林，导致植被减少、土壤侵蚀；另一方面，中国的果蔬种植者与商贩利用所有可能的条件种植新作物、改良土壤，逐步成为殖民地所有移民蔬菜和水果消费的主要供应者。19 世纪末，部分在商业上取得成功的华人移民在完成资本积累后会进行投资，开辟种植园，兴办工厂，引进新技术，推动资源边疆的扩张，这都对当地社会与生态产生了深远影响。殖民地因华人移民获得了中国的生产经验与技术，也得到了新的物种，这最终都融入了新移民生态。但是，在移民新生态的建设过程中，华人及其特色的生态并不总是引发善意的理解与回应。事实上，从淘金热开始，华人移民就遭遇到针对性的歧视舆论、活动与立法，华人的身体、居住环境及他们与殖民地环境特有的互动，都成为排华种族主义攻击和排斥的对象。这使得在殖民地时代的末期，华人移民生态在澳大利亚与新西兰日臻定型的移民新生态中被边缘化。

/ 本书章节安排

为展示上述的分析，本书基本上以历时性叙事的方法展现中国市场、移民及其资本如何影响了澳大利亚、新西兰殖民地社会与生态的变化。本书的第二章主要讨论 18 世纪末至 19 世纪中期，中国市场的需求如何促使新生的澳大利亚与新西兰殖民地变成自己的海产资源边疆。在开辟并扩大对华直航贸易的过程中，殖民者和西方商人为满足中国市场而大力榨取南太平洋地区的海参、檀香木及海豹，也为华人移民输出铺平了通道。

第三章在对比华南地区与澳大利亚东南部自然环境与生态体系的基础上，说明在鸦片战争后，环境因素在华南居民向澳大利亚殖民地移民的过程中成为"推—拉"因素之一，同时也分析在华人移民过程中陌生环境可能造成的挑战。

第四章主要关注在1851年爆发的澳大利亚淘金热中，移民如何对原生态造成冲击，尤其是华人如何发挥具有争议性的独特生产方式与故乡的水利技术，提高了淘金作业成果。

第五章重点讨论1854年前后，维多利亚金矿区如何在官方劣政及生态恶化的情况下爆发了反政府起义。从中可以看到欧洲移民矿工如何以一种生态竞争的话语鼓吹排斥华人移民，同时迫使一味妥协的殖民当局通过排华立法与种族隔离制度强行规训华人移民的生态，直至1865年限制华人移民入境法和种族隔离制度才废止。华人移民在消极抵抗中熬过了歧视岁月，而这段历史已经见证了日后殖民地排华话语的基本逻辑。

第六章着重讨论19世纪60年代后华人移民在退出淘金热后如何在多样化的空间建立起混合农业的新生态，尤其是通过发扬华南地区的农业生产技艺，成功改良土壤并发展蔬果种植业，为殖民地移民新生态的健康发展发挥重大支撑作用。

第七章展现1865年后华人移民如何在寒冷的新西兰以及炎热的昆士兰殖民地都淋漓尽致地发挥出自己的环境适应性与改造能力。华人移民不仅在关键时刻加入了新西兰南岛移民社会与生态的建设，而且几乎独树一帜地在欧洲移民望而却步的昆士兰极北（far north）地区开疆辟土。

第八章展示华人移民的资本如何促进了澳大利亚及新西兰特定自然资源的集约化、专业化与工业化的开发，在殖民地农牧矿复合生态的最终确立过程中发挥前所未有的影响力甚至是引领作用。

终章总结了华人移民对澳大利亚及新西兰殖民地社会与生态变化的意义，特别是通过对殖民地欧洲移民生态观念变化的分析，说明 19 世纪末殖民地社会排华思想的兴起不仅仅是因为厌斥华人的文化或经济竞争力，也源于对华人移民生态优势的忌惮。作为对国际环境史学界既有论断的一个补充，本书强调澳大利亚与新西兰这样的所谓"新大陆"移民殖民地之所以成为"新欧洲"，不仅在于欧洲新移民生态对原生态的征服、替代与改建，更在于他们利用自己掌握的政权排挤和压制了其他移民的生态与文化。

注释

1. [澳] 斯图亚特·麦金泰尔著，潘兴明译：《澳大利亚史》，27 页，上海，东方出版中心，2009。对这一问题最全面系统讨论的中文论述可参见张天：《澳洲史》第二章，40～81 页，北京，社会科学文献出版社，1996。
2. 张秋生：《澳大利亚华侨华人史》，74 页，北京，外语教学与研究出版社，1998。
3. 关于澳新华人研究近况的梳理可参见吴丹、张秋生：《大洋洲华侨华人研究综述》，载《东南亚研究》，2013（1）；邱志红：《新西兰华侨华人史研究的回顾与思考——以中文研究著述为中心》，载《暨南学报（哲学社会科学版）》，2016（2）；张丽：《新西兰华侨华人史的英文著述研究》，载《暨南学报（哲学社会科学版）》，2016（2）。学者们普遍认为数量规模小是澳大利亚、新西兰华人研究受重视不够的原因。

4. 庄国土：《世界华侨华人数量和分布的历史变化》，载《世界历史》，2011（5）。

5. 最早将"白澳政策"作为一个专题加以讨论的著作发表于 1923 年，再版于 1967 年。参见 Myra Willard, *History of the White Australia Policy*, Melbourne, Melbourne University Press, 1967。对"白澳政策"在 20 世纪的演化问题，则可参见 H. I. London, *Non-White Immigration and the "White Australia Policy"*, New York, New York University Press, 1970。

6. Andrew Markus, "Chinese in Australian History," *Meanjin*, vol. 42, no. 1, 1983.

7. Ng Bickleen Fong, *The Chinese in New Zealand: A Study in Assimilation*, Hongkong, University of Hongkong, 1959.

8. Andrew Markus, "Chinese in Australian History," in Wang Sing-wu, *The Organization of Chinese Emigration 1848–88*, San Francisco, Chinese Materials Centre, 1978, p.89.

9. C. F. Yong, *The New Gold Mountain：The Chinese in Australla，1901–1921*, Adelaide, Ralphael Arts, 1977. 该书中译本为 [澳] 杨进发著，姚楠、陈立贵译：《新金山：澳大利亚华人，1901—1921 年》，上海，上海译文出版社，1988。

10. Kuo Mei-fen, *Making Chinese Australia: Urban Elites, Newspapers and the Formation of Chinese-Australian Identity, 1892–1912*, Calton, Moansh University Publishing, 2013.

11. 刘达人、田心源编著：《澳洲华侨经济》，台北，海外出版社，1958。

12. 刘渭平：《大洋洲华人史事丛稿》，香港，天地图书有限公司，2000。其自选文集为《小藜光阁随笔》，台北，三民书局，1991。

13. 张秋生：《澳大利亚华侨华人史》，北京，外语教学与研究出版社，1998；陈翰笙主编：《华工出国史料汇编》，北京，中华书局，1985。此外需要注意，澳大利亚著名作家艾瑞克·罗斯（Eric Rolls）推出过两卷本的《澳大利亚华人史》通史作品，影响较大，也曾被翻译为中文，但这套书本质上是历史小说，对专业研究的参考价值不宜高估。参见 Eric Rolls, *Sojourners: The Epic Story of China's Centuries-Old Relationship with Australia: Flowers and the Wide Sea,* Brisbane, University of Queensland Press, 1992。该书中译本为 [澳] 艾瑞克·罗斯著，张威译：《澳大利亚华人史（1800—1888）》，广州，中山大学出版社，2017。

14. Nigel Murphy, *Guide to Law and Policies Relating to the Chinese in New Zealand （1871–1997）*, Auckland, New Zealand Chinese Association, 2006; [澳] 麦礼祖：《新西兰人头税》，奥克兰，奥克兰新西兰华联总会，1996。

15. "Alexander Don's Roll of the Chinese as an On-line Searchable Database," *Chinese Southern Diaspora Studies*（《南方华裔研究》）vol. 2, 2008.

16. James Ng, *Windows on a Chinese Past: How the Cantonese Gold Seekers and Their Heirs Settled in New Zealand（vol.1）; Round Hill; Alexander Don; Missions; Mixed Marriages; The Opium Evil（vol.2）; Larrikinism and Violence: Immigration Issues, 20th Century Assimilation: Biographies （vol.3）; Don's Roll of Chinese'（vol.4）*, Dunedin, Otago Heritage Books,1993.

17. Manying Ip ed., *Unfolding History, Evolving Identity: The Chinese in New Zealand,* Auckland, Auckland University Press, 2003.

18. 这里关键的两部作品是：A. Huck, *The Chinese in Australia,* Melbourne, Longmans, 1968；C.Y. Choi, *Chinese Migration and Settlement in Australia*, Sydney, Sydney University Press, 1975.

19. 参见 Ng Bickleen Fong, *The Chinese in New Zealand: A study in Assimilation*, Hong Kong, Hong Kong University Press, 1959。"同化"（assimilation）这个术语现在更多被"认同"（identity）取代，强调了华人能动性的一面。比如，Kuo Mei-fen, *Making Chinese Australia: Urban Elites, Newspapers and the Formation of Chinese-Australian Identity, 1892–1912*, Clayton, Monash University Publishing, 2013。一个可喜的变化是，近年来从华人视角出发分析"白澳政策"影响、突出华人移民主观能动性的作品开始增加。如费约翰（John Fitzgerald）等人以详细的案例研究展现在联邦建国时代华人的认同以及海外网络，包括提出澳洲国民党的组织其实是以商会贸易网络运作的，等等，令人耳目一新。参见 John Fitzgerald, *Big White Lie: Chinese Australians in White Australia*, Sydney, University of New South Wales Press, 2007。

20. 郑嘉锐：《澳大利亚华侨、华人概况》，见郑嘉锐、李承基等撰译：《中山文史第二十四辑：中山人在澳洲》，11 页，中山，政协中山市文史委员会，1992。

21. Kathryn Cronin, *Colonial Casualties: Chinese in Early Victoria*, Carlton, Melbourne University Press, 1982.

22. "Active Voices，Hidden Histories: The Chinese in Colonial Australia," *Journal of Australian Colonial History*, special issue, vol.6, 2004；"Dragon Tails：Re-interpreting Chinese Australian History,"*Australian Historical Studies*, vol.42, no.1, 2011.

23. 参见 Valerie Lovejoy, "Depending Upon Diligence: Chinese at Work in Bendigo 1861–1881," *Journal of Historical and European Studies*, vol.1, 2007; "The Things that Unite: Inquests into Chinese Deaths on the Bendigo Goldfields 1854–65,"*The Journal of Public Record Office Victoria*, no.6, 2007, pp.39–56。Keir Reeves, "Goldfields Settler or Frontier Rogue? The Trial of James Acoy and the Chinese on the Mount Alexander Dig-

gings,"*The Journal of Public Record Office Victoria*, no. 5, 2006, pp.1–13.

24. Barry McGowan, "Reconsidering Race: The Chinese Experience on the Goldfields of Southern New South Wales, "*Australian Historical Studie*, vol.39, issue 124, 2004,pp.312–331; "The Economics and Organization of Chinese Mining in Colonial Australia,"*Australian Economic History Review*,vol.45,no.2, 2005, pp.119–138. Keir Reeves and Benjamin Mountford, "Sojourning and Settling: Locating Chinese Australian History,"*Australian Historical Studies*, vol.42, no.1, 2011, pp.111–125.

25. Valerie Lovejoy, "Chinese in Late Nineteenth-Century Bendigo: Their Local and Translocal Lives in 'this strangers' Country," *Australian Historical Studies*, vol.42, no.1, 2001, pp.45–61.

26. [美] J. 唐纳德·休斯著，赵长凤等译：《世界环境史：人类在地球生命中的角色转变》(第 2 版)，6 ～ 7 页，北京，电子工业出版社，2014。

27. [美] J. R. 麦克尼尔著，韩莉、韩晓雯译：《阳光下的新事物：20 世纪世界环境史》，282 页，北京，商务印书馆，2013。

28. 傅义强：《当代西方国际移民理论述略》，载《世界民族》，2007（3）。

29. [美]孔飞力著，李明欢译：《他者中的华人：中国近现代移民史》，2 页，南京，江苏人民出版社，2016。

30. [美]奥德姆、[美]巴雷特著，陆健健等译：《生态学基础》(第 5 版)，北京，高等教育出版社，2009。

31. [美]孔飞力著，李明欢译：《他者中的华人：中国近现代移民史》，3 页，南京，江苏人民出版社，2016。

32. [美]艾尔弗雷德·W. 克罗斯比著，郑明萱译：《哥伦布大交换：1492 年以后的生物影响和文化冲击》，130 ～ 131 页，北京，中信出版社，2018。但是学者们并不认为这样的事实可以推论出欧洲族裔具有种族上的优越性。因为一方面，人们发现新欧洲生态通常只在温带气候的殖民区出现，因为欧洲的原生态主要基于温带环境而确立。在面对热带环境与极地环境时，欧洲物种并无生态优势可言。另一方面，美洲与大洋洲由于在地理上长期与外界隔离，历史上与外界物种交流很少，所以生态体系特别简单脆弱，可被原住民驯化以用于提高生产力的物种也少，于是本土生态面对突如其来的欧洲物种冲击时，耐受力更差。

33. 国际环境史学界所称的"资源边疆"（resource frontier）一般指为满足远程市场需求，在特定资源既有产区耗竭后而新开辟的产区。这一概念的提出受到了美国边疆学派、现代化 / 发展理论及生态帝国主义理论的影响，主要用于讨论伴随西方殖民扩张而来的殖民地自然资源开发活动。参见 Frans J. Schuurman, "From Resource Frontier to Periphery: Agricultural Colonization East of the Andes," *Tijdshrift voor Economische en sociale*, Geografie, vol.69, no.1–2, 1978, p.95。最近国内环境史学者也开始采用这一重要概念，代表性的成果可参见付成双：《自然的边疆：北美西部开发中人与环境关系的变迁》，北京，社会科学文献出版社，2012。

34. 不仅如此，在另一个地理向度上，伊安·泰瑞（Ian Tyrrell）指出，19 世纪中叶后澳大利亚与加利福尼亚之间同样存在密切的生态交换与环境治理经验互动。参见 Ian Tyrrell, "Peripheral Visions: Californian-Australian Environmental Contacts, 1850s–1910," *Journal of World History*, vol. 8, no. 2, 1997。另见 Ian R. Tyrrell , *True Gardens of the Gods: Californian-Australian Environmental Reform, 1860–1930*, Berkeley, Calif., University of California Press, 1999。

35. 从克罗斯比开始就已经确立了一种西方殖民主义与原住民冲突互动的二元分析框架，代表性的研究可参见 Tom Griffiths and Libby Robin eds., *Ecology and Empire: Environmental History of Settler Societies*, Edinburgh, Keele University Press, 1997；Carolyn Merchant, *Green versus*

Gold: Sources in California's Environmental History, Washington, D.C., Island Press, 1998。就澳大利亚、新西兰及太平洋岛国环境史专题研究来说，无一例外都把欧洲经验的复制以及本土经验的嬗变作为解释当地生态变化的线索。参见 Donald Garden, *Australia, New Zealand, and the Pacific: An Environmental History*, Santa Barbara, ABC-CLIO, 2005; Geofrey Bolton: *Spoils and Spoilers: A History of Australians Shaping Their Environment*, London, Allen & Unwin,1981; Eric Pawson and Tom Brookin eds., *Making a New Land: Environmental Histories of New Zealand*, Oxford, Oxford University Press, 2002。在最近的英帝国环境史研究中，这种二元互动的模式有所突破，西方经验本土化改造的问题受到了重视，但整体叙事仍然将欧洲视为主动且主导性的力量。参见 William Beinart and Lotte Hughes, *Environment and Empire*, New York, Oxford University Press, 2009。

36. Henry Yu, "The Intermittent Rhythms of the Cantonese Pacific," in *Connecting Seas and Connected Ocean Rims: Indian, Atlantic, and Pacific Oceans and Chinese Seas Migrations from the 1830s to the 1930s*, eds. Donna R. Gabaccia and Dirk Hoerder, Leiden, Brill, 2011, pp. 406–427.

37. 例如，马立博（Robert Marks）最近的研究充分强调了中国因素在现代世界史中的动力作用及主体性。参见 [美] 马立博著，夏继果译：《现代世界的起源：全球的、环境的述说，15—21 世纪》（第 3 版），北京，商务印书馆，2017。

38. 参 见 James Beattie, Edward Melillo, and Emily O'Gorman eds., *Eco-Cultural Networks and the British Empire: New Views on Environmental History*, New York, Bloomsbury Academic, 2015, p.3; J. Beattie, E. O'Gorman, and E. Melillo,"Rethinking the British Empire through Eco-Cultural Networks: Materialist-Cultural Environmental History, Relational Connections and Agency," *Environment and History*, vol. 20, no.4，2014, pp. 561–575.

自 2015 年来，国际环境史学界与全球史学界就相关研究开展了一系列讨论，最重要的可参 Ruth Morgon, "Book Review," *Australian Journal of Politics and History*, vol. 62, no. 3, 2015，p. 491; Lee Mahony, "Book Review," *Journal of Global History*, vol.12, no.3，2017, pp. 438–440。

39. 这承继了麦克尼尔父子对全球历史进程中网络交汇的重视，进一步阐发了人群间交流特别是商品流通中自然因素的角色。参见 [美] 约翰·R. 麦克尼尔、[美] 威廉·H. 麦克尼尔著，王晋新、宋保军等译：《人类之网：鸟瞰世界历史》，北京，北京大学出版社，2011。该书在 2018 年推出中文修订版，书名变更为《麦克尼尔全球史：从史前到 21 世纪的人类网络》。

40. Keir Reever and Tseen Khoo, "Dragon Tails: Re-interpreting Chinese Australian History, "*Australian Historical Studies*, vol.42, no.1, 2011, p.4.

41. "冈瓦纳古陆"又称"南方古陆"，是大陆漂移说所设想的南半球超级大陆，包括今日南美洲、非洲、澳大利亚、新西兰、南极洲以及印度半岛和阿拉伯半岛。

42. Libby Robin and Tom Griffiths, "Environmental History in Australasia," *Environment and History*, vol.10, no. 4, 2004, p.459.

43. Tim Flannery, *The Future Eaters: An Ecological History of the Australasian Lands and People*, Sydney，Reed Books, 1994.

44. 在英语中，"aborigine"一词因为具有种族歧视色彩而被多数人废用，现通用"aboriginal people"一词，特此说明。

45. 有关这一问题最精彩的论述可参见 [美] 斯蒂芬·J. 派因著，梅雪芹等译：《火之简史》，北京，生活·读书·新知三联书店，2006。

46. 关于毛利人在新西兰的定居过程，参见 [新西兰] 菲利帕·史密斯著，傅有强译：《新西兰史》第二章，23 ～ 50 页，北京，商务印书馆，2009。关于新西兰毛利人及殖民地时代历史的经典著作还可参见 James Belich, *Making Peoples: A History of the New Zealanders: From*

Polynesian Settlement to the End of the Nineteenth Century, Auckland, Penguin Press,1996。

47. 1788 年荷兰宣称对澳大利亚西部拥有主权，因此英国将新南威尔士殖民地的范围规定为北起约克角，南至塔斯马尼亚岛，自东部沿海起，西部边界至东经 135°，没有规定东部边界，所以新西兰也被算入新南威尔士。

48. 新南威尔士与塔斯马尼亚先后在 1840 年与 1853 年废除流放犯制度，而 1868 年西澳大利亚废除流放犯制度标志着这一制度在澳大利亚正式寿终正寝。关于澳大利亚流放犯制度的详细讨论，可参见 [澳] 罗伯特·休斯著，欧阳昱译：《致命的海滩——澳大利亚流犯流放史：1787—1868》，南京，南京大学出版社，2014。

49. 参见澳大利亚联邦统计局资料，*Minimum Estimates of the Indigenous Population, States and Territories, 1788–1971*, Australian Bureau of Statistics, 2008。

50. [澳] 杰弗里·博尔顿著，杨长云译：《破坏和破坏者：澳大利亚环境史》，21 页，北京，中国环境科学出版社，2012。范迪门斯地区，即 Van Dimen's Land，又译范迪门地，亦称范迪门。

51. [新西兰] 菲利帕·史密斯著，傅有强译：《新西兰史》，33 页，北京，商务印书馆，2009。

52. "毛利战争"统指 1846—1872 年英国拓殖者与毛利人之间围绕土地归属问题等诸多矛盾爆发的一系列暴力冲突。战争是时断时续进行的，1857 年多个毛利部落组成了毛利王国，与英国军队及民兵开展有组织的攻防战，但最终还是因为力量分散及部分部落的主动妥协而失利。作为安抚，殖民当局再次确认毛利人具有英国公民权，还从 1872 年起为毛利人保留两个固定的议会席位，这也成为日后新西兰无法与排斥一切有色人种的澳大利亚殖民地统一成为一个国家的重要原因之一。最经典的分析可参见 Keith Sinclair,*The Origins of the Maori*

Wars,Wellington, New Zealand University Press, 1957。

53. [新西兰] 菲利帕·史密斯著，傅有强译：《新西兰史》，61 页，北京，商务印书馆，2009。

54. [新西兰] 菲利帕·史密斯著，傅有强译：《新西兰史》，75 页，北京，商务印书馆，2009。

55. 新西兰国家统计局 , *Total and Mori Population, 1858–2013*, Statistic NZ, 2016。还可参见 Donald Denoon and Philippa Mein-Smith with Marivic Wyndham, *A History of Australia, New Zealand and the Pacific*, Oxford and Malden, Blackwell, 2000。

56. Donald S. Garden, *Australia, New Zealand, and the Pacific: An Environmental History*, p.78.

57. Tom Brooking and Eric Pawson, *Seeds of Empire: The Environmental Transformation of New Zealand*, London, I. B. Tauris, 2010.

58. Michael Roche, "An Interventionist State: 'Wise use' Forestry and Soil Conservation," in *Making a New Land: Environmental Histories of New Zealand*, eds. Eric Pawson and Tom Brooking, second ed., Otago, Otago University Press, 2013, pp.209–210.

59. James Beattie, "Hungry Dragons: Expanding the Horizons of Chinese Environmental History—Cantonese Gold-Miners in Colonial New Zealand, 1860s–1920s," *International Review of Environmental History*, vol.1, no.1, 2015，pp.103–145.

60. Tom Brooking and Eric Pawson, "New Zealand Environmental Histories," *Environment and History*, vol. 9, no. 4, 2003, p. 375.

61. "Mak Sai Ying Aka John Shying", Parramata Heritage Center, 2017. 根据悉尼帕拉马塔区地方史档案显示，1803 年时有一名中国木匠抵达了悉尼并定居，他的名字叫作 "Ahuto"，但没有其他任何具体记录。可以相信，麦世英之前一定早有华人抵达过悉尼。参见 Jack Brook, *From*

Canton with Courage：Paramatta and Beyond Chinese Arrivals, 1800–
1900, self-printed（无页码），2010, chapter 2, note5。

62. C. B. Malone, "Hocton, Appo," in *Dictionary of New Zealand Biography,*
1990.（电子资源，无页码）

63. 中国学界对这一问题的论述最具代表性的可参见何芳川:《崛起的太平
洋》第十章，166 ～ 179 页，北京，北京大学出版社，1991。

64. 需要强调的是，包括塔斯马尼亚岛在内，澳大利亚与新西兰所有的殖
民地在 19 世纪后期都有华人移民生产生活的身影，但出于篇幅及典
型性取舍的考虑，本书重点关注华人在这几块殖民地的活动。

第02章

/ 新航路

迟至 18 世纪中后期，大洋洲或南太平洋地区依然是地球上最不为外人所知的角落之一。[1] 中国对外交通的历史悠远而多向，但如何与南太平洋地区产生联系却一直缺乏定论：在华语学界，除了考古学、人类学以及语言学界对南太平洋岛屿原住民的东亚起源问题有相对系统的探究，有关古代中国与南太平洋的所谓通航或中国人早于西方人发现澳大利亚的论断都缺乏足够的文献及考古学证据，基本上是一厢情愿的推论。[2] 在英语学界，1788 年 1 月英国第一舰队拓殖悉尼被视为澳大利亚近代史的起点。作为英国最遥远的刑囚流放地及海上扩张前哨，澳大利亚与北半球的海路交通始终事关其存亡，但在极端的西方中心论影响下，澳大利亚社会长期回避自己与地理上更接近的亚洲的交流历史。在传统的澳大利亚早期史撰述中，作为西北太平洋地区文明中心的中国一直缺乏存在感。[3]

虽然中国通往南太平洋的交通问题鲜有人关注，但这绝不意味着两个地区之间缺乏实质性的历史联系，否则很难想象 19 世纪 50 年代后华人移民能够前赴后继地迁徙到澳大利亚与新西兰。通过对殖民地档案、港口记录与跨太平洋航海日志的发掘，尤其是以新西兰海洋史专家里斯·理查兹（Rhys Richards）搜集整理的 18 世纪 90 年代悉尼前往广州的航路图与航海日志为基础，可以发现在直接的移民交流之前，澳大利亚、新西兰及附近岛屿都已经与中国建立起密切联系。[4] 本章将以新航路的开辟为线索，说明中国市场如何驱动了西方殖民者在澳大利亚、新西兰及其周边海岛掀起捕捞海参、砍伐檀香木以及猎取海豹皮的海洋资源开发热潮。这不仅使得中国因素开始影响澳大利亚及新西兰的海洋生态，也为日后华人移民澳大利亚及新西兰铺平了通道。

/ 南太平洋地区对华海参出口及其生态影响

中国对太平洋的海产需求

与传统的中央王朝及拥有漫长农耕或畜牧历史的居民不同，越来越多的证据表明在华南沿海居民的世界观中，其边疆不仅在内陆，更是一个通过南中国海而结成的水体、陆地、人口与资源的复合体。[5] 至少从 12 世纪初叶起，华南地区对东南亚的贸易及移民就已经加速，并在 18 世纪进入全盛。[6] 马立博（Robert Marks）曾评论道：

欧洲和美洲贸易的确占据了 18 世纪后半期中国对外贸易的主要部分，但在 1684—1685 年康熙重开海禁之后从事沿海贸易最多的还是华人，他们既经营沿海路的国内贸易，也从事对南洋各国的国际贸易。[7]

由此，中国市场的各种需求通过华南口岸的海洋贸易不断向太平洋深处释放，加大了全球海洋资源边疆的开拓。在鸦片战争前，环南中国海的生态与文化交流已经处于一种成熟运作且不断向远洋延伸的状态，也与西方主导的海洋殖民网络产生了联系：

从 18 世纪到 20 世纪头十年，中国的需求以及欧洲人满足这种需求的欲望，已经将太平洋变成了世界的餐柜。中国的生态足迹从东南亚不断向更广阔的太平洋地区延伸。[8]

对南太平洋地区而言，流向中国的主要物质内容是来自海洋与海岛的动植物产品，这类商品的生物属性注定了一种供给侧的生态瓶颈。因为持续膨胀的需求会导致自然资源的急剧开发，很快就达到岛屿狭小空间的资源禀赋以及海洋生物种群自我恢复能力的极限。[9]海洋贸易最终会造成特定生物种群数量的严重损失甚至局部灭绝，进而刺激资本家与殖民者去开辟新的资源边疆。这也成为西方列强在南太平洋地区建立殖民地的动因之一。当然，南太平洋地区的原住民在获得新技术、经济收益与长途旅行的机会外，也可能面临航海灾难和外来新疾病造成的伤害。[10]

就可靠的史料来看，海产是中国与南太平洋产生联系的最初纽带。海洋史学家瑞吉娜·冈特（Regina Ganter）指出，早在英国人开辟殖民地之前，澳大利亚北部地区就已经成为中国海参市场的资源边疆。1788 年殖民地建立之后，这项贸易还持续了一个世纪。[11]

海参贸易与澳大利亚海参资源边疆的确立

从 17 世纪中后期开始，海参在中国人的食谱中占据了越来越高级的位置，急剧膨胀的高端市场与利润空间促使中国商人推动了东南亚海域的海参捕捞与贸易活动。为获取高额回报，中国商人常常采取资助、雇佣或直接购买等多种形式，与擅长海洋捕捞的苏拉威西岛人，特别是武吉斯人（Bugis）、望加锡人（Macassar）等合作，垄断该项贸易。捕捞海参的渔场起初分布在帝汶岛海域与望加锡海域，随后延伸至西澳大利亚金伯利沿海（Kimberly Coast）以及澳大利亚北部的阿纳姆地（Arnhem Land）沿海，其中望加锡港成为海参贸易主要集散地。[12] 尽管在 19 世纪中叶之前中国进口的海参数量难以精确统计，但据戴一峰等学者的考证，19 世纪 60 年代至 70 年代初中国每年进口海参维持在 15 000 担左右。[13]

西方殖民者对澳大利亚海域海参捕捞的可靠记录最早出现于 1751 年。当时荷兰驻帝汶的殖民者报告说有中国商人指挥渔船驶离帝汶岛，试图抵达罗迪岛（Rotti）以外洋面的浩瀚沙地捕捞海参，顺便也搜寻玳瑁甲。[14] 渔船自帝汶岛东南方向出发，经历了五天有风状态下的航行，随后又是两天两夜的漂流，最终抵达了一个南方的海岸并遇见了原住民人。中国商人以为自己抵达了一个大岛，但荷兰人确信这就是他们已经探明的南方大陆的海岸。[15] 这个消息引起了荷兰东印度公司的兴趣，但是没有任何更具体的信息反馈跟进。巴达维亚方面的报告认为，帝汶岛东南方向海域存在的陆地"除了出产作为一种干制海蜇的海参和蜡，没有什么其他重要的产品"[16]。1756年荷兰东印度公司尝试组织了一次捕捞海参的航行，虽然有武吉斯人参与，但收获甚微。显然，荷兰人只是出于对潜在贸易品本能的敏感对海参产生兴趣，但其掌握的专业情报与技能非常有限，连海参的生物属性都不很清楚，将海蜇和海参混为一谈。

不过，荷兰人始终提防其他西方势力介入从印尼海域出发的航路。海参捕捞之所以向澳大利亚海域拓展，除了过量捕捞造成海参种群衰亡外，也与荷兰人对相关航路的宰制有关。1667年，荷兰决定性地击败了苏拉威西岛的戈瓦王国（Gowa），进而在两年后控制了重要的望加锡港，而这是其他各方势力倚重的转口港。出于排挤之心，荷兰人将望加锡与广州、厦门的直航通商限制为每年一次。这就使得望加锡以南海域的航行变得更密集，同时投资者变得更愿意推动劳动密集型的生产活动而不只是转口贸易，由此发现海参的概率更高，捕捞活动也更加受到重视。[17]

在荷兰人掌控贸易据点的前提下，由于中国商贾和原住民捕捞者已经配合多年，能够完成从捕捞、风干、囤货到打包集中运输的全部作业流程，通往澳大利亚北部的海参捕捞贸易继续由中国人牢固控制，而其他西方商人更多介入其更熟悉的大宗商品转运，直到 1820 年荷兰人解禁相关航线。1803 年从悉尼出发的澳大利亚殖民地航海家弗林德斯（Matthew Flinders）负责环绕澳大利亚大陆进行巡航。他本以为澳大利亚北部海域非常寂寥，谁知却惊奇地遇到了捕捞海参的中国商人与武吉斯人，交流后得知其来澳从事捕捞活动已逾 20 年，累计航行六七次，当时同海域的捕捞船共计 60 艘。弗林德斯估计这些船只装载的干制海参达到 600 万只左右。[18] 不仅如此，弗林德斯在路过古邦（Kupang）时，发现这里只剩下 6 个欧洲人，进出口贸易全掌握在华商手中：

> 贸易内容有檀香木、蜂蜡、蜂蜜与奴隶，大部分运往巴达维亚，进口货则包括大米、亚力酒（arrack）、蔗糖、茶叶、咖啡以及槟榔，还有中国的手工业制成品，也有来自印度和欧洲的货物。[19]

除了对华贸易，岛屿间的物流也基本由华商运作，阿鲁群岛（Aru Islands）成为群岛间贸易的基地，当时每年都有 30 名左右的华商来访。[20] 1775 年，航海家托马斯·弗雷斯特（Thomas Forrest）记录说：

> 华人运来铁质工具、砍刀、斧子、蓝色与红色的布料、

中国串珠、碗和碟，然后运出奴隶以及各种当地特产，包括龙涎香、贝壳、鹦鹉、玳瑁甲以及海参等杂物。[21]

海参贸易导致了从望加锡出发的贸易路线不断向南太平洋拓展，尤其是促使武吉斯人在从松巴哇岛（Sumbawa）至澳大利亚金伯利海岸之间频繁往返，单程就长达 500 海里。根据季风与洋流条件，最终比较成熟的海参贸易航路是：海参捕捞船在每年 12 月底或 1 月初西北季风盛行时，从望加锡出发，历经半个月的时间到达澳大利亚北部海岸。到 4 月，随季风的改变，船队向东沿阿纳姆地、格鲁特岛（Groote Eylandt）分散开来，最后，下行深入卡奔塔利亚湾（Gulf of Carpentaria）。到 7 月，所有的船满载海参，随东南风返回望加锡。[22] 到 1800 年左右，至少有 30 种海参被转运到望加锡后再运抵中国，主要是厦门。到 19 世纪 20 年代，荷属殖民地出口的海参已经从一种补充性货物变成一种对华贸易的专门产品。根据可获得的统计数字，整个 19 世纪早期，澳大利亚北部海岸海参年产量或超过 5 000 担。[23] 有学者甚至认为，晚至 1870 年前后，中国每年进口海参的总量在 1 000 吨以上，大概有 25% 来自澳大利亚。[24]

1759 年，也就是荷兰东印度公司注意到中国商人主导的海参贸易后八年，英国东印度公司也注意到相关情况，但是英国势力并没有迅速介入。第一个原因是力不从心：当时英国的全球扩张进入一个瓶颈期，焦点还是在大西洋世界，尤其是与法国争夺海外殖民地的七年战争已全面爆发，英国分身乏术。此时，围绕澳大利亚的归属争议，英国与荷兰的矛盾也不断上升，而英国在太平洋地区尚没有足够力量压制荷兰。比如，对英国东印度公司来说，1757年中国政府下令仅开放广州一口通商，这使得广州成为印度、东南亚及中国之间海上贸易网络的关键节点。为了与荷兰抗衡，英国东印度公司的亚历山大·道尔林普（Alexander Dalrymple）尝试在马来亚建立新港口巴兰邦岸（Balambangan），计划能够同时停泊马来亚与中国的船型，最终与巴达维亚匹敌，但他始终未获成功。就在这一过程中，道尔林普注意到了武吉斯人会从荷属印度尼西亚港口定期前往"南方陆地"捕捞海参的现象，但他没有余力介入。[25]

第二个原因在于18世纪后期，海参贸易对英国而言诱惑也不够大。1775年后，库克船长完成了第二次太平洋探险航海之旅。由于他发现了能够穿越危险的巽他海峡（Sunda Strait）直达印度的新航线，英属东印度公司对华贸易迅速升温。在1786年英国政府最终决定向澳大利亚流放囚犯之前，由于从茶叶和丝绸的垄断贸易中收益颇丰，东印度公司不仅没有兴趣再开辟海参贸易，甚至警惕任何在大洋洲区域建立据点的提议，唯恐分散公司精力与多耗成本。"对华贸易是公司坚决垄断的也最令人嫉妒的贸易，其实也成为英国在大洋洲拓展利益最大的障碍。"[26] 1788年澳大利亚殖民地建立之后，英国政府为了贯彻刑囚政策，特别是为了防止它干扰东印度公司的既有海上贸易，殖民地的外贸活动和民间航海活动都被严格限制。除了不准自行建造船只外，所有的商品和交通都必须经由东印度公司船只运输，而澳大利亚殖民据点与东印度公司的据点以及中国的直接交流被明令禁止。[27]

尽管东印度公司态度强硬，但是并非没有遭受抵制。苦于财政压力，1804 年澳大利亚总督菲利普·金两次提议允许殖民地对华通商，出口包括海参和檀香木在内的大洋洲特产，进而强化对澳大利亚北部的掌控。除他之外，推动设立殖民地的英国皇家学会会长詹姆斯·班克斯（James Banks）也提议允许澳大利亚发展对外自由贸易，尤其是允许殖民地船只向最北面的海域自由航行。但是他反对开展对华贸易，尤其是卷入海参贸易，因为这不仅会干扰东印度公司的利益，而且会在东南亚引发不必要的纠纷。[28]在东印度公司的抵制下，相关的限制并没有立刻松懈。但是，由于垄断贸易日趋低效以及不受其约束的非英国籍商船的冲击，东印度公司很难持续封杀澳大利亚殖民地海域的航行与贸易。随着19 世纪上半叶英国在东南亚殖民实力的增强与荷兰实力的进一步减弱，澳大利亚北部海域的海参捕捞与贸易出现了新的变化。1819 年英属新加坡作为自由贸易港开埠后，尽管前往澳大利亚海域捕捞海参的活动仍然活跃，但望加锡作为海参贸易集散地的地位迅速衰落。可以说，东南亚英属商贸据点的崛起逐渐改变了传统的中澳海参贸易路线。

海参与檀香木贸易的复杂生态后果

毫无疑问，南太平洋的海参成为近代全球海参贸易的重要来源，而它引发的后果不仅停留在经济领域，也呈现在生态层面上。一个直接的影响是，澳大利亚北部海域可捕捞的海参涉及 30 多个品种，一度都面临明显的种群衰退。这刺激了澳大利亚殖民地朴素的海洋资源保育意识。比如，从 1882 年开始，各块殖民地的政府都要求前来澳大利亚海岸采捕海参的望加锡船申请许可证，否则不得入境，收费为每船每季 10 英镑。1884 年，殖民地当局又开始对望加锡渔船征收关税。至 1907 年，澳大利亚最终禁止捕捞海参，其本土的海参贸易就此终结。[29]

然而随着澳大利亚海参资源边疆的衰落，南太平洋的海参捕捞活动开始不断向同纬度的海岛沿岸推进，生态影响也持续扩大。首先就是斐济的海参贸易，它在 1828—1835 年异常兴盛，年均产量在 35～70 吨，但随后就急剧凋零，接着在 1842—1850 年再次兴盛。当这里的海参贸易再次被迫沉寂后，新喀里多尼亚群岛的海参捕捞又开始勃兴。1864—1873 年，从悉尼经停其首府努美阿（Noumea）装载海参的运输船的数量达到了顶峰，旋即衰落。而从澳大利亚昆士兰出发经停新几内亚装载海参的运输船数量则在 1873—1885 年达到顶峰，与其他岛屿类似，此后新几内亚的海参产量也一蹶不振。[30] 显然，南太平洋地区海参资源边疆如转烛般盛衰，很大程度上是因为捕捞活动导致了海参种群的枯荣交替。

海参贸易所依托的产业链在南太平洋沿海地区也引发了间接性的生态影响，尤其是砍伐沿海林木的现象。原来，新鲜海参难以保存，必须迅速干制后才能远程运输，所以烘干海参的活动就地展开，使得不少沿海植被沦为薪柴。承担风干海参工作的主要是南太平洋的原住民，因为海参烘干需要工人在岸上长时间值守，也需要动用大量劳动力去伐木。为此贸易商建造了庞大的烘干场所，其中：

> 美国人建造的烘干房通常有100～120英尺（1英尺约合0.3米——引者注）长，20英尺宽。有200多人被雇用去搜罗海参，100人去伐木砍柴，可能还有50人负责一直烧火。[31]

海参脱水需要持续用火烘烤，因此对薪柴的需求始终是高强度的，当地沿海地区有限的森林资源由此被快速消耗。比如，为了烘干海参，斐济西部的莱芙森林（Vita Levu）遭受了美拉尼西亚原住民的滥伐，"进一步干扰了当地本已处于脆弱平衡状态的生态系统，使树木的自发再生愈加困难"[32]。另有学者估算，海参贸易仅在斐济就大约消耗了100万立方英尺（约合2.83万立方米）的木材。[33]

在南太平洋岛屿地区，除了为了获得燃料而砍伐林木，商人们也会直接开发本地特有的木材资源，如檀香木。从18世纪后期开始，南太平洋的檀香木与海参通常被同船出口。一个理由在于两者产地接近，同时海参不足以填满许多来自南太平洋殖民地的货船，檀香木可以充当压舱物。另一个更重要的原因在于，当时东亚的檀香木市场持续繁荣。作为名贵的木材，檀香木可以制成家具和摆件，也可以制作香水、药品和熏香，奇货可居。随着印度与东南亚檀香木（白檀）供给量的减少，商人们便把目光转向南太平洋岛屿，以期继续满足相关市场的需求。[34] 在这一过程中，国际贸易商和原住民联手，系统地开辟了如串珠般分布的太平洋檀香木资源边疆：从斐济（1804—1816 年）到马克萨斯群岛（1814—1820 年），再到夏威夷（1811—1831 年），最后蔓延到美拉尼西亚的各个小型群岛，尤其是时称新赫布里底的瓦努阿图（1841—1865 年）。[35] 由于檀香木的生长速度异常缓慢，持续的砍伐和损耗导致高大的植株迅速消亡，劳工们开始转向砍伐和破坏小树甚至幼树。因此到 19 世纪中叶，南太平洋地区大块檀香木的贸易也基本告一段落。

砍伐与搬运檀香木同海参贸易一样需要大量劳动力的投入，这对原住民社会也产生了深刻的影响，一些拥有树木所有权的原住民开始暴富，而传统的自然经济体系则开始瓦解。典型的如执政至 1819 年的夏威夷国王卡梅哈梅哈一世（Kamehemeha I），他始终控制着檀香木的开发与供应，其政治权力由此得到强化。围绕木材的砍伐与出口活动，夏威夷的社会、政治和人口也发生了复杂的变化。传统上当地居民普遍从事满足自身需求的粮食作物种植，而在檀香木贸易繁盛的时代他们就转向满足海外贸易的檀香木砍伐及航海船只补给品生产，这种结构性的社会分工变化使得原住民抵御灾荒的能力锐减。1811—1812 年"厄尔尼诺"现象导致了夏威夷粮食作物的进一步减产，在缺乏外来补给的情况下，当地出现了严重的饥荒。此外，持续的檀香木贸易引来大批商人与水手登陆，他们带来的疾病也导致当地人口的锐减。[36]

毫无疑问，海参与檀香木贸易都极大地促进了中国与南太平洋地区产生联系，也促进了相关航路的发展和维持。需要注意的是，中国人对这类贸易实现了长期掌控，由此产生的商路很大程度上也仍然属于中国主导的海上交通。尽管英国与荷兰人对贸易据点的掌控以及航路的开辟有所介入，但他们没有系统参与，基本上是融入并利用既有的商贸路线与运作模式，适度重组贸易路线的节点。不过，尽管以望加锡为中转枢纽的海参贸易早在欧洲势力有记载前就已经全面展开，甚至可能存在个别华人商旅抵达过澳大利亚北部的情况，然而这并不意味着中国与澳大利亚产生了直接的联系，中国因素对这里的生态的变化只有间接影响。事实上，中国与澳大利亚北部之间的海参贸易路线虽然绵延数世纪，但与 18 世纪末由西方殖民者探索并打造的悉尼通往广州的"极东航线"相比，意义与影响都较小。

/ 寻找通往中国的"极东航线"

从地理上看，北部沿海地区是澳大利亚大陆最靠近亚洲的地方，但也是整个大陆自然条件最恶劣、人口分布最稀疏、经济基础最薄弱的区域。在 18 世纪末，除了捕捞海参，殖民者普遍缺乏在此开展拓殖定居的兴趣。对实际侵占了澳大利亚的英国而言，即便排除荷属印尼群岛的阻碍因素，也没有任何证据表明它存在经营澳大利亚北部至中国航路的意愿和需求。然而至晚从 18 世纪 70 年代开始，中国市场的价值已经令人无法忽视，对华贸易的巨大逆差使得英国商人们始终要考虑如何寻找高利润的对华出口货物。

1779 年，库克船长在第三次太平洋探险航行中命丧夏威夷，但是其继任者詹姆斯·金（James King）率领余部完成了航行。回程中，金在广州出售了从大洋洲各地搜集来的少量毛皮，货值 2 000 英镑。这立刻引发了英国对大洋洲毛皮、木材以及海产可以换取大量财富的憧憬。[37] 1788 年悉尼拓殖后，围绕澳大利亚大陆东部及南部海域的勘探迅速展开，从大洋洲前往中国的航线也逐渐受到重视，最终形成了以澳大利亚的杰克逊港（今悉尼港）为枢纽、跨越太平洋中部赤道海域前往中国的航路，被统称为"极东航线"（Easternmost Route）。[38] 借助新航路，海豹皮贸易的兴起不仅进一步强化了中国与南太平洋的联系，其生态意义也是空前的。它标志着中国对大洋洲地区的生态影响从低纬度的热带海域向高纬度的温带及寒带扩大。

事实上，澳大利亚殖民地草创伊始，探索直航中国的极东航线的活动就已经展开。1788 年 1 月 20 日押运囚犯抵达澳大利亚的第一舰队一共有 11 艘船，包括 6 艘运输船、3 艘补给船、2 艘海军护卫舰、1 艘运煤船、1 艘战舰（旗舰）。舰队从英国起航，经停里约热内卢、好望角，然后直插澳大利亚南部海域，绕行塔斯马尼亚岛外海抵达悉尼植物湾，航程共计 15 063 海里，航行 250 天，包括有 68 天经停港口。[39] 由于准备仓促，第一舰队中的所有民用船都是租用的，包括三艘受命在运输完犯人后为东印度公司运茶叶的船只。当时船只租赁价格是每吨每个月 10 先令，结果抵达悉尼时，租赁费用总计已经超过 2 万英镑，因此舰队司令菲利普被要求"尽一切努力尽快卸载所有的军官与人员……还有囚犯、补给、日用品，一旦卸载完毕，立刻遣散所有租赁船只，因为其中有船只要前往中国接受东印度公司调配，其余的尽早返回"[40]。最终，333 吨位的"彭林夫人号"（Lady Penrhyn）、430 吨位的"斯卡布罗号"（Scarborough）以及 350 吨位的"夏洛特号"（Charlotte）运输船分别在 1788 年 5 月 5 日、6 日、8 日启程，经停广州回到英国。[41] 其中"斯卡布罗号"与"夏洛特号"在出海后汇合，一路向北航行，而"彭林夫人号"则向东方的塔希提进发，三艘船都闯出了通往中国的新航路。[42]

根据之前库克船长探险航行积累的经验，从悉尼出发北行的船只应该以巴达维亚为第一目的地。传统航路为：出海后沿澳大利亚东部海岸线向北航行穿过所罗门群岛，抵达新几内亚岛南岸后开始向西转，沿新几内亚海岸前行，向南穿越望加锡海峡（Makassar Strait），再向西前行最终抵达巴达维亚，由巴达维亚再前往各个熟悉的目标港。从巴达维亚回英国的路线是穿越巽他海峡进入印度洋，抵达好望角后经西非海岸抵达欧洲。[43] 但问题是，澳大利亚东北部的大堡礁绵延上千千米，从所罗门群岛至巴布亚新几内亚穿越托雷斯海峡（Torres Strait）的航线也是暗礁密布，因此即使不考虑气象和补给因素，这个已知航线的大部分航程都有遭遇搁浅的风险。

对此，马绍尔船长（Captain Marshall）率领的"斯卡布罗号"以及吉尔伯特船长（Captain Gilbert）率领的"夏洛特号"另辟蹊径：他们是先向东北方向航行，经停新喀里多尼亚以及新赫布里底（即今日瓦努阿图），再穿行其与所罗门群岛之间的海域，越过赤道后，向西航行。结果他们在赤道附近发现了新的群岛，即后来以他们名字命名的马绍尔群岛与吉尔伯特群岛。穿过这些稀疏分布的群岛继续向西，经加洛林群岛与马里亚纳群岛，就能从菲律宾以北洋面直航广州。其中马里亚纳群岛上已知的提尼安岛（Tinian Island，又译天宁岛）因港湾优良和原住民友好，可以充作可靠的补给点。1788年9月9日，这两艘船成功抵达澳门，随后顺珠江而上进入黄埔码头装载茶叶，12月17日开始返航英国。这就开辟了当时大洋洲通往中国的极东航线。[44] 后来这条航路耗时为 50～60 天，但由于带有探险性质，"斯卡布罗号"与"夏洛特号"航程长达 126 天。

"彭林夫人号"出海后一路向东前往今日法属波利尼西亚的塔希提，而没有与前两艘船同行，因为它本来就没有被要求直接前往广州。5月18日的航海日志显示，当天密封的命令被打开，指示"彭林夫人号"前往塔希提、桑德维奇群岛（Sandwich Isles），然后前往美洲西北部海岸搜集海獭皮等毛皮后再运往中国出售，由此在广州换取茶叶及其他中国产杂物。[45] 不过水手们的坏血症在出海不久后就愈演愈烈，在塔希提完成补给后，船员不再愿意向西北航行，而是向西北方向折返，尝试直航广州。结果"彭林夫人号"就几乎沿赤道一路向西航行，沿途幸运地新发现了一连串群岛，包括日后以船名命名的彭林岛，最终也抵达了提尼安岛休整。1788年10月19日"彭林夫人号"抵达澳门，10

月 31 日进入黄埔港，至 1789 年 1 月 8 日才启程前往英国，最终于 8 月回到英国，成为整个第一舰队中最晚回国的船只。这次航路开辟了太平洋上最远离大陆的岛屿抵达广州的新路线。

显然，第一舰队旗下的这三艘船不是为了澳大利亚殖民地的发展而尝试开辟通往中国的航路，而是具有冒险性地将大洋洲与中国连接起来。这种穿越赤道再向西抵达中国的航线一旦被证明是可行的，后续的航行也就不可阻挡地发展起来。不仅如此，英国政府为了减少向澳大利亚运输囚犯的成本，在后续流放囚犯的过程中，特许租赁的私人运输船在返航途中参与广州贸易，以此为条件吸引其承担运输囚犯之任务。1790 年 10 月 26 日，根据这一协议，第二舰队的五艘运输船先后通过东部航路抵达广州，平均耗时 84 天，其中最长的耗时也不过 93 天，最快的一艘只用了 71 天。这五艘船里，"斯卡布罗号"是第二次完成这一航行，"惊奇号"（Surprise）的船长尼古拉斯（Nicolas）则是"彭林夫人号"前任的大班，由此极东航线得到进一步确定。[46]

需要注意的是，在英国船只开辟极东航线时，以商业盈利为唯一目的的美国商船也进行了类似的探索。1787 年 12 月 29 日，在约翰·利德（John Reed）的领导下，美国费城出发的商船"联盟号"（Alliance）进入了广州。"联盟号"走的路线是从好望角直穿印度洋抵达澳大利亚南部的塔斯马尼亚岛。穿越澳大利亚大陆与塔斯马尼亚岛之间的巴斯海峡后，"联盟号"向北拐弯，在澳大利亚东部洋面一路直行，越过赤道后向西转，最终从台湾岛东南部洋面进入南海，这个航线在公布之后经常被后续船只使用，尤其是美国船。[47]

　　在极东航线的探索过程中，航行次数最多、航海收获最丰厚的当数东印度公司的乔治·罗伯森船长（Captain George Robertson）。在 1805 年退休之前，这位资深航海家几乎把全部的精力都放在探寻穿越太平洋中部海域的对华航路上。包括在 1792 年找到了经圣科鲁兹岛（St. Cruz Island）再向西航行抵达广州的最短航线。而几个月后与罗伯森采用近似航路的另一名资深船长埃塞克斯·邦德（Captain Essex Henry Bond）则创造了只用 62 天就从悉尼抵达广州的记录。[48] 不过，在殖民地建立的最初十年，大部分尝试采用极东航线前往中国的英国船只航行路线都存在一定差异，主要原因在于海员对太平洋中部海域的航行环境比较陌生，尽管有海图的指引，但仍然有偏差与意外。幸运的是，太平洋中部星罗棋布的岛屿能够作为路标，为进一步的商业航行奠定基础。

/ 极东航线上的海豹皮

　　尽管 1790 年左右从悉尼通往广州的极东航线不断得到探索，但它并没有立刻成为重要的海上贸易路线，可持续性也不得而知。掣肘因素除了东印度公司抵制殖民地发展自由贸易外，同样重要的原因在于当时这里并不出产富有贸易价值的商品，从大洋洲前往中国的航线本身商业吸引力不足。但是殖民地对外贸易的需求始终急迫，因为当时连日常消费品都严重依赖进口，这不仅导致殖民者的生产生活条件窳劣，也使得维持殖民地的开销非常巨大。[49] 尽管菲利普·金总督要求开放造船禁令以及拓展殖民地自由贸易的请求被驳回，但殖民者普遍沿海居住，他们与其翻越大分水岭去陌生荒凉的内陆探险，不如搜索更熟悉的沿海空间，所以航海活动势不可当。

海洋能提供什么呢？当时大洋洲海域比较繁荣的经济产业是捕鲸，但是它需要巨额的前期投入，绝非殖民地居民的财力可以负担。因此，殖民者将目光转向了大洋洲海域广泛分布的海豹——自库克船长第三次航行之后，殖民者们都知道毛皮能够在广州市场上获得丰厚利润。更重要的是，虽然东印度公司不准殖民地直航东印度公司据点及广州，但是并没有禁止大洋洲岛屿之间的交通和贸易，这都为探索海豹猎场奠定了基础。[50]

海豹捕猎的兴起

南半球温带海域的海豹捕猎活动自 17 世纪初就由荷兰人启动。随后的 100 余年中，它经历了一个由大西洋向南印度洋和大洋洲沿海地区扩散的过程。在澳大利亚殖民地建立之前，印度洋南部岛屿的海豹捕猎已经渐入高潮，而且从技术上讲，晚至 1792 年时捕猎海豹并分离毛皮与油脂已经是成熟的工艺了。[51] 不仅如此，由于从印度洋南部到澳大利亚南部的海豹捕猎线路与英国押送流放犯的航线基本重合，大洋洲海域遍布着海豹的消息不胫而走，旋即引发了挑战东印度公司禁令的私猎贩售海豹皮的活动。比如，一个叫约翰·考克斯（John Cox）的毛皮贸易私商，曾长期非法居留在广州。1787 年东印度公司说服中国政府将其驱逐后，他回到英国组建了一个挂名在瑞典旗下的捕猎海獭与海豹的团队。1789 年 2 月考克斯从英国出发，经好望角、圣保罗岛（St. Paul Island）抵达澳大利亚南部的巴斯海峡捕猎海豹，然后又前往新西兰和塔希提，再经夏威夷去北美西北海岸搜集海獭皮，最终从阿拉加折返，于 1790 年元旦抵达中国澳门，全程耗时仅 10 个月零 5 天。[52] 考克斯返回英国后立刻公布了相关的航行日志，他使用的航路就成为后来大洋洲海豹皮运输商前往中国的首选路线。

面对私商的公然挑战，东印度公司决定以特许状的形式允许部分殖民地居民捕猎并贩售海豹皮。新南威尔士军官团出身的威廉·拉文（William Raven）在 1792 年获得了第一张特许状，立刻就前往殖民地附近岛屿搜购海豹皮，最终从新西兰西南角的达斯奇峡湾（Dusky Sound）搜集了 4 500 张毛皮。经过后续多次探查，拉文证明了殖民地开展海豹捕猎产业极富商业潜力：因为当时从巴斯海峡到新西兰及诺福克群岛（Norfolk Island）海域的海豹数量数不胜数。更重要的是，与捕鲸活动不同，海豹捕猎能够由以陆地为基地的团队集中操作，母船不需要太靠近海岸从而可以避免搁浅。通常母船有针对性地放下捕猎海豹小分队后即可离开港口，或者去探寻其他猎场，或者去塔希提进口猪，抑或去斐济与汤加收购檀香木，定期再携带补给品回到猎场，同时带走处理完的海豹皮与海豹油。显然，所谓捕猎海豹船无需太大的吨位，包括硬件设备在内的投资成本也很低，甚至小型运输船都可以胜任。最后一点优势在于，美国船和英国船的母港通常都在遥远的北半球，而殖民地的母港相对近在咫尺，容易补给。[53] 第一舰队司令菲利普总督的继任者约翰·亨特（John Hunter）以及菲利普·金总督都对殖民地民间自由贸易采取了姑息态度。当海豹捕猎被证明有利可图后，他们更有推波助澜之心。1802 年金总督在给殖民部大臣霍巴特（Hobart）的信中说：

> 在巴斯海峡和范迪门殖民地，人们用小型船只捕捉海豹猎取皮毛，船都是这里个人所有的。他们搜集了可观的海豹皮和海豹油。对那些想干正经事和有上进心的人，我应该尽可能鼓励。[54]

事实上，早在 1798 年新移民查尔斯·毕晓普（Charles Bishop）开始私造"鹦鹉螺号"（Nautilus）捕猎海豹船时，当局就未加干预。在得到特许状后，毕晓普在澳大利亚与新西兰附近温带海域捕猎并搜集海豹皮。在收留因风暴而搁浅弃船的"悉尼湾号"（Sydney Bay）船员后，毕晓普曾放言：

> 我们知道这些岛屿地带（巴斯海峡）都是海豹，这是我们的目标，收留 25 个强壮的成员以及两艘捕鲸船加入我们，去杀死海豹，风干毛皮，运往中国。[55]

到 1799 年初，他已经搜集到 3 000 加仑以上的海豹油和 1 万张毛皮。在给捕猎者分红后，毕晓普将 9 000 张毛皮在广州出售，换取了 13 000 美元以及成品毛衣，再将其贩售到美洲。这次航行在 1799 年 5 月 29 日起航，7 月 1 日抵达吉尔伯特群岛南部，随后穿过马绍尔群岛，除了在莱德隆群岛（Ladrone Islands，今日马里亚纳群岛北部）休整一天外，始终直航澳门。1800 年前后，由悉尼出发的极东航线明显成了以商业贸易为主的航线。

受到毕晓普等人影响，罗伯特·坎贝尔（Robert Campbell）也看好海豹皮贸易的前景，开始设立皮毛贸易公司专事收购，由此皮毛捕猎者就不用专门等候前往中国的船只，而是直接向坎贝尔公司出售收获。坎贝尔从东印度公司得到特许状后，从加尔各答征调船只辗转运货至悉尼，随后再搜集毛皮运抵广州。[56] 詹姆斯·安德伍德（James Underwood）以及亨利·卡贝尔（Henry Kable）也是这一领域的开山人物。他们本是流放犯，在刑满释放后留在殖民地谋生，分别掌控了悉尼的造船业与治安警察队伍。1800 年他们找到了曾在"鹦鹉螺号"上效力的萨缪尔·柴思（Samuel Chace），三人合伙组建了整个殖民地最大的捕猎海豹船队及货运公司，在 1816 年公司最终完全解体前，船队共拥有 11 艘船并且在 1803 年之前完全针对中国市场捕猎和搜集海豹皮。[57]

海豹皮贸易的繁荣巩固了悉尼国际商贸据点的地位，因为从大洋洲岛屿搜集来的毛皮通常汇集在悉尼打包装载通往中国的商船。如坎贝尔等大型收购商还在悉尼建立了专门的仓库囤积海豹皮。1800 年左右，悉尼已经被标示为太平洋航海图中不可缺少的重要港口，船只可以从这里前往大洋洲岛屿，也可以直航中国。1801—1802 年航季，有三艘英国运输船结伴从悉尼经极东航线前往中国，1802—1803 年航季，仅东印度公司就有六艘船离开悉尼前往中国，至少有两艘船明确走了极东航线。1804 年是意义重大的年份，因为所有从悉尼出发前往广州的船只都采用了极东航线，平均耗时只有 60 天。[58]

美国商人与海豹皮贸易的扩大

需要指出的是，由于不受东印度公司贸易管制的约束，利用极东航线参与大洋洲至广州毛皮贸易的美国船只非常积极，数量与英国船只接近。[59]澳大利亚殖民地建立后第一艘采用极东航线的美国船是 1791 年的"费城号"（*Philadelphia*）。其船长托马斯·帕崔克森（Captain Thomas Patrickson）在好望角遇到了当时还是副总督的菲利普·金，后者暗示帕崔克森将其运输的美国腌牛肉、朗姆酒、金酒、烟草、沥青等杂物运到悉尼销售。在悉尼清货后，帕崔克森与一位英国船长交易了货物，在后者前往中国三周后也驶向中国。[60]两周后，来自罗德岛的海豹捕猎船也经停悉尼，这些捕猎船已经装满了毛皮，只是借助悉尼休整，然后沿极东航线前往中国。

1800 年后，美国海豹捕猎船已习惯性地出现在大洋洲海域，利用悉尼做补给港，再以极东航线向中国输送毛皮。代表性的如

"中意号"（*Favorite*），至少三次抵达过广州，还从广州直接返航过一次。例如，1806 年它运载了创纪录的 87 080 张海豹皮前往广州，售价高达 64 000 美元。1805 年后，由于船长们对最东方航路已经非常熟悉，美国船只甚至不经停悉尼，直接在新西兰以北的诺福克群岛补给后穿越赤道直向中国航行。[61]

经过对悉尼港口所有船舶进出口记录的整理，可以得到 1788—1817 年悉尼杰克逊港与广州直接通航的船次详情。[62]

根据统计可以发现，明确由中国出发直接抵达悉尼的航行有 6 船次，标明用于捕猎海豹的有一艘。排除由悉尼开往大洋洲其他地区后再辗转抵达中国的船只，从悉尼直奔中国的直航船只达到惊人的 79 船次，除了明确指出装载了毛皮的船只，大多数的所谓"商品"及"存货"都含有海豹皮。[63] 在这份统计涵盖的 30 年中，自 1792 年到 1803 年这 11 年里，广州与悉尼两地之间的通航达到 49 船次之多。[64] 此时商船如果不是以巴达维亚为目的地，则通常意味着选择了极东航线。尤其是 1800 年后，因为法国大革命与拿破仑战争的影响，英国与欧洲大陆的法国、荷兰关系逐步恶化，选择巴达维亚做中转的英国船只数量也有所减少。总之，在澳大利亚殖民地建立的 20 年中，在海豹皮贸易的刺激下，大洋洲通往中国的极东航线已经成为连接两地的主要交通线。显然，极东航线不是一种均衡双向发展的航路，主要就是为了满足大洋洲地区的对华出口。

/ 极东航线开辟的环境史意义

如果说涉及澳大利亚北部海岸的东南亚海参贸易创造了中国与南太平洋地区的联系，那么极东航线的开辟和维持则意味着南太平洋与中国直接交流的开始。如果说前者还属于以中国为中心的传统海外交通的延伸，那么后者则完全属于资本主义世界市场体系在太平洋扩张的产物。这对太平洋地区的地缘政治、经贸格局及生态变化都有重大意义。一方面，尽管海参贸易路线一直维持到 19 世纪中后期，但它从不是南太平洋与中国交流的重要渠道。另一方面，尽管东印度公司试图垄断对华贸易，但极东路线的发展加速了垄断制度的消亡，促成了中国与南太平洋的自由交通。不仅如此，这种海洋网络不仅是沟通南太平洋对外关系的，也便利了其内部的交流：澳大利亚大陆与新西兰，包括诺福克岛、斐济、巴布亚新几内亚等在内的周边岛屿地区都产生了空前的联系。在澳大利亚殖民地建立之前，这些地区只是进入了西方列强的视野而已，而此时由于海上贸易需要稳定的支点，侵占与开发活动就不断加速，殖民者与原住民的交流日益复杂深化。诸如塔希提、苏瓦、提尼安以及亚浦（Yap）等港口都成为国际海员的休整基地，当地人也像澳大利亚北部的尤古努人（Yolgnu）一样习惯了与访客保持稳定交流。值得一提的是，1797 年传教士船"杜夫号"（*Duff*）在詹姆斯·威尔逊船长（Captain James Wilson）的带领下，穿越新西兰海域访问了汤加、塔希提、马克萨斯群岛、土阿莫土群岛东部，最后又绕行斐济群岛东部、加洛林群岛及帕劳，最终抵达中国。"杜夫号"的路线成为日后西方传教士及国际移民在大洋洲航行的主要路线。[65]

从新航路的开辟与巩固中可以明显看到资本主义体系对全球资源边疆扩张及生态联系的推进。相对于西半球的已有原料产地，南太平洋特有自然资源的开发与出口不仅边际效益更高，而且还有利于新开辟殖民地生计的维持。[66]例如，海豹捕猎产业以及新贸易路线的确立，对西方而言，首先使得英国海上力量不仅可以从印度洋进入中国，也能从南太平洋进入中国，这奠定了帆船时代远洋船只可以全季节抵达中国的可能。因为穿越印度洋抵达中国的传统交通时机都需要考虑季风的因素，穿越巽他海峡进入南海的船只，最晚抵达的时间必须是 12 月，因为之后洋面会由强劲的东北风主导，前往中国的船只就要逆风航行。由于可以借助东北季风返回英国，从 12 月底到次年 3 月通常是返航时间。但是从极东航线前来的船只则不会面临这样的问题。[67]其次，对于澳大利亚殖民地而言，以悉尼为代表的港口据点在英帝国全球航路特别是太平洋商贸交通网络中赢得了一种空前的支点地位。这对于殖民地的生存至关重要。因为在 19 世纪 30 年代牧羊业兴起之前，殖民地仅茶叶一项的进口开销就超过了羊毛、油脂、兽皮、动物角、海豹皮以及木材出口的盈利总和。如果没有以海豹皮转口贸易作为财政收入支柱，殖民地的经济与社会生活可能面临更大的压力。[68]

对于中国而言，对南太平洋的交流路线经历了一个地理上向东转移、向深蓝色海域延伸的过程。海参捕捞的贸易路线不断边缘化，而基于海豹捕猎的极东航线迅速发展，这意味着一种依赖短程航行、间接贸易的商贸模式让位于依靠远洋航行、直接贸易的交流模式。从消极的层面看，这意味着当时中国在对外贸易中虽然还维持惊人的入超地位，但对航路的主动影响力正在不断减弱。从积极的层面看，在西方航海者的推动下，中国与南太平洋地区建立了越来越高效的交通联系：

> 当时英国轮船自英国装运移民、杂货来澳，然后由澳洲装运煤斤、檀香木料、海味和兽皮输往中国，再由中国装载茶叶、丝绸取道澳洲、印度回航英国。所谓"飞剪号"（Clipper）的快速帆船，往来中国与澳大利亚之间，交通颇为频繁。[69]

这就奠定了 19 世纪 50 年代之后华人移民经海路蜂拥至澳大利亚与新西兰投身淘金等活动的交通基础。根据张秋生的考证，19 世纪 40—50 年代前往大洋洲的华工船只主要有三个出发地：厦门、香港、新加坡；航向则有两条：一条是从东部太平洋的珊湖海抵达，另一条是从西部绕过利物文角（Cape Leeuwin）抵达，所耗时间少则 80 天，多则 120 天。具体航线还有五条：

> 第一条是经马尼拉，通过安汶海峡（Ambon Strait）和托雷斯海峡到悉尼。航行期一般要 84 ～ 90 天。
> 第二条是经马尼拉，通过望加锡海峡和龙目海峡

（Lombod Strait），然后绕过利物文角到达墨尔本和悉尼。这
是最远的一条航线，航行期一般需要 104 ～ 118 天。

第三条是经新加坡和巽他海峡，然后绕过利物文角到达
阿德雷德、墨尔本和悉尼。从新加坡到澳大利亚的华工，除
去达尔文的以外，都采用这条航线，航程需要 76 ～ 80 天。

第四条是经新加坡，转向东方行驶，绕过约克角（Gape
York），抵达悉尼。航期在 91 天左右。

第五条则是从厦门和香港出发，穿行巴布亚新几内亚以
东外海，直抵悉尼。比如，1848 年从厦门出发的运载第一批
赴澳华工的移民船"宁罗号"（*Nimrod*）就只停靠了阿森松
岛（Ascension Island）一地。[70]

显然，从厦门与香港出发的从中国本土直航澳大利亚殖民地的路
线正属于极东航线。

当然，极东航线的巩固和发展，更意味着中国与澳大利
亚、新西兰的生态联系更紧密了，最直接的后果就是以海豹为
代表的澳大利亚、新西兰沿海主要哺乳动物的种群衰退。事实
上，1792 年后，随着海豹皮贸易的不断壮大，南太平洋毛皮海
豹（Arctocephalus forsteri）资源边疆不断转换，越来越狭小。

在普遍缺乏自然保护观念的 19 世纪，绝大部分人确实不可
能从生态悲剧的角度理解南太平洋海豹种群惨遭屠杀的现实。但
是，在虐杀海豹的行为引发明确关切的情况下，西方捕猎者对此
依然无动于衷，这就充分体现了资本主义唯利是图逻辑中对自然

的冷漠无情。比如，为了皮毛的完整无损，海豹捕猎者通常用木棍敲死海豹，或者用锥子戳入海豹脊柱杀害之，过程异常血腥。1802 年，一位目睹了捕猎场景的法国海军准将如此描绘澳大利亚东南部外海及巴斯海峡的捕猎行为：

> （这是）对海豹的一场毁灭性战争。……巴斯海峡等地的许多岛礁都已经沾透海豹的血迹，因为这些海豹从来没有接触过人类，几乎是坐等着被猎手们逐个敲死。……用不了多久你就会听说海豹完全灭绝了。[71]

但是类似的警告没有得到西方捕猎者的丝毫重视。到 1802 年底，巴斯海峡的海豹种群已基本损失殆尽，以悉尼为基地的捕猎者继而转向新西兰的南岛，不久之后又前往其附近更小的岛屿，南太平洋海豹皮资源边疆遂持续扩张。一家悉尼的报纸统计显示：

> 19 世纪头十年中，一艘船短程内收获 80 000 到 100 000 张海豹皮绝非罕见。[72]

从 1804 年至 1809 年，海豹捕猎活动向远离澳大利亚与新西兰的寒温带小型群岛蔓延，平均一艘船年均猎得海豹皮也维持在 25 万张左右。[73] 值得注意的是，这仅是最终能存下的毛皮数，而非海豹死亡的数量。大部分经过风干的海豹皮流向了伦敦或广州。据保守统计，1788 年到 1833 年出售到伦敦和广州的南半球海豹皮总计 623.5 万张，最终流入广州的达到近 403.9 万张。[74] 其中来自澳大利亚南部海域、新西兰以及附近海岛的至少有 140 万张。[75] 这一统计排除了走私贸易的规模，而且由于当时的运输和防蛀条件有限，海豹皮储存和运输过程中的损耗非常之高。[76] 因此可以推测，整个南太平洋海域毛皮海豹的种群损失量远远超过现存贸易记录中可统计的数目。据瑞·理查德（Rhy Richards）估算，1833 年前，海豹捕猎者仅在新西兰及其外海岛屿就杀戮了大约 700 万只毛皮海豹，而在 1804—1810 年以及 1823—1827 年，屠杀数目两次翻倍。[77] 19 世纪 30 年代初，由于广州毛皮市场的饱和，更重要的是由于海豹种群数量整体性的消亡，南太平洋毛皮海豹捕猎产业逐渐衰落，对华毛皮出口规模也逐步萎缩。[78]

/ 小　结

对海参、檀香木及海豹皮资源边疆兴衰的考察充分说明了自 18 世纪末开始，澳大利亚与新西兰等南太平洋地区与中国的交通网络不断创新和巩固。其原因不仅在于偶然的航海探险发现，更在于需要不断开辟和转换海洋生物产品的资源边疆。中国与澳大利亚、新西兰及大洋洲岛屿的交通、贸易与生态联系也绝非偶发和零星的，而是持续扩大化和紧密化。需要强调，在 19 世纪中期华南地区人口大举输出之前，中国与南太平洋地区联系的主要特点是海洋生物资源不断流向中国市场。中国对后者的生态影响还是相对间接的。但不可忽视的是，在这种塑造"中国人的太平洋"的过程中，中国市场、商人与西方势力是合力发挥作用的。一方面如海参及檀香木贸易所表现的，传统的环南海贸易实现了扩大化，另一方面如海豹皮贸易所显示的，它依托于新航路的开辟与殖民地的创建。其中，欧洲势力越来越强势，充当了新资源边疆的主要推盘手，是当地原生态遭受破坏、许多物种遭遇危机的直接责任人。

注释

1. 在国际学界，南太平洋（The South Pacific）不仅是自然地理概念，也是地缘政治概念，常常包括实际上位于赤道以北的夏威夷以及密克罗尼西亚群岛，本书采用这一定义。而所谓"大洋洲"（Oceania）是一个行政地理概念，在中文语境中，包括澳大利亚、新西兰、新几内亚岛（伊里安岛）以及美拉尼西亚、密克罗尼西亚、波利尼西亚三大岛群的广阔空间。但是，澳大利亚与新西兰学界在使用"Oceania"一词时，通常指除自身以外的岛国。此外，澳大利亚、新西兰及其周边岛屿也常被称为"澳大拉西亚"（Australasia）。如无特别说明，本书将根据具体需要混合使用上述名词。对于南太平洋地区概念的系统讨论，还可参见汪诗明、王艳芬：《如何界定南太平洋岛屿国家》，载《太平洋学报》，2014（11）；Paul D'Arcy, "Oceania and Australasia," in *The Oxford Handbook of World History*, ed. Jerry H. Bentley, New York, Oxford University Press, 2011, p.545。

2. 台湾地区的学者尤为热衷于讨论南岛人种的台湾起源问题，但即便这种联系确凿，也属于文明起源时代作为一个物种的人类在全球散布的过程问题，并非有组织有计划的政治、经济与文化交流。对这种研究的动机与问题意识的剖析，可参见吴春明：《"南岛语族"起源研究述评》，载《广西民族研究》，2004（2）。至于华人可能早于西方人发现了澳大利亚，甚至在唐代之前就发现或知道澳洲的存在只能是一种推论，因为澳大利亚与大洋洲岛屿出土的所谓文物不仅难辨真伪，而且都是孤证。华人可能比哥伦布更早抵达美洲以及宋、明时代华人在爪哇岛的活动可能使其意识到澳大利亚的存在并进行探访，更是一种缺乏基本文献支撑的臆测。对相关研究的具体介绍可参见张秋生：《澳大利亚华侨华人史》第一章，1～14 页，北京，外语教学与研究出版社，1998。

3. 相关的研究较多，具有总结性的代表作可参见 [澳] 大卫·沃克著，张勇先等译：《澳大利亚与亚洲》，北京，中国人民大学出版社，2009。澳洲主流学界最早涉足中澳交通问题思考的是曼宁·克拉克，这位第二次世界大战后最著名的澳大利亚史学家在多卷本《澳大利亚史》的第一卷中认真探讨了华人及荷兰人造访澳洲的情况，但这一讨论仍然只局限于关注华人是否率先抵达过澳洲及两地之间可能存在的古代海路联系。参见 Manning Clark，*A History of Australia*：*From the Earliest Times to the Age of Macquarie*, Melbourne, Melbourne University Press,1963。

4. 其成果分三部分发表在澳大利亚海洋史学会学报《大旋涡》（*The Great Circle*）上：Rhys Richards,"The Easternmost Route to China and the Robertson Aikman Charts," *The Great Circle*, vol. 8, no. 1,1986; "The Easternmost Route to China 1787–1792: Part II," *The Great Circle,* vol. 8, no. 2, 1986; "The Easternmost Route to China: Part III," *The Great Circle,* vol. 9, no. 1,1987.

5. 安东尼·瑞德（Anthony Reid）对"环南中国海"这个区域概念提出了精辟的论断，认为南海在历史上扮演了类似地中海的地缘角色。参

见 [澳] 安东尼·瑞德著，吴小安、孙来臣译：《东南亚的贸易时代：1450—1680 年》第一卷《季风吹拂下的土地》，北京，商务印书馆，2010。

6. 陈碧笙：《世界华侨华人简史》，35 页，厦门，厦门大学出版社，1991。

7. [美] 马立博著，王玉茹、关永强译：《虎、米、丝、泥：帝制晚期华南的环境与经济》，160 页，南京，江苏人民出版社，2012。

8. Ryan Tucker Jones,"The Environment," in *Pacific Histories: Ocean, Land, People*, eds. D. Armitage and A. Bashford, Basingstoke, Palgrave Macmillan, 2014, p.130.

9. 关于中国、印度、澳大利亚与英国间贸易发展与生态影响的研究可参见 James Beattie, "Thomas McDonnell's Opium: Circulating, Plants, Patronage, and Power in Britain, China and New Zealand, 1830s–1850s," in *The Botany of Empire in the Long Eighteenth Century* , eds. Sarah Burke Cahalan and Yota Basaki, Washington, D.C., Dumbarton Oaks/Harvard University Press, 2017, pp.163–188; Beattie, Plants,"Animals and Environmental Transformation: New Zealand/Indian biological and landscape connections, 1830s–1890s," in *The East India Company and the Natural World* , eds. Vinita Damodaran and Anna Winterbotham, Basingstoke, Palgrave Macmillan, 2014, pp. 219–248。

10. 对此最好的概述是 John R. McNeill, "Of Rats and Men: A Synoptic Environmental History of the Island Pacific," *Journal of World History*, vol.5, no.2, 1994, pp.325–326; Ryan Tucker Jones,"The Environment"。

11. Regina Ganter,"China and the Beginning of Australian History," *The Great Circle,* vol. 25, no. 1 ,2003, pp. 3–19.

12. 关于中国在东南亚推动海参捕捞与贸易的论述可参见冯立军：《认知、市场与贸易——明清时期中国与东南亚的海参贸易》，载《厦门大学学报（哲学社会科学版）》，2012（6）。有关这一活动如何波及了澳大利亚北部海域，最详尽系统的论述可参见 Campbell Macknight, *The Voyage to Marege: Macassan Trepangers in Northern Australia* , Melbourne, Melbourne University Press, 1976; Kathleen Schwerdtner Máñez and Sebastian C. A. Ferse,"The History of Makassan Trepang Fishing and Trade," *Plos ONE*, no.5, 2010。关于中国商人的影响的讨论，参见 Heather Sutherland, "Trepang and wangkang: The China Trade of Eighteenth-century Makassar c. 1720s–1840s," *Bijdragen tot de Taal-, Land- en Volkenkunde,* vol. 156, no. 3, 2000, pp. 451–472。

澳大利亚的金伯利海域与阿纳姆地海域被海参捕捞者分别称为"Kayu Jawa"与"Merege"。

13. 戴一峰：《18—19 世纪中国与东南亚的海参贸易》，载《中国社会经济史研究》，1998（4）。中国史料采用"担"为海参贸易称重单位，而西文文献多采用"吨"为单位，为尊重原文，本书对此不进行统一换算。明清时"一担"大约相当于今日的 60 千克，特此说明。

14. 罗迪岛是帝汶岛西南端以外洋面的一座小岛，通常被视为海参捕捞者在帝汶海域活动的边界。

15. Willem Robert, *The Dutch Explorations, 1605–1756, of the North and Northwest Coast of Australia*, Amsterdam, Philo Press, 1973.

16. Campbell Macknight, *The Voyage to Marege: Macassan Trepangers in Northern Australia*, p.40.

17. 同上书 , pp.8–9。

18. Matthew Flinders, *A Voyage to Terra Australis Undertaken for the Purpose of Completing Discovery of That Vast Country, and Prosecuted in the Years 1801,1802, and 1803*, London, G. & W. Nicol, 1814, pp. 229–232; C. Conand, *The Fishery Resources of Pacific Island Countries. Part 2. Holothurians*, Rome, Food and Agriculture Organization of the United Nations, 1990, p.14.

19. Matthew Flinders, *A Voyage to Terra Australis*, pp.231, 255.

20. 关于华人何以在荷属东印度与殖民者实现同盟，可参见徐冠勉：《奇怪的垄断——华商如何在香料群岛成为荷兰东印度公司最早的"合作伙伴"（1560—1620 年代）》，见刘新成主编：《全球史评论》第十二辑，45 ～ 85 页，北京，中国社会科学出版社，2017。

21. Campbell Macknight, *The Voyage to Marege: Macassan Trepangers in Northern Australia*, p.13.

22. Sandy Blair and Nicholas Hall,"Travelling the 'Malay Road': Recognising the Heritage Significance of the Macassan Maritime Trade Route," in *Macassan History and Heritage: Journeys, Encounters and Influences*, eds. Marshall Clark and Sally K. May, Canberra, The Australian National University, 2013, p.213.

23. Campbell Macknight, *The Voyage to Marege: Macassan Trepangers in Northern Australia*, pp.101–103. 另有研究认为武吉斯人船货从 8.5 吨到 22 吨不等，19 世纪上半叶每季总船货约 35 吨。参见 Kathleen Schwerdtner Máñez and Sebastian C.A.Ferse, "The History of Makassan Trepang Fishing and Trade"。

24. Campbell Macknight, *The Voyage to Marege: Macassan Trepangers in Northern Australia*, pp. 1, 14–15, 40.

25. Regina Ganter, "China and the Beginning of Australian History," p.10; Ged Martin ed., *The Founding of Australia: The Arguments about Australia's Origins*, Marrickville, Hale and Iremonger, 1978, p.137.

26. John Ward, *British Policy in the South Pacific*, Sydney, Australasian Publishing Company, 1948, p.9.

27. 对具体政策的分析可参见 Michael Roe, "Australia's Place in the Swing to the East 1788–1810," *Australian Historical Studies*, vol.8, no.30, 1958, pp.202–213。

28. 具体内容可参见"King to Hobart", August 14, 1804 and December 20,1804, *Historical Records of Australia*,vol.1, Part 5, pp.202–203; "Banks Paper", *Historical Record of New South Wales*, vol.6, p.109。

29. Regina Ganter, *China and the Beginning of Australian History*, Melbourne, Melbourne University Press, 1976, p.15.

30. C. Conand, *The Fishery Resources of Pacific Island Countries*, p.15.

31. R. G. Ward,"The Pacific Bêche-de-mer Trade with Special Reference to Fiji," in *Man in the Pacific: Essays on Geographical Change in the Pacific Islands*, Oxford, Clarendon Press, 1972, pp.107–108.

32. G. Ross Cochrane,"Problems of Vegetation Change in Western Viti Levu, Fiji," in *Settlement and Encounter: Geographical Studies Presented to Sir Grenfell Price*, eds. Fay Gale and Graham H. Lawton, Melbourne, OUP, 1969, p.120.

33. R. G. Ward, *Man in the Pacific: Essays on Geographical Change in the Pacific Islands*, p.118.

34. 关于太平洋檀香木贸易的兴起，可参见王华：《夏威夷檀香木贸易的兴衰及其影响》，载《世界历史》，2015（4）。

35. John R. McNeill, "Of Rats and Men: A Synoptic Environmental History of the Island Pacific," *Journal of World History*, vol.5, no.2, 1994, pp.325–326.

36. Ross H. Cordy, "The Effects of European Contact on Hawaiian Agricultural Systems 1778–1819," *Ethnohistory*, vol. 19, no. 4, 1972, p.410; O. A. Bushnell, *The Gifts of Civilization: Germs and Genocide in Hawaii*, Hawaii, University of Hawaii Press, 1993.

37. 关于经济利益的考量如何影响了英国在大洋洲设立殖民地的决策，可参见 K. M. Dallas,"First Settlement of Australia: Considered in Relation to Sea-power in World Politics," *Papers and Proceedings: Tasmanian His-*

torical Research Association, vol.2, no.3, 1952, pp.4–12。

38. 殖民者在悉尼的最初登陆点是植物湾，但是其北部的杰克逊湾更适宜驻泊，因此得到更多建设。今天的悉尼港与悉尼城市是围绕杰克逊港发展起来的。"极东航线"这个术语是后人的概括，事实上后来它也包括从其他大洋洲港口前往中国的航路，但囿于本节主题和篇幅，仍使用这个统称。参见 Rhys Richards,"The Easternmost Route to China and the Robertson Aikman Charts," p.1。

39. A. K. Cavanagh, "The Return of the First Fleet Ships," *The Great Circle*, vol. 11, no. 2, 1989, p.1.

40. "Phillip Papers", *Historical Records of Australia*, series 1, vol.1, p.11.

41. 第一舰队中各船只的吨位、载人数、航行起止时间可参见 A. K. Cavanagh, "The Return of the First Fleet Ships," p.9。

42. 这三艘船的航海日志都已公开。"彭林夫人号"的日志原稿保存在悉尼的米歇尔图书馆，但至 1979 年才正式出版，见 Arthur Bowes Smyth, *A Journal of a Voyage from Portsmouth to New South Whales and China in the Lady Penrhyn*, Merchantman，1789; Reprinted as *The Journal of Arthur Bowes Smyth: Surgeon, Lady Penrhyn 1787–1789*, eds. Paul G. Fidlon and R.J. Ryan, Sydney, Australian Documents Library, 1979。"斯卡布罗号"的记录保存于菲利普总督的航行报告中，见 Arthur Phillip, *The Voyage of Governor Phillip to Botany Bay*: *With an Account of the Establishment of the Colonies of Botany Bay and Norfolk Island*, London, printed for John Stockdale, 1789。"夏洛特号"的日志见 Thomas Gilbert, *Voyage from New South Wales to Canton, in the Year of 1788,with the Views of Islands Discovered*, London, printed for J. Debrret,1789.

43. 详见 Geoffrey Blainey, *The Tyranny of Distance: How Distance Shaped Australia's History*, chapter 3, Melbourne, Macmillan, 1975。英国政府只关心舰队如何抵达澳大利亚，没有认真地进行回程规划，对包括军舰在内的船

只回国路线没有硬性要求。结果第一舰队的大部分船只采用了传统航路，也有军舰从合恩角穿越大西洋回国。这一路线缺乏补给，航行环境也复杂，民用船只很少采用。

44. Arthur Phillip, *The Voyage of Governor Phillip to Botany Bay*, p.173.

45. P. G. Fidlon and R. J. Ryan eds., *The Journal of Arthur Bowes Smyth: Surgeon, Lady Penrhyn 1787–1789*, p.15.

46. Rhys Richards,"The Easternmost Route to China 1787–1792: Part II," p.107.

47. 具体的记录，美国方面的可参见 Robert Greenhow, William Healey Dall, *The History of Oregon and California, and the Other Territories of the North-West Coast of North America: Accompanied by a Geographical View and Map of Those Countries, and a Number of Documents as Proofs and Illustrations of the History*, Boston, Charles C. Little and James Brown, 1845, p.179. 该船至晚于 1787 年 10 月 15 日抵达范迪门殖民地。英方的资料参见 Reports of the Honourable East India Company's Select Committee of Supercargoes, Canton. Ms Diaries and Consultations, in *The India Office Library and Records*, London. Diaries vols. 85 and 89. 转引自 Rhys Richards, "The Easternmost Route to China and the Robertson Aikman Charts," p.63。

48. Rhys Richards, "The Easternmost Route to China and the Robertson Aikman Charts," p.58.

49. 关于早期殖民地社会生产生活状态的当事人记录可参见 [英] 沃特金·坦奇著，刘秉仁译：《澳洲拓殖记》，北京 , 商务印书馆，2008。

50. D. R. Hainsworth,"Exploiting the Pacific Frontier: The New South Wales Sealing Industry 1800–1821," *The Journal of Pacific History*, vol. 2, no.1, 1967，pp.59, 61. 关于中国毛皮需求及广州口岸毛皮贸易的兴起问题，可参见周湘：《清代毛皮贸易中的广州与恰克图》，载《中山大学学报论丛》，2000（3）；《清代尚裘之风及其南渐》，载《中山大学学报（社

会科学版）》，2005（1）。

51. 关于南半球海豹捕猎活动向澳大利亚蔓延的背景可参见 Anne-Maree Whitaker,"From Norfolk Island to Foveaux Strait: Joseph Foveaux's Role in the Expansion of Whaling and Sealing in Early Nineteenth Century Australasia," *The Great Circle*, vol. 26, no. 1, 2004, pp. 51–59。

52. G. Mortimer, *Observations and Remarks Made during a Voyage to Islands of Teneriffe, Amsterdam, Maria's Islands near Van Diemen's land; Otaheite, Sandwich Islands; Owhyhee, the Fox Islands on the North West Coast of America, Tinian, and from thence to Canton, in the Brig Mercury Commanded by John Henry Cox*, London, printed for the author, 1791, p.71.

53. 关于拉文活动的具体报告可参见 David Collins, *An Account of the English Colony of New South Wales*, London, printed for the author, 1798。

54. "Governor King to Hobart, November 1804," *Historical Record of Australia*, series 1, vol.3, pp.635–636.

55. M. Roe, *Journals and Letters of Captain Charles Bishop on the North West Coast of America, in the Pacific , and in New South Wales, 1794–1799*, Cambridge, Cambridge University Press, 1967, p. 29.

56. D. R. Hainsworth,"Exploiting the Pacific Frontier: The New South Wales Sealing Industry 1800–1821," pp.59, 61.

57. D. R. Hainsworth, "Exploiting the Pacific Frontier: The New South Wales Sealing Industry 1800–1821," p.63. 1803 年后广州市场海豹皮价格暴跌，从而导致部分海豹皮运输者选择伦敦市场，但仍有数量可观的船只开展对广州的贸易。

58. Rhys Richards, "The Easternmost Route to China 1787–1792: Part II," pp.113–114.

59. Rhys Richards,"The Easternmost Route to China 1787–1792: Part III," p. 48.

60. L. G. Churchward, "Rhode Island and the Australian Trade 1792–1812," *Rhode Island History*, vol. 7, no. 4, 1948, pp. 97–104.

61. Rhys Richards,"The Easternmost Route to China 1787–1792: Part III," p.55.

62. "Arrival of Vessels at Port Jackson, and Their Departure," *Australian Town and Country Journal*, 1891, pp.16–17. 杰克逊港基本为当时悉尼唯一国际通航的港口。关于悉尼与广州的直航船次，详见本书附录一"悉尼杰克逊港与广州直接通航船次一览表（1788—1817 年）"。

63. 由于极东航线通常会经停太平洋岛屿补货，许多船没有显示以中国为目的地，但其实最终抵达了中国销售毛皮。比较典型的是"中意号"，它直航中国只有 2 次，但入境记录达到 7 次。具体情况可能需要找到广州口岸的记录才能确认。

64. 1792 年是殖民地捕猎海豹皮作为一种产业兴起的时间，1803 年后因为广州市场毛皮原料价格开始暴跌，从 1804 年开始，商船开始将毛皮运往伦敦，加工为成品后再转售中国。这导致了直航中国的船只数量急剧下降。

65. Andrew Sharp, *The Discovery of the Pacific Islands*, London, Greenwood Press, 1960，p. 177.

66. 例如，澳大利亚殖民地最初的生计压力可参见 [英] 沃特金·坦奇著，刘秉仁译：《澳洲拓殖记》，5 ～ 12 页，北京，商务印书馆，2008。海豹皮贸易换来的茶叶与日用品大大缓解了这种压力，参见 D. R. Hainsworth，"Exploiting the Pacific Frontier: The New South Wales Sealing Industry 1800–1821，" pp.59–62。

67. 事实上，在 18 世纪 90 年代，许多商船还是考虑在 12 月前抵达广州，因为这是最后确定商品采购合同的时间。A. K. Cavanagh,"The Return of the First Fleet Ships," p.3.

68. 就贸易逆差对上述贸易开发的推动问题，代表性的讨论可参见 John Ward, *British Policy in the South Pacific*, p.9; Regina Ganter, "China and

the Beginning of Australian History," pp. 3–19。

69. 刘达人、田心源编著:《澳洲华侨经济》, 21 页, 台北, 海外出版社, 1958。

70. 参见张秋生:《澳大利亚华侨华人史》, 70 ～ 71 页, 北京, 外语教学与研究出版社, 1998。

71. "Commodore Baudin to Governor King, 1802," *Historical Records of New South Wales*, volume 5, p.832. 转引自 Robert McNab, *Murihiku: A History of the South Island of New Zealand and the Islands Adjacent and Lying to the South, from 1642 to 1835*, Wellington, Whitcombe and Tombs Limited, 1909, p.256。

72. *Sydney Gazette*, 29 July 1829.

73. Richard Ellis, *The Empty Ocean: Plundering the World's Marine Life*, Washington, D.C., Island Press, 2003, pp.175–176.

74. 该研究显示, 因为广州毛皮价格存在波动, 所以许多海豹皮是被运往伦敦加工后再流入中国的。Rhys Richards, "New Market Evidence on the Depletion of Southern Fur Seals: 1788–1833," *New Zealand Journal of Zoology*, vol.30, no.1, 2010, p.3.

75. 关于大洋洲区域海豹损失数量的统计, 参见 John Ling, "Exploitation of fur Seals and Sea Lions from Australian, New Zealand and Adjacent Sub-antarctic Islands during the Eighteenth, Nineteenth and Twentieth Centuries," *Australian Zoologist*, vol. 31, no. 2, 1999, pp. 323–350 以及 Ian W. G. Smith, *The New Zealand Sealing Industry History, Archaeology, and Heritage Management*, Wellington, New Zealand, Department of Conservation, Victoria University, 2002。

76. 该研究显示, 1810 年之前, 从南太平洋出发抵达广州时仍然能保持完好无损的毛皮可能低于 50%。参见 D. R. Hainsworth, "Exploiting the Pacific Frontier: The New South Wales Sealing Industry 1800–

1821," pp.72–73。

77. Rhys Richards,"New Market Evidence on the Depletion of Southern Fur Seals: 1788–1833," pp.1–9.

78. Donald Garden, *Australia, New Zealand, and the Pacific: An Environmental History*, p.78.

第03章

/ 跨越赤道的相遇

随着持续而高强度的经济开发活动，从 19 世纪初期开始，大洋洲不同区域的海参、檀香木与海豹都逐步面临商业灭绝的窘境，英美商人靠澳大利亚与新西兰海洋生物资源支撑的对华贸易的利润空间骤减。尽管不是唯一的原因，但这一现实促使英帝国进一步调整相关殖民地的资源边疆属性。其中一个后果是 19 世纪 30 年代后英国加紧利用印度出产鸦片运往中国市场牟取暴利。这造成了讽刺性的后果，鸦片的高额利润降低了南太平洋海产开发的力度，以华人尤其是华南居民的身体为代价，这里海洋生物的灭种危机无意中得到了缓解。[1]

但是对于澳大利亚等殖民地而言，海洋资源边疆的衰落开始威胁到新兴移民社会的基本生计。英国政府及国际资本不得不开始考虑内陆开发的必要性与可能性。绝非偶然的是，澳大利亚在 19 世纪 30 年代掀起了著名的牧羊业大扩张运动。[2] 新西兰也在 19 世纪 40 年代开始转向发展农牧业。这样，南太平洋地区的资源边疆就日益深入内陆腹地，变得更依赖劳动力的密集投入，对移民需求持续激增。1811—1830 年，澳大利亚人口从 1.1 万增加到 7 万，而 1830—1840 年的十年中又增加了 12 万，大部分是受英国政府资助的移民，但这依然不能满足殖民地自然资源开发的需求。[3] 苦于劳动力短缺问题，殖民地社会精英要求引进华人劳工的呼声不断增高。本章将要讨论的就是牧羊业与淘金热这两大内陆资源边疆的扩张如何引发了华人向澳大利亚殖民地的移民，环境因素在这一过程中又扮演了何种角色。

/ 走入荒野的厦门人

前文已经提到的麦世英是鸦片战争前零星抵达澳大利亚的华人移民的缩影。这些人大部分是作为随船水手和勤杂工而留驻悉尼的，数量非常少，在 1846—1848 年有明确记录的仅有 23 人。1848 年是个具有里程碑意义的年份，因为从这一年开始，澳大利亚首次出现了华人成批输入的记录，1848 年与 1849 年总计达 390 人。[4] 这些人都是国际移民掮客运来的契约劳工，从厦门口岸出发直接抵达澳大利亚东南部殖民地。这种华人移民持续到 1853 年初才最终停止，可惜累计人数究竟有多少已经难以厘清。因为中国出港、殖民地海关以及美国档案中的旁证材料都不一致。经过综合比对，目前较为可信的结论是 1848—1853 年至少有 3 000

名华工抵达澳大利亚殖民地。⁵

牧羊业资源边疆的大扩张

1853 年之前，绝大部分华人移民澳大利亚皆源于所谓牧羊业大扩张[6]引发的用工需求。澳大利亚的欧洲农场主们急需海外移民来照顾同样来自海外的动物，尤其是来自西班牙的美利奴羊。澳大利亚牧羊业大扩张大体从 19 世纪 20 年代开启，是天时地利人和的产物。首先，从外部市场的刺激上看，英国工业革命尤其是工厂纺织业的蓬勃发展对羊毛供应提出了空前高涨的需求，欧洲及英帝国其他殖民地既有的羊毛生产已经供不应求，资本家们亟须寻找新的羊毛资源边疆。其次，19 世纪 30 年代前后，英国殖民地治理理念也开始发生变化，殖民理论家爱德华·韦克菲尔德提出了"系统殖民"的理论。他认为澳大利亚作为一个军管的刑囚殖民地在经济上与人道上都不是长久之计，同时英国本土也需要转移过剩人口，因此应该废除澳大利亚既有的"土地恩赐制度"，转而以低价向移民出让土地，以此吸引外来移民。[7]英国政府立刻折中接纳了这一建议，向牧场主开放理论上属于"皇家领"（Crown Land）的殖民地土地供其"圈用"。最后，当时殖民地的畜牧实践获得了初步的成功。对此，1790 年率家人前来澳大利亚服役的新南威尔士保安团军官约翰·麦克阿瑟（John MacArthur）居功甚伟。他认为：

> 澳大利亚在距离地球其他文明地区如此遥远的这个小小居民点，是不会有最终成功的希望的，除非它能生产一种用于出口的原料。这种原料必须用最少的人就能生产出来，而需求量却很大，并且还要能够经得起长距离海运。[8]

麦克阿瑟认为，这种原料就是羊毛。他从 1795 年开始就不断开展绵羊引种饲养活动，包括著名的美利奴羊（merino）。

美利奴羊是西班牙牧羊者在漫长岁月中培育出来的大型绵羊，因其羊毛质量之高，被西班牙国王视为国宝，1765 年前私自出口美利奴羊者甚至会被判处死刑。1789 年，美利奴羊被荷兰殖民者引入开普殖民地，随后又被英国军人在 1797 年引入新南威尔士，最终落入一直在试养绵羊的麦克阿瑟手中。1803 年时，麦克阿瑟已经拥有了 4 000 只羊，1807 年时他第一次在英国市场上出售羊毛，获得追捧。麦克阿瑟继续扩大饲养规模，至 1822 年时，已经能够向英国输送 68 吨上等羊毛，引起了英国市场的轰动。麦克阿瑟的成功具有典范性效应，殖民者纷纷开始圈地养羊，成为所谓"牧场借用人"（squatter），不断向内陆开辟牧场。

但是，对于牧羊业边疆的扩张而言，仅凭市场刺激、政策推动以及个人努力都是不够的，澳大利亚殖民地得天独厚的自然禀赋才是关键。事实上，美利奴羊在欧洲大部分地区都难以繁衍，尤其是在经济发达的西北欧地区。比如，西班牙国王卡洛斯三世（Garlos Ⅲ）曾向荷兰执政威廉（William Ⅲ）慷慨赠送美利奴羊，结果羊群因为无法适应北大西洋世界的低温与强降水而凋零，这才导致了荷兰殖民者把美利奴羊运送到自己在南非的殖民地。

事实上，澳大利亚殖民者是在大自然的不断提醒下才意识到美利奴羊的价值的。从定居之初，殖民者就一直渴望复制欧洲式的密集种植农业，曾在多个沿海地区做试验，几无成功。因为欧洲式的农业依赖于粮食种植与家畜饲养，而开展这种混合的密集型农业要求环境同时具备三个要素：肥沃的土壤、持续可靠的水源以及足够的木材供给，而这些恰好是澳大利亚早期殖民区普遍欠缺的。[9]可是，这里无边无垠的温带草原却被证明是理想的牧场，而且潜力巨大：从沿海开始到大分水岭的平原草场呈新月形展开，绵延达 1 000 千米左右；水草丰美，气候温和，由于年降雨量不高于 800 毫米，羊群可以获得充足饮水又不易患烂蹄病。不仅如此，大部分牧区每月最低平均气温在 10 摄氏度以上，旷野无猛兽，羊群可露天过夜。19 世纪 30 年代，牧场借用人又开始翻越大分水岭向内陆探索扩大牧场。1835 年春，新南威尔士总测量官托马斯·米切尔（Thomas Mitchell）从悉尼南下抵达菲利普港区殖民地（1851 年后正式脱离新南威尔士，更名为维多利亚殖民地，以墨尔本为首府）。他欣喜地记述说：

> 我们赶着沉重的马车朝两个方向前进，除了蓬松的土壤，再没遇到什么妨碍前进的自然阻力；在回程的路上，平原上鲜花齐放，山包上郁郁葱葱，早春的风儿吹拂在面庞。

我要称它为"澳大利亚的福地"（The Australian Felix），以此区别于我向内陆探险时遇到的不毛之地，唉，我们在那里徘徊了如此之久却毫无收获。[10]

1836—1838 年，仅从新南威尔士跨过墨累河（Murray）涌入的牛羊就分别达到 5 000 头和 14 万只，全境羊群总量超过了 30 万。[11] 殖民大臣发现，"即使派出英国的全部军队，即使派出十万名士兵遍布整个灌木林，也无法把牧羊人赶回原地"[12]。1830 年，澳大利亚羊毛出口量达到了 196.73 万磅，而 1845 年时，羊毛出口量达到了 2 186.5 万磅，1850 年时出口量更是达到了惊人的 4 142.67 万磅，比 20 年前增加了 20 倍。[13] 截至 1848 年，澳大利亚牧场总共拥有绵羊 150 万只，而整个澳大利亚殖民地总人口不过 33.23 万人。总督不得不在 1844 年下令每 20 平方英里（1 平方英里约合 2.59 平方千米）内最多准许放养 4 000 只羊或 500 头牛。[14]

厦门劳工起航

毫不意外的是，如此大规模的牧羊业扩张造就了畜牧业生态的空前膨胀，也提出了新的劳动力需求。早在 1829 年，韦克菲尔德就在其关于殖民地管理改革方案《悉尼来信》（*A Letter from Sydney*）中向政府建议，新南威尔士殖民地要雇用贫穷的中国人作为契约工人开辟荒野。至 1834 年 4 月 19 日，悉尼最大的报纸《悉尼先驱晨报》（*Sydney Morning Herald*）又撰文提出：

有必要着手把中国华南地区的居民有组织地输送到新南威尔士。可以雇用华人充当农工、园丁、机器匠、铁匠、细木工、建筑工等。招募中国劳力的整套办法，颇像贩卖奴隶：雇主必须按每一个人 5 英镑数目向输送苦力的公司付钱，而苦力的劳动报酬，除伙食外，每月不超过 1 英镑。[15]

1837 年 6 月，参与鸦片贸易的悉尼商人吉尔伯特·戴维德森（Gilbert Davidson）发布公告，希望雇用中国工人的商人及牧场主可以向其登记，然后由他通过新加坡的掮客招募华工，但是如果用工总量低于 400 人，亦即不能装满一艘大船，他就不会行动。尽管有 55 名雇主登记，但自发的用工需求始终未达标，此倡议最终无果。[16]

华人劳工批量进入澳大利亚的关键转折点还是鸦片战争。1843 年 11 月 2 日，新南威尔士总督府收到了英国官员自香港发来的《虎门条约》副本，正式确认英国籍船只可以自由停靠新开放的通商口岸。不久，以英商为首的西方商人选中了海港优良、通商基础较好但管理相对福州、广州薄弱的厦门作为非法劳工贸易的中心，先后建立了六家外国苦力代理机构。其中主营悉尼路线的洋商包括 R. 唐恩斯（R. Towns）和 T. 辛普森（T. Simpson）。经王省吾至张秋生几代学人的详细考证，可以确信第一艘运载厦门华工抵达澳大利亚的船只是英国运输船"宁罗号"。1848 年 6 月 6 日，"宁罗号"从香港抵达厦门运载了 120 名华工，在海上周折航行三个多月后于 10 月 2 日抵达了悉尼，工期五年。华工批量进入澳大利亚殖民地的序幕从此正式被拉开。[17]

不过，除了具有口岸的地缘优势，农牧场主们首选厦门劳工还有一个重要的原因，那就是对厦门人的环境适应力充满期待。在英国驻华外交官的报告信中可以找到如下评价：

> 厦门人很适合在热带地方做工，本地夏季的炽热阳光，其炎热程度恐怕是中国其他地方所罕见的。工人们在田里操作时虽在盛暑头上也不戴帽子。中国人比马来人更不易于受热病的侵袭，也较少受到霍乱的传染。……厦门的（农业）工人必须会播种、收割、犁地、灌溉和施肥。总之，他应当会种植稻、麦、小米、玉米、花生、豆类、蔬菜、姜、甘蔗、瓜、茄子，等等。[18]

然而历史证明，厦门移民劳工的出现并没有充分满足用工需求，他们的环境适应力也未必符合欧洲雇主的心理预期。根据英国上议院档案记录显示，1848 年从厦门运来的 120 人在当年 12 月 8 日被转运到了尚未从新南威尔士独立出来的菲利普港区殖民地，也就是日后的维多利亚殖民地，这正是牧羊业大扩张中新开辟的牧场。[19] 新南威尔士总督在 1849 年 10 月送交英国首相格雷（Earl Grey）的信件中总结道：

> 这些华工的输入是个人行为，官方没有给予任何支持性表态，相反，政府断然拒绝了所有要求对此进行援助或

奖赏的申请。但是我还得确切地说一句，在悉尼地区，所有抵达的中国人都很轻松地赢得了尊敬，还被雇用为仆役、花匠和牧羊人，颇为有益。总体上说他们无疑是一群无害的人，这令雇主很满意。但在菲利普港地区……某些情况恰恰相反。[20]

究竟发生了什么意外？原来是当地的气候让第一批抵达这里的华工无法适应。12月8日正值此地盛夏，华工冒暑为牧场主进行开荒、平整地面及牧羊的工作，但是紧接而来的秋冬异常寒冷，这些华工毫无准备，多数人坚决脱离了原有岗位，进入城市求生，但又没有收容之地，结果许多人被当局视为无业游民而收入监狱，迅速出狱后又只能流落街头，乞讨度日。这引起了公众担忧，菲利普港区殖民地首府墨尔本的市长给驻扎此地的新南威尔士副总督拉·筹伯（La Trobe）连续两次详细报告说：

在这样一个绝不适合人类暴露在室外的季节里，尤其是在那样一种贫困至极的状态下，这些人游荡在公共街道上。……这些人本来就只适应更温暖的气候，可他们出狱后，在这个殖民地、在这个如此之冷的季节，住宿条件如此不济，食物补给如此不定，他们的健康显然大大受损。……人们极其担心这样的移民一旦多了就会给公众导致长久的负担，不管是因为这里的气候比他们老家的更严苛，还是因为他们根本就不适合做那些活儿。

随后为了解决这一问题，墨尔本市长劝华工回到原来的岗位，可是最终他在信件里灰溜溜地报告说：

> 他们（华工）是主动脱离那些岗位的，而且坚决不肯回到原职上去，一个最根本的理由是，这里的天气太严苛，他们根本无法胜任荒野里的牧羊工作，尽管他们说雇主们在各方面都还善良。[21]

最终结果是，市长建议成立一个临时收容所让其居住下来，任其择业。

全面的环境挑战

事实上，由于菲利普港区殖民地纬度较高，同时牧区腹地昼夜温差巨大，结果不仅第一批抵达澳大利亚的厦门劳工无法胜任工作，后续落脚的华人移民牧羊人也遭遇了全新环境的挑战，付出了巨大的代价。哪怕是在维度更低的新南威尔士与昆士兰殖民地：

> 一个人通常要看管 400 ~ 500 只母羊，或者 600 ~ 1 000 头断乳的羊，越往内陆深入，越是孤独寂寞，甚至导致自

杀。……牧场的冬天寒风阵阵，中国牧羊人需要值守通宵，天亮时才轮岗，还要在剪羊毛之前洗羊，使其身体相对洁净。……中国移民之前似乎没有接触过绵羊，普遍没有牧羊经验，如果教他们，发现大部分人连中文都不识，更别说英语，这样就要额外征召翻译让中国人完全了解相关合同及殖民法律下自己的权利与义务。[22]

不仅如此，澳大利亚内陆地区仍然有原住民分布，在后者的世界里，一切固有家园上的生物都可以捕猎，哪怕是新出现的羊群。这样一来，为了看护羊群不被偷猎，牧羊人与原住民的冲突也就难以避免。司法记录已经证明，澳大利亚存在原住民伤害甚至谋杀华人牧羊人的案件，华人即便携带枪支也未必能够幸免。[23] 最极端的例子甚至包括食人。[24] 当然，并没有太多文字记录显示澳大利亚东南部牧区当时尚存的原住民有食人传统，因此食人之说或有耸人听闻之处，但毋庸置疑的是，在内陆荒野工作极其辛劳。移民推动的畜牧生态扩张殊非易事。

一个侧面的证据也反映出华工对当时的环境不适应。相比臭名昭著的拉丁美洲种植园的待遇，澳大利亚商人及牧场主给华工的报酬还不算太差劲。比如，辛普森给予华工的待遇是：成年人每周1磅糖、8磅面粉、9磅肉及2盎司茶叶。而根据1851年的一份用工合同显示，唐恩斯提供的标准甚至考虑了华南居民的主食习惯，华工可以选择要8磅面粉或是10磅大米，茶叶干脆不限量：

立甘愿字人王伙。今因英国属国亚实低黎惹人。托厦
门德记行招募雇工，往彼国做工或做牧人，限五年，为满面
议。到地之日逐月给工资银三大圆，或给英国钱折足三大圆
之数。又每礼拜给米十磅，或者给面粉八磅，糖一磅，肉八
磅，茶叶所从其便。今在厦先借去佛银六大圆，付其应用。
俟到地之日，逐月扣起壹大圆，如扣清楚，每月仍给佛银叁
大圆，如到彼处，任其唤做工，不敢冒渎。恐口无凭，合理
甘愿字一纸，付执为证。咸丰元年又八月十七。[25]

当时一个银圆折合英镑 4 先令，照此收入，厦门契约工的月收入
甚至不到白人雇工工资的三分之一，但没有记录显示华人劳工遭
受雇主苛待，也没有雇主讨论到华工对其有不满反抗。显然，相
对而言还不算苛刻的福利待遇照样无法吸引足够华工牧羊，环境
与职业的不适应性才是决定性因素。无论如何，澳大利亚的荒野
原生态对华人移民造成全方位的困扰是毋庸置疑的。

需要注意的是，第一批华工从抵达开始就已经引发了当地媒
体的关注。1848 年 10 月 3 日，悉尼最大的报纸《悉尼先驱晨报》
就首批华工抵澳发表了专题评论。评论说："输入华工到悉尼，
平均每人花费 12 英镑，这比从英格兰输入移民的平均花费要多"，
认为输入华工"将会和欧洲移民产生竞争"，提出在"输入男性
华工的同时，必须输入一定比例的妇女，否则将会对殖民地的社
会问题造成影响"[26]。评论呼吁政府应对华工问题引起注意，并
认为以契约苦力形式输入移民的方法应该停止。而第一批华工抵

达菲利普港区殖民地时，当地总人口还不过两万，几十名闲散华工游荡于市中心足以引发关注。华工逃亡事件发生后，澳大利亚总督向格雷首相汇报时说：

> 现在我也说不清引进华人来澳大利亚工作是好还是孬，因为这两个地方（悉尼和墨尔本）的反馈意见太不一样了。[27]

第一批华工最终下落如何已经不可考证，但可以相信有许多人并没有返回中国。比如，淘金热爆发后，最早的探金者托马斯·邓恩（Thomas Dunn）的团队中就有懂得医术的华工，他们于1851年7月发现了一座大金矿"金点"（Gold Point）。这昭示着华人移民在澳大利亚将展开一段更传奇的旅程。

/ 淘金热与移民潮

爱恨黄金

就在牧羊业大扩张推进到1851年的时候，一场突如其来的淘金热在澳大利亚爆发了。这场淘金热是19世纪中叶开始的波澜壮阔的环太平洋淘金热的一部分：以1848年的美国加利福尼亚州为开端，在接下来的半个世纪，淘金热先后蔓延到澳大利亚的新南威尔士、维多利亚、新西兰南岛（1865年）、昆士兰（1875

年）以及西澳大利亚（1895年）。[28]此起彼伏的淘金热极大改变了殖民地的历史命运，除了显而易见的经济与财政上的好处，一个最重大的后果就是国际移民纷至沓来，大幅缓解了澳大利亚缺乏自由劳动力的困窘局面。澳大利亚联邦建国100周年时，有评论如此说道：

> 1788年澳大利亚囚犯殖民地的建立、19世纪30年代牧羊业的大繁荣、19世纪50年代开始的淘金热以及1901年澳大利亚联邦的建立是澳大利亚历史上的四大关键性事件。[29]

然而，对1851年的澳大利亚来说，浩大的淘金热一开始带来的并不是惊喜，而是惊恐。苦衷还要从殖民地社会的根本问题说起：1788年英国殖民澳大利亚伊始，自由劳动力不足就是殖民地生存与发展的致命瓶颈。由于英国殖民澳大利亚的制度安排是按照流放犯管理这一目标展开的，所以与英帝国的其他殖民地相比，澳大利亚不仅名分上不光彩，而且在英国主导的全球经济体系中也处于边缘化地位。这里不仅没有大批软弱的原住民劳动力可供压榨，亦无法吸引国际自由移民，直到19世纪30年代后英国全面采纳爱德华·韦克菲尔德提出的所谓"系统殖民"理论，才把扩大劳动力供给作为发展澳大利亚殖民地的基本政策。就在牧羊业大扩张如火如荼推进之际，英国殖民部也开始减少向澳大利亚流放因犯，转而加大力量资助贫困的英国公民移居澳大利亚，同时以低廉的价格向其出售土地吸引定居。但是，依靠圈地放养经营的牧羊业吸纳自由劳动力的空间非常有限。牧羊业不属于劳动密集型产业，用工具有明显的季节性，而且牧羊人相对的低收入与高劳动强度让欧洲人口难以产生移民的兴趣，甚至对贫困人口都不具备吸引力。

雪上加霜的是，1848 年加利福尼亚淘金热的爆发导致了澳大利亚殖民地人口的急剧外流。在黄金的诱惑下，自由移民纷纷开始考虑前往加州碰运气，哪怕他们对加州地处何方一无所知：

> 1849 年初，有一艘运输了 1 200 盎司金子的船只从美洲驶来，经停悉尼时大家都看呆了，之前连加州在哪里都不清楚，现在立刻就相信了那里盛产黄金，于是人们马上就想移民，不仅是（澳大利亚）殖民地中尚未安顿或者天性好冒险的人们想前往加州，新近从英国抵达的受资助的移民也是如此，他们一上岸就听说了加州淘金热，于是几乎毫无例外地立刻拔脚启程向加州，甚至连一天都不想多逗留。可他们受了资助，本该是澳大利亚的劳动力。[30]

情况在不断恶化，据估计在 1849 年和 1850 年，且不算在吸引新移民方面的损失，仅从澳大利亚出境向加州的男性移民都有 6 000 ～ 8 000 人，"在悉尼港天天有人哭天喊地找船要跑到加利福尼亚去"[31]。如此一来，刚刚由牧羊业推动而开始试行的自由殖民政策将无以为继。

显然，如果澳大利亚也有黄金，那就可以缓解对冲加州淘金热引起的人口外流的压力。然而澳大利亚真有黄金吗？有，而且真不少。

官方档案显示，不仅是悉尼周边地区曾在19世纪40年代就发现过黄金，而且当局早在1841年、1844年、1845年与1848年就具体记录过菲利普港区殖民地发现黄金的确切位置，其中后三则记录所涉及的区域正是日后淘金热的核心矿区。[32] 但对于如此重要的消息，殖民当局一直秘而不宣。

原因只有一个，那就是恐惧。早在1839年，波兰裔博物学家斯特泽勒奇（Count Strzelecki）伯爵在考察澳大利亚东南部农场时就获得了黄金矿产样本，他向自己的好友、新南威尔士总督乔治·吉普斯（George Gipps）报告说新南威尔士殖民地肯定存在金矿。但他悻悻道：

> 我受到了总督的警告，要我对自己公开这一消息的后果负责。因为总督说如果宣布殖民地是黄金地带，那么要维持殖民地（新南威尔士、范迪门、诺福克岛）的社会秩序就不可能了，这里住着45 000名流放犯。除非本土的刑法典有所修改，否则遭送流放就会变成对犯罪的奖赏而不再是惩罚。我得服从国家政治利益……[33]

同样是在1841年，业余地质学家、牧师克拉克（William Clarke）在大分水岭以西采集到了金矿石样本。他把矿石送到吉普斯总督那里，但后者再次警告说：

> 把它拿走，克拉克先生，否则我们俩的喉管都会被
> 割断。[34]

此一时彼一时。1849 年初，面对汹涌奔赴加州的移民，新任新南威尔士总督查尔斯·费兹洛伊（Charles Fitzroy）不得不开始考虑以对等的手段来阻止人口流失了。3 月 1 日，费兹洛伊向当时的殖民国务大臣约翰·格雷（John Gray）发去紧急信件，暗示能否也进行黄金开发。到 1850 年，澳大利亚殖民当局已经被各地发现黄金的消息搅扰得进退两难，尽管费兹洛伊总督受命被迫重申禁止私人开采贵金属，但他认识到这对遏制人口流失极为不利。[35] 他对属下分享心得：

> 如果真有金子存在，那么母国政府就会完全停止向这里
> 输送囚犯，同时这也能阻止人们移民加州了；只是这个消息
> 对我们来说好比当头惊雷——我们还没有准备好。[36]

具有讽刺性的是，最后一层窗户纸是被一位从加利福尼亚金矿返乡的澳大利亚淘金者生生捅破的。这位叫哈格里夫斯（Edward Hargraves）的淘金者颇具传奇色彩：他没有任何专业科学知识，只是因为在加州淘金过程中感觉当地地质与家乡大分水岭山区相似，于是就在 1851 年 2 月回乡挖金，结果一举成功。这个消息

在 5 月传遍澳大利亚殖民地，整个悉尼顿时轰动，淘金热终于势不可当地爆发了。

狂热的淘金移民

1851 年 6 月，即新南威尔士淘金热爆发大半个月之后，墨尔本的经济精英们发现本地人口纷纷投向悉尼，维多利亚殖民地面临着劳动力流失的严峻挑战。于是他们也自发成立了"黄金悬赏委员会"（Gold Award Committee），公告称任何在距离墨尔本 120 英里（1 英里约合 1.61 千米）范围内发现黄金的个人都可以获得 200 英镑的奖励。[37] 悬赏告示发出仅仅三个礼拜后，一个探金团队就在墨尔本东北方向的山区瓦兰德特（Warrandyte）发现了金矿。此后又过了一个月，一个名叫詹姆斯·埃斯蒙德（James Esmond）的长途马车夫率领伙伴在墨尔本西北方向 120 英里处的克伦斯河（Clunes）也发现了更丰富的冲积金矿。至此淘金热开始向澳大利亚腹地全面扩散，整个移民社会都出现了淘金狂热：

> 出门挖金子更像是参加巨大的宴会、运动会或者那些在家信中值得吹嘘的事情。通往巴拉瑞特（Ballarat）的小路上挤挤挨挨行进着牛车、马车、驴车、狗和羊，还有手推车。背着耙子的淘金者好像铁路的调度员……连牧师都跑了。[38]

当年 11 月，升任维多利亚殖民地总督的拉·筹伯给英国殖民地大臣格雷提交报告说：

> 维多利亚发现的金矿距离城镇比较近，结果在墨尔本、季隆（Geelong）及其广大郊区，短短三个礼拜的时间里，许多男性居民都已经消失了。……棉花田荒芜了，房间都被出租了，商业停顿，甚至连学校也关门了。……雇用工人越来越难，这种情况下，任何契约合同都没有人遵守了。[39]

极为讽刺的是，这封信在次年 4 月才送到伦敦，因为沿海港口的水手们都跑去淘金了，船只被舍弃在码头，政府都没找到直航的船。[40]

在急剧升温的澳大利亚淘金热中，维多利亚完全压制了新南威尔士的风头，并且借此成为澳大利亚第一大自由移民目的地：1852—1861 年，澳大利亚总人口从 35 万增加到 115 万，而维多利亚的人口竟然从 7 万增加到 53.8 万。也就是说澳大利亚淘金热头十年中吸引了 70 万左右的移民，而维多利亚吸收了近65%。[41] 直到 1892 年，澳大利亚历史最悠久的新南威尔士殖民地才在人口上重新赶上维多利亚。迟至 1911 年，悉尼的人口才重新超过墨尔本。值得一提的是，从 1852 年下半年至 1861 年，海外移民也开始如潮水般涌入矿区，平均每年都在 4 万人左右。[42]澳大利亚终于不再是一片遭人嫌弃的土地，淘金热激发了一场史无前例的国际移民浪潮，包括华人在内的数以百万计的人口开始跨国流动。

/ 珠江三角洲的躁动

尽管从制度上看，1860 年《北京条约》签订后华工出国才正式获得了合法性："咸丰十年正月二十七，两广总督劳崇光准许各国招工出洋照会。""十月二十四日，《北京续增条约》第五款，许华人出洋承工。"[43] 但在此之前，华南地区大规模的海外移民活动早已轰轰烈烈地展开，海外的新闻也源源不断传入侨乡。一首流传至今的民谣唱道：

> 汝女勿嫁大学者，独守空房难出头。
> 汝女勿嫁面包师，三载六月与妻休。
> 汝女勿嫁贱地农，粪肥味臭使人愁。
> 汝女应嫁金山客，船到家门财亦有。[44]

移民总动员

澳大利亚爆发淘金热的消息能在第一时间传入珠三角地区还是具有一定偶然性的。1851 年中下旬，定居墨尔本的广东台山人雷亚妹（亦作"雷亚梅"）将淘金热爆发的消息转告其在故乡的兄弟，并且动员乡亲前来澳大利亚掘金。雷亚妹出生于 1826 年，是一个下南洋到新加坡谋生的木匠，但他恰好在 1851 年被英国军官雇用到墨尔本南部修建房屋，随后经营自己的商店，由此得以目睹淘金热爆发的盛况。[45] 他第一时间就通过投资金矿及出售后勤物资积累起财富，并且几次返乡动员同乡前来淘金。至 1853 年时，雷亚妹已拥有六艘船，包括有船只能从墨尔本航行至香港。而在他的现身说法及宣传鼓动下，越来越多的台山乡亲被传说中"遍地是黄金"的神奇地方所吸引，开始将遥远的澳大利亚作为自己出洋的备选目的地。1852 年 7 月，英国驻广州领事包令（John Bowring）向英国议会报告说：

> 如果有好消息传来的话，预料会有相当多的自动出洋移民涌向那里。我听说已经有不少体面的中国人自己付出盘费动身去澳大利亚了。[46]

需要注意的是，澳大利亚淘金热的消息由雷亚妹等台山人带回国内具有特别的历史意义。这一方面决定了广府人而不是闽南人成为澳大利亚淘金热的优先参与者，另一方面也反映了澳大利亚对珠三角地区海上交通路线的成熟化。香港在这里扮演了至关重要的角色，它迅速取代厦门成为华人通往太平洋世界的新枢纽。鸦片战争后，英国原本设想是让香港成为广州之外打开中国市场并参与沿海贸易的基地，但是 1848 年开启的美国加利福尼亚淘金热赋予其人口吞吐的门户角色，为珠三角居民前往所谓新大陆创造了便利，在澳大利亚之前，至少已有 4 万珠三角人从香港前往加利福尼亚。[47]

随着珠三角地区主动移民澳大利亚的社会氛围日益浓厚，传统上从厦门招募契约劳工直接从事开荒和牧羊就更加显得缺乏吸引力了。1853 年，厦门华人契约工移民澳大利亚的活动逐步终止，而在接下来的半个世纪中，珠三角地区取代厦门成为华人移民前往大洋洲的主要输出地。尤其是四邑地区（大致即今日的广东省江门市）的移民成为淘金华人移民的主力。所谓"四邑"，并不是一个实际的政治地理区划，而是四个文化与环境相近的区县之统称，包括今天广东省江门市下辖的台山、新会、开平与恩平。[48] 而据 1856—1857 年维多利亚立法会议《关于华人移民的特别委员会的报告》及其他学者的研究，当时移居维多利亚的华人移民三分之二是农民，另外三分之一是工匠、店员和商人。从其籍贯分布看，经香港抵达的粤籍华人占了绝对多数，主要包括台山、新会、恩平、开平，即所谓"四邑"，其次还有南海、番禺及顺德，被统称为"三邑"，另外六个分散的城市包括东莞、鹤山、增城、高明、高要、中山，尤其是台山和新会的移民占据优势。[49]

移民背后的生态压力

根据 1966 年人口学家埃弗雷特·李（Everett Lee）为解释移民现象所归纳的经典的"推—拉理论"，如果说淘金热爆发的消息对华人移民前往澳大利亚构成一种显著的"拉力"，那么鸦片战争后华南地区社会与生态的急剧变化则明显是一种强劲的"推力"。在此值得注意的是，19世纪中叶，中国移民输出地不仅遭遇了严重的社会危机，更面临着前所未有的生态危机。正是螺旋式恶化的生态与社会矛盾最终使得海外移民成为当地社会风尚。

首先是人口与土地的矛盾：19世纪以降，广东与福建已经面临前所未有的人口爆炸问题，这导致当地生态压力急剧增加。据20世纪30年代的材料回顾，晚清时中国人口过剩最多的四个省份中广东和福建分列冠亚。广东人口密度为每平方英里363.7人，一户农民平均有12亩地，地价也是全国最高。而福建人口密度是每平方英里208.49人，每户农民平均有14亩地。[50] 1661—1812年，福建人口增加了9倍，耕地只增加了32%，而广东人口同期内增加了20倍，土地却仅仅增加了27%。[51] 这一时代出现以较少土地承载大量人口的状况不仅是因为中国农业发展中的所谓"过密化"现象，也是因为新作物的引种，而这又与欧洲海外殖民活动引发的物种传播有关：源自拉丁美洲的高产粮食作物如红薯等在华南沿海地区受到普遍欢迎和推广，结果大大提高了单位土地面积的人口容纳力。可是，人口的增加反过来又将土地的开垦推进到无以复加的程度。薛福成评论19世纪下半叶珠三角地区的农业开发时说：

> 生计之艰，物力之竭，日甚一日……凡山之坡，水之浒，暨海中沙田，江中洲址，均已垦辟无余……竭一人终岁

勤动之力，往往不能仰事俯畜。[52]

　　就是这种状态下，土地分配还极度不平衡。当时占四邑人口5%的地主却拥有当地 60%～70% 的耕地。而占人口 60% 的底层农民只拥有 9% 的耕地。结果四邑地区在 19 世纪中叶业已面临严峻的粮食不足问题，如在当时拥有 60 万人口的台山县，粮食收成只能维持半年所需，而在新会，60%～70% 的大米已经需要从海外进口。[53]1853 年 3 月 28 日，南海、番禺两县也颁布了禁令，严禁大米出口，尤其是被移民带往海外淘金区。这种现实真是大大颠覆了珠三角地区鱼米富足的传统形象。

　　人口对生态环境的压力开始超过极限时，一旦发生不可抗的环境灾害必然导致灾难性的生存危机，偏偏它们接踵而来。维多利亚淘金热爆发后的 1852 年、1856 年、1861 年、1864 年及 1866 年，四邑地区连续遭遇了罕见的洪灾。典型的情况往往是夏季台风毁坏了基本农田水利设施，同时台风雨也加剧了春雨季延长导致的地表径流过剩问题，诚可谓一波尚未平息，一波又来侵袭。但此时既有湿地的泄洪能力由于开垦过度而急剧下降，结果四邑粮食生产反复歉收甚至绝收。[54]这种灾变过程与日后中国长江流域的许多洪灾情况非常类似。可麻烦还没有到此为止——很大程度上正是为了争夺当时日渐萎缩的生态资源和生存空间，四邑社会不同人群之间的矛盾急剧爆发，这里就牵出了土客矛盾问题。土客矛盾从来都不仅是生态矛盾，可是在 19 世纪 50 年代，土地分配不平衡以及自然灾害引发的物资紧缺状态大幅加剧，于是土客争端也随之激化。[55]

　　1851 年 1 月，澳大利亚淘金热爆发前 5 个月，太平天国起义爆发，两广震撼。当时广东地方政府普遍面临财政危机，行政治理也出现涣散态势，结果各地不仅缺乏赈灾和协调社会矛盾的能力，甚至都无力以常备军抵御随时会逼近的起义。于是官府纷纷临时招纳平民组建民团抵御起义军，其中客家人更为积极踊跃。1854 年，四邑响应太平天国掀起了洪兵起义，本地居民积极响应，包围了几个县城，大量客家人却加入民团帮助官府守城。到 1856 年，起义蔓延为针对客家人的暴力劫掠与复仇，而客家人也竭力反击，最终武装冲突持续扩大，历时整整 12 年才平息。这场战争的严重性不可低估，如台山县人口就减少了10 万之众，许多村落化为废墟，基础设施严重损毁，生产效率进一步降低。[56]

　　值得注意的是，这里的人口减少并不都是因为伤亡和逃难，很大程度上也是由于交战双方都喜欢把俘虏充作劳工贩卖海外，其大体目的是借此削减对方青壮年男性人口数量，瓦解对方的战斗力。[57]这样，除了经济生态压力直接导致的移民外，许多居民也沦为生态危机的间接牺牲品。

　　淘金毫无疑问是一种劳动密集型活动，但由于黄金的特殊性质，淘金活动远比一般的劳动密集型产业更吸引人。因为得天独厚的地缘优势以及海外移民及时通风报信，珠三角地区的贫苦居民迅速完成了移民的动员。当然，海外移民得以成为珠三角社会中的一种风尚，不仅是外部诱惑使然，也是当地社会和生态现实压力的结果。当生态条件恶化、自然灾害加剧以及社会秩序混乱交叠影响时，向海外移民的强大冲动被迅速激发起来，势不可当。19世纪40年代四邑地区已经开始流传各种消息，议论"春天出去，冬天可以回来，捞一两百个大洋银，不就可以成个家？""与其饿着肚子，不如远走高飞。不跑远程，有了金山银山，也不会流进你的口袋的"[58]。澳大利亚，够不够远！

/ 通往金矿之路

与厦门移民不同，珠三角地区前往澳大利亚淘金的移民不是契约工人，而是被称为"赊欠船票制"（Credit Ticket System）移民。它是指出洋做工的苦力，无钱购买船票，而由招工代理人垫付，到国外以工资加利抵还，直到还清为止。在债务未清之前，要听从债权人的控制和驱使，不能自由行动。这种制度和契约苦力制的区别只是没有定期的明文契约，但还保留了工人与雇主之间的债权债务关系，实际上是一种变相的契约工。珠三角各地都有专门的移民掮客协助移民完成从离家到上工的全套手续。相比传统的契约劳工，"赊欠船票制"移民毕竟没有明文契约规定具体工作内容与期限，人身还是相对更自由，进入殖民地后，其流动性也就更高。[59]

扬帆伊始

不难想象在"赊欠船票制"下华人移民澳大利亚的主动性，因为黄金能满足人们对暴富翻身的憧憬。业已存在的海外华人移民网络则可以服务于有出洋需求的乡亲，淘金热所吸引的华人移民从一开始就是有组织的。尤其是据维多利亚官方材料显示，至 1852 年最后四个月，维多利亚主要矿区已经开始出现引人注目的华人矿工群体，而且是有召集人的。[60] 此时距淘金热爆发已经一年半，厦门背景的契约工大可不必等到此时才动身淘金，所以这些引发维多利亚当局注意的华工应该就是最早的一批"赊欠船票制"移民。1853 年底，英国驻华领事怀特向英国议会汇报说：

> 最近已有几个前几年从中国出洋去到澳大利亚的人带着黄金回来了，料想这股出洋移民不久也会像去加利福尼亚的移民一样发展起来。[61]

这绝非臆测，比如，雷亚妹前后几次返乡传播消息，到 1854 年有确切记录时，他已带领了 3 000 多人前往维多利亚矿区。另一位刘光明（William Liu）则在 1853 年抵达澳大利亚，随后也回国带领许多同乡返回澳大利亚淘金。[62] 1854 年 5 月，设在香港的移民官注意到前往澳大利亚的广东移民与日俱增，至少有三艘运输船开始往返香港与墨尔本，即"路易·百丽号"（*Loiusa Bailie*）、"幼法玫瑰号"（*Rose of Julpha*）和"艾美利亚＆克拉瑞塔号"（*Amelia and Clarita*）。[63] 可以确认大致从 1854 年开始，华人日益成为维多利亚淘金热中一股不可忽视的移民矿工群体。

事实上，最早一批前往维多利亚淘金的四邑移民规模与厦门契约工们不可同日而语。由于"赊欠船票制"，移民澳大利亚意味着出洋不再必须由洋商招揽而是由中国掮客直接处理，所以从英文档案中很难找到完整的赴澳人数记录，不过仅就可以得到的香港海关及美国外交档案材料看，其数目已经足够惊人。比如，1853 年，由香港去澳大利亚的华人移民有 10 467 人，1854 年 12 月至 1855 年 9 月，又有 10 567 人去澳大利亚。1857 年，由香港去澳大利亚的人数为 17 722 人。1861—1872 年，由香港去澳大利亚的华工数量逐年减少，总共 10 900 人。据保守估计，1851—1875 年，前往澳大利亚的总人数为 60 000 人左右。[64] 事实上，影响后人统计此时赴澳人数的最大障碍并不在于华工出洋的经纪人有所变化，而是由于维多利亚官方在 1855 年开始针对华人移民征收歧视性的人头税，其数额高达 10 英镑，这从侧面反映了华人移民矿工数量惊人，已经引起了白人社会的不安。这个政策导致承运商和华人掮客大多安排船只停靠在维多利亚州境外的澳大利亚殖民地，华人登陆后再迂回辗转进入矿区。如此一来，偷渡就成为华人移民的主要渠道，据谭开令等许多老矿工估测，截止到 19 世纪 70 年代末，到达澳大利亚的华人可能累计有 20 万人次。[65]

尽管憧憬着发财致富，但是通往金矿的道路异常艰辛。英国驻华外交官很早就指出：

> 移民出洋应当在每年11月初至次年3月初进行。首先因
> 为这是季候风（东北季风）对航行最有利的季节。其次因为
> 农村的收获季节已经过去，人力闲散，比较容易招集。[66]

这个季节正是中国南方沿海相对湿润的冬季，可南半球的澳
大利亚则处于最高温酷暑的时节，于是许多华人冬季出发后，在
接下来至少三个月的行程中不仅要面对赤道热带的挑战，还要遭
遇导致天气越来越干旱的南半球副热带高气压，甚为煎熬。这种
困境还会因为英国商人的违规海运而加剧。英国航海法规定每
位乘客平均需要有12平方英尺（1平方英尺约合0.093平方米）
的空间，每2吨准许载一个人，可为了提高利润，去悉尼的船
只在运输华人时居然敢比规定单位少447吨。航海中，船主只
雇用中医，甚至不配备船医。而且为了降低成本，运输商一旦出
发就不愿意中途停靠海港，全程所需物资都靠出发港补给，这使
得华人移民澳大利亚航线虽短，可是乘客痛苦更深。有去悉尼的
移民船就曾因为所带淡水不够，中国乘客在短短几天之内就死掉
70多个。[67]

这里要修正传统研究里一些可能被夸大的推论。《澳大利亚
华侨华人史》曾根据当时中国前往美洲苦力船的旅行死亡率来推
断前往澳大利亚航线的死亡率，但这不一定适用于直航维多利亚
殖民地的情况。根据一直被忽视的维多利亚殖民地议会档案中人

境人口健康报告，以淘金热进入最高潮的 1855 年为例，上半年共有 25 艘华工船入港，平均 1.75 吨载一人，接近英国法律规定。体检记录有 7 920 人入境，而路途中死亡 30 人。下半年则有 11 艘船运来 2 601 人，死亡 12 人。[68] 考虑到英国商人不会因华人死亡而受到澳方惩罚，瞒报没有必要，可以相信这里显示的死亡率是明显低于中国至美洲的航线的。这部分是因为英国运输商人相对有人性一些，但更是因为中澳航线绝对里程更短。

跬踌淘金路

在 1855 年之前，华人可以从墨尔本登陆后前往任意矿区。华人移民抵达墨尔本港后，通常会向四邑同乡会缴纳 25 先令的入会费，然后由同乡会安排受助移民从落脚准备至徒步进入矿区的全部工作，包括介绍当地法规与习俗。通往矿区的陆上交通非常曲折，因为矿区大多处在淘金热前罕有人定居的大分水岭山区。但这还不算最糟糕的情况——1855 年后，维多利亚殖民当局面对蜂拥而至的华人移民，开始按每人 10 英镑征收人头税，这不仅导致后续华人移民矿工的数量难以明晰，而且更逼迫他们在前往金矿区途中要蒙受欧洲矿工无须面对的环境险阻。

为了逃避人头税与盘查，绝大多数华工要在尚未征收人头税的南澳大利亚殖民地（South Australia）登陆，然后从那里雇一个当地人做向导，徒步辗转前往维多利亚的巴拉瑞特金矿，再由巴拉瑞特向各区扩散。从南澳到巴拉瑞特有两条路线，一条从基申湾（Guichen Bay）的罗布港（Robe Harbour）出发，长达 500 千米左右；另一条从南澳首府阿德莱德出发，路程则有 800 千米。1855 年时罗布港常住居民仅有 200 人，而第一批抵达的华人移民达到了 260 人，随后一周中，又有数百名华人抵达，可以想象当地居民发现一夜之间自己的小镇人口倍增的惊诧感。当然，接踵而至的华人成为小镇经济重要的推手，罗布镇的海滩一度布满帐篷，满足衣食住行的商业活动兴旺。高峰时期小镇上曾拥有超过 3 000 名华人居民。

传统研究一般特别注意罗布港路线，因为旅途短，移民更容易接受。据估计，在 1855—1857 年两年多的时间里，至少有 17 000 名华人从罗布港进入维多利亚。[69] 通往金矿的道路很快就不再需要当地向导，因为前进的淘金者会剥掉树皮做指向标记，甚至在上面刻上汉字作为指路信息。不过，从阿德莱德出发的路线虽然更长，但在秋冬时节却是更合适的选择，因此也吸引了大批华人。原来在这一时节，澳大利亚南部不仅天气冷而且雨水较多，罗布港路线上丘陵起伏，本来就若隐若现的崎岖道路会变得泥泞不堪，极不利于人马通行，而阿德莱德路线则以平原为主。只是在澳大利亚极端稀疏的人口密度下，无论哪条路线都会因为缺乏补给点和救助站而危险异常。1854 年底，一个白人移民回忆自己探险的情景说：

当时我遇到了从阿德莱德辗转来的六七百名中国人。他们有辆马车装载着已经病残了的人，还有补给品。他们排成一队纵列，每个人挑着一个扁担和两个篮子。这条队伍长达2英里，我花了半个小时才走过他们的队列。[70]

维多利亚最大的地方报纸在1856年冬季的一次报道中指出：尽管南澳大利亚的路线在1854年底之后才出现，可是当时沿途都已经遍布倒毙于路的华工的坟墓。[71]相比而言，欧洲矿工全都可以在墨尔本登陆，在旅馆或临时营地休整后就可以直接北上前往金矿。而且对行人来说，1855年之后通往金矿的交通与休息设施问题大大缓解，已不再是可能致命的环境不利因素。可对于广大的华人矿工而言，熬过了艰辛的航行登陆澳大利亚并不意味着事业的开始。他们紧接着还要面临旅途环境更严酷的跋涉，这种白人探险家才走的路线折射出歧视政策对华人矿工最初的戕害。

然而，通往金矿的道路没有最惨，只有更惨。尽管当时华人淘金移民极少留下手稿记述自己的亲身经历，今人也很难体会19世纪50年代华人淘金移民抵达澳大利亚后的旅途挑战，但从一位19世纪70年代赴澳淘金亲历者的自述看，前往矿区的代价可能是危险不断的。1855年出生于南海县（今佛山市南海区）的谭仕沛于1872年底启程前往澳大利亚淘金。他在晚年留给子孙的《阅历遗训》中记录道：

二十一岁而水灾，所有鱼塘桑基尽付东流。……世传谷党埠（即昆士兰殖民地的库克顿 [Cooktown]——引者注）土产黄金。地不忧宝，采之无禁，掘之无竭。习文不察，父子兄弟同心向往。（光绪二年十二月）初九日在港扬帆，十二月廿八抵埠。顿失所望，始悉传闻非实，误听伪言。金既难求，且也水土不合。因而致病者比比然也。……乃置锄焉，备铲焉，举凡器用食品，或负之，或担之，左提右挈。三年正月初四日，结侣入山。鱼贯而行。……既不敢离群而索居，亦不敢独行踽踽，恐失援而为野人所算，剥食堪虞。[72]

谭仕沛是典型的因自然灾害破产而被迫移民之人。他也听说了澳大利亚出产黄金，尽管此时的淘金热已经转移到了昆士兰殖民地，但他抵达后就发现自己的美梦被残酷的现实击得粉碎，不仅可能没有丰富的金矿可采，而且身体极不适应当地湿热的环境，许多同胞甚至因此生病。在一周内置办好采矿装备后，他结队进山，但绝不敢掉队或独处，因为可能遭遇原住民袭击，据说可能会被剖腹挖心吃掉。谭仕沛的记录生动展现了一个进军矿区的淘金移民可能蒙受何种精神与肉体的压力。[73]

/ 小 结

澳大利亚内陆资源边疆的开发伴随着牧羊业大扩张与淘金热运动而迅速铺开，改变了中国与大洋洲的生态联系。此前主要是大洋洲的海洋产品源源不断流向中国，此时则开始变成了中国劳动力络绎不绝移向澳大利亚，积极参与这里生态与社会的重塑，这一点在接下来的数章中将会有更具体的阐释。

在考察上述两场运动发生的原因时，可以发现英帝国调整对澳大利亚的殖民政策、资本主义全球市场对大洋洲自然资源的重新调配以及澳大利亚殖民地在自然禀赋上的巨大潜力和优势都发挥了重大影响。而这两场运动创造的庞大劳动力需求又为国际移民涌入澳大利亚奠定了基础，尤其使得厦门人与四邑人先后卷入。他们充分抓住了当时太平洋贸易网促成的远洋移民条件而做出背井离乡的决定，这是多种生态与社会条件合力作用的结果。

不过，澳大利亚的大自然对华人移民摆出了巨大的挑战。对于牧羊业工人而言，内陆地区枯燥孤独的生活与干冷荒凉的环境令其动摇，而对于淘金者而言，不管从海上旅途看，还是从登陆后前往金矿的路线看，殖民主义与种族歧视政策都严重加剧了他们所承受的环境险阻。相比于欧洲同行，华人在通往金矿的跋涉路上遭遇格外曲折，牺牲尤为惨重。只是在对淘金盈利的巨大期望下，他们才能够把克服自然不利的勇气鼓舞到极致。在进入矿区之后，白人矿工们将更深刻地领教华人移民的这种特性。

注释

1. 参见 John R. McNeill, "Of Rats and Men: A Synoptic Environmental History of the Island Pacific," pp.325–326。

2. "牧羊业大扩张"（Squattering Leap）一词来自殖民者为养殖羊群圈占殖民地内陆土地的活动，成为对澳大利亚殖民地特定历史时段的代指，参见 Stephen Henry Roberts, *Squatting Age in Australia 1835–1847,* Calton，Melbourne University Press, 1970。关于牧羊业兴起的过程及其在澳大利亚开发历程中的地位，综合性的讨论可参见 Lionel Frost,"Australian Agricultural Historiography: A Survey," *Agricultural History*, vol. 71, no. 4, 1997, pp. 479–490。

3. 参见 [澳] 戈登·格林伍德编，北京编译社译：《澳大利亚政治社会史》附录表一，533 页，北京，商务印书馆，1960。

4. 张秋生：《澳大利亚华侨华人史》，52 ～ 53 页，北京，外语教学与研究出版社，1998。该书第三章利用多边材料详尽考证了中国第一批华人劳工移民澳大利亚的过程与人数。

5. 张秋生：《澳大利亚华侨华人史》，53 ～ 55 页，北京，外语教学与研究出版社，1998。尽管厦门劳工占了澳大利亚输入华人劳工的大部分，但是有记录显示，1848—1851 年也有 30 名来自上海及 200 名来自新加坡的华人移居澳大利亚。参见 Bendigo Chinese Association, *The Walk from Robe*, Bendigo，Great Golden Dragon Museum, 2001, p.5。

6. "Squat" 本是指一种擅自占有无主地或荒地的行为，发源于 18 世纪下半叶的美国。在澳大利亚牧羊业大扩张中，这特指牧场主擅自圈占殖民地土地放牧，因为新殖民地的土地理论上都是皇家领地，所以个人只能"借用"，否则就是违法。当然这完全是基于殖民者的单方面理解，因为这些土地其实都是原住民的领地。"Squatter" 一词后来普遍用以代指澳大利亚牧羊主群体，"牧场借用人"这一译法确定于1960年陈翰笙等的译文，本研究予以沿用。参见 [澳] 戈登·格林伍德编，北京编译社译：《澳大利亚政治社会史》，北京，商务印书馆，1960。关于澳大利亚牧场借用人的兴起，还可参见 John C. Weaver, "Beyond the Fatal Shore: Pastoral Squatting and the Occupation of Australia, 1826 to 1852," *The American Historical Review*, vol 101, no. 4, 1996，pp. 981–1007。

7. "土地恩赐制度"是配合澳大利亚囚犯殖民地特色建立的土地制度，主要内容是将澳大利亚殖民地的土地以行政手段颁授给看押犯人的军官、公务员及自由民，不可轻易转让，与自由市场经济无关。关于澳大利亚土地利用与管理的历史，可参见 Richard Thackway, *Land Use in Australia: Past, Present and Future*，Canberra, Australian National University Press, 2018。

8. 张天：《澳洲史》，85页，北京，社会科学文献出版社，1996。

9. Donald S. Garden, *Victoria: A History*, Melbourne, Nelson, 1984，pp. 11–12.

10. G. Bulter Earp, *The Gold Colonies of Australia, and Gold Seeker's Manual*, London, G. Routledge, 1852, p.191.

11. Francis Lancelott , *Australia as It Is: Its Settlements, Farms, and Gold Fields*, UK, BiblioBazaar, 2009, p.50.

12. [美] 约翰·根室著，符良琼译：《澳新内幕》，38页，上海，上海译文出版社，1979。转引自王宇博：《澳大利亚——在移植中再造》，35页，成都，四川人民出版社，2000。

13. F. K. Crowly, *A New History of Australia*, Adelaide, the Griffin Press, 1974, p.100.

14. Australian Commonwealth Statistic Bureau，"The Wool Industry—Looking Back and Forward," *Year Book Australia*, no.1301, 2003；J. La Croix, Sheep, *Squatters, and the Evolution of Land Rights in Australia: 1787–1847*，Working Paper Printed by The Cliometric Society, University of

Wisconsin, 1992, p.8.

15. 张秋生：《澳大利亚华侨华人史》，49 页，北京，外语教学与研究出版社，1998。

16. Jack Brook, *From Canton with Courage*: *Paramatta and Beyond Chinese Arrivals, 1800–1900*, chapter 1, note 13.

17. 也有记录显示是当年 7 月 7 日从厦门启航开往悉尼。参见悉尼港船舶抵达记录：New South Wales State Records Office, *Vessels arrived 1848*, 4/5234, Reel1275。同一份材料认为，第一批华工有 60 人在悉尼上岸，另一半去了昆士兰。但就英国议会及墨尔本方面保留的档案看，这一批华人最大可能是去了菲利普港区殖民地。

18. 《厦门总领事给殖民部大臣的报告》，1852 年 8 月 26 日，转引自陈翰笙主编：《华工出国史料汇编》第二辑，10 页，北京，中华书局，1985。

19. 无论是陈翰笙《华工出国史料汇编》中收录的中英文史料还是张秋生等后继学者的论断，都是根据香港海关档案及新南威尔士殖民地的档案来确定华人的抵达港，可他们都忽略了菲利普港地区当时的政治地位。当时，这里处于半独立状态，有许多情报是经澳大利亚总督个人直接汇报英国内阁的，不见得收藏于新南威尔士档案中，特此说明。

20. Governor Sir C. A. Fitx Roy to Earl Grey. 3 Oct. 1849, no.1, *Accounts and Papers (AP)*: Session 4 Feb.–8 August 1851, vol. XL, 1851.

21. M. Bell to La Trobe, 11 July 1849, no.3, *AP*: Session 4 Feb.–8 August 1851, vol. XL, 1851.

22. *Moretoll Bay Courier*, April 3, 1852; *Moretoll Bay Free Press*, January 4, 1853; Maxine Darnell, "Life and labour for indentured Chinese shepherds in New South Wales, 1847–55," *Journal of Australian Colonial History*, vol. 6, 2004，pp.144, 147.

23. Maxine Darnell, "Life and labour for indentured Chinese shepherds in New

South Wales, 1847–55," p.145.

24. 刘谓平:《小藜光阁随笔》, 109 页, 台北, 三民书局, 1992。

25. Mitchell Library, Labour Contract, 1851, Mss. 1279, Boxes 9–10, Reel CY970.

26. 张秋生:《澳大利亚华侨华人史》, 57 页, 北京, 外语教学与研究出版社, 1998。

27. Governor Sir C.A. Fitz Roy to Earl Grey. 3 October 1849, *AP*: Session 4 Feb.–8 August 1851, vol. XL, 1851.

28. 西澳大利亚淘金热与其他地区的淘金热相比具有独立性, 发生时间也晚, 本书基本不涉及。如果对华人参与西澳大利亚淘金热感兴趣, 可以参考 Geoffrey Blainey, *The Rush That Never Ended: A History of Australian Mining*, Carlton, Melbourne University Press, 2003。

29. Robert Murray, "What the Gold Rush Wrought," *Quadrant*, no.1–2, 2001, p.33.

30. Edward Hammond Hargraves, *Australia and Its Gold Fields*, London, Ingram and Co., 1855, pp.72–73.

31. Eric C. Rolls, *Sojourners: The Epic Story of China's Centuries—Old Relationship with Australia*, p.74.

32. G. B. Weber,"History of Events Leading to the Discovery of Gold in Victoria and the Early Mining Years," *Australian Institute of Geoscientists Bulletin*, no.20, 1996, pp.5–6.

33. J. Arthur Phillips, *The Mining and Metallurgy of Gold and Silver*, London, E. and F. N. Spon, 1867, p.103.

34. Geoffrey Blainey, *The Rush That Never Ended: A History of Australian Mining*, p.8.

35. Thomas A. Rickard, *Man and Metals: A History of Mining in Relation to the Development of Civilization*, New York, Whittlesey House, 1932, p.750.

36. William P. Morrell, *The Gold Rush*es, New York, Macmillan Co., 1941, p.202.

37. 参见 James Flett, *The History of Gold Discovery in Victoria*, Melbourne, Hawthorn Press, 1970, p.1。后来这个委员会分成了六个分会，按区域受理领奖申请。

38. Waste Bate, *Lucky City: The First Generation at Ballarat, 1851–1901*, Melbourne, Melbourne University Press, 1978, pp.10–12.

39. C. Manning Clark ed., *Select Documents in Australian History, 1851–1900*, vol. 2, Sydney, Angus and Robertson,1955, pp.6–7.

40. 至 1852 年春，维多利亚海港停航的远洋船达到 43 艘，占全部通勤远洋船数量的三分之二以上。参见 Thomas A. Rickard, *Man and Metals: A History of Mining in Relation to the Development of Civilization*, p.755。

41. J. C. Caldwell, "Population," in *Australians: Historical Statistics*, ed. Wray Vamplew, Sydney, Fairfax, Syme & Weldon Associates, 1987, p.26.

42. William Westgarth, *Victoria and the Australian Gold Mines in 1857: With Notes on the Overland Route from Australia Via Suez*, London, Smith, Elder, and co., 1857, p.17.

43. 参见（清）贾祯:《筹办夷务始末（咸丰朝）》卷六十七，13～17 页，转引自陈翰笙主编:《华工出国史料汇编》第一辑，9～12 页，北京，中华书局，1985。

44. [澳] 艾瑞克·罗斯著，张威译:《澳大利亚华人史（1800—1888）》，94页，广州，中山大学出版社，2017。

45. Ching Fatt Yong, "Ah Mouy, Louis（1826–1918），" in *Australian Dictionary of Biography*, vol. 3, Carlton，Melbourne University Press, 1969.

46. 陈翰笙主编:《华工出国史料汇编》第二辑，4 页，北京，中华书局，1985。

47. 据统计，截至 1939 年，经香港出国的华人累计 630 万，由此返回的则达到 770 万之多。参见 Elizabeth Sinn, *Pacific Crossing: California Gold, Chinese Migration, and the Making of Hong Kong*，Hong Kong，Hong Kong University Press, 2013, pp.2–4。

49. 现在与此近义的地理名词主要还有"五邑"，即以上四个区县之外再加上鹤山县。

49. 张秋生：《澳大利亚华侨华人史》，65 页，北京，外语教学与研究出版社，1998。

50. 陈翰笙主编：《华工出国史料汇编》第四辑，478 ～ 479 页，北京，中华书局，1985。

51. 李文治编：《中国近代农业史资料》第一辑，6 ～ 9 页，北京，生活·读书·新知三联书店，1957。

52.（清）薛福成：《出使英法义比四国日记》，198 页，北京，商务印书馆，2016。

53. 梅伟强、张国雄主编：《五邑华侨华人史》，广州，广东高等教育出版社，2001。

54. 江门市地方志编纂委员会编：《江门市志》，139 页，广州，广东人民出版社，1998。

55. 有关土客械斗近年来最详尽出色的史学成果可参见刘平：《被遗忘的战争——咸丰同治年间广东土客大械斗研究》，北京，商务印书馆，2003。

56. 黄道记、刘重民：《台山人涉外交往与出洋溯源》，载《台山侨史学报》，1989（1）。

57. 刘重民：《鸦片战争对侨乡的影响（江门市鸦片战争 150 周年纪念座谈会发言稿）》，载《台山侨史学报》，1990（2）。

58. 陈焕明：《华侨之路》，载《恩平文史》，1989（15）。转引自梅伟强、张国雄主编：《五邑华侨华人史》，36 页，广州，广东高等教育出版社，2001。

59. 最早在这方面给予充分探讨的是陈泽宪:《十九世纪盛行的契约华工制》,载《历史研究》,1963(1)。张秋生在《澳大利亚华侨华人史》中有很好的总结,参见该书 67 页。此外极具价值的英文文献还可参阅 Kay Saunders, *Indentured Labour in the British Empire, 1834–1920*, London, Croom Helm, 1984;Yan qinghuang(颜清煌), *Coolies and Mandarins: China's Protection of Overseas Chinese During the late Ch'ing Period (1851–1911)*, Singapore, Singapore National University Press, 1985。

60. W. P. Morrell, *The Gold Rushes*, London, Adam And Charles Black, 1940, p.220.

61. 陈翰笙主编:《华工出国史料汇编》第二辑,51 页,北京,中华书局,1985。

62. 梅伟强、张国雄主编:《五邑华侨华人史》,124 ～ 125 页,广州,广东高等教育出版社,2001。

63. Bendigo Chinese Association, *The Walk from Robe*, p.5.

64. 陈翰笙主编:《华工出国史料汇编》第四辑,181、241、481、529 页,北京,中华书局,1985。

65. 陈志明编:《澳洲党务发展实况》,9 页,悉尼,中国国民党澳洲总支部,1935。谭开令在 20 世纪初留下口述资料时已经 90 多岁,他早年就是维多利亚殖民地的华侨领袖,言行具有相当的威信。1888 年,为抗议澳大利亚殖民地的联合排华行动,华人精英提交了著名的抗议信——《华商雷道洪等为澳大利亚苛税华民事呈总署秉文》,其中就有谭开令的积极参与。

66. 陈翰笙主编:《华工出国史料汇编》第二辑,4 页,北京,中华书局,1985。

67. 同上书,18 页。

68. Voyage Health Report, *Victoria Parliament Legislative Council, 1856–57*, PT1–2.

69. Geoffrey Serle, *The Golden Age: A History of the Colony of Victoria, 1851–1861*, Melbourne, Melbourne University Press, 1963, p.325.

70. C. Manning Clark ed., *Select Documents in Australian History, 1851–1900*, vol.2, p.67.

71. *Argus*, June 16, 1856.

72. 刘渭平：《大洋洲华人史事丛稿》，16 页，香港，天地图书有限公司，2000。

73. 根据墨尔本四邑关帝庙保存的材料记载，新会人黄德滋参加太平天国起义，号"平南王"，后于 1867 年率部众逃亡澳大利亚北部港口达尔文，又辗转至维多利亚殖民地参与淘金与种植业。这条金矿之路也要从昆士兰南下，几乎纵贯整个澳大利亚。此事迹由于缺乏旁证支撑，录于此，仅供读者参考。

第04章

/"黄金国"来了"天朝客"

以悉尼为中心的新南威尔士殖民地尽管是澳大利亚淘金热最初爆发的地点,但在几个月之内,它的领先地位就被以墨尔本为中心的维多利亚殖民地所取代。维多利亚殖民地原名菲利普港区殖民地,1851 年 5 月才正式从新南威尔士分离出来,为了纪念英国女王而改名。所以,淘金热宛如恭祝开业大吉的贺礼一般,让许多已经在维多利亚定居的欧洲移民满怀欣喜。他们幻想着淘金者可以与他们和谐共处,毕竟这里早已被新南威尔士测绘官米切尔称为"澳大利亚的福地",俨然一派"风水草低见牛羊"的风光。人们相信这里接下来能进一步转变成只在传说中存在的黄金国:

> 一个新黄金国(El Dorado)与阿卡迪亚式田园交融的风景……每一个奋进的人都会生养出一群工业化时代的孩子,却可以坐在自家葡萄藤或无花果树下纳凉——劳作还是需要

的，但不用那么操心——人们生活在自己的土地上，顺着河谷俯瞰，就能看到自己的畜群……[1]

然而上述想法很快就被证明是一厢情愿，不仅没有美丽的黄金国出现，而且阿卡迪亚式的乡野也一去不复返。伴随着金矿开采活动的急速扩展与密集化，澳大利亚腹地小农与牧场主平淡悠然的生活节奏被叫嚣噪突的淘金新移民彻底搅乱。从1851年到1861年，尽管也有新生态的营建，但淘金热对澳大利亚原生态的影响主要表现为一种全面干扰与颠覆，尤其是缺水问题日趋严峻。华人移民与其他淘金者们一样，一方面艰难地适应陌生的环境，另一方面也影响这里的景观。本章关注的是，在矿区生态急剧变化的过程中，成千上万"天朝客"（Celestial）[2]的抵达，在新兴的澳大利亚矿区边疆社会如何开始淘金，又造成怎样的初步反响。

/ 金矿资源边疆的形成

矿区的原生态

1857年，淘金热接二连三地掀起高潮时，墨尔本的大商人、立法会议员威廉·韦斯特加斯（William Westgarth）不无得意地感慨："并不是所有的国家都能有幸找到黄金，从而使自己的经济和商贸活动迅猛推进。"[3] 这绝非虚言。整个19世纪50年代，以旧金山为代表的加利福尼亚出产的黄金占到世界总产量的41%，而以新金山为代表的维多利亚出产的黄金占到世界总产量的38%，两者几乎旗鼓相当。[4] 坐拥如此丰盈的矿藏，的确可以说维多利亚殖民地得到了大自然的眷顾。

根据目前地质学界的研究来看，在古老的地质年代中，这里经历了地球最晚近的一次大规模造金运动，也形成了两种基本的黄金矿藏：原生金矿与沉积金矿。所谓原生金矿的形成过程是，古老海底的火山活动中喷出大量黄金，它们在高温海水中被浅层海床富含的硅元素裹挟，形成了包含黄金单质的石英石（硅酸盐类），最终成为所谓石英金矿脉（quartz vein）。在后续的地壳造山运动中，石英矿脉丰富的地层凸起为陆地，形成了今日澳大利亚东南部的山岭，而其核心部分就是后来的维多利亚。而所谓沉积金矿则是原生金矿不断因为风化侵蚀而被自然剥离出来的黄金，它们随着雨水及溪流的冲刷，从高处流散并汇聚到低洼处，经年累月地沉积后形成了沉积金矿层。它们实际上都是古老的河道，也包括许多现代河流的河床。[5]

不过，对于所有淘金者来说，影响淘金活动的自然因素除了黄金本身的分布以及地形之外，气候与降水同样是不可忽略的。根据一份1853年制作的也是现存较完整的早期气象统计资料，位于殖民地最南部的港口城市墨尔本过去三年的平均气温情况如下：

夏天最高温度 32.2℃，最低气温 9℃，变化幅度 23℃，季节平均值 20.7℃，最热的月份是 11 月。

冬天最高温度 21℃，最低 2.72℃，变化幅度 18℃，季节平均值 11.83℃，最冷的月份是 7 月。[6]

显然，无论与英国比还是同珠江三角洲相比，这里不仅季节截然相反，而且温差变化远为剧烈，尤其是可能出现珠三角移民不易适应的低温。不仅如此，澳大利亚全境由于没有季风，但深受厄尔尼诺—南方涛动（ENSO）现象的影响，存在天气骤变的情况，屡屡发生旱涝急转。以至于现代气象学家认为，维多利亚地区的降水、积温等变化太剧烈，太没有规律，很难用平均值来代表。[7]

以对淘金活动影响最深的降水问题来说，整个维多利亚殖民地年平均降水量在 500 毫米左右。问题是，这种降雨量不仅地域分布不均，季节分布也失衡。全年降水可能集中在短短几个月甚至几天之内，留给其他月份的就是连绵不断的干旱。[8] 不仅如此，维多利亚的地表径流也颇有个性：

维多利亚的溪流和澳大利亚其他的河流大体一样，一点也不像欧洲或者美洲的河流那样美好，在数量上也少得可怜。就地表径流而言，除了休姆河（Hume River）或上墨累河以及亚拉河（Yarra River）的一部分，都是微不足道的，完全不适于内河航运。事实上，它们面临的水源补给也极不规律，也就是说，在雨季经常泛滥成灾，波涛汹涌，溢出河床，淹没村落，裹走一切；而夏日里，它们又断流，有些河床更是变得干燥如土路，另外一些只剩下一点点水，可能得自地下深泉的补给，或者来自难以辨认的天然井。河床上总是反反复复交替发生这些情况。[9]

作为维多利亚殖民地北部界河的墨累河在夏季往往会断流，它的多数支流也是如此。这催生了一种澳大利亚特有的湿地景观——水坑（water-hole）。当旱季来临的时候，许多河流的地表径流无以为继，于是残存的水体会沿着河道蓄积起一连串面积不等、深浅不均的水坑。这些水坑沿着干涸的河道分布，可以绵延数十千米。但是在 7 月冬雨降临之后，以墨累河为代表，其水位可能每天都会上涨 2.5 厘米，结果连带它的主要支流如罗登河（Loddon River）、欧文斯河（Ovens River）、戈本河（Gulburn River）等会一起暴发急行洪水，席卷一切，这就是维多利亚典型的季流型水系。多数溪流从维多利亚中部大分水岭高地发源，它们河床的含金量也是最高的，所以未来的淘金热首先是沿着这些溪流一路铺延的，而水坑将是矿工们最重要的水源，但与此同时，急行的洪水也可能让淘金者猝不及防，丧失一切，乃至生命。

由于土壤贫瘠、气候干燥以及原住民经年累月用火改造植被的活动，维多利亚中部高地和北部墨累河流域形成了森林与稀树草原并存的植被景观。殖民者到来之前，这里普遍存在的草叫作"袋鼠草"（kangaroo grass），被认为是植株较为高大、叶片相对肥美的青饲料。对矿工们来说最重要的植物还有桉树（gum tree）与金合欢树（wattle）构成的丛林（bush），这两类树木将是矿工们最重要的木材或燃料来源。[10] 可是，除了东南部山区密集分布着一些挺拔高耸的桉树群，矿区中的桉树植株不都是高大挺拔的，生长得也不密集。桉树中最主要的品种是各种纤维内皮桉（stringy bark）以及铁皮桉（iron bark）。前者的树皮很容易脱落，脱落时成片树皮挂在树干上，可以整片剥下来加以使用；后者的皮很厚很粗糙，所以其外形异常丑陋，但是树身也更加耐旱耐火。金合欢往往是小型的灌木，很难用作木材，但却可以做燃料。不管具体是哪类树林，林间地表上的草皮都很薄或者干脆没有，结果是土壤容易直接暴露于空气中。一旦树木被砍伐、土壤被翻掘，就很容易造成水土流失。许多矿区树林中还有木麻黄树（she-oak），这也是一种澳大利亚特产树。它喜好炎热气候，耐干旱贫瘠、抗盐渍而且生长迅速。最重要的是，它可以长得比较高大，因此日后在矿区也就率先遭遇灭顶之灾。

　　相比于加利福尼亚的淘金移民，澳大利亚淘金者的幸运之处是，原住民生态并没有对移民的生产生活造成重要的困扰。据估测，在 19 世纪 30 年代畜牧业主开始大举圈占土地之前，维多利亚原住民总人数就不多，仅有 11 500 人，也有人估计在 1838 年时还有 15 000 人。[11] 他们分散为 33 个不同部落，过着季节性迁徙的生活，大部分活动于地势平坦的西部地区而不是主要的矿区。而在殖民者带来的传染病侵袭以及暴力驱赶下，金矿区本就不多的原住民人口进一步锐减。19世纪40年代，整个殖民地原住民人口缩减至区区3 000人，仅中部矿区原住民人口就减少了至少400人。[12] 由此，生产力水平本就还处于石器时代的澳大利亚原住民不可能像加利福尼亚的印第安人那样对淘金者造成妨碍。

纵使如此，对于多数北半球移民而言，矿区的大自然仍是陌生的、单调的、短时间内难以适应的。但在黄金的刺激诱惑下，这都不是难以克服的。事实证明，只要能得到黄金，不管来自何方，矿工们把这里的花草树木、河流浅滩都毁掉也在所不惜。

三大矿区的形成

尽管维多利亚殖民地的淘金活动从1851年中旬开始爆发，绵延近半个世纪，但至1853年初，维多利亚主要矿区的边界已经基本形成，达到了惊人的4.14万平方千米，在之后的岁月中也没有重大的变化。[13] 从1851年中下旬到1853年初，金矿资源边疆的拓展是以三大矿区的确立为标志的[14]，即位于维多利亚殖民地中西部的巴拉瑞特、中北部的卡索曼 - 本迪戈（Castlemaine-Bendigo）和东北部的欧文斯（Ovens），根据与墨尔本距离的远近依次被发现（参见图4.1）。[15] 这就是包括华人在内的澳大利亚淘金移民最主要的生活与工作空间。

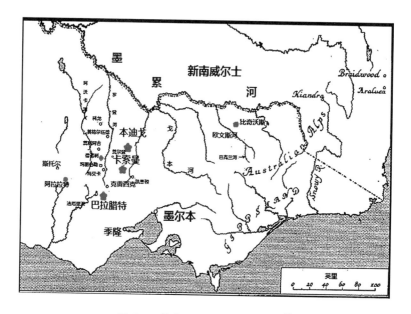

图 4.1　维多利亚的金矿与水系图 [16]

本图显示了 1853 年之前矿区分布与水流走向的关系。由于大分水岭东西向贯穿维多利亚殖民地，所以河流多发源于中部高地，或向南流入大海，或向北注入墨累河，而大沉积金矿区也就聚集于水流源头或上游。

　　三大矿区当中，最早被开辟的是巴拉瑞特矿区，因为这里距离墨尔本最近，仅有 80 千米，而且位于大分水岭余脉的南麓，地势开阔，无须翻山越岭即可抵达。这个名字源于原住民的称呼 "Balla-arat"，意思是"自然的胳膊肘"。因为对于原住民来说，这里恰好位于大分水岭南部林区与草原交接地带，拥有较为稳定的天然水源和充沛的食物资源。除了易于进驻的地理位置，这里在地质上还是古今河床层叠汇聚之处，浅表沉积金矿土肥厚。在墨尔本商会悬赏令的刺激下，1851 年 8 月，探矿者首先在位于巴拉瑞特南部的巴宁杨溪（Buninyong Creek）找到了丰富的沉积金，顺溪流而上，各个采掘点就鱼贯而出：

> 人们都赶来金点附近扎营工作，在那里一个人很容易就可以在一天时间里挖出 10 ～ 20 盎司的黄金。城里的人都疯了，每一辆可以使用的车都装载了淘金和生活所需的个人用品驶向那里。[17]

在 11 月之前，巴宁杨谷地几乎成为所有淘金人的目的地：9 月 21 日当地聚集起 800 个矿工，10 月 6 日就有 2 500 ～ 3 000 个矿工了，到 13 日矿区人数达到 4 500 ～ 5 000 人，10 月 20 日人数达到了 5 000 ～ 6 000 人。[18]

由于淘金挖掘是溯巴宁杨溪而上的，所以采掘点自南而北分布，地势越来越高，矿工们也越来越深入溪流的发源地——大分水岭高地山区。这里很快也形成一个新的大矿区，即卡索曼 - 本迪戈。这个地区是墨累河众多支流的源头所在，溪流虽然都不大，但较为密集，所以 1851 年之前已经建立起许多畜牧站，用于给牲畜补水。早在 1847 年，就有牧羊人在牧场主威廉·巴克（William Barker）的畜牧站发现过黄金，只是这个消息被压下了。1851 年 9 月 1 日，这里有黄金的风声传开了，畜牧站附近以威廉·巴克命名的巴克溪（Barker's Creek）遂成为淘金团队探索的焦点。[19] 从 10 月 4 日起，由两个墨尔本拍卖师组织的六人淘金小组在巴克溪上游与弗里斯特溪（Forest Creek）交汇处的河床里发现了大量的沉积金，于是人们就继续往弗里斯特溪的上游搜寻，结果收获越来越多。作为继巴拉瑞特之后崛起的第二个大矿区，卡索曼一度盖过了前者的风头。因为这里的黄金不仅埋藏更浅，而且有许多就暴露在河床里，淘洗难度很低，许多金块甚至只要捞捞就可以获得。[20]到11月初时，雨季逐渐结束了，巴宁杨溪流出现了水流枯竭的情况，再加上最易采的黄金已经开始耗竭，所以巴拉瑞特矿区的淘金者纷纷涌入卡索曼，尤其是进入水源较足的亚历山大矿（Mt. Alexander）。在不断的搜索中，人们在与弗里斯特溪距离不远的罗登河（Loddon）上游及弗莱尔溪（Fryer's Creek）也发现了沉积金矿，据11月12日报告说，这两处已经聚集了8 000人。到12月，作为卡索曼矿区主要作业点的亚历山大山区大约已拥有2万名淘金者了。[21]

由于卡索曼瞬间聚集起大量淘金者，许多矿工担心不能保证收获，便越过分水岭，进入其北麓山区进行探索，12月时在本迪戈（时称桑德赫斯特，Sandhurst）发现了矿层。12月9日，本迪戈发现大量冲积金的消息经墨尔本最大的报纸《巨人报》（Argus）广而告之，12月28日，第一批来自这里的黄金在骑警的保护下运往墨尔本。这批黄金多得令"卡索曼的金矿委员都惊叹，墨尔本的黄金奖励委员会也震惊了"[22]。由此，本迪戈与卡索曼一并成为中部高地矿区的代名词。

进入1852年，淘者为争夺金矿开发的先机，开始沿着分水岭的山脊一路向东探索，逐次开发所有能够触及的溪流发源地，促成了欧文斯矿区的发现。此时，墨尔本商会关于120英里内发现金矿有奖的诱惑已经淡化，淘金者们一路抵达了距离墨尔本360千米的大分水岭深处，发现了欧文斯河流域的比奇沃斯（Beechworth）。当地大牧场主雷德（Hon David Reid）回忆说，这里地形崎岖不易进入且草不茂盛，所以在牧羊业大扩张中主要不是放羊而是养牛，牧场也只有他们一家：

> 可是在1852年2月的一天深夜，我在自己的畜牧站屋里休息……有两个找金子的人突然来到我这里，求宿一晚。我跟他们交谈了，他们提到了自己曾经跟随一位经验人士对维多利亚中部高地欧麦（Omeo）谷地进行过地质勘探工作，然后被解雇了。他们对我说，根据其判断，我家像是能产金子的地方。我问他们是否懂得挖金子，他们回答说，他们去过加利福尼亚的金矿淘金，如果我给他们更多工具，他们愿意发掘这里。我问他们要什么工具，他们说要镐、鹤嘴锄、铁锹、锡盘以及口粮，我说这好办，我自己就能给你们。……我的牧羊人想跟他们一起去……于是三个人就一起出发了。三天后他们就在两个畜牧站之间窝棚前的溪流里发现了金子，那就是比奇沃斯现在的地方。那三个人沿着溪流边挖了三个浅浅的坑，每个都是2～3英尺深，里面密密麻麻，都是金块啊。[23]

1852年中期至1853年初，矿工们顺着各条河道不断向上游探索，最终使欧文斯矿区在比奇沃斯之外，又增添了麦克埃弗（McIvor）和戈本（Goulburn）两个大矿。尽管欧文斯矿区富含沉积金，但是由于地处偏远，山路崎岖，直到1853年后才真正成为人头攒动之地。

维多利亚这三大矿区在环境上大体相似，但又有各自的特点。主要差异在于水源条件上，前两个大矿区更为干燥，尤其是位于中部高地的卡索曼-本迪戈矿区，年降水量往往不超过400毫米，几乎是半干旱地区，缺水问题突出，而欧文斯矿区年降水量可达到800毫米，并且因为传统上山林密布，水源涵养条件好，所以供水问题不甚严重。其次的差异在地形地势上，巴拉瑞特矿区海拔较低，而且相对最平坦开阔，气温变化幅度也较小，是矿工们最容易扎堆之处，而后两大矿区地处山区，尤其是部分金矿位于深山谷地当中，不仅更为寒冷，而且温差变化剧烈，交通相对闭塞，在淘金热初期吸引力比较弱。

伴随维多利亚三大矿区的开拓推进，淘金移民们也如潮水般涌入三大矿区。首先被吸引来的是墨尔本、季隆等大据点的维多利亚殖民地境内居民，从1851年底开始，澳大利亚其他殖民地的移民也大批迁入，至1852年中期，维多利亚人口从7万多增加到了13万。而从1852年下半年开始至1861年，国际移民也纷至沓来，平均每年都维持在4万人左右。[24] 他们中的多数来自英伦三岛，以至于后世学者评论说，就吸引英国移民而言，整个19世纪澳大利亚唯一可与美国相媲美的时代就是淘金热的头十年。至1861年，澳大利亚全境人口总数突破了100万，而在新涌入的 70 余万移民中，维多利亚殖民地就吸引了 50 余万人，该地人口总量比淘金热前暴增近 7 倍。[25] 可以想象，原本杳无人烟的荒原变得何等嘈杂喧闹。

无论如何，所有欧洲裔淘金移民都可以从墨尔本等枢纽港口城镇出发，相对便捷地前往三大矿区。然而对于华人移民而言，维多利亚殖民地短暂的自由开放在 1855 年戛然而止，从南澳殖民地出发进入这三大矿区就成为艰难的跋涉。

/ 华人淘金活动的开端

华人淘金者进入矿区

众多华人移民参与淘金是维多利亚淘金热国际化最重要的标志之一。参照官方的不完全统计，除了欧洲矿工，有色人种矿工中也有来自美国的非洲黑人甚至澳大利亚原住民，但与华人移民矿工相比，他们仅构成零星的个案。[26] 就维多利亚殖民地政府保留的记录看，1857—1859 年，维多利亚殖民地的华人移民维持在 4 万以上，他们成为金矿区仅次于欧洲裔的第二大移民群体，截至淘金热基本结束的 1881 年，维多利亚华人移民人口仍有 2 万左右。[27]

问题是，在华人大批抵达矿区时，大部分已知的大金矿都已经布满了各色背景的淘金者，这导致了两个后果。第一，与欧洲裔淘金者不同，华人移民大多是从南澳大利亚出发自西向东进入矿区的，因此他们抵达矿区的顺序与欧洲矿工会存在重大差异。

大体来说，1855 年后从南澳赶来的华人淘金者是沿着大分水岭的山脊小路前行的，因此通常会先进入同样位于山区高地的维多利亚中北部矿区，即卡索曼 - 本迪戈，然后他们可以继续前行至欧文斯矿区，或者顺势南下，进入巴拉瑞特矿区。无怪乎1853 年底华人移民在本迪戈率先引发了公众注意，而三大矿区里最早形成的巴拉瑞特矿区反而在 19 世纪 50 年代中后期才真正成为华人最密集之处。1854 年时，中北部矿区的卡索曼及附近的吉尔福德（Guilford）华人最多时达到了 5 000 人，至 1855 年时本迪戈也已经有华人 5 325 人，直到 1868 年仍有 3 500 名华人定居于此。此外，这里较大的华人定居点还包括本迪戈附近的马尔登（Maldon）与马里布洛（Malburough）等小镇，19 世纪 50 年代时华人社会的规模均维持在 1 500 人左右。[28]

巴拉瑞特在 1854 年时也已经拥有 5 000 名左右的华人移民矿工，但到 1857 年时这个数字增加到 7 500 人，到 1858 年时华人数量达到 9 000 人以上，此后人数开始迅速下降，因为他们或者转行离开，或者向最偏远的东北部欧文斯矿区转移。据 1857 年时的统计显示，巴拉瑞特男性人口中有 22.3% 是华人，仅次于英国裔男性，比任何其他族裔的男性都高出两倍以上。[29]需要注意的是，1855 年之后，许多华人移民也会直接从海路抵达悉尼，或者从维多利亚矿区通过陆路进入新南威尔士殖民地的金矿区。比如 1856 年时，悉尼仅有 896 名华人入境，而到 1858 年时人数就激增至 1.2 万人，至 1861 年时，全新南威尔士殖民地的华人达到 2.1 万之多。[30]

华人在 1853 年后才逐渐抵达矿区的第二个后果在于，当时矿区相当部分的浅表地层已经被欧洲矿工发掘过，块头大且埋藏浅的黄金已经被人收走。尽管这并不意味着华人没有开发一手矿的空间，但华人找到新的富矿的概率相对较低。于是，华人淘金者很大程度上不得不对前人放弃的矿坑进行二次淘洗，从中拣选出更小块的黄金，其工作强度与难度就大幅上升了。所以，华人移民矿工虽然在矿区自然而然地与其他族裔的移民混居，但是大部分人会根据乡亲关系结成团体生活与劳作，借此相互照应，分摊风险，从而形成了局部聚居的生态。无论是勤于淘洗二手矿还是习惯于集体化劳作，都会使得华人淘金者因反复淘洗矿土而耗费更多水源，同时也反复破坏地表植被与土壤结构，这引发了直接的环境破坏问题，更导致华人与欧洲矿工因为矿产与水源的分配产生纠纷。与厦门契约工的命运大相径庭，珠三角移民从抵达澳大利亚殖民地不久之后便开始陷入各种种族冲突，对此在后文还会做专门分析。

浅层沉积金矿的发掘

在 19 世纪 50 年代，澳大利亚几乎所有的淘金者都致力于开发沉积金矿，也就是从溪流或者地下河床里发掘天然纯金块。不仅如此，由于绝大多数风尘仆仆的淘金者都是所谓"新手"（new chum），缺乏采矿技能基础，所以需要不断学习他人经验并且摸索矿藏分布规律。在这种背景下，来自加利福尼亚矿区成熟的淘金装备与技法在澳大利亚矿区迅速传播。

大体而言，华人与欧洲矿工在淘金装备方面没有太大的不同，而且上手非常快。因为淘金者们很快就发现，最浅层的沉积金矿开发难度很低，"至少在一段时间内，只要你身体健康而且拥有体力，哪怕没资本和文化教养也能干这一行"[31]。当然，华人绝不只是靠运气和体力淘金，在不断总结和吸纳矿冶经验后，他们掌握了通过采样确定矿土品级再挖掘作业的能力：

> 很多华人成了全能采矿业的行家。他们的探矿者携带装在圆形木盒里的指南针。他们在处理黄金时一丝不苟，他们的腰带上挂着的 12 厘米 ×10 厘米的筛子，底部有细密的金属丝网眼，用来筛选黄金粉末和珍贵的颗粒。[32]

在挖掘出矿土之后的淘洗过程中，最主要的装备是加州舶来的淘洗盘（milk dish）与淘洗篮（cradle），因为天然纯金的物理性质决定了它们很容易变形磨损从而呈现为小块的颗粒，与沙砾混杂一处，所以淘金者必须利用工具把颗粒金淘洗出来才行。加州式的淘洗盘与欧洲人当时饮用牛奶所用的圆形锡盘极为相似，所以也被叫作奶盘。[33] 用奶盘淘洗矿土的流程需要反复进行，虽然简单，但也要小心翼翼，因为用力稍有不均就可能导致细小的金子和泥沙碎石一齐被水流冲走。事实上，纯粹靠奶盘淘金只适用于含金量非常高的砂土，而这又很难事先预料到。因此，为了提高作业效率，淘洗篮逐渐成为主要淘洗工具，而奶盘则作为补充操作工具，专门用于小金粒的筛选（参见图4.2）。

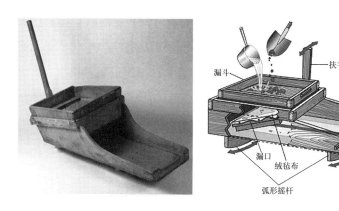

图4.2　淘洗篮的外形与工作原理

淘洗篮是相对高效的沉积金矿淘洗设备，但是具体规格与外形并不完全相同，本图中所展示的是最简单、最基本的淘洗篮，也最容易为新手掌握。淘洗篮外形看起来像婴儿的摇篮，所以矿工可以左右摇晃它。淘洗篮最上层是一个以铁皮做底的方形木箱，铁皮网眼密布，实际上就是一个筛网。矿工把搅拌过的矿土放入，然后浇水，小于网眼的固体颗粒就可以漏到下一层。下一层则是一块斜架的木板，带有类似于洗衣板表面的褶皱，上面铺着帆布。如此一来，从上层漏下的颗粒物就会顺着水流逐级被吸附在帆布上。最下一层就是出水口，口上有挡板。当矿工完成摇动倾倒出泥水时，挡板就可以把最细小的颗粒黄金截住，避免"浪费"。最终金子会积攒在淘洗篮底部。与奶盘淘洗一样，这种淘洗工作也需要反复进行。

不过，来自加州的工具并不总是适用，因为维多利亚矿区与加州矿区的环境不尽相同。最严重的问题在于维多利亚矿区缺水。这里整体干旱且降水不均衡，地表径流不足，直接去流水中淘洗黄金成本极高，于是有大量矿土被挖掘出来后堆积如山却迟迟无法淘洗。为了在短时间内加工尽可能多的矿土，矿工们发明并推广了许多新装备及技术，其中最值得一提的是马拉搅拌机（horse pudding machine）。它在1854年前后首次出现在本迪戈矿区，其工作场景类似于毛驴拉磨：在一个圆形的场地里投入矿土后再倾倒进水，然后马匹被固定在套具里绕着中轴转，中轴和马匹之间则用一根木杆横向连接，木杆下挂着许多爬犁，转起来的时候就能不停搅拌场地里的矿土，让它们变得细小。然后再把这些碎化的矿土拿去淘洗，冲刷掉泥沙、石子就能得到金子。这种工具不仅提高了生产效率，而且还相对节约用水，因为碎化矿土不需要反复冲刷了（参见图4.3）。[34] 据估计，同等时间内马拉搅拌机处理矿土的能力比其他任何具有同类功能的设备都高至少20倍以上。1855年金矿调查委员会在向殖民地议会提交的报告中说："这引发了一场矿业革命，因为它的出现意味着广大废弃的、含金量比较低的矿土都能得到高效利用，意义重大。"[35] 马拉搅拌机迅速在浅层冲积金矿密布的中北部矿区蔓延，其数目在1855年达到500个左右，而到19世纪50年代末期则达到2 000个左右。[36]

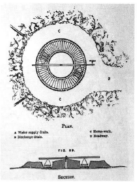

图 4.3　马拉搅拌机示意图 [37]

马拉搅拌机完全是维多利亚淘金者的发明，1855 年这项技术申请了专利，并一直用于矿土淘洗，直到 19 世纪末。它的成本相对低而且操作简便省力，大大提高了矿工对矿土的利用率，成为卡索曼 - 本迪戈矿区最具区域标志性的人造景观之一。

　　在世人的刻板印象中，华人劳工为了省钱，常常宁可自己多吃苦也舍不得引入成本较高的机械设备。但在马拉搅拌机的应用上全然不是如此，华人矿工几乎第一时间就注意到并应用了这种新的装备。1856 年 7 月，墨尔本第一大报纸《巨人报》驻本迪戈固定通信作家威廉·凯利（William Kelly）介绍了华人移民的采矿活动并记述道：

　　　　你可以发现一些中国人使用的马拉搅拌机，那是从欧洲人那里买来的，他们稍晚就开始掌握了这种科学与技艺领域的珍稀样本。……将搅拌机卖给中国人的原主一遍又一遍地跟我说，他们通过坚持不懈获得了本来会错过的财富。[38]

根据估算，一台马拉搅拌机需要大约 200 英镑的投资，还要求相对比较复杂的安装与操作，而华人通过集体投资与分工合作取得了成功。[39] 然而，华人并不是在所有的采矿作业中都能顺利克服资本的压力与地质环境的挑战，他们在深井矿的开发中开始遭遇挫折。

来自深井的挑战

即便在非常富足的金矿作业，其埋藏最浅的金块与颗粒金也很快就会被挖掘殆尽，因此淘金者们就得往土层的深处进行挖掘。1853 年左右，矿井发掘作业在巴拉瑞特矿区开始流行，并且向各大矿区推广，许多矿井已经达到 6 米深[40]：

> 在土壤表层是草皮，草下面是一层黑黑的沉积土，然后就是灰色的黏土——下面又是一层红色的沙砾，有时候会很厚——再往下面是红色或者黄色的黏土，那里面有好多金子，再往下是一层厚度不一的黏土层，有各种颜色的斑纹，不太值得作业。然后下面一层是坚硬的白黏土（pipe clay），这对挖掘是一大障碍。这层土很硬，矿工在没有准备的情况下用锄头发掘时，它能把锄头反弹回来，甚至将锄头尖撞断。然而就在这个土层上面有一层薄薄的巧克力色的黏土，

很粗糙但很像软肥皂一样，这层土就是著名的蓝色黏土，黄金含量很高。有些地方大约离地面 1 英尺深，但有时候要挖20 英尺深。[41]

深井矿作业兴起之后，由于矿工不能在地表作业而进入地下工作，淘金难度立刻就上升了。因为这不仅增加了工作量，而且难以判断是否会做无用功：在不同的矿区，这种黏土层的埋藏深度差别很大，而且许多金矿所在的区域内干脆没有这种土层，但是矿工们总是唯恐因为挖得不够深而错过这个土层，于是矿坑挖掘就越来越深入。

深井采矿的最大挑战在于地下矿难事故风险高。由于浅表土壤层早已经过翻掘而疏松不堪，而深井采掘又严重干扰地下土层结构与地下水系，结果不仅是井下冒顶事故层出不穷，矿井塌方也是司空见惯。矿工在狭小的井底没有专门的避险区域，每逢塌方通常就是惨遭活埋。[42] 通过对巴拉瑞特地区最大的报纸《巴拉瑞特之星》(Ballarat Star) 的索引进行统计，仅 1854—1859 年曾经报道过的各种塌方事故竟达 200 次。面对这种情况，具有煤矿及锡矿采掘经验的英国康涅什移民开始大显身手。大致在 1853年中期，一名叫作贝比 (J. Wood Beilby) 的矿工尝试用粗壮的树枝拼接组装成矿井架置于井下，然后再用 6 ～ 8 厘米厚、1.2 ～ 1.8米长的木板紧紧贴住井壁预防侧面的突然坍塌。[43] 这是巴拉瑞特采矿业首次应用专业的井下建筑技术。但是新问题立刻又出现了：向地下挖掘的过程中往往需要穿越地下潜水层，可是淘金者事先并不知情，结果往往在穿过了潜水层后才发现渗水问题，而这时意味着转瞬间就会有地下激流席卷一切，多数矿工即便逃过淹死的厄运也将丢失掉所有的装备，血本无归。实际上包括贝比本人最终都因为渗水事故而被迫中途放弃深井开采。19世纪50年代中期后，维多利亚各大矿区都出现了抽水用的蒸汽机，可由于其价格昂贵，也只能解决局部问题。无奈之下，多数矿工选择在自己身上绑上空木桶以防在突发洪水中瞬间沉底。最后还有一个地质环境上的不利因素在于，巴拉瑞特在历史上是植被特别丰茂的地方，结果在漫长的沉降过程中，有一些死去沤烂的古代植被在浅表土层下形成了沼气层。矿工们在挖掘到5米左右深度的时候就可能遭遇沼气，猝不及防之下很可能中毒丧命。[44]

相比于欧洲矿工，华人矿工虽然采用了基本类似的工具，但在矿井作业技法上却形成了一定的特色。比如，华人利用矿坑掘金时就颇有特色。当时的矿井，井口形状通常有圆形与矩形两种。圆井口直径通常是0.9～1米，矩形的边长则是1.5米、0.75米。挖掘圆形的矿井技术上更容易，因为淘金者无须打磨出矿井的棱角，但是这种形状下盛装矿土的篮子的抬升和降落更麻烦，因为井口的落脚点不好找，而且由于矿坑壁是弧形的，下井的矿工不容易挖凿出落脚点。特别是遭遇降雨时，坑壁上的落脚点很容易就被冲掉，坑壁也会非常湿滑。方井就不存在这方面的隐患，而且拉矿土的淘金者可以靠在井壁较长的一边，用脚撑住对面的井沿，作业就更加稳固和安全。[45]但是，欧洲矿工通常喜欢坐在大水桶里被同伴吊上吊下，华人矿工因为身形更小巧，虽然挖掘圆形矿井居多，但并不疲于反复在井壁上凿出能落脚的凹坑，一旦必要时他们就能抓住吊下的绳索，独立蹬着凹坑爬出去。

显然，随着矿井深度的增加，金矿开发越来越依赖技术与资本投入，尤其是需要大量购买木材以搭建脚手架以及支撑矿道的支架。对于华人来说，即便他们吃苦耐劳且善于学习借鉴，这些硬件上的要求也绝不是靠意志顽强就可以达到的。事实上更常见的情况是，偶尔有华人集资买下旧矿，但旧矿井中支架本身已经老化或缺损，华人无力重建矿道支架，结果常常遭遇塌方事故。尤其是中部山地土质稀松，由于浅表土层有高密度挖矿，地表植被已经损失殆尽，偶有大雨就会导致水土变成黏稠的泥浆，一块土坠落往往连带一大片坍塌。不仅如此，地下矿道由于没有木板铺砌，同样泥泞至极，这不仅让挖矿变得困难，而且即便地面上有人报警，地下的同伴也来不及逃跑。从四邑会馆留存的宝贵中文材料来看，华人在深井矿开发中付出的代价触目惊心：

> 其矿井有深至十余丈者，井边不固，每一崩坏，则葬身其中。吾侨为开矿而死者，不可胜计。为了告慰死者，乃发起义祠，当时报名入祠者，在 7 000 人以上，一二年内增至万名，今日仍存于墨尔本四邑会馆中。[46]

1854—1865 年本迪戈死亡的华人中，70% 以上是采矿人员，总计 31 个死亡记录中，26 个是因塌方被活埋的。根据维多利亚中部新兴的沃恩泉（Vaughan Springs）矿区的记录，在1857—1859年意外死亡的66人中，有38个是华人，其中就有11个死于矿难塌方，另外6个死于呼吸系统疾病。[47] 这些死亡统计是地方验尸官做出的，难以获得整个维多利亚的情况，而且这里有关华人的部分非常不完整，但足以让人想象深井矿难对华人的威胁之大。所以并不意外的是，到19世纪50年代后期，以深井矿开采的中心本迪戈为例，华人深井矿作业记录越来越少。

华人淘金者在三大矿区浅层沉积金矿开发活动中的成功与挫折说明，他们能够主动地吸纳外来经验与装备，及时掌握先进的技术发明，同时迅速熟悉矿冶地质条件。他们能够在淘金热中扎根，绝不仅仅是吃苦耐劳使然。不仅如此，在淘金热转向深井矿开发过程中华人遭受的重大困难也说明，随着淘金活动的环境阻力越来越大，仅凭吃苦耐劳是难以达到理想目标的，而且这在客观上也迫使华人相对长期地集中于发掘和淘洗地表浅层的沉积金矿，从而引发了意想不到的后果。

/ "华人破坏水源"？

矿区人口在如此短暂的时间内爆炸性增长，加之每个淘金者都不遗余力，掘地三尺，当地的自然与生态瞬间就遭遇了颠覆性的冲击。根据澳大利亚环境史奠基人之一的唐纳德·加登（Donald Garden）的概括，采矿造成的环境影响主要有四个：

人口流动与无数矿业定居点的建立；挖掘对土壤的破坏以及废矿石、废渣之类乱堆乱放；大规模的毁林与木材消耗；水系的全面破坏。[48] 在淘金热时代矿区爆发的诸多环境问题中，缺水问题是最严峻的，然而本节要展示的，是这一环境问题如何竟成了华人淘金者的"罪责"。

矿区环境的破坏与缺水问题

首先不容否认的是，维多利亚矿区缺水问题是一种真切而严峻的现实挑战。前文已述，矿区本就处于一种缺水的自然环境中，这里巨大的蒸发量使得85%的降水会回到大气中，剩下14%的水流会随着地表径流进入海洋，只有不到1%的成了地表水。[49] 但更大的麻烦在于，矿区瞬间涌入的数十万淘金者导致的用水压力远远超过当地的天然水供给能力，不仅是矿工们的淘金作业消耗水源，而且他们日常生活也大量耗费水源：

> 干旱对淘金活动的影响是不容遗忘的，比如本迪戈的地理条件就是被诅咒的，这里几乎不可能支撑2万人之众的淘金者，而在19世纪50年代中期总有这么多淘金者试图涌入其中。[50]

整个淘金热期间，淘金者们对矿区环境影响最大的活动是沿着天然水系发掘浅表金矿，这本身就对地表河流造成了直接破坏。在溪流河床中翻寻黄金很容易就把水搅浑，而成百上千的矿工进入河道密集作业则让河流失去了自净能力——泛起的泥沙没有机会沉淀，结果水流始终非常浑浊。此外，浅层沉积金开采要求矿工把矿坑里所有的土壤都挖掘出来，因为淘金者无法用肉眼分辨黄金小颗粒，最保险的办法就是把土壤全部拿来淘洗：

> （当矿工集体涌入）一段时间以后，河谷里以及溪流底都会凹陷下去很多小坑。它们在山涧谷地中最为密集。[51]

河流的污染问题不仅仅由河道内的挖掘作业本身造成，由于淘金作业都要在水坑或河道边上完成，矿工挖掘出来的矿土和废渣往往随意堆积与倾倒，这样流水还要承受从河岸及附近土层中汇入的杂质。[52] 据记载，到1851年底，巴拉瑞特矿区中：

> 矿土倾倒发出的声音听上去像遥远的雷声或者是几千个闷鼓同时作响，沿河已经密布着尾矿。[53]

在这种生产规模下，许多小溪流立刻就消失不见了。此外，淘金者还频频修筑小堤坝阻断水流或者改变河流的走向，这样河床就可以整体暴露以便于他们进入。如此一来，河流在雨季也无法补充水源，河水中的所有生物都遭遇灭顶之灾。

除了直接破坏水源，矿区水源的涵养条件也日益恶化，首要的是水土流失问题。到1853年底，矿工人口较上一年倍增，主要矿区的浅表土层被发掘到无以复加的程度。[54] 于是淘金者的采矿方式也相应发生分化：一部分矿工开始重新淘洗先前废弃的矿土，因为前一阶段淘金者只关注浅表的天然大金块，许多被废弃的矿土其实还包含大量小金粒，现在恰好可以重复开采。另一部分矿工则开始挖掘矿井深入地下作业，对土壤结构产生立体化的破坏。本身已经遭受侵扰的土壤惨遭二次淘洗，腐殖质流失以及土壤颗粒碎化的现象加剧了，而且伴随塌方现象，水域环境全面劣质化。1855 年出版的一份记录总结道：

> 山丘上根深叶长的草都死掉了，本来它们能够牢牢抓住我们山丘上的土壤，结果土地现在直接暴露在阳光下，被晒得干裂。裂痕向四面八方延伸，最终山丘朝各个方向坍塌下去；陡峭的河岸也是这样，滑坡的山体带走了树木和一切地表物体。淘金热爆发之初我第一次来这里，那时只遇到过两次塌方，我都去看了；现在可好，过去三年里这里发生了数百次塌方。……河谷里的黏土在夏天完全是暴露的，硬得连土块都裂开了；冬天的雨水则冲刷着裸露的黏土地——现在几乎每一个小小的河谷里都已经有很深的沟，雨水降落下来就流过坚硬的地面，把这个沟冲刷得更深，泥浆就一直冲进更大的河流里。这里面会裹挟着泥土、树木以及水流可以卷走的一切。[55]

不仅如此，所有的挖掘工作都导致地表植被的破坏：低矮的灌木与草皮需要一律清除，而高大的树木也难逃厄运。据当时访问矿区的英国记者记载：

> 矿工们有两大特别的嗜好，那就是使用火枪和砍树。他们砍掉的树不可胜数。（他们）一早起来就开始砍树，你可以听到树木倒落的声音此起彼伏。事实上，桉树被认为是最有用的树木，无论对矿工还是牧场主而言都是如此。它的树皮很容易剥掉，扒下来就是大大的一片，其硬度如同木板一样，厚度从1英寸（1英寸合2.54厘米——引者注）到半英寸不等。它们可以用来做窝棚的侧墙以及天花板。它们也可以做成地板和帐篷，可以做成桌椅，还可以用来做导水管和滑槽。……其他的则干脆被伐倒后再剥皮，这样可以把每一寸树皮都剥光。木材也很有用。桉树木材的特点是很容易劈开，可以用来做标杆以及围栏，做成厚板当窝棚的墙用，或者做成任何人们需要的东西。桉树也易于燃烧，可以成为现成的燃料。因此，对这种树的毁坏非常巨大，好在它们数量足够多。[56]

在许多矿工眼里，作为景观的树木即便不能被利用也得被清除干净，因为它们妨碍了矿坑的拓展，而且树林还会遮蔽掉重要的地貌特征，不便于矿工深入林区开展探索。除了人为毁坏植被，矿工带来的马匹也会破坏植被。

毁掉地表植被最直接的后果就是加剧了矿区的水土流失。每逢降雨，丧失了涵养水源能力的地表土层都会遭受反复冲刷，土壤被雨水冲进河流后又会进一步淤塞河道。而在旱季时，失去了植被的地表又变成扬尘的源头，可是因为缺水，又无法洒水降尘。一位名叫弗朗西斯·马丁（Francis Martin）的英国移民矿工如此记录说：

> （没有植被的）道路上灰尘堆积到膝盖那么厚，走过些许人和车，尘土就腾空而起。灰尘反射了太阳光，刺得人眼睛都疼，而且灰尘入眼会导致疾病——干热风时不时盛行，大风扬起尘土，由此引起的急性眼炎在这个地方非常普遍。我们的脑袋直接在太阳底下暴晒，这也是一个大问题，经常被晒伤。由于缺水，我们往往靠酒解渴，结果眼疾更加严重，然后疼了就继续喝酒，结果常常有导致眼睛失明的。我目睹了很多这样的案例。[57]

从 1852 年下半年开始，季节性的干旱加剧了缺水问题，阻遏了巴拉瑞特淘金热的扩张势头，它迫使很多人从金点金矿退回到巴拉瑞特的低洼地带，由此巴拉瑞特就出现了季节性的人流聚集情况。[58] 不过这比起中北部矿区还是微不足道的：在卡索曼，当地最重要的两条河流巴克溪与弗里斯特溪在初夏时节会萎缩成涓涓细流，根本不足以支撑大面积的淘洗作业，淘金者只好在旱季开始后整体性转移。本迪戈矿区的情况更加糟糕，因为整个矿区只有一条本迪戈溪穿过，一年之中地表径流只能维持 8 个月，初夏季节就会完全干涸，淘金者当即就陷入望金兴叹的窘境。事实上在1851年中西部矿区得到开发的头两个月中，巴拉瑞特能容纳3 000名矿工和500个洗矿篮，但是本迪戈在1851年夏季（12月）被开发的最初两个月中只能容纳不到300名矿工。

由于矿区人口流动性极强，同时基础设施投入不足，稳定的人工供水系统迟迟无法建立。在这种情况下，挖掘黄金后运输到水源较充裕的异地淘洗，也成为许多矿工不得已的选择，但是其后果就是淘金成本激增。比如1852年1月，矿工们首次耗完本迪戈矿区的所有水源后：

> 用手推车运一车矿土去远处河流淘洗收费是每0.25英里2先令6便士到5先令。如果支付不起运费，也可以花钱向农牧站买水，收费是每桶1先令到2先令6便士。但是到了1853年之后由于矿工人数增加到2万人，同样的一车矿土运费上涨了242%。从本迪戈谷地的袋鼠滩（Kangaroo Flat）行进11英里到巴拉克溪流（Bullock Creek），每英里要花费20先令，这个价格可以雇用一个熟练剪羊毛工剪100只绵羊了。[59]

随着淘金热的深化与蔓延，对矿区大自然的破坏已经全面显现出来，严重的缺水问题成为困扰矿工生计的根本环境挑战之一。毫无疑问，节约用水、保护水源会自然地成为众多老练淘金者的自觉。但耐人寻味的是，指责华人破坏矿区环境与生态，尤其是加剧了缺水问题的声音却越来越响亮。在作业装备与技术没有重大差异的情况下，为何华人会遭受这样的不公平指摘呢？这值得我们进一步探究。

华人为何格外耗水

在 1855 年维多利亚议会向矿区派遣的特别调查委员会最终报告里，第 164 段如此说道：

> 中国人满足于通过最粗糙的采矿方式获取最微小的收获。在反复淘洗旧矿坑时，他们用起水来大手大脚，毫不考虑会不会浪费，甚至无视那些保护起来用于饮用的水源。结果，由于他们不能或者不愿意理解金矿管理方或者周围矿工的意见，惹出了许多口角。[60]

这份报告是淘金热中第一篇权威的官方调查报告，历时一年完成，非常详尽地介绍了当时维多利亚主要矿区的开发情况，其中涉及华人的内容里，明确记录说华人用水问题引发了许多纠纷，而且耗费水源与淘洗二手矿现象是绑定的。

在支撑委员会完成报告的听证材料里，还可以找到如下记录。1854 年，从美国来巴拉瑞特淘金的查尔斯（Charles James Kenworthy）回答了第 1364～1365 号问题：

"中国人（Chinaman）[61]是否很多？"

"中国人破坏了金矿上的所有水源，他们仅仅在地表作业。"

"中国人怎么破坏水源了？"

"他们在里面淘金，他们只淘洗堆在表层的矿土，特别耗水。"

第3038号问题由卡索曼的酒店老板亨利（Henry Melville）回答：

"除了破坏水源外，中国人还有什么不好？"

"有一个很大的抱怨就是，他们从一个水坑取水，然后把尾渣倒进另外一个，于是毁了两个水坑。"

最关键的证据是本迪戈金矿委员会常驻委员约瑟夫（Joseph Anderson Panton）在1855年提供的，在回答第4471号问题时，他说：

"他们（华工）一度是后面山谷里令人讨厌的家伙。他们破坏水源，欧洲人不会这样，因为他们把所有能获得的东西都拿来淘洗。他们不挖矿坑，只是单单把矿土拿来淘洗；他们沿着谷地一路走，搜刮一切他们认为有利可图的东西。这样其他人在挖掘的时候，他们就始终在淘洗。"

这些史料给世人造成了对华人淘金者的一种刻板印象。淘金热爆发 100 多年后，描绘澳大利亚华人移民淘金史影响力最广的专著《来自中国的挖掘者》(*The Diggers from China*)强调说：

> 华人不考虑这里的气候条件，工作的时候在一个水坑里淘洗矿土，然后把矿土倒进边上的坑里，结果污染了两个坑。[62]

而澳大利亚淘金热史研究的权威杰弗里·瑟利(Geoffrey Serle)也对华人淘金者评述道：

> 华人开发废弃的矿，追踪其他人的矿坑，甚至在溪流河床中寻找微小矿藏——这些地方常常被别人忽略。他们很少出现在新矿区。他们最典型的工作形式就是"围场式"(paddocking)工作，一两百人一遍又一遍地挖砂淘洗……他们甚至清扫矿镇尚未修成的街道土路，洗洗也能发现点东西。[63]

显然，与欧洲淘金者相比，华人淘金者作业的差别不在工具上，而是在淘金方式上。尤其是集体作业的风格非常突出。所谓围场作业模式最早于 1853 年出现在巴拉瑞特，就是在河岸边或者河床本身圈出一块区域，然后将里面所有可获得的土壤都拿来淘洗。一般情况下是以河岸为一边，然后用石头垒砌方形的堤坝阻挡水流，这样所圈定的区域内的土壤就会完整暴露，同时又有足够水源来淘洗金矿。[64] 围场作业对环境的破坏是不可避免的，它改变河流地表径流，同时造成原河道淤塞，河岸淤泥化，最终严重破坏水源。

以个体或家庭为单位移民而来的欧洲矿工通常会以四人小组的形式进行淘洗：

> 一个矿工负责摇晃淘洗篮，另一个负责填装矿土同时拿铁锹进行搅拌，还得有一名矿工不断往漏斗里添水，最后还需要一人从事挖掘与运输矿土的工作。[65]

然而华人移民就不同了，他们通常组成一支 40 ～ 100 人的采矿队，在租赁一块采掘区后，他们将土地划分成若干方块，选择方块的一个角挖出一个沟槽，把不需要的泥土堆成堆，然后回到某个沟槽继续挖掘：

> 在第一个沟槽清洗残渣，第二个沟槽的表土会再次填满第一个沟槽。人们以一种持续的节奏工作。有人挖掘，有人运输，有人汲水。一些人操作洗矿槽，一些人负责最后的黄金清理，一些人用扁担挑着羊皮桶来回搬运。当黄金产出时，他们持续工作并兴奋闲聊；当产出不好时，他们便保持沉默。[66]

事实上，在矿区淘金者中华人移民所占的比例使得他们不可能成为水源破坏的主要责任人，只是这样的作业规模毫无疑问让华人破坏水源的场景格外显眼。华人之所以如此集体行动，从社会层面看有三个原因：第一，四邑移民是以很亲密的地缘关系集体移民的，到了海外很容易维持既有生活模式。第二，华人抵达后要面对完全陌生的环境与其他移民群体，在语言不通的情况下，他们往往都依赖几个头领（headman）来对外沟通，不便于单独行动。第三，集体活动本身能增加华人群体抵御环境与经济不利条件的能力。[67]

1854年在墨尔本先后成立的"冈州（新会）会馆"与"四邑会馆"的运作就很说明问题。这是澳大利亚华人移民群体中最早诞生的民间团体。同乡会所有会员均须缴纳会费，以资历较深、熟悉殖民地事务的老移民出任管理者。从组织运作的文件上看，同乡会对所有乡党成员的行为、责任及采矿方式都予以具体规训，如第11条及第16条指示：

> 如有初到墨尔本者无钱支付去金矿区缠资，则可贷2～3英镑之旅费。借款人抵达金矿区一个月、两个月或三个月后，须连本带息全额归还。只允许初来乍到者借款。……收取欠条、借钱以及偿还借贷，均须遵守诚信，不能逃避义务。违规者的名字会在社团中张榜公告，支付所有欠款后卷铺盖坐船回国。[68]

显然，对于人生地不熟的新移民，加入同乡会组织并接受统一安排，无论在生活还是工作上都是趋利避害的最好选择。当然，从后文的分析中可以发现，华人移民这种集体主义的工作和生活模式，绝不仅仅是华人传统文化使然，也是适应矿区作业环境以及欧洲移民社会压制的结果。

　　事实上，欧洲矿工们无法理解的华人集体作业一方面放大了华人破坏水源的身影，另一方面恰恰有利于提醒华人注意矿区作业的规范，包括对水源的保护，因为这是一种高效的信息交流与监督惩戒网络。1854 年四邑同乡会的章程第 12 条与第 15 条明确写道：

> 　　光头赤脚者不仅会被欧洲人嘲笑，脚也容易被碎玻璃划破，也就不能挖矿了。这是一个严重的错误。违反这项规定者，会立刻被报告到社团的管理人那里，他会被罚款 2 英镑……社团管理人会亲自鞭笞违规者 20 下藤条……水塘对金子的清洗极为有用，不准填土，不允许破坏。[69]

　　至少在最缺水的本迪戈矿区，华人已经充分注意对水源的保护。在 1855 年 1 月官方的金矿调查团取证记录中可以找到如下材料：第 5973 号问题由华人浩官（Howqua）回答，他之前在英国居住了 9 年，平时充当华人的英语翻译：

> "中国人知道不知道那样取水有坏处而且会引起其他矿

工的愤怒?"

"他们知道了啊。在冬天,雨水多,可以用很多水,但是在夏天,一滴水都不浪费啊。"[70]

问题在于,在调查团围绕华人用水问题聆听取证的四名人士中,浩官是唯一的华人,而且他的证词显然没有在最终报告中得到丝毫呈现。

华人淘洗废旧矿之谜

除了集体作业的特点,华人给人格外浪费水源的印象还有一个原因,那就是华人矿工总是热衷于淘洗二手废旧矿,因为含金量低,需要反复淘洗,由此加大耗水。但是,深入分析后就可以发现,这绝对不能归咎于华人不可理喻或者缺乏常识。这种华人破坏土壤、浪费水源说法的出现,与淘金形式本身的变化存在极大关系。首先,华人抵达主要矿区时,这里已被开发一年有余,探索到富含黄金的新矿概率越来越低。这就导致华工在找不到新矿坑的条件下宁愿淘洗旧矿坑与废渣。凭借四邑移民在家乡养成的精耕细作的田野劳动模式,反复淘洗前人废弃的矿渣一样可以有利可图,因为矿渣只是含金量低,并非全然没有金子。其次,无论出于什么原因,对于开发废矿和淘洗废渣来说,这都是必需且有效的工作方式。因为这相当于一种劳动密集型产业,是用加大劳动强度来弥补单位利润率低这一不足。在这种劳动方式下,由于只有把溶解于水的废渣细化分解才可能拣出微小的金砂，所以淘洗矿土的工作需要反复进行，而且对劳动力投入规模有更高要求。1855年报告中说欧洲矿工抱怨华人总是淘洗二手矿、无所不淘洗的根源就在这里。最后，由于对缺乏资本的华人淘金者而言，深井矿开发困难重重，他们也不得不更多停留于对最浅表矿土中的开发。颇具讽刺性的是，缺乏资本和技术的欧洲矿工同样会从事废旧矿的开发。在1853年之后，本迪戈与巴拉瑞特淘洗废旧矿的现象已经比比皆是，绝非华人的专利。

显然，当华人翻寻废矿（fossicking）破坏土壤及水源成为其作业的独特标签时，我们就需要深思了。这里一个基本的事实是，所谓废矿及废渣的产生本身就是欧洲矿工滥采行为导致的，基本与华人无关。许多记录也证明在浅表矿开发时代，欧洲矿工淘金的主要工作兴趣在于翻寻天然大金块或开掘富矿，并不在于耐心细致的淘洗工作。所以他们没有持之以恒的精神，都是抱着赌博心态碰运气挖矿，不指望依靠勤奋工作本身发财致富。澳大利亚著名史学家安·科特伊斯（Ann Curthoys）对此评论道：

> （矿工们）真不愧是急匆匆的心态（rush mentality）：一个小道消息（发现大金块），就可以让矿工们放弃已经挖了100英尺深的矿坑，或者让他们停止自己刚刚开始挖的矿坑，然后他们留下成堆的富矿土，那可是只要淘洗就能得到金子的。……相反，中国人把这当成一项生产，而不是

买彩票。……他们都是有组织的、集体活动的，不会随便乱跑。[71]

还有许多欧洲矿工胡乱挖掘一通，只淘洗矿土一遍，找出大颗粒金子就转战其他矿区了，剩下的矿土也成了"废渣"。结果华人移民反复淘洗它们之后，产量仍然很可观。

正是由于常常面对废弃的矿坑，华人就更加需要团体合作以提高生产总值，所以他们既有的群体合作生产模式也在维多利亚金矿得到了普遍发扬。1855年华人矿工自己向议会提交申诉：

> （我们淘洗的）都是那些之前已经被欧洲人开发过的矿坑，他们放弃了这些地方，因为觉得没啥回报率了，但是我们这样做，让一大笔本来会损失掉的财富重新进入流通领域了。[72]

至于欧洲矿工抗议华人矿工倾倒矿渣污染第二个水坑的原因也在于双方工作态度与目标不同。正因为欧洲矿工不愿意淘洗低品位的矿土，很少发掘其全部潜力，所以他们可能会小心翼翼地保护住水坑，以备将来重新淘洗用。但华人总是一次性把二手矿土淘洗彻底：

> 结果经过华人之手的矿土，才是真正无利可图的矿渣，这样一些东西，华人觉得堆到哪里都无所谓，于是就污染了

又一个水坑。[73]

　　其实，对于矿区环境来说，开发过一次的矿坑就足以彻底破坏地表植被与土壤层了。在这种情况下，当时挖掘出的矿土没有任何人考虑回填，结果华人的工作方式虽然可能多耗费了水，但是并没有导致更多的废渣土方产生。更何况在 19 世纪 50 年代中期，对需要淘洗的矿土进行预加工的搅拌篮（cradle）一天通常只能处理 1 ～ 2 立方码（1 立方码约合 0.76 立方米）的矿土，远远小于一个矿工一天的采掘量。所以在冬季水源充沛时，华人的高频率淘洗方式其实就克服了矿土产量过剩与预加工不足的矛盾，使得矿土被挖出来后不至于浪费，单位体积的矿土利用率大大提高。[74] 总之，虽然华人的工作更加耗费水源，但对于提高淘金生产率来说，它是有利的行为。而相比于欧洲矿工在急速转换矿坑过程中对土地的大面积破坏，淘洗旧矿也未见得是更不利于环境的工作方式。真正的问题在于，当时的报告和证词并不反思欧洲矿工工作方式的后果，只是单方面指责华人对水源的破坏。

　　那么，华人移民矿工为何不去开发新矿呢？答案是，就算开发了，也未必保得住。尽管官方档案完全回避这一问题，但是在当时的报刊资料中这一点有很清晰的显示。早在 1854 年 5 月，维多利亚发行量最大的报纸墨尔本《巨人报》就报道说，中部矿区法庭第一次受理了华人的起诉，因为他们从一个与白人共同开发的矿坑中被驱逐了出来，最后他们因为无法证明矿坑是自己的而无法保住这个新矿坑。[75] 按学者刘渭平的解释，当时初来乍到的华人，可能因不懂金矿上白人矿工自己约定的习惯法而吃亏：

> 按当地习惯，凡任何一处发现金矿，发现者必须在该处竖立一旗帜以为标志。华工可能不谙此项习俗，未曾照办。欧洲籍工人便据此以攻击华工，责为欺诈。[76]

这可能是这个案例中华人保不住新矿的重要原因。但是后继发生的一些事情看上去就纯属弱肉强食：最初是 1855 年 9 月，本迪戈地方报纸报道说"袋鼠沟"（Kangaroo Gully）发生白人用拳脚驱赶华人的冲突，因为水源不足，而华人淘洗旧矿激怒了白人。[77] 之后《巨人报》又报道说本迪戈区域至少发生了两起治安冲突，一次是两个英国矿工在路上殴打了一个华人矿工，就是觉得华人采矿影响他们，及时赶到的警察救下了华人的命。而报道的作者却认为华人该打，因为这个矿区欧洲矿工人数不多，可华人却常常集体采矿，结果抢了欧洲矿工的彩头。之后半个月，新矿坑"金合欢沟"（Wattle Gully）又发生了少数欧洲矿工联合殴打驱逐华人群体的事件，人数上占优势的华人用竹竿和石子反抗，但最终还是以失败告终。事情起因就是这里发现了新金矿，可欧洲矿工不想让华人分享，否则他们自己就没机会了，所以要拼命赶走华人。[78] 这里展示了淘金热早期的几个案例，说明华人就算能找到新矿也不见得有机会享用，而论打架斗殴华人不如白人有优势。

与传统研究的一般结论不同，在这些案例里华人不会放弃反击甚至很早就利用法律武器保护自己，根本不是被动消极的，但都难以取得成功，也得不到舆论理解。不管是为了水源还是为了富矿，所有矿工都想获得更多的使用份额，而在面对竞争时，欧洲矿工动辄诉诸暴力驱逐华人，借此不正当地扩大自身权利。在这种社会条件下，华人矿工由于得不到官方足够的保护，虽有运气探到新矿却无福享用，转向旧矿也就不难理解了。

华人水利技术在矿区的深远影响

事实上在19世纪60年代后，石英石金矿开始取代沉积金矿成为金矿产业的支柱。后文会谈到，由于石英石金矿开发需要较高资本投入，同时欧洲矿工整体上排斥与华人矿工为伍，所以绝大部分华人淘金者依然停留于浅表沉积金矿的发掘。以维多利亚矿区为例，到1881年时依然从事沉积金矿开发的欧洲矿工人数比1860年减少了80%以上，而华人矿工比之前则只减少了40%，仍在10 000人以上。[79] 这就意味着，华人淘洗废旧矿的情况一直在延续。然而尽管平均利润微薄，华人何以能继续坚持呢？仅用华人移民更容易知足来解释是远远不够的，得以维持如此密集的沉积金淘洗，还是因为华人将淘洗技术发展到了新高度。

从19世纪60年代后期开始，华人合资修建流槽淘洗金矿的现象逐渐流行。所谓流槽淘洗（sluicing）（参见图4.4）就是沿着山坡修建长长的木质导流渠道，然后用水冲刷矿土，利用固体物质比重不同，使颗粒物自高向低分类留置在导流水槽上。将矿土倾倒在水槽中淘洗的技艺并不是华人的发明，但是华人矿工将多个水槽连接起来修成引水渠道却具有首创性，尤其是在远程引水技术的配合下，在干旱季节也具有可操作性。

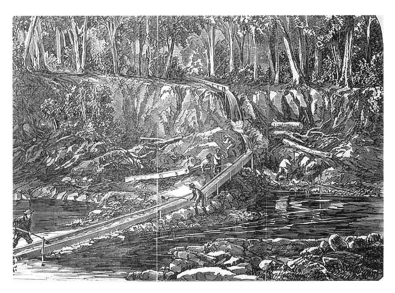

图 4.4　欧文斯矿区的华人的洗矿槽[80]

华人将洗矿槽与引水技巧结合创造的流槽大大提高了贫瘠金矿的淘洗效率，而且所需设备简单，成本也较为低廉。因此他们在淘金热由石英石矿产企业主导的时代仍然能坚持小团体协作。

比如，从 1878 年开始，维多利亚巴拉瑞特的白山金矿（White Hill）陆续有 23 个华人公司注册开展这种洗矿的作业，首先都是修建长长的引水渠，将水流从总蓄水处引导出来。进入多雨季的12 月，华人组织的采矿群体一天三班倒，不间断地用水流冲洗矿土。[81] 1879 年 1 月，两个欧洲矿工与四个华人矿工组合成立了公司，雇用了 40 个华人与欧洲矿工一起开展流槽洗矿。"这说明欧洲人也承认华人矿工管理水的才华，接受了他们从家乡带到金矿来的农业用水技巧。"[82] 显然，在 19 世纪 60—70 年代，随着金矿开采形态的复杂多样化，华人矿工与欧洲矿工的技术交流也不断深化，华人利用水利支撑集约化采矿的能力令欧洲同行无法抗拒。

不仅如此，由于贫矿开发需要扩大矿坑的面积与深度，而矿坑周边土层的厚度不均，采掘面也有不同层次，所以在矿坑积水都处于最底层的情况下，想保证每一层都有足够水源支撑淘洗是一大难题。如果像欧洲矿工那样运矿土去河边淘洗，那生产效率大大降低不说，运输成本也过高。对此，华人采取了集资租赁大矿坑，然后使用立体引水技巧进行采矿的方法，尤其是利用竹竿架设脚手架便于行走和提水（参见图 4.5）。

相比于石英石矿开发，上述华人主导的废旧矿淘洗活动具有一种特点，即以较低的投资获得较高的土地收益，但这显然也加大了对河流与土壤的直接侵蚀。比如，欧文斯河最大的支流之一雷德河（Reed）在 19 世纪 70 年代后淤积越来越严重，至 1880 年就彻底淤堵了，而淤泥都是贫矿开采与淘洗中积淀的，其后果非常严重。

图 4.5　华人的立体引水技巧 [83]

在第一幅图里，可以发现最底下的一名矿工在继续挖水坑，另一名则就近开始淘洗工作。而最顶层的两名华人矿工使用竹竿作为轨道，斜着架在矿坑壁上，然后在上面绑上水桶把底层水坑中的水舀到需要淘洗矿土的作业面上，满足另外两名矿工的工作需要。这不仅解决了提水问题，而且非常省力。从第二张图中则可以发现，这些矿坑的作业面积非常巨大，至少有 10 个人在同时作业，其对土壤与地表景观的破坏异常突出。画面右边显示了有水管从远处将水引入矿坑，这样直接在矿坑附近就可以开展淘洗，大大降低了对矿土运输的要求，赢得了淘洗废旧贫矿人群的普遍欢迎。引水材料所使用的竹子更进一步说明这是华人特色的经验。因为竹子作为建筑和生产材料广泛应用于中国南方地区，但是欧洲矿工却从不使用。维多利亚没有丰富的竹林，这些竹子多是华人矿工从中国带入的，本来是挑货用的扁担筒。[84]"这些竹竿直径大概有 2 英尺，长 6～8 英尺，非常坚韧，能挑很沉的行李。"[85] 它们也可以很容易地串联起来投入引水设备的建设。第二幅图画面中心戴斗笠的华人矿工与近处大胡子的欧洲矿工已经混合在一处，这再次说明华人矿工使用的开采技艺已经得到了广泛的认可。

旧河道断流后，围绕淤泥堆产生了新的细小河道，遭到强降雨时，流水不畅，洪灾暴发的概率大大上升。[86]

事实上在 19 世纪 70 年代之后，不仅是东北矿区，几乎所有的矿区都面临天然河道淤积导致的额外洪灾，连最干旱的本迪戈地区也不例外。不仅如此，经过多年的淘洗挖掘，春季的洪水导致矿区松动的土壤直接冲进了欧文斯河下游的冲积平原里，造成土地淤泥化，墨累河与欧文斯河交汇口的许多宝贵农田也被毁掉了。[87]具有讽刺性的是，比奇沃斯之所以最终成为欧文斯矿区的主镇，关键原因在于这是欧文斯河干流沿岸地势最高的地方，可以较少遭受河流淤积导致的环境灾难。

/ 小 结

淘金热自 1851 年爆发后，短短几年间就走向了高潮，以维多利亚殖民地的三大矿区开拓为基础，国际淘金移民开始各显神通，华人移民也不例外。在如火如荼的淘金活动中，华人勤于学习，善于借鉴，迅速融入矿业边疆的生产。在最大限度开发金矿资源的过程中，矿区自然生态与环境的恶化急剧加速，这反过来为淘金活动施加了许多掣肘，尤其是干旱的气候与持续的破坏，使得缺水问题成为每一个淘金者面临的严峻挑战。尽管采用类似的作业装备，但是由于作业的方式差异，欧洲矿工针对华人特别浪费水源的指责开始频频抬头，逐渐形成一种刻板印象。然而通过深入考察可以发现，首先这不只是华人作业特有的问题，其次华人移民社会也有所警觉和意识。更重要的是，这应该被理解为一种华人面对矿区特有环境与社会压力的适应性反应。在将故乡水利技术与作业组织方式引入沉积金矿淘洗后，淘金效率大大增加。在这一过程中，尽管华人淘金者的技艺最终得到了部分欧洲移民矿工的认可，但是在更大范围内，一种针对华人的种族歧视问题也开始浮现，这不仅表现在构建"华人破坏环境"的负面话语中，也表现在针对华人移民淘金行为本身的排斥中。这昭示着这样一个事实：在澳大利亚新兴的淘金移民社会中，一种欧洲中心的生态霸权观念正在不断浮现，而华人移民将迎来巨大的挑战。

注释

1. Samuel Sidney, *The Three Colonies of Australia, New South Wales, Victoria, South Australia, Their Pastures, Copper Mines, & Gold Fields*, London, Ingram, Cooke, & Co., 1852, p. 11.

2. "Celestial"是淘金热早期澳大利亚民间舆论对华人移民的中性别称。参见 Nicola Teffer, "Celestial City: Sydney's Chinese Story", Sydney Living Museum。

3. William Westgarth, *Victoria and the Australian Gold Mines in 1857: With Notes on the Overland Route from Australia Via Suez* , p.21.

4. Robert Murray,"What the Gold Rush Wrought," p.33.

5. 参见 G. Neil Phillips and Martin J. Hughes,"The Geology and Gold Deposits of the Victorian Gold Province," *Ore Geology Reviews*, vol.11, no.5, 1996, pp.255–302; Martin J. Hughes and Neil Phillips,"Evolution of the *Victorian* Gold Province-Geological and Historical," *Victorian Historical Journal,*vol.72, no. 1–2 , 2001, pp.135–138。

6. *Australia: Its Scenery, Natural History, Resources, and Settlements; with a Glance at Its Gold Fields*, London, The Religious Tract Society, 1854, p.36.

7. G. W. leeper,"Climate," in *Introducing Victoria*, ed. G. W. Leeper, Carlton, Victoria, Melbourne University Press, 1955, p.21.

8. Geoffrey Blainey,"Australia: A Bird's-Eye View," *Daedalus*, vol.114, no.1, 1985, p.3.

9. Francis Lancelott, *Australia as It Is: Its Settlements, Farms, and Gold Fields*, p.55.

10. "bush"在澳大利亚英语中的含义类似于美国文化中的"wild",都包含"荒野"的意思。它往往强调那些现代人类定居区之外的开阔草原、山峦及森林等景观,其具体所指应根据语境而定。

11. Geoffrey Blainey, *A History of Victoria*, Cambridge, Cambridge University Press, 2006, p.8. 另有一种观点认为是 38 个宗族集团,参见 M. F. Christie, *Aborigines in Colonial Victoria, 1835–86*, Sydney, Sydney University Press, 1979, p.7; A. G. L. Shaw, *A History of the Port Phillip District: Victoria before Separation*, Carlton, Melbourne University Press, 1996, pp.8–19。

12. Geoffrey Blainey, *A History of Victoria* , pp.30–32.

13. William Westgarth, *Victoria and the Australian Gold Mines in 1857: With Notes on the Overland Route from Australia Via Suez*, p.171.

14. 根据 1855 年维多利亚殖民地议会指派的委员会的调查报告,至 1853

年底殖民地内主要沉积金矿区已经全部被发现。后续学者也多按照这里提示的线索进行梳理。这份报告即 Hugh Anderson and William Westgarth eds., *Report from the Commission Appointed to Inquire into the Condition of the Goldfields to His Excellency, Sir Charles Hotham*, Melbourne, Red Rooster Press,1855, reprinted in 1978。

15. 卡索曼矿区也被称为"亚历山大山矿区"（Mt. Alexander），卡索曼是其主镇。在 19 世纪 50 年代，欧文斯矿区也被称为东北矿区，其主镇是比奇沃斯，但下属范围囊括戈本河以东的全部地区。这是因为这里山岭险峻，定居人口极少，管理压力不大。

16. 图片来源于 Mackaness ed., *Murray's Guide to the Gold Diggings: The Australian Gold Diggings, Where They Are and How to Get to Them*, London, Stewart and Murray, 1852, p.31。

17. Mackaness ed., *Murray's Guide to the Gold Diggings: The Australian Gold Diggings, Where They Are and How to Get to Them*, p.31.

18. Waste Bate, *Lucky City: The First Generation at Ballarat, 1851–1901*, p.16.

19. *Argus*, 8 September, 1851.

20. James Flett, *The History of Gold Discovery in Victoria*, p.189.

21. W. P. Morrell, *The Gold Rushes*, p.211.

22. James Flett , *The History of Gold Discovery in Victoria*, p.204.

23. 同上书 , p.61。

24. William Westgarth, *Victoria and the Australian Gold Mines in 1857: With Notes on the Overland Route from Australia Via Suez*, p.17; W. P. Morrell, *The Gold Rushes*, p.221.

25. Charles Fahey,"Peopling the Victorian Goldfields: 1851–1901," *Australian Economic History Review*, vol.50, issue 2, special issue, 2010, p.149.

26. 一些侧面的证据是，淘金热时代维多利亚立法议会罕有针对其他有色人种移民的决议，当地媒体报道中也极少见到其他有色人种移民的事迹。

27. 刘渭平:《大洋洲华人史事丛稿》, 28 页, 香港, 天地图书有限公司, 2000; 另 见 Legislative Council on the Subject of Chinese Immigration, D.19, 17th Nov., 1857. *Victorian Parliament Legislative Council*（VPLC）, 1856–7。

28. Bendigo Chinese Association, *The Walk from Robe*, pp.19–20，22.

29. Weston Bate, *Lucky City: The First Generation at Ballarat, 1851–1901*, p.150.

30. 张秋生： 《澳大利亚华侨华人史》, 74 页, 北京, 外语教学与研究出版社, 1998。

31. G. C. Mundy, *Our Antipodes or, Residence and Rambles in the Australasian Colonies: With a Glimpse of the Gold Fields*, London, Richard Bentley, 1852, p. 564.

32. [澳] 艾瑞克·罗斯著, 张威译:《澳大利亚华人史（1800—1888）》, 179 页, 广州, 中山大学出版社, 2017。

33. 时人记录如下:"奶盘口的直径通常有 18 英寸或者更长, 深度大概有 3 ～ 4 英寸, 盘身看上去是自口至底缓缓变窄。在这个容器里, 泥土——专业的讲法叫作'矿土'（dirt）——被投放进去, 矿工用两只手握紧盘子, 微微倾斜盘身, 然后反复把盘子浸入水中, 这样矿土中更为疏松且轻微的成分就会被水流冲走了。淘金者必须始终微微抖动这个盘子, 还要让它慢慢在手中转, 保证盘子每一个区域都浸入水中。慢慢地, 金子会从泥巴里不断分离出来, 沉淀到盘底, 最后如果一盘矿土里真有金子, 那么马上就可以被发现了。"参见 John Sherer, *The Gold Finder of Australia: How He Went, How He Fared and How He Made His Fortune*, London, Clarke, Beeton & Co., 1853, p.281。

34. C. J. Davey,"The Origins of Victorian Mining Technology, 1851–1900," *The Artefact*, vol.19, 1996, pp.52–62; J. A. Patterson, *The Gold Fields of Victoria in 1862*, Melbourne, Wilson & Mackinnon, 1862, pp. 316–317.

35. William Westgarth, *Victoria and the Australian Gold Mines in 1857: With Notes on the Overland Route from Australia Via Suez*, p.181; Anderson and Westgarth eds., *Report from the Commission Appointed to Inquire into the Condition of the Goldfields to His Excellency, Sir Charles Hotham*, p.75.

36. James A. Lerk, *Bendigo's Mining History, 1851–1954*, Bendigo, Bendigo Trust, 1991, p. 15.

37. 图片来源于 Gill Samuel Thomas, *Horse Puddling Machine*, 1855。原图藏于澳大利亚国家图书馆。

38. *Argus*, 17 July, 1856.

39. V. Lovejoy, "Depending Upon Diligence: Chinese at Work in Bendigo 1861–1881," p. 29.

40. 当时矿工单人挖坑很少能超过 3 米深，因为超过这个深度就不可能用铁锹把土抛扬到地面上了，运矿土成为非常麻烦的事情。当一个坑垂直深度超过 3 米时，它就可以被称为矿井（shaft），尽管这只是最简单的一种类型。

41. James Bonwick, *Notes of a Gold Digger and Gold Diggers' Guide*, Melbourne, Good Press,2019, p.8; Waste Bate, *Lucky City: The First Generation at Ballarat, 1851–1901*, p.12; Ellen Clacy, *A Lady's Visit to the Gold Diggings of Australia in 1852–53*, Echo Library , 2007, p.35.

42. Waste Bate, *Lucky City: The First Generation at Ballarat, 1851–1901*, p.30.

43. Geoffrey Blainey, *The Rush That Never Ended: A History of Australian Mining*, p.46.

44. Antoine Fauchery, A. R. Chisholm, and Ron Edwards, *Letters from a Miner in Australia*, Melbourne, Georgian House, 1965, p. 65.

45. S. Korzelinski, *Memoirs of Gold-Digging in Australia*, Queensland, University of Queensland Press, 1979, p.43.

46. 陈志明编:《澳洲党务发展实况》，10 页，悉尼，中国国民党澳洲总支部，1935。

47. Keir Reeves and Benjamin Mountford, *Court Records and Cultural Landscapes: Rethinking the Chinese Gold Seekers in Central Victoria*, The Journal of Public Record Office Victoria, 2007, p. 7.

48. Donald S. Garden, *Australia, New Zealand, and the Pacific: An Environmental History*, p.83.

49. J. M. Powell, Human Geography, *Watering the Garden State: Water, Land and Community in Victoria, 1834–1988*, Melburne, Allen & Unwin,1989, p.26.

50. Jenny Keating, *The Drought Walked Through: A History of Water Shortage in Victoria*, Melbourne, Dept. of Water Resources Victoria, 1992, pp.34–35.

51. Waste Bate, *Lucky City: The First Generation at Ballarat, 1851–1901*, p.30；J. A. Phillips, *The Mining and Metallurgy of Gold and Silver*, p.109.

52. N. F. Barr, J. W. Cary, *Greening a Brown Land: The Australian Search for Sustainable Land Use*, Melbourne, Macmillan Education Australia, 1992, p.54.

53. Waste Bate, *Lucky City: The First Generation at Ballarat, 1851–1901*, p.16.

54. W. P. Morrell, *The Gold Rushes*, p.221.

55. J. M. Powell, *Watering the Garden State: Water, Land and Community in Victoria, 1834–1988*, p.47.

56. William Howitt, *Land, Labour and Gold: Or, Two Years in Victoria with Visits to Sydney and Van Diemen's Land*, Sydney, Ulan Press，2012, pp.176–177.

57. John Sherer, *The Gold Finder of Australia: How He Went, How He Fared and How He Made His Fortune*, p.20.

58. Waste Bate, *Lucky City: The First Generation at Ballarat, 1851–1901*, p.29.

59. Geoffrey Russell, *Water for Gold!: The Fight to Quench Central Victoria's*

Goldfields, Melbourne, Australian Scholarly Publishing, 2009, pp.19, 28–29.

60. *Commission Appointed to Enquire into the Conditions of the Gold Fields of Victoria*, March1855, A.76, *VPLC*, 1854–55. 此份报告于 1978 年重新印制单独发行，本段材料参见 Hugh Anderson, *Commission Appointed to Enquire into the Conditions of the Gold Fields of Victoria*, Melbourne, Red Rooster, 1978, p.103。

61. 读者需要注意的是，"Chinaman"及"John Chinaman"都是澳大利亚、新西兰殖民地时代英语媒体中常见的对华人的蔑称，面向民间的听证材料里也常见这个词。但在官方正式公布的文件与法案中，大多还是采用了"Chinese"这种中性的表述。为示尊重，本书将"Chinaman"统一翻译为"中国人"。

62. Jean Gittins, *The Diggers from China: The Story of Chinese on the Gold-fields*, Quartet Books, 1981, p.74.

63. Geoffrey Serle, *The Gold Age: A History of the Colony of Victoria, 1851–1861*, p.321.

64. 同上书，p.106。

65. Bruce Moore, *Gold! Gold! Gold!: A Dictionary of the Nineteenth-Century Australian Gold Rushes*, p. 27, Oxford University Press, 2000.

66. [澳] 艾瑞克·罗斯著，张威译：《澳大利亚华人史（1800—1888）》，179 页，广州，中山大学出版社，2017。羊皮桶是华人因地制宜的发明，他们将两片羊皮（在澳大利亚，获得羊皮并不困难）缝合成水桶使用，便于携带运输。

67. Ann Curthoys,"Iain McCalman, Men of All Nations, except Chinamen—Europeans and Chinese on the Goldfields of New South Wales," in *Gold: Forgotten Histories and Lost Objects of Australia*, eds. Iain McCalman, Alexander Cook and Andrew Reeves, Melbourne, Cambridge University

Press, 2011, p.105.

68. [澳] 艾瑞克·罗斯著，张威译：《澳大利亚华人史（1800—1888）》，96 页，广州，中山大学出版社，2017。1868 年维多利亚官方委托常驻矿区的牧师威廉·杨（William Young）赴矿区调查华人生产生活状况，其报告显示四邑会馆章程有 28 条。参见 W. Young, Report on the Condition of The Chinese Population in Victoria, August 1968, no.56, *Victoria Parliament Legislative Council*（VPLC）。但是就杨进发《新金山：澳大利亚华人，1901—1921 年》附录二看，四邑会馆 1854 年的章程只有 14 条。考虑到华人社会"内外有别"的习惯，这两个版本很可能都是真的，作为华裔学者，杨进发看到的是内部流通的中文版本，简明扼要。而杨牧师看到的则很可能是为专门应付管理当局而准备的英文版本，详细而具体。不过对照当时的议会听证记录，再考虑到杨牧师对当时华人群体的熟悉性，他所举例的英文版本中的规定应该也在现实中执行，不仅仅是表面文章。

69. [澳] 艾瑞克·罗斯著，张威译：《澳大利亚华人史（1800—1888）》，96 页，广州，中山大学出版社，2017。

70. Evidence Presented to the Commission on the Chinese, including those of J. A. Panton and the Chinese Howqua, *VPLC*, 1855. pp.72–73, 237,337.

71. Ann Curthoys, Andrew Markus eds., *Who are Our Enemies? : Racism and the Australian Working Class*, Neutral Bay, Hale and Iremonger, 1978, p. 40.

72. Petition by Chinese Storekeeper, December 1856, E.1, 1856–57,*VPLC*, vol.3.

73. Ann Curthoys, Andrew Markus eds., *Who are Our Eenemies? : Racism and the Australian Working Class*, p.38.

74. 同上书，p.38。

75. *Argus*, 29 May, 1854.

76. 刘渭平：《大洋洲华人史事丛稿》，72 页，香港，天地图书有限公司，2000。

77. *Bendigo Advertiser*, 5 September, 1855.

78. *Argus*, 17 September, 1855; 28 September, 1855.

79. V. Lovejoy,"Depending Upon Diligence: Chinese at Work in Bendigo 1861–1881," p.28.

80. 图片来源于 Nicholas Chevalier, Frederick Grosse, Chinese Gold Miners Sluicing, near Beechworth, Victoria, 1867。此图复件藏于澳大利亚国家图书馆。

81. *Bendigo Advertiser*, 24 December, 1878.

82. V. Lovejoy, "Depending Upon Diligence: Chinese at Work in Bendigo 1861–1881," p. 29.

83. 第一幅图藏于比奇沃斯中国文化中心（Chinese Cultural Center），为 19 世纪 60 年代末的素描作品；第二幅图名为 Gold Mining, Chinese Encampment, Guildford near Castlemaine，为 1877 年的照片，藏于维多利亚州立图书馆。

84. *Argus*, 16 April , 1856; 19 June , 1856.

85. Nancy Keesing ed., *Gold Fever: The Australian Goldfields 1851 to the 1890s*, Sydney, Angus and Robertson, 1967, p.122.

86. 同上书 , p.93。

87. Tom Griffiths, *Beechworth: An Australian Country Town and Its Past*, Greenhouse Publications, 1987, pp. 9, 12.

第05章

/ 躁乱的边疆

如前文所述，维多利亚殖民地虽非澳大利亚淘金热的起源地，但具有压倒性的核心地位。19 世纪 50 年代，澳大利亚各殖民地官方累计承认的 500 个金矿中竟有 70% 位于维多利亚。[1] 在人潮涌动的维多利亚三大矿区，包括华人在内的国际移民淘金者施展出浑身解数，攫取他们眼中大自然最宝贵的财富。尤其是对于欧洲移民而言，

> （淘金热）在很大程度上可以被视为大航海时代以来普通人幻想新大陆的财富，进而引发的更现实且有利可图的活动。[2]

但是理想并没有照进现实，淘金者们很快发现在矿区生活殊非易事，遑论发家致富。除了适应新环境，他们的事业还面临着双重压力：一方面是新移民接踵而来，另一方面则是易于开采

的浅层富矿日益稀缺。与此同时，采矿活动导致的环境灾害和专横的矿区管理体制大大加重了淘金者的生计负担。随着人均收益逐渐降低，矿工之间的竞争加剧了，同时他们对殖民当局的反抗也不断激化，最终通过一场史称"尤里卡栅栏暴动"（Eureka Stockade Revolt）的事件迫使当局赋予其自治权。然而对于华人淘金者而言，矿工们反对官方强权的斗争导致了一种意外的后果，那就是官方对矿区日渐凸显的排华活动失去了有效约束。不仅如此，为了防止潜在的种族冲突危及边疆社会的稳定，官方进一步采取了限制华人移民数量与进行种族隔离的政策。结果不仅没有消减矛盾，反而纵容了更剧烈的排华骚乱。

澳大利亚淘金热时代出现排华活动并不是一个新兴的历史议题。事实上，从加利福尼亚到澳大利亚，许多出色的经验研究都反复证明，淘金热中排斥华人的种族主义说辞具有共通性，如言行举止及社交生活上的差异，华人移民不带女眷可能引发社会伦理道德败坏，华人移民增多会压低劳动力市场价格。[3] 不过本章的侧重点是，矿区生态与社会的现实压力如何促使欧洲矿工反抗专制统治，但同时也开始排斥华人淘金者。在此，要先费一些笔墨讨论看似与华人移民没有直接关系的"尤里卡栅栏暴动"，它不仅是澳大利亚政治史上的大事件，也成为华人淘金移民命运的转折点。因为在暴动后，向欧洲矿工妥协的官方姑息甚至推动了前者的排华活动，一种在殖民地社会萌动的欧洲中心的生态观不断走向实践，最终严重戕害了华人淘金者的生计，也逼迫华人移民们寻找新的出路。

/ 通往暴动之路

资源瓶颈的显现

淘金热时代，在澳大利亚干旱的荒野环境中维持生计，淘金者们需要付出的努力是难以想象的。媒体曾经如此评述矿工的日常工作与生活：

> 每个淘金矿工都必须是一个十八般武艺样样精通的人。他们必须能够剥树皮、砍树、挖草皮、修筑小堤坝、搭建窝棚，能够修补衣服，能够砍柴之后打包柴火再把它们运回来。为了不饿肚子，他们得学会烤、煮、烘、焙；为了能工作，他们得学会使用锄镐和铁锹打洞、翻掘、挖坑，修路，装货卸货，拖橇，驾车，开辟道路，搅拌泥巴。
>
> 工作时他们站在齐腰深的水里，从头到脚时不时会沾满泥浆。这还没完，他们还要忍受不期而至的暴雨，不能有任何畏葸。夜晚，他们要在潮湿的毯子上睡觉，如果早上起来没有浑身湿透的话，那就很值得庆祝了。假如他能有足够的勇气去一一尝试这些，并且还能撑得足够长久——比如连着三个月都这么干，那么行了，金子和风湿病就会一起找上身。[4]

显然，能让矿工们如此不畏辛劳的唯一支柱就是收获黄金。

但是，如同近代资本主义世界市场驱动下所有不可再生自然资源的命运一样，毫无节制的滥采使得维多利亚三大矿区丰富的浅层沉积金资源迅速耗竭。如果从人均的角度看，金矿资源瓶颈问题几乎在第一时间就凸显出来，官方统计数据显示：

> 维多利亚金矿 1852 年的产量为 2 153 183 盎司，1853 年为 2 584 062 盎司，其增幅不到 25%，但是同时期淘金者的人数却从 5.7 万人左右增加到近 10 万人，增幅近 200%。尽管直到 1860 年维多利亚黄金年产量都保持在 200 万盎司以上，其中 1856 年的产量达到峰值 2 875 647 盎司，但是矿工人数也在同时期增加到 14 万人。[5] 与此相应的是，从 1853 年起矿工的人均收入呈现整体递减趋势：1852 年人均收入为 390 英镑，而 1853 年就只有 240 英镑，1854 年与 1855 年都仅有 148 英镑。[6]

换言之，每一个淘金者进入矿区时都满怀希望，但越来越多的人注定无法满载而归。作为一种自然的反应，矿工们开始加大力度搜寻新的富矿，但随着发现新矿的概率越来越低，每个新矿被发现的消息都可能瞬间触发人潮的转移与汇聚，宛如蝗灾的扩散。从容致富成为遥不可及的梦想，你争我抢才是牢不可破的规律。最早的典型案例出现在麦克埃弗金矿（McIvor Goldfield）：早在 1852 年 12 月，在本迪戈和欧文斯矿区之间流动的一组矿工就在寻找失踪马匹时在此发现了沉积金样本，但是由于这里是茂密的山林，交通成本较高，金矿品位也低于周边主矿，所以他们放弃了这里径直前往本迪戈。但到 1853 年 3 月，这里逐渐汇聚起了数千淘金者，至 6 月时，这里仅有十余千米长的谷地中竟然已经聚集起 1.6 万～ 2 万人，连许多犯罪团伙都慕名赶来拦路抢劫。这反衬出其他浅层金矿的吸引力降低到了何等程度。然而仅仅两个月后，这里的浅层沉积金也几乎开采殆尽，淘金者顿时就减少了一半。[7] 事实上，1853 年后越来越多的淘金者意识到矿区的每一寸土地都不可遗漏，一种急切又焦躁的期待气氛在矿区社会不断蒸腾，私挖滥采造成的生存环境恶化现象则加剧扩散。

不过在 1854 年后，随着深井矿的开发，矿区人口的流动性开始逐步下降。因为不论是挖掘矿井还是运输矿土，所耗费的时间都远远长于浅层金矿的开发，淘金者一旦开工就不可能随意中途放弃，否则其高额的前期投资会白白流失。不仅如此，深井挖掘也迫使淘金者进一步强化团体作业的模式：

> 1853 年之后淘金越来越需要集体协作了……一个人下井挖土装进桶，另一个人用辘轳提起桶把它拖出来。此外还需要两个人在附近的灌木丛里不停地砍树并劈成木板送下井。[8]

再加上负责淘洗的矿工，淘金团队的规模显然将大大超过淘洗浅层金所需的四人小组。无论是舀水还是供应木材，深井采矿都使得黄金开发不再仅仅停留于挖掘活动，它实际上演化成矿工集体克服自然阻力的斗争，矿工们越来越具有凝聚力和互助意识。

矿区治理矛盾的激化

在人均收益不断萎缩的状态下，殖民地当局对矿区的管理体制从整体上加剧了矿工的生计压力，官民矛盾也日益突出。原来，当 1851 年中期开始相对偏僻无人的维多利亚荒野尤其是山区出现大批淘金者时，位于墨尔本的维多利亚殖民地政府才刚正式成立一个月。殖民地议会负责包括矿区在内的殖民地日常运作决策，但是把持它的却是在牧羊业大扩张中崛起的牧场主及大商人。一方面，官方在可调用的物力与人力资源上都捉襟见肘，对于雨后春笋般涌现的金矿，颇有鞭长莫及之感；另一方面，出于囚犯殖民地管理的传统，维多利亚殖民当局有较为强烈的管理欲望和条规依据，而牧羊业主及大商人对采矿业不仅不热心，而且因大批自由劳动力转向淘金而充满忧虑。[9] 不同于淘金热爆发时更具有无政府状态的加利福尼亚，在维多利亚殖民地，时任总督拉·筹伯的目标是：首先要设法通过遏制矿工人数增长以恢复社会平衡，其次要通过收费来缓解政府的财政困难。[10] 结果金矿的管理政策首先就是掣肘甚至打压广大矿工的生产开发。1851 年中，官方第一时间成立了派驻矿区的监管委员会，以军警充任主管，同时直接引入了新南威尔士当局对金矿的临时管理办法：一是每个矿工每月必须事先缴纳 30 先令的执照费才可淘金；二是平均每个矿工可拥有的作业面边长不得超过 8 英尺。这一政策一般被简称为"执照费制度"（License Fee），通过增加淘金成本与限制作业面积打击淘金者从业积极性。

但是由于墨尔本方面能派往金矿的管理团队人数少得可怜，在履行管理职责时很快就陷入了低效和无助。结果在众多的矿区治理任务中，当局将收取执照费确立为主要任务。1852 年初，英国政府通知澳大利亚各殖民地政府将减少下拨预算，同时希望以采金执照费收入作为地方行政费用的重要财源，这进一步推动了官方对征收执照费的重视。问题是维多利亚矿区人口流动性极强，管理员常常顾此失彼，无法杜绝偷逃缴费行为，只能一旦抓获漏网者就施加严刑苛法。1853 年之后，淘金者对官方的憎恶不可避免地深化了，因为矿井作业面积不足以支撑集体协作，同时淘金人均收益越来越低，高额的执照费严重挤占了矿工收益。雪上加霜的是，矿区官员本来惯于囚犯管理，而人手不足、工作繁重的现实使得他们执法越发简单粗暴。矿工动辄因为没有及时缴费而被警察体罚和虐待。更多情况下，采矿执照会因为恶劣的生产生活环境而保管不善，惨遭损毁，结果当事矿工可能被判定为无照偷采，还会与刑事犯罪分子一样游行示众，饱受侮辱。[11] 更重要的是，执法者的收入赶不上发横财的淘金者，而且个人素质也很成问题，贪腐与渎职屡见不鲜。一位警察总管曾抱怨说：

> 一周查了 10 个采矿小组，简直受不了。警察们的素质很低，酗酒，态度也恶劣，我手下有 76 个警察编制，只有

53 个到位，其中 30 个都酗酒。[12]

警察酗酒，但是矿区又严格管制酒精饮品。因为拉·筹伯为了防止矿工社会出现酗酒问题影响治安，采取了酒精专卖制度，结果不可避免地催生出"私自贩酒"（sly-grog）活动。于是警察除了稽查采金执照外，还要负责追捕私酒贩子。让酗酒的警察去追查贩酒活动，而且罚款归低工资的警察个人所有，这种安排立刻催生了广泛的腐败现象，淘金者们的不满进一步加剧了。

更重要的是，虽然官方征收淘金执照费尽心且严格，但是在公共服务方面迟迟没有建树，交通、医疗等基础设施建设严重滞后。以最重要的交通运输问题来说，窳劣的物流水平已经威胁到矿区边疆社会人口的基本生活。1853 年秋冬雨季时节，从墨尔本到中部矿区的道路泥泞难行，物资运费高达每吨 120 英镑，于是墨尔本进价 50 英镑一吨的面粉到本迪戈就要 180 英镑一吨，到东北的欧文斯矿区则达到惊人的 230 英镑一吨。除了物流问题，对清洁水源需求的增长与供水能力不足的矛盾日趋突出，这又导致了重大的公共卫生风险。比如，淘金者明明整天与泥土打交道，却顾不上个人卫生。矿工通常几个礼拜都不会洗澡甚至洗脸，衣服与铺盖也不会洗涮，理发与剃胡子更是少有的事情，除非天上降雨，他们洗个天然浴。老矿工的外表看上去让人感到恶心，新来的移民往往对其敬而远之，然而不久之后他们也让新人感到恶心："唯有跳蚤与他们形影不离，这些情况一直要等到冬天降雨来临时才有所好转。"[13] 这种做派甚至形成了一种矿工群体引以为豪的文化。比如，波兰矿工克瑟林斯基（Korzelinski）与同伴初到卡索曼矿区时还注意洗涮、刷牙、理发，结果他被老矿工批评说：

> 你们还洗漱起来了？也太把自己当回事了吧，你们以为自己是王子呢？就这样你们怎么在矿上活啊？[14]

一份 1854 年的记录显示了矿工们整体的生存状态：

> 他们多数人看起来面容苍白，神形憔悴。腿筋绞痛、感冒、风湿、视力萎缩、腹泻、痢疾都是常见疾病。总坐在潮湿的地上，会导致痔疮。多数疾病都会演化成副伤寒类型的低烧，人体的能量很快就全都消耗完了，而医务人员几乎没有什么设备，束手无策。[15]

事实上，在 1854 年前后，矿区管理当局在民政服务上的无所作为达到了极致。比如，1853 年底，巴拉瑞特矿区发生了数百名英格兰淘金者与爱尔兰淘金者的群殴械斗，持续达数小时，金矿管理员却无力阻止。[16]维多利亚地方史专家威斯特·贝特（Waste Bate）如此评价道：

> 金矿管理委员会成了一个怪物，它集立法、行政以及司法权为一体，它就几百个人，却要管理 6 万～ 7 万人。淘金

热之前的那代人在金矿委员会中已经牢固制度化了，其招募的人在背景与脾性上都不会同情矿业，也没有经受专业的公共管理培训。[17]

对于逐渐形成一种阶层的矿工而言，矿区恶劣的生存环境、官方征收的高昂税费以及与之不配的窳劣服务已经难以容忍，整个矿区的高压管理制度正不可避免地走向危机。

暴动与变革

1854 年 12 月，积怨终于在巴拉瑞特矿区的尤里卡（Eureka）金矿爆发了。这本来是个充满希望的金矿：1852 年 5 月 17 日，一群初来乍到的淘金者无意中在巴拉瑞特矿区的北部发现了一块富含浅表沉积金的地区，兴奋之余就用"我发现了（Eureka）"来命名这个金矿，它也与南部的金点金矿一道成为巴拉瑞特矿区最富产的金矿。从 1852 年 8 月开始，已经有矿工开始朝地下深处挖掘，他们很快在第一矿层获得了丰厚回报。整个 1853 年，尤里卡金矿都能盛产黄金，矿工们也就将矿井越打越深，这里很快也转为深井挖掘的中心。不过，尤里卡的矿冶地理条件其实存在隐患：一方面，尤里卡金矿缺乏稳定的地表水源，1854 年旱季，雨水相对不足，结果所有的矿土都得运输到 500 米之外的水源区去淘洗，直接影响就是采矿成本大大增加。另一方面，尤里卡的地下水格外丰富，因为这里曾经是数条古代大河的河床，所以矿工们深井工作的排水任务特别繁重。祸不单行的是，从 1854 年 8 月开始，几乎再也没有哪个淘金者能够触到第二矿层了。现在已经知道，尤里卡金矿的地下矿脉存在断层，但当年的矿工对此完全没有经验，更没有心理预期。于是在暴动爆发前夕的燥热季节，一度收获颇丰的矿工们已经整体陷进入不敷出的困局。事后调查委员会的成员也承认：

> 收入为什么无法抵消执照费用，我认为这里的原因在于大批人开始转入深井开发，而当时相当一批矿工收获寥寥，甚至一无所有，他们也就支付不了执照税。[18]

1854 年 10 月 7 日凌晨，尤里卡金矿一个刑满释放人员本特利（G. Bentley）为保护自己的酒吧免遭强行购酒的矿工侵扰而开枪杀害了对方。两天后，一个意大利裔矿工被检查执照，因为语言沟通障碍被警察以抗拒检查为由逮捕，结果群情激愤，有人开始游行示威。10 月 17 日，人群集中到有官方背景的本特利酒吧门口抗议，本特利立刻求助警察帮忙驱散人群。如此一来，大家都认定本特利是谋杀犯，还勾结官府仗势欺人。迫于舆论压力，当地警察逮捕了本特利。可是矿工们不依不饶，在 10 月 24 日发起了 4 000 人的大集会，要求罢黜金矿管理员，大骂官方的腐败和贪婪。深井矿淘金者们还组织了"巴拉瑞特改革联盟"（Ballarat Reform League），要求废除执照费制度，甚至开始设计革命旗帜。11 月 26 日，900 ~ 1 000 名淘者自行武装起来，包围了尤里卡金矿修建栅栏防御工事，然后集体焚烧采金执照，暴力示威。墨尔本方面终于忍无可忍，因为矿工的这些举动已经公开对抗英帝国统治的权威。11 月 27 日，墨尔本兵营抽调了 336 名军警前往镇压。12 月 1 日凌晨，军警开始暴力驱散淘金者，战斗数小时后，以牺牲 5 人为代价击垮起事的矿工并造成 22 人死亡，史称"尤里卡栅栏暴动"。

从"战争史"的角度看，这实在是一场微不足道的交锋，但其影响却非常重大，它是澳大利亚历史上仅有的一次"内战"，也是淘金热时代最引人注目的政治事件。暴动震惊了维多利亚殖民地议会，因为当时移民矿工已经成为殖民地主要人口，一旦引发连锁反应，局面将完全失控。事态平息后，为了详细了解事情经过并听取淘金者的各种诉求，议会派出了特别调查团于 1854年圣诞节时赶赴矿区进行巡视调研，为政策调整做准备。1855 年上旬调查团报告正式公布，明确指出：

> （抛开暴动的直接起因）淘金者的矛头指向主要有三个：执照费、未开放矿区土地所有权以及未给予淘金者选举权。[19]

为了迅速安抚人心，防止新的骚乱，底气不足的殖民地官方决定全面妥协。1854 年末，墨尔本最高法院宣布 13 名带头闹事的淘金者无罪，暴动中被拘捕的 113 名矿工则全部释放。随后维多利亚议会投票决定，从 1855 年 1 月起，执照费制度取消，淘金者只需每年度缴纳 1 英镑的注册费，然后当局根据矿工实际开采和转卖的黄金产品数量来征收出口税（export duty），这样就减轻了大部分劳无所获的矿工的压力。这一制度被后来的淘金者尊称为"矿工的权利"（Miner's Right）。

更重要的是，议会同时宣布金矿管理委员会制度取消，取而代之的是委派监察员（warden），除了负责治安监控，对矿区日常管理只有象征性的作用。具体的生产生活由矿工群体自治，矿区大聚居点都成立地方法院（local court）解决司法纠纷，而淘金者可以根据本矿区的作业特点经民主选举组成工会决断采矿事务。与此同时，维多利亚殖民地议会本身也改组，宣布矿工拥有普选权，选区涵盖全部三大矿区。新成立的选区包括：本迪戈、巴拉瑞特、卡索曼、阿沃卡（Avoca）以及欧文斯。

议会为确保边疆社会的稳定做出如此重大的妥协，令1854年6月新上任的殖民地总督查尔斯·霍瑟姆（Charles Hotham）爵士无比震惊。这不奇怪，霍瑟姆是海军出身，是一名在克里米亚战争进入白热化阶段时不断请命上战场的勇武之人。他倔强地不在"矿工的权利"法案上签字，消极地坐等法案自动生效。结果1855年11月传来了一名尤里卡暴动的领袖当选维多利亚殖民地立法大会（Legislative Assembly，下议院）议员的消息，霍瑟姆彻底崩溃了，一个月后干脆咽了气。这象征着澳大利亚殖民地特色的军警专制政治势不可当地走向式微。

对此，美国作家马克·吐温评价说：

我想它可以被称为澳大利亚历史上最好的事情。它是一场革命，尽管规模上很小，但是政治上很伟大；它是为了自由而斗争，为了一种原则而斗争，表达了反对不公平和压迫的立场。[20]

马克·吐温是个货真价实的优秀批判作家，但当年他刚 20 岁，年轻、简单，有时显得幼稚。"尤里卡栅栏暴动"使维多利亚矿区迅速形成一种明显的大社会、小政府的政治格局。这毫无疑问有利于缓解作为一个阶层的矿工群体的生存压力，也奠定了澳大利亚民主政治的根基。但是，当矿工们可以纵情左右矿区社会事务时，一种民粹主义的思潮也失去了遏制。对于贴着"外国人"标签的华人移民而言，这意味着一种命运的恶性逆转。

/ 遏制华人分享资源

欧洲矿工的生态焦虑与排华舆论

在面对日益窘困的生态压力时，以暴力反抗苛政只是矿工们寻求活路的应对策略之一，另一种常见的反应就是排挤同行。事实上，类似侵占矿坑、分配水源的问题不仅是华人移民与欧洲矿工交恶的诱因，也引发了欧洲移民内部的纠纷。比如，在大批华人抵达之前，英格兰与爱尔兰淘金者之间就不止一次爆发过数百人规模的集体械斗。如上一章已经提到的，三大矿区中除了欧文斯矿区，无论在本迪戈还是巴拉瑞特，水甚至跟黄金一样成为珍稀的自然资源。可是，不同族群矿工间的斗争不只是采矿过程中琐碎的争夺引发的，而是反映出一种成见。比如 1854 年 3 月，一批华人移民刚刚登陆墨尔本港时就遭遇部分欧洲移民的围攻，所幸警察及时赶到驱散了暴徒，使得华人得以落脚并前往金矿。[21] 这个现象说明歧视和排斥华人其实是部分欧洲移民早已抱有的观念，也显示出当时殖民地官方对华人移民的态度还是相对公允的。

更能说明这一问题的案例发生在本迪戈矿区。1854 年 6 月 7 日，成群结队的华人移民刚刚抵达不久，已经有欧洲矿工开始酝酿集体驱逐华人的示威，这也是澳大利亚社会最早的有组织的排华运动。其中带头串联的是一个名叫威廉·多诺文（William Denovan）的苏格兰矿工，他于 1852 年 18 岁时从爱丁堡移民墨尔本，1853 年开始自己的矿工生涯。他习惯于白天挖矿，夜间则积极参加争取矿工权益的各种社会活动，很快就作为一个草根政治改革家崭露头角。当时，多诺文宣称已经张罗了 1 200 人，约定在 7 月 4 日集会游行，要求驱逐"天朝客"。这个日子是美国的独立日，而部分报名参加的矿工来自加利福尼亚，所以这个集会所谓的"正义性"就在于勇敢地向"专制"的"天朝客"斗争。结果消息传开后，殖民管理当局以及更多的美国移民明确表示反对和警告，墨尔本方面甚至紧急增派 50 名军警来本迪戈维护秩序，监控矿工的串联活动，随时准备驱散可能诉诸暴力排华的人群。显然，当局对华人的保护并不是基于种族平等的理念，而是绝不希望已经非常躁动的矿区社会出现更多动荡。

但事态没有完全结束。7月15日下午3点，本迪戈最大的旅馆前又举行了一场公众集会，主要议题是讨论如何改善矿区的供水压力，同时设法要求官方松绑土地政策，支持矿工更多开发本迪戈附近的新金矿。会议走向尾声时，一位名叫昂古斯·麦凯（Angus MacKay）的记者和政治活动家做了慷慨发言。他强调：

> 由于中国人无视我们的语言和习俗，由此可能让矿工对他们感到不快，所以当局应该使用最大努力来组织这些外国人有害的以及会激怒他人的活动。……但是如果我们无视（自由主义的）原则而驱逐华人，那同理也就不能阻止美国人或英格兰人去驱逐爱尔兰人与苏格兰人。……矿工们，我们应该贯彻自由、平等与博爱的原则。[22]

这话锋显然是针对多诺文的，即便不考虑治安需求，采用反抗专制的自由主义政治话语也未必证明驱逐华人移民是合理的。

但是，多诺文对麦凯做出了反击，他为自己试图使用暴力排斥华人表达了一定歉意，但他强调，自己的诉求并不是约束华人可能引发误解的言行，而是坚持完全禁止华人参与淘金。他抛出新的理由，媒体记录道：

> ……他说，他反对中国人，并不仅是因为他们浪费水，

也不仅是因为他们的废矿淘洗活动破坏了矿坑，关键是不同意这些人以当下毫无节制的方式，成百上千地涌入这块殖民地……当局应该立刻着手考虑停止所有的移民，或者逐渐控制一下移民潮，不要让已经到来的人们受伤害。……许多矿工的淘金作业已经入不敷出了，在这样的情况下，这个地区怎么还能承受数千名中国人？这些外国人的涌入应该被阻止，这样才能避免伤害欧洲殖民者们被赋予的各种利益（欢呼）。

他们（矿区的欧洲裔人口）来到这块殖民地享受的好处，能够就这样被涌入的中国人夺走吗？这些中国人是牧场主和大商人带来的。但在一个矿区，如何供养过多的人口……还不让粮食价格上涨到可能造成饥荒的价格呢？数千名中国人已经在这里了，还会有数千人赶来……所以政府必须阻遏华人移民的涌入。[23]

在澳大利亚政治史的传统书写中，多诺文的主要形象是一个活跃的工人运动领袖。比如，在"尤里卡栅栏暴动"发生前的四个月中，他频繁前往各个矿区搞串联，积极组织"矿工改革联盟"，抵制淘金执照费，还在 1854 年 8 月中旬成功举办了有3 000 人参加的抗议执照费集会示威。这场被称为"红丝带抗争"（Red Robin Rebellion）的事件被誉为"尤里卡暴动"的彩排。

但是多诺文被忽略的一面在于，他也是矿区最早崭露头角的排华旗手。从他的宣言中可以看到，他强调华人移民是资本家引人的，这种说辞显然是一种煽动劳工阶层的愤怒的策略，因为此时到澳大利亚淘金的华人移民并不是受雇而来的。真正耐人寻味的是，他的排华依据不在于政治立场，而是明确指向了一种对矿区生态承载力的担忧。尽管没有直接证据表明他接受了马尔萨斯主义的论说，但是他至少表达了一种类似的生态观念，即土地出产生活资料的能力会跟不上人口繁衍的能力。马尔萨斯认为生活资料是以算术级数量增加的，人口却可能以几何级数量增加，因而会造成人口过剩，不可避免地导致人类社会的饥饿、贫困和失业等现象。在多诺文看来，矿区的人口激增不是来自人口繁育，而是源于不加节制的持续移民，这样一来，人均自然资源会越来越匮乏。这显然与20多年前韦克菲尔德提出"系统殖民"理论鼓励澳大利亚敞开接受自由移民大相径庭。

但是，为什么要格外抵制华人移民呢？因为一种澳大利亚的大自然专属于欧洲移民的生态观遭到了威胁。这绝不是多诺文个人的突发奇想，更反映了一种移民型殖民地特色的自然观。早在淘金热之前，欧洲移民们早已发现澳大利亚东南部的温带环境与母国类似，同时他们在这里也没有遭到原住民的强力反抗，因此很容易将故乡的生态移植过来，把这里建成所谓新欧洲。淘金热爆发前夜，英国记者霍威特（William Howitt）在访问维多利亚殖民地后自豪地向同胞报告：

> 英国的农场、英国的花园、英国的牛群和马群、精心栽培的英国花朵和植物……英国在新的土地上复制出自

己。……那些东西（鲜花）本来只能生长在我们（英国）的暖房中。……你很难想象有这样一种丰裕和美好的景象。由此，人们不会再诧异为什么有头脑的人会不远千里选择这块遥远的殖民地度过人生。[24]

但是欧洲移民根本没有料到，淘金热带来了如此多的华人移民，他们也要分享澳大利亚的自然财富，甚至可能稀释移民社会新生态的欧洲元素。在这一点上，甚至多诺文等人的阶级敌人都与他拥有共识。比如，维多利亚金矿委员会委员、在立法会威望甚高的大商人议员威廉·威斯特加斯（William Westgarth）就认为：

> 中国人蜂拥而至……浪费水，把土地和水源弄得一团糟，还破坏了许多精心维护的水坑。……没有哪个国家会认为这是合理的，至少如果不为此支付高昂的代价，就不会允许外国劳工和外国资本来榨取本国自然资源。[25]

随着中澳交通的发展，尤其是鸦片战争后中国门户的开放，澳大利亚对中国的了解越来越多，尤其是感知到了中国庞大的人口规模与移民潜力。作为距离亚洲最近的欧洲移民殖民地，澳大利亚对人口稠密的亚洲邻居充满了地缘上的疑虑，而华人淘金移民正在把隐忧变成现实。在 7 月 15 日集会后的表决中，多诺文提出请求政府限制华人移民进入矿区的提案获得了大部分与会者的支持，而鼓吹自由、平等、博爱的麦凯黯然离场，但即使是他也把华人移民当作外来的管制对象。

金矿调查团的听证

　　1854 年 12 月的尤里卡暴动之后，议会派往矿区的调查团不仅收集到欧洲矿工对矿区管理制度改革的呼声，也注意到了他们对所谓"华人问题"的见解。调查团吃惊于华人淘金移民的规模，也征集了不同身份的人对华人移民的见解。在一系列的听证中，至少有五个人讨论到华人问题。从中可以发现，此时矿区官吏对华人淘金者的评判依然相对中立。比如，1854 年 12 月 22 日，调查团询问了尤里卡矿区的警长乔治·亨利·吉本森（George Henry Gibson），他强调尤里卡暴动主要是民间对当局的反抗，与种族问题无关：

　　　　"那你认为他们表现出什么特别的德行或别的什么问题吗？"

　　　　"没有，总体来说我认为他们是那种安静也不侵犯别人的人。"

　　　　"那就你所知他们有什么优点吗？"

　　　　"我不知道他们有什么优点，但是我觉得他们绝对无害。"

　　　　"这是因为他们人数少吗？"

　　　　"不是，他们人很多。"

　　　　"那你认为，如果完全不存在外国人（华人）的煽动，事情会到那个程度吗？"

"我想会的。"

"你认为矿工造反只是因为他们是矿工，每个人都只关心采矿利益，而没有因为什么国籍上的差异？"

"是的。"

"所以，你认为是不是对金矿上的不同群体都要平等对待？"

"是的。"[26]

但是，当调查委员会询问欧洲矿工，包括从美国来的矿工时，几乎所有涉及华人移民的评论都类似于多诺文的论调。一方面，他们承认华人是文静腼腆的人，没有攻击性，安分守己。但是另一方面，他们指责华人浪费和破坏水源。最关键的是，无论是官员还是矿工，都一致判断华人移民会快速增长，矿区黄金和水源的损耗会加剧，而激增的华人移民可能会动摇澳大利亚作为欧洲人新家园的根基。1854 年 12 月 23 日，巴拉瑞特的一个美国矿工查尔斯·詹姆斯·肯沃斯（Charles James Kenworthy）的证词如下：

"你发现他们的人数在增加吗？"

"是的，非常快。在福里斯特溪（Forest Creek），我跟一个很有见识的人讨论中国人（Chinaman）的人数……我们认为几年之内，他们会达到 100 万到 200 万人，他们都在路上。"[27]

1855 年 1 月 1 日，矿工威廉·霍普金斯（William Hopkins）评论道：

> 我不敢想象，将会有成千上万的异教徒闯进这里，亵渎安息日。[28]

不仅如此，本迪戈矿区总管约瑟夫·安德森·潘东（Joseph Anderson Panton）在 1855 年 1 月 3 日接受询问时也表示：

> 我明确地被告知，还会有成百上千的中国人涌入这里[29]。

不仅如此，刺眼的证词恰恰是华人自己给出的。1855 年 1 月 15 日，调查团采访了华人翻译浩官，他是广州人，曾随洋商前往英国定居一年，随后又移居澳大利亚。他不仅认为更多华人将涌入澳大利亚，而且内部也存在重大分野：

> "我来维多利亚殖民地 11 个月了，我是从英格兰来的。我没有去过加利福尼亚。我去了好几个矿区……发现了那里都有很多中国人，至少总计有 1 万人吧。不过他们都是从四邑（4 District）来的，都是鞑靼人（Tartars）。我不是，我来

自五邑（5 District），是汉人。鞑靼人喜欢赌博，汉人喜欢挖矿，汉人赚更多钱而且存起来。一个汉人会适应英国人的习俗，但是鞑靼人不会。汉人喜欢待在这里，鞑靼人喜欢回老家。汉人更白净，鞑靼人更黑。"

"那么中国政府是鞑靼人的吗？"

"以前是，现在皇帝就是汉人了，上一个皇帝的儿子，是个鞑靼人，已经被推翻了。如今汉人在中国有了更大的权力。我 1846 年就离开了中国，然后一直与家乡朋友通信联系。我写信让他们都来澳大利亚。那个信就跟报纸一样，不过只在特定范围里流传，不是全国都流传。"

"那你认为接下来每一年都会有更多中国人来吗？"

"当然，每年都会有更多人来。现在中国人都是共济会（Freemasons）的，都是一家人。旧皇帝和他儿子是中国的鞑靼人，新皇帝则想要让天下一家，让国家对所有人开放。……很多中国人回家了，但也有很多人出来。"[30]

不难推测，这个名叫浩官的翻译可能是太平天国运动的同情者，至少与天地会等反清民间组织有瓜葛。他的描述不仅让调查团相信会有越来越多的华人来到澳大利亚，而且说明了华人内部存在不可调和的对立，可能发生潜在冲突。[31] 虽然同属珠江三角洲，但南海、番禺及顺德移民与当时格外抱团的四邑移民确实多有矛盾。只是作为接受调查团采访的唯一华人，浩官或许没有想到，他自己使用种族主义的话语狠狠诋毁占华人矿工主体的四邑移民，将对不久之后的议会限华立法造成多大影响。

对于"尤里卡"暴动后惊魂未定的维多利亚殖民地当局而言，听证最核心的议题还在于华人移民作为一种欧洲移民社会的外来者，是否可能成为社会新动乱的紧迫隐患，结果各方的证词令调查团一致感到担忧。除了华人内部的矛盾，华人与欧洲矿工的矛盾激化迫在眉睫。而在围绕自然资源分配产生的种族冲突加剧之时，如果官方不转向明确排华立场，则占矿区人口绝对优势的欧洲矿工们就会认为政府偏袒华人，再次造反亦未可知。

比如，美国矿工肯沃斯的回答是：

"华人有害吗？"

"是的，华人是矿上最讨厌的家伙，政府就算不彻底驱逐他们，也应该采取不同措施遏止他们增长，他们是讨厌的家伙；他们破坏了金矿上的所有水源，仅仅在地表作业。"[32]

1854 年 12 月 30 日，卡索曼的小商店主亨利·麦威里（Henry Melville）则表示：

"无论如何，我毫不怀疑，矿工们很快就会跟华人发生全面冲突。就我个人来说，我没有什么想反对他们的。这仅仅是其他人的普遍意见，我在这里反映给你。"

"你确定一定会发生冲突吗？"

"是的，当女王放弃对这里金矿的权利时，她可绝没想到她会把这些矿藏拱手送给中国皇帝或其臣民；这应该是对殖民者的恩惠。"[33]

1855 年 3 月调查委员会提交给议会的长篇正式报告中，仅有四个段落涉及华人，但反映了官方对矿区华人移民的全面理解，除了大致掌握他们的来源、数量及分布外，还声称了华人的种种缺点：不愿意做雇佣工而只热衷于淘金，有偷盗行为，不带女眷，缺乏家庭生活，有独特的迷信且嗜赌，很可能导致殖民地的道德堕落。报告还特别强调了可能会有更大规模的华人移民涌入。这样矿区社会的整体生态压力会加大，包括土地、金矿与水源在内的自然资源会进一步紧张，这种焦虑感引发的排华舆论可能导致华人移民与欧洲矿工发生全面冲突的风险。因此，建议采取限制华人移民进入的政策：

> 委员会并不想将这一种人（华人）或任意一种人类大家庭的成员从这个殖民地排除出去，而且也没有必要真去采用这样的手段。但是，如果不是禁止的话，也要采取一些手段至少遏制并减少他们的涌入，这一点是显而易见的。……肯定有人会逃避这个法律，或者有成群结队的华人会从邻近的殖民地越境抵达；但无论如何会达到遏制华人涌入的目的，至少达到必要的程度。……

金矿调查委员会的报告是为当局调整矿区管理制度提供依据

的。作为对暴躁矿工的安抚，议会除了据此出台"矿工的权利"，也准备通过限制华人入境来缓解欧洲矿工的生态焦虑。1855年4月墨尔本召开了一场公共集会，此时正逢克里米亚战争中英法联军对塞瓦斯托波尔要塞（Fortress Sevastopol）发起总攻，维多利亚殖民地唯英国独尊的认同感空前强烈，种族主义抬头，华人亦被迁怒，市长罕见地率先致辞，上来就咄咄逼人：

> 想想看吧，华人移民几乎都是俄国派来的密使……华人移民，就是一种俄国鞑子（Russian Tartaric）的入侵。[34]

殖民地总督霍瑟姆在5月15日给英国殖民部的报告中承认："欧洲矿工与华人的纷争每天都在发生，不断有殴斗以及把华人从矿坑逐走的状况，诸如抓华人的辫子或者向华人丢石头的迫害越来越广泛。我不得不做点什么。"[35]

/ 强制的华人生态

限华立法与种族隔离

1855年6月12日，维多利亚殖民地议会正式通过了专门针对中国乘客输入维多利亚的管理法案，强调本法案适用于所有要求入境的中国人，包括来自中国附庸国及海上岛屿的华人，或父母是华人的乘客。具体措施是运输船只每 10 吨的载重量限载 1 名华人，不管这个华人是船长、水手还是乘客。如果超过，每人头缴纳不超过 10 英镑的罚款。此外，每个入境的华人需及时向海关缴纳 10 英镑的人头税，如有偷漏问题，追加不超过 20 英镑的罚款。[36]

对维多利亚海关来说，这个立法确实是立竿见影的：从 1855 年下半年开始，大批华人移民开始绕过维多利亚殖民地，改为登陆南澳大利亚殖民地的罗布港，然后辗转进入维多利亚金矿区。尽管立法者预见到了这种情况，但事实证明，所谓遏制华人移民进入殖民地的目的几乎不可能达到。即便根据现行法案，华人也只需要额外付出 10 英镑人头税即可入境，而这笔支出可以由四邑同乡会之类的民间社团贷付。所以直到 1857 年，华人依然在源源不断地涌入维多利亚矿区，殖民地当局感到不安，便派出代表与南澳大利亚殖民地沟通，促成南澳方面颁布相同的限制华人入境立法，随后又对跨境进入维多利亚的华人移民追加每人 4 英镑的入境税。种种表现再次说明，这个法案很大程度上是展示一种向欧洲矿工妥协的姿态，以求殖民地社会秩序的稳定。

显然，真正棘手的问题依然在于如何应对持续流入的华人移民淘金者。由于整个矿区生态承载力有限是个根本无解的问题，所以即便有了"矿工的权利"，淘金者的生计也未必能得到整体改善。就以采金收益来看，虽然 1856 年矿工的人均收入比 1855 年略有增加，从 148 英镑涨到 157 英镑，但 1857 年又进一步锐减为 108 英镑，此后所有年份中个体采矿者的年均收入都再没有超过 100 英镑，日子越来越苦。所以，赶走华人淘金者，给欧洲移民腾出金矿的呼声持续高涨。

1855 年 1 月，本迪戈矿区总管潘东在接受议会咨询时，就如何减少已入境的华人与欧洲矿工的摩擦，提出了如下建议：

"华人们会回老家吗？"

"几乎没见有什么人回。"

"那你觉得有必要隔离他们吗？"

"我觉得非常有必要把他们都集中到一个地方，限定在一个区域内。"

"你认为，要把他们限定在一个区域内生活，然后把其他矿工从里面排除出来吗？"

"是的，让欧洲人不和他们混居。"

"你认为华人会轻易服从命令，搬进特定的区域吗？"

"我认为会的。"[37]

潘东是退伍军人出身，虽然作风果敢，但也亲身体会过矿工们的躁动。他再三提醒总督霍瑟姆，一定要避免欧洲矿工利用所谓的"华人问题"对抗殖民地政府。[38] 霍瑟姆深以为然，于是决定在限制华人入境立法完成后，立刻对矿区的华人采取"保护制度"（Protectorate），具体办法就是让华人移民集中居住到矿区的指定区域，然后推选有威望的华人社群领袖，节制华人同胞，同时负责替官方征收税费并且调解内部纠纷。

但是，在澳大利亚殖民地要落实这种针对华人移民的保护制度难度极大，因为它属于情急之下的制度拼凑。虽然澳大利亚历史上早有类似的政策，即1838年针对原住民的所谓"保护制度"，要求原住民集中居住到指定区域，但是这种歧视性制度的理念是要同化原住民，尤其是"通过欧洲人的监管给原住民灌输文明开化以及基督教精神，消除他们身上的种种邪恶特性"[39]。但是在1855年，无论官方还是民间，澳大利亚殖民地都没有任何舆论认为华人移民可能会整体接受欧洲文明的教化，更不相信华人移民可以被欧洲人种同化。

根据艾明如（Mae M. Ngai）的考证，所谓的"保护制度"名词虽然来源于原住民管理政策，但很大程度上借鉴了英属马来亚殖民地的办法。问题又来了，澳大利亚是英国的移民殖民地，但来澳大利亚淘金的华人移民基本不是契约劳工，理论上讲完全是自由移民。[40]因此，总督霍瑟姆专门强调，居住在维多利亚殖民地的华人移民是独立的个体，应该保有英国法律赋予的权利。作为欧洲移民殖民地，澳大利亚华人移民内部的习惯法低于殖民地官方法规，华人可以直接诉诸官方机构解决问题。因此，殖民当局对华人的保护制度也不是真正的间接统治。

更麻烦的是，虽然有诸如四邑同乡会和东莞同乡会（1855年成立于巴拉瑞特）这样的华人内部社团，但并不是所有华人移民都加入了这些社团，而且这些社团内部运作的规则，对于霍瑟姆等殖民官员来说神秘又复杂。因此对于所谓华人专属社区，还需要由政府任命一位可信的保护官负责与华人领袖沟通。

让殖民官员庆幸的是，主要的华人移民社团对这种隔离安排原则上没有非议，甚至慷慨支持：1855 年潘东与矿区四大华人群体领袖举行了会晤，大家一致支持隔离制度，这样可以有效避免"欧洲矿工的嫉妒与不公对待"[41]。但是一付诸实践，问题就暴露出来。比如，华人社团领袖享受做领导的权力地位，但极不情愿履行征收税费的义务，因为这不仅意味着一种揩客身份，而且简直是充当"洋人官府"的走狗。更关键的是，矿区几乎不存在符合殖民当局期待的华人领袖。要做一个能与保护官直接共事的华人领袖，门槛实在是太高：

> 要懂得英语，懂得英国人的法规条文并且能够出庭，除了日常收费与管理的责任，还要处理所有涉及与欧洲人的司法纠纷、投诉与临时争执。[42]

现实中，华人社群内部拥有威望的领袖通常不懂英文，对英国司法体系的运作特点更是一窍不通，而有英文沟通能力的华人翻译，却通常没有足够的社会威望与号召力。一个典型的例子发生在本迪戈，当局打算直接任命华人翻译阿昌（O Cheong）做领袖，结果他坚决拒绝。他强调自己的社会地位不够，无法代表当地华人群体，而且他本身就让当地同乡会等华人社团非议和嫌弃，因为他活脱脱一个假洋鬼子，在英国旅居过十年，英语很流利，还是基督教牧师。但最关键的原因在于，他不仅不是广东四邑人，而且可能来自福建。[43]当局最终妥协，由华人自己推举领袖，通过翻译与保护官沟通。

显然，为了应对矿区资源瓶颈变窄、族际冲突不断的现实，殖民地官方不再指望形成一种多元族裔自然混居且和谐共存的生态，而是试图强行营造一种根据种族界线清晰分隔的平行移民生态。为了减少治安风险、降低行政难度，当局努力驱使华人移民形成一种整齐划一且主动对外隔离的少数族裔社区。这种所谓的"保护制度"无视矿区移民生态既有的复杂性，一方面低估了部分欧洲矿工的生态霸权要求，即不容忍存在任何形式的华人移民生态，另一方面轻视了华人移民淘金者的主观能动，即相信华人会逆来顺受如羊群一样被任意摆布。它注定会失败。

被规训的华人生态

1855 年 5 月，本迪戈率先开始正式执行华人隔离居住办法。之前，华人营帐区的分布与欧洲裔的一样是密集但无规律的，完全取决于金矿矿坑的实际地理分布。但此后，华人被统一分配到七个指定的村庄中，由弗雷德里克·斯坦迪斯（Frederick Standish）就任保护官。10 月，保护制扩大到巴拉瑞特、卡索曼与阿沃卡，随后又增加了马里布洛（Maryborough）与东北部矿区的比奇沃斯。所有的管理成本都从华人缴纳的矿区居住费中开销，每人每年 1 英镑。出于维护社会稳定的优先目的，政府委派的保护官几乎都是行伍或警察出身，因此习惯性地又将管理和控制视作首要职责，华人定居点于是毫不奇怪地被强制塑造成一种军营式的生态。

　　所有华人定居村从勘察选址和组织安置都是由保护官拍板的。他们最初还是选取了华人移民既有的一些大营地，但很快又刻意选择了一些距离欧洲矿工营地较远的地方。保护官"开始把华人聚拢，然后分配进一个个居民点。对一些既有的定居点也予以保留，只是其传统、狭窄、蜷曲的里巷被宽阔、笔直的街道替代"[44]。之所以强令要把弯曲的道路一律改成笔直的通道，是为了便于巡视，也为了灾害时的疏散。同时，当局到处张贴中英文双语告示，对公共空间的陈设都有细致规范：

　　　　皇家告谕……凡楼布帐门口同向至少离三尺。凡街巷大路留余地二十五尺可盖搭。凡个人所居之地方布帐门口总要洁净。凡各所举止地方勿搭猪羊栏在街内。[45]

　　但是，这种看起来井井有条的居民生态很快就被证明是一厢情愿。因为不断有新的华人移民涌入，但是华人定居村无论从数量上还是体积上都没有同步增加。而且由于要尽量避免跟流动的欧洲矿工混合，华人定居村很难找到理想的种族纯粹的空间。更致命的是，作为一种强制、人造的环境，华人定居区的卫生状况急剧恶化，严重戕害了居民身心健康。因为人口密度越来越大，定居点的公共卫生很难维持，一旦有传染病就会迅速蔓延。到1857年，一连串的问题终于爆发了。卡索曼地方法院代表说：

> 华人居住得太密集，导致空气不流通，四处散布的垃圾堆上积聚起难闻的臭气，再加上华人本身也不干净，这很可能导致从他们的定居点散播出流行病，周边地区在紧张地关注。[46]

> 这里存在致命的瘟疫，大大戕害欧洲人口，华人的营地臭得令人作呕，有一股腐烂的味道，华人矿工的营帐害虫四溢。……华人的帐篷区里常见发烧、麻风、黑热病（black fever）以及溃疡性皮肤疱疹（ulcerous skin eruption）。[47]

在本迪戈，一些华人矿工得了肺结核之后还得住在恶劣拥挤的环境里，结果引发了整个矿工群体的肺结核流行。[48]显然，强制华人移民集中定居已经造成了华人社区公共卫生危机。而官方文件里也出现了对华人身体的污名化表述。在官方表述都开始抹黑华人移民的情况下，欧洲矿工就更加振振有词地指责华人群体就是一种环境威胁，不仅抢夺自然资源，而且毒害矿区居民整体健康，所以要求进一步排斥、隔离华人。这样的舆论造势完全是因果倒置的。

1857年，本迪戈华人定居区发现三个麻风病人，结果本迪戈和卡索曼的保护官要求所有营帐重新布局而且烧掉旧有营帐，然后下令严禁华人与欧洲矿工产生任何接触。而坎贝尔溪（Campbells Creek）矿区的矿工立刻借机呼吁说：

> 无论从道德上还是从生理上，人们都不能再和华人生活在一起了。[49]

不能否认，为了解决卫生问题，许多保护官从一开始就规定了华人居住区内部的保洁要求，包括对家门口公共卫生的维持以及不能放养牲畜。但是实际上很少见到保护官真正投入精力解决实际困难。为了解决华人营地的卫生问题，议会再次颁行法令，要求向华人额外征收专门的卫生费，每个月缴纳一次，根据营地大小数额不等。最终卫生费成为比金矿税本身更高的收费，但卫生状况并没有实际改观，因为并没有官方民事机构来认真处理废弃物与垃圾问题。1858 年一位主张善待华人的《巨人报》编辑威廉·凯里（William Kelly）在访问了华人村后记录道："华人的营地极其邋遢，情况看来越来越糟糕。"[50] 但明理者都意识到这绝不是华人习性使然，比如，1860 年维多利亚殖民地议会健康调查委员会先是批评华人定居区卫生状况糟糕，随后一语道破根源：

> 如果白人矿工也这么蜷缩聚居在一起，卫生状况照样不可能好。而且在这种居住条件下，想管理好卫生极其不容易。[51]

显然，官方炮制出的"保护政策"对华人移民的整体生态而言是一种扭曲和摧残。它实际上给排华种族主义观点提供了恶性循环论证，即华人在生态上是危险且异质的，所以要隔离，而越隔离问题越大，那就应该进一步加强隔离。这种逻辑造成的后果不可谓不严重。由于维多利亚金矿区多山地，所以许多情况下华人被指定到地势孤绝的山区峡谷居住。比如，卡索曼矿区以南的沃恩（Vaughan）地区就是很典型的例子。保护官将此处的华人定居点安排在一个谷地里，以避免他们与欧洲矿工在生活上接触。考古学家的调查显示这里风景优美，但是地形崎岖，地质坚硬，并不适合居住。罗登河从这里流过，但是河岸两边都是高耸的悬崖，让人根本无法从侧面进入，而且由于可居住面积狭小，华人营地帐篷也只能挤挤挨挨。明明华人是被迫来到这种环境下居住的，可河谷外的欧洲裔居民竟由此萌生了对华人作恶的忧虑：

> 这一地区许多山岭和谷地是难以进入的，之前就为不法分子提供了理想的藏匿之所……现在幸亏有两个巡警，否则还不知道这里会闹出什么幺蛾子。[52]

弱者的武器

詹姆斯·斯科特（James. C. Scott）在其代表作《弱者的武器》（*Weapons of the Weak*）中，以马来西亚农民为例，发现社会权力分配体系中的弱者以低姿态、非正式但持久的集体不合作手段对抗压榨自己的统治阶层。[53] 事实上，面对官方强加的种族隔离，矿区华人淘金者们也采取了类似的办法加以反抗和破坏。整个 19 世纪 50 年代，官方收到的居住费总额大概只相当于应缴额度的一半，大部分华人移民通过行贿、隐瞒和造假的办法逃避缴纳所谓定居费。但是，这些收入并没有被真正用于处理华人事务。比如，1856 年当局征收到 12 242 英镑居住费，其中只有 9 481 英镑用于处理华人事务。此外，当局还通过征收额外的税费敛财。比如，检查华人营地的卫生、进口食物都需要单独收费，甚至投诉欧洲矿工的案件，每单也要收费 2 英镑。[54] 对华人如此压榨，保护官们却很少提供服务。以巴拉瑞特的保护官威廉·福斯特（William Foster）为例，他在 1856 年 2 月只有九天访问华人定居点，检查收费状况并协调华人内部的纠纷，只有一天用于聆听一场华人与欧洲矿工之间的控辩纠纷，除了追踪一名出逃的华人谋杀犯，他大部分时间就是蹲在办公室里。[55]

面对这种局面，华人社会开始了全面的消极抵制。首先，华人定居点根本就不积极推选所谓领袖，即便选出领袖了，也竭尽所能磨洋工或者选择性地履行职责。工资收入上明显的种族差别加剧了华人领袖的消极反抗。一名保护官每年的工资达到 750 英镑，欧洲裔雇员年薪 500 英镑，而华人领袖们人均年薪只给 120 英镑，甚至远不如华人翻译。面对华人领袖笑脸相迎但就是不做事的风格，本迪戈保护官斯坦迪斯无可奈何地说：

> 不同华人村里的领袖们都一样的没啥功用……他们对自己的职位毫无兴趣，除了一个例外，都非常不尊重各项指

示，我偶尔交给他们办点事儿都不作为。[56]

其次，华人翻译也成为尴尬的角色，逐渐失去功用。本来因为语言与文化上的优势，翻译们实际上更大程度地扮演殖民当局与华人社群之间的掮客角色。但是他们对华人矿工来说更像外人，同时部分翻译官也会利用法条解释权索贿和勒索同胞，结果引发了更多对官方的厌斥和憎恶。更有趣的是，代表殖民当局权威的保护官也不充分信任华人翻译，因为他们也有可能接受同胞贿赂而包庇特定的移民或组织，诸如地下赌场之类。因此，矿区所有华人都难以得到充分信任，最后的结果是许多保护官开始频繁要求更换华人社群领袖及翻译，或者雇用并不以中文为母语的翻译，这又导致了新的沟通障碍，最终相关岗位的雇员越来越不胜任。[57]

最后但也最关键的是，由于"保护制度"妨碍了华人淘金者正常的生产生活，所以大家都想方设法逃离定居点。与集中隔离居住配套的所谓"通行证制度"严重干扰了矿工人身自由，是矛盾的焦点。比如，本迪戈规定，华人不携带书面授权就不准走出华人村，当局会派出巡逻者抓捕擅自出行者。不愿搬进定居村或者愿意与欧洲矿工混居的华人，一旦被查获就要被罚款 5 英镑或监禁两天。[58] 如此一来，华人矿工们就更加难以自由前往淘金地点工作了，而且为了避免跟大批欧洲矿工产生交集，定居点本身距离矿坑较远，而他们不得在自己的矿坑附近居住，也就无法保护自己的矿坑不被偷盗，同时每天都要将淘金的装备来回运输，除非不怕留在矿坑边上被人偷走。

所以，当保护官及其雇员强行拆除散居华人的帐篷，或者把他们从矿坑赶回定居点时，华人表示顺从。可一旦警察走了，华人就都会悄悄溜回来，对此官方雇员疲于奔命。卡索曼的保护官伯恩哈德·史密斯（Bernhard Smith）在 1855 年 10 月定居点设立之初就汇报说：

> 鉴于矿区人口高度流动且聚聚散散的特性……我花费好多天才确定建立的定居点，在几天之内，人就逃个精光，他们不是放弃这里就是另觅别处。……[59]

次年他又坦承：

> 我是看不出把华人单独安置有什么好处，而且他们作为矿工的活动经常被妨碍了。在我看来，华人有一种扎堆自我隔离的习惯倾向……他们自己扎堆对别人也没造成什么不便，对于那些能够跟欧洲人混居也能适应其习惯的华人，我就放任不管了。[60]

到 1858 年下半年，至少有一半华人通过各种渠道获得了官方许可证，居住在定居点之外。而顺从缴纳定居费的华人矿工仅剩数百人。本迪戈的警察总长就认为，照此状况，通过隔离来防止华人与欧洲矿工的冲突基本上没有太大意义了。而且当时矿区生活用水条件获得了改善，浅层沉积矿开发也已经渐入尾声，华人与欧洲矿工的纠纷略有减少。而保持这种隔离制度，负面结果更多：让华人失去自尊，不能学习英语和欧洲文化习俗，还迫使华人互相隐瞒不缴费的人口。[61]

华人敏锐地感觉到了保护制度的宽松化，对体制的反抗就越来越公开化。1859 年 5 月，本迪戈当局逮捕了一些没有缴纳居住费的华人，结果有 700 名华人聚集起来围攻警察，强行解救了被捕的同胞，4 000 名华人联名请愿要求停止征收居住费。同时在本迪戈、比奇沃斯及卡索曼，数千名华工集体主动自首，要求被逮捕，而当地监狱根本不可能容纳如此多的囚犯。在卡索曼，3 000 名华人移民举行集会，终止与欧洲人的所有贸易。[62] 显然，这一系列声势浩大的活动显露出当时华人民间社团与华人精英已经具有可观的组织能力。随着当局直接向墨尔本的华人社团精英施压以及持续起诉逃费的华人，这些活动在 6 月走向平息。但是当局始终不敢再派出军警进行镇压，尤里卡事件的阴影让殖民地官员们担心社会秩序全面失控，而且默认保护官签署许可证让华人自由定居。艾明如对此评论说：

> 这简直是默罕达斯·甘地非暴力不合作运动策略的提前
> 彩排。[63]

随着大批华人头领及翻译官被解雇，征收居住费几乎成为空谈。1859 年当局从华人身上获得的各种缴费总计 55 442 英镑，到

1861 年就只剩 20 452 英镑，到 1862 年只剩下 2 743 英镑。不仅如此，随着华人移民流入的减缓，尤其是面对入境税不足以遏制华人移民进入的现实，1862 年维多利亚当局废除了 1855 年限制华人入境的立法，矿区的华人保护制也正式寿终正寝了。

民间暴力的持续

"弱者的武器"能够奏效，不仅是华人集体不配合的结果，更是因为官方原本就没有打算将华人从殖民地驱逐出去。总督霍瑟姆临死前都依然认为，正因为澳大利亚是英国的殖民地，而中英两国签署了条约准允双方开放往来，所以无法驱逐华人移民，否则涉嫌违反本国法律，而且华人移民已经是殖民地商业体系的一部分。出于同样的考虑，议会立法也是要限制而不是禁止华人入境。[64]

但欧洲矿工并不是这样理解问题的。针对华人的立法与种族隔离政策不仅没有真正减少华人与欧洲矿工的交集与摩擦，而且还向他们明确传递了一个信号，即在种族问题上官方愿意向他们妥协，这就刺激了部分欧洲矿工更加肆无忌惮地对华人移民采取激进行动。事实上，整个 19 世纪 50 年代，围绕矿坑开发与水资源分配的问题，欧洲矿工与华人移民的纠纷就没有停止过，而且由于华人移民规模在 1857 年达到峰值，排华暴力现象不仅愈演愈烈，还酿出澳大利亚第一场暴力排华运动。

不仅如此，1889 年的民间气象统计资料以及 1896 年新南威尔士气象官的回忆显示，受到厄尔尼诺—南方涛动现象的影响，1855 年以及 1857—1859 年中期，整个澳大利亚东南部处于相对干旱的时期，中部矿区年降雨量普遍低于 400 毫升。[65] 这就加剧了整个矿区对资源枯竭以及生态崩溃的紧张感。为了调解矿区水源使用的矛盾，维多利亚议会在 1856 年和 1857 年追加金矿管理的规定如下：

> 第四条：华人不得使用受到特定保护的水淘洗金砂，无论谁都不可以动用保护官下令禁用的水源。[66]

> 第十条：任何华人矿工及其他矿工都不可毁坏、破坏、污染、阻塞水坝、水流、泄水槽、水道或者干扰与采矿活动有关的水源供给。[67]

表面看来，这种出于保护水源的立法是可以理解的，其中也只是格外强调了华人矿工用水需要注意的事项。但欧洲矿工就借此来剥夺华人矿工对一般水源的使用权，因为他们认为水资源有限，只能为他们所独享。不仅如此，殖民地自然资源不允许华人使用的生态霸权观念开始支配金矿开发行为本身。

在 1855 年下半年所谓"保护制度"全面颁布后，暴力排华活动开始加剧。矿工们开始指责华人淘洗费水，接着不准华人用水，最后甚至干脆不准华人采矿。比如，1855 年 9 月下旬在金合欢沟发生的华人与欧洲矿工群殴事件，起因就是在发现这里的小型新矿后，欧洲矿工强行驱逐华人，华人却不顺从。随着隔离制度的不断推广，华人不仅难以发现金矿，而且就算发现了也无法守护。1856年3月，数百名华人开发了这里的"科蒂斯山港"（Port Curtis Hill）矿坑，但当时只有小规模收获。次年4月，从南澳大利亚辗转而来的一队华人移民向东北方向进一步推进，发现当地土色有异，于是在随后被称为"黑色矿脉"（Black Lead）的区域试探性挖掘，结果发现了诱人的古河床沉积金矿。这两拨人之前都已经在其他矿区工作过，所以积攒了许多白人的采矿经验，他们花了八个多月挖掘大量浅矿井淘金，还使用了加利福尼亚矿工带进维多利亚的绞盘和辘轳提取矿土，运输速度很快，挖上来的金块多得甚至可以用水桶装。事情保密到1858年2月，此时矿区多数矿坑被欧洲移民发现，他们借口华人没有常驻在定居点、没有缴纳居住费而抢占了多数矿坑。据英国矿工自己说，华人开发出的矿坑接近70个，每个都价值1 000～1 500英镑。[68] 无法保住新发现的金矿的现实，反过来加剧了从1854年开始就显现的华人淘洗废旧矿格外耗水的行为，结果招来了更多针对华人的指责与驱逐。

最极端的暴力排华运动在巴克兰河谷（Buckland Valley）爆发了，这一事件充分体现出矿区华人淘金移民的生态不仅隔离孤立，而且极度边缘化。巴克兰河谷位于维多利亚东北部的欧文斯矿区，因巴克兰河穿过而得名。其两岸地势如同沃恩一样，都是高耸陡峭的悬崖，可是其谷地更加狭窄，抬头甚至都难以见到阳光。由于工作环境太恶劣，1855年初这里爆发淘金热时矿工死亡率高居全维多利亚矿区榜首。正是由于地理上的局限，欧洲矿工起初并不愿意前来，所以当时这里被选为华人的定居点。1856年这里聚集起 2 000 ～ 2 500 名华人时，欧洲矿工只有不到 200 人。即便在人数上处于绝对多数，华人还是被要求隔离居住。恶劣的居住环境迅速导致了严重的疾病问题。从 1857 年冬天开始，许多华人开始患上神秘的疾病，当时被称为"关节积水病"（Ankle Vapour）。其主要病症是头、身体和腿严重浮肿。这个病死亡率极高，一周内就可以夺取 20 多个人的生命，而且人死之前皮肤会变成蓝紫色。许多华人淘金者恐慌地逃离了营地，可是华人社区领袖和保护官都认为这仅仅是由水土不服和冬季冷风引起的，没有及时注意改善卫生条件。[69] 瑟利的研究显示，这种疾病如果不是脚气病，就是伤寒，在整个淘金热期间造成了谷地 1 000 多人的死亡。[70]

1857 年 7 月 4 日夜间，寒风凛冽，一些美国矿工饮酒庆祝美国国庆日，随后他们召集了 100 多名其他欧洲矿工，鼓吹要把华人统统驱赶出去，而在操作方法上他们充分利用了华人营地的特殊地理环境：

> 当时华侨之钻井皆在山边沿河岸之处。英人于夜间扎断两山出口，然后放火焚山。[71]

不知所措的华人四散逃亡，许多人逃进几十千米之外的农场才得以脱险，而闹事白人矿工却在次日结成了"维多利亚矿工排华联盟"。在这场突袭中，华人当场死亡的就有三人，受伤者不计其数，共有 750 顶帐篷、30 家华人商店被抢劫后焚毁。

突袭之所以能发生在巴克兰河谷，一个重要的条件就是这里地理隔绝，与外界交通不便。因为当时设立这个华人定居点的目的就是防止华人出逃，结果发生暴动后也不便于真相的传递。[72]果然，华人被驱赶出河谷半年后维多利亚议会才听取了保护官的有关报告，不仅没有要求认真追究刑事责任，连计算财产损失时都在强调"绝不能只听受害人自己的申报"[73]。

事实上，不断爆发的排华骚乱不仅让议会加大力度安抚欧洲矿工，更使越来越多的政治精英们都开始认真思考澳大利亚的自然资源是否具有种族意义上的属性。就在巴克兰河谷惨案发生后一周，卡索曼地方法院代表应要求向殖民地议会提交申诉：

> 华人的大量涌入，让那些把维多利亚当作大不列颠母国属地的移民产生了最沉痛的悲哀，这里事实上变成了一个中国殖民地，而且由于错误的慷慨，丰富的金矿石被运往中国……。[74]

而曾经参加 1854 年金矿特别调查团的议员福克纳（J. P. Fawkner）的回应是，建议召集一个由七名议员组成的小组，进一步强化对华人入境的管理与隔离：

> 我们准备立法控制华人移民涌入这块殖民地，有效防止

澳大利亚福地的金矿成为中国皇帝以及亚洲蒙古及鞑靼游牧部落的财富。……华人与欧洲人之间的剧烈冲突越来越频繁，也越来越险恶。但是委员会相信，通过政府相关管理机构进一步地严格管治，一定程度上能够缓解局面。[75]

尤里卡暴动事件后，多诺文投资媒体商业遭遇了破产，逐渐沉寂无闻。但是整个维多利亚殖民地与多诺文类似的人物越来越多，越来越不分阶级，不同口径间的差别无非在于是否彻底驱逐华人。澳大利亚宝贵的自然资源仅仅属于欧洲移民的生态观越来越有市场，哪怕华人淘金者只分享一小杯羹。

1857 年 9 月 15 日华人提交议会下议院的一封请愿书哀告：

> 你们又一次抱怨华人不购买土地或者不经营农场，因为所需要投资实在太大了啊。我们华人从淘洗、搜寻以及翻捡矿渣中几乎得不到多少黄金……我们就是糊个口。……英国人发了财回家，我们则是穷困潦倒回家。……有时候你们看到我们当中有人黄金很多，那是因为伙伴们把各自积攒的一点点黄金都汇总到他那里，准备让他一起带回老家。[76]

1858 年初，12 名发动巴克兰河谷暴乱的暴徒在比奇沃斯地方法院受审，本身就来自欧洲矿工的陪审团以罪犯无法被受害者具体指认为由，否定其犯有抢劫或者故意伤害罪，只有三名矿工以斗殴罪被判刑九个月，还规定不得被施加体力劳动惩罚。裁决结果下达时，场外欧洲矿工一片欢呼，华人权益被完全忽视。

/ 小　结

19 世纪 50 年代是淘金热的高潮，而 1855 年堪称一个分水岭。在矿区资源瓶颈问题越来越突出、当局管理体制越来越拙劣的时候，一场突发的矿工暴动改变了矿区乃至殖民地的政治权力格局。这看似跟华人移民没有直接关系，却导致了华人移民命运的剧变。欧洲矿工在面临矿区的生存压力时，除了反抗暴政，部分人也开始鼓吹一种欧洲中心的生态观，谴责华人分享了所谓他们专享的自然资源，因此需要驱逐华人。这种生态观使得针对华人文化与经济的排斥进一步获得了合法性。

在尤里卡暴动的冲击下，维多利亚殖民地官方实际上对欧洲矿工的各种诉求采取了一律妥协的态度，尤其是试图通过官方干预制造出一种种族隔离的华人生态。但事实证明，这不仅是徒劳的，而且是适得其反的。尽管华人移民顽强适应困局，并且以消极反抗的方式抵制了种族隔离制度，但随着民间排华暴力的升级，华人淘金者自由移民、生活与作业的状态都被遏制，华人淘金移民群体处于被不断边缘化的窘境中。不过，随着淘金热高潮逐渐褪去，以及与此同时矿区边疆生态的进一步变化，华人出人意料地找到了新的生机。

注释

1. James Wyld, *Gold Fields of Australia: Notes on the Distribution of Gold Throughout the World, Including Australia, California, and Russia*, London, RareBooksClub.com, 2012, p.46.
2. Robin A. Butlin, *Geographies of Empire, European Empires and Colonies, 1880–1960*, Cambridge, Cambridge University Press, 2009, p.562.
3. Andrew Markus, *Fear and Hatred: Purifying Australia and California, 1850–1901*, Sydney, Hale & Iremonger, 1979; Marilyn Lake, Henry Reynolds, *Drawing the Global Colour Line: White Men's Countries and the Question of Racial Equality*, Calton, Melbourne University Press, 2008.
4. *Geelong Advertiser*, 15 September, 1852.
5. W. P. Morrell, *The Gold Rushes*, p.246; *Inquiry into the Taxation of Gold Mining*, appendix. 5, Canberra, Australian Government Public Service, 1986.
6. Geoffrey Serle, T*he Golden Age: A History of the Colony of Victoria, 1851–1861*, p.85.
7. James Flett, *The History of Gold Discovery in Victoria*, pp.83–85; W. P. Morrell, *The Gold Rushes*, pp. 228–229.
8. Geoffrey Blainey, *The Rush That Never Ended: A History of Australian Mining*, p.46.
9. W. P. Morrell, *The Gold Rushes,* p.219.
10. Geoffrey Serle, *The Golden Age: A History of the Colony of Victoria, 1851–1861*, p.27.
11. 同上书，p.95。
12. Waste Bate, *Lucky City: The First Generation at Ballarat, 1851–1901*, p.57.

13. Waste Bate, *Lucky City: The First Generation at Ballarat, 1851–1901*, p.27.

14. S. Korzelinski, *Memoirs of Gold-Digging in Australia*, p.27.

15. James Bonwick, *Notes of a Gold Digger and Gold Diggers' Guide*, p.26.

16. 同上书，p.39。

17. Waste Bate, *Lucky City: The First Generation at Ballarat, 1851–1901*, p.40.

18. Report from the Select Committee upon Mr J.F.V. Fitzgerald's Case, *VPLC*, 1867, vol.II, p.3.

19. Anderson, Hugh, and William Westgarth eds., *Report from the Commission Appointed to Inquire into the Condition of the Goldfields to His Excellency, Sir Charles Hotham*, p.14.

20. Mark Twain, *Following the Equator: A Journey around the World*, Hartford, Conn., American Pub. Co., 1897, p.223.

21. *Argus,* 4 March, 1854.

22. *Argus*, 15 July, 1854.

23. *Argus*, 15 July, 1854.

24. William Howitt, *Land, Labour and Gold: Or, Two Years in Victoria with Visits to Sydney and Van Diemen's Land*, pp.33, 54.

25. Geoffry Serle, *The Gold Age: A History of the Colony of Victoria, 1851–1861*, pp.323, 327.

26. George Henry Gibson, Surgeon, Ballarat, on 22 December 1854, *Minute of Evidence to Gold Fields' Commission of Enquiry*, Victoria Parliament of Legislative Council （*VPLC*）, A.76/1854–5, p.55.

27. Charles James Kenworthy, American, Ballarat,on 23 December 1854, *Minute of Evidence to Gold Fields' Commission of Enquiry*,VPLC, pp.72–73.

28. William Hopkins, Miner, Sandhurst, on 1 January 1855, *Minute of Evidence to Gold Fields' Commission of Enquiry*,VPLC, p.186

29. Joseph Anderson Panton, Resident Commissioner at Sandhurst, on 3 January

1855, *Minute of Evidence to Gold Fields' Commission of Enquiry*, *VPLC*, p.237.

30. Howqua, a Cantonese, Who Had Spent Nine Years in England, at Melbourne, 15 January, 1855,*Minute of Evidence to Gold Fields' Commission of Enquiry*,*VPLC*, pp.335–338.

31. 当时，珠三角的番禺府可以分为南番禺（今广州市番禺区）和北番禺（今广州市花都区），番禺府治所在广州城，因此广州也被称为"府城"。事实上，四邑居民与广府人并没有种群甚至文化上的明显差异，原文所说的"五邑"，如果不是"三邑"的误译，则有可能指地理上更接近的南海、番禺、顺德、东莞、香山（今中山）。

32. Charles James Kenworthy, American, Ballarat,on 23 December 1854, *Minute of Evidence to Gold Fields' Commission of Enquiry*,*VPLC*, p.73.

33. Henry Melville, Formerly a Storekeeper, Now a Publican, Castlemaine, 30 December, 1854, *Minute of Evidence to Gold Fields' Commission of Enquiry*, *VPLC*, pp.159–160.

34. *Argus*, 17 April, 1855.

35. Geoffry Serle, *The Gold Age: A History of the Colony of Victoria, 1851–1861*, p.323.

36. Regulate the Conveyance of Passengers to Victoria，June 12, 1855，*VPLC*，Vic.18, no.39.

37. Joseph Anderson Panton, Resident Commissioner at Sandhurst, on 3 January 1855, *Minute of Evidence to Gold Fields' Commission of Enquiry*,*VPLC*, p.238.

38. Kathryn Cronin, *Colonial Casualties: Chinese in Early Victoria*, p.81.

39. 同上书，p.82。对澳大利亚原住民采取的这一制度与美国针对印第安人采取的保留地政策有着惊人的相似。

40. Mae M. Ngai, "Chinese Miners, Headmen, and Protectors on the Victorian

Goldfields, 1853–1863," *Australian Historical Studies*, vol.42,no.1, 2011, pp.13–24.

41. Kathryn Cronin, *Colonial Casualties: Chinese in Early Victoria*, p.83.

42. Lionel Welsh, *Vermilion and Gold: Vignettes of Chinese Life in Ballarat*, Sandy Bay, Banyan Press, 1985, p.43.

43. O Cheong, Letter to Private Secretary [Kay] to the Lieutenant Governor [Hotham], Dec. 23, 1854, VPRS 1095/P0000/3 Petitions of Amoy etc., Public Record Office Victoria（PROV）.

44. Kathryn Cronin, *Colonial Casualties: Chinese in Early Victoria*, p.90.

45. *The English Chinese Advertiser*, 28 November, 1857。本文件名为《英唐诏帖》，仅见于澳大利亚国家图书馆东亚部，除此之外学界至今仍然没有发现 19 世纪 50 年代遗存至今的任何澳大利亚矿区中文文献。

46. Petition of Castlemaine Local Court Members, 17 July,1857, E.18, *VPLC*,1856–57.

47. Petition Miners Castlemaine, *Victorian Parliament Legislative Assembly (VPLA)*, 1856–57. vol.3, p.989.

48. V. Lovejoy, "Depending Upon Diligence: Chinese at Work in Bendigo 1861–1881," p. 47.

49. Petition miners Castlemaine, *VPLA.*1856–57, p.975.

50. William Kelly, *Life in Victoria: Or, Victoria in 1853, and Victoria in 1858*, Kilmore, Australia, Lowden Pub. Co., 1858, p.179.

51. Kathryn Cronin, *Colonial Casualties: Chinese in Early Victoria*, p.92.

52. *Public Record of Victoria*, VPRS, 1192/P0, Petitions, Unit 45. 转引自 Keir Reeves and Benjamin Mountford, *Court Records and Cultural Landscapes: Rethinking the Chinese Gold Seekers in Central Victoria*, p. 9。

53. [美] 詹姆斯· C. 斯科特著，郑广怀等译:《弱者的武器》，南京，译林出版社，2011。

54. Kathryn Cronin, *Colonial Casualties: Chinese in Early Victoria*, p.93.

55. Mae M. Ngai,"Chinese Miners, Headmen, and Protectors on the Victorian Goldfields, 1853–1863," p.17.

56. Kathryn Cronin, *Colonial Casualties: Chinese in Early Victoria*, p.87.

57. W. Foster to Resident Warden（Ballarat）, VPRS1189/P0000/467 J56/2307, PROV.

58. W. Drummond, Regulations for Keeping Camp Clean, Sept. 2, 1858, VPRS 1189/P0000/522 A58/266, PROV.

59. B. Smith to Resident Warden（Castlemaine）, Oct. 22, 1855, VPRS 1189/P0000 R13/871, PROV.

60. B. Smith to Resident Warden（Castlemaine）, July 21, 1856, VPRS 1189/P0000 X6233, PROV.

61. Resident Warden（Bendigo）to Chief Secretary, Oct. 7, 1858, VPRS 1189/P0000/522 G8441, PROV.

62. Kathryn Cronin, *Colonial Casualties: Chinese in Early Victoria*, pp.98–99.

63. Mae M. Ngai, "Chinese Miners, Headmen, and Protectors on the Victorian Goldfields, 1853–1863," p.22.

64. Geoffrey Serle, *The Golden Age: A History of the Colony of Victoria, 1851–1861*, p.321.

65. Geoffrey Russell, *Water for Gold!: The Fight to Quench Central Victoria's Goldfields*, p.3.

66. Regulation for the Chinese on the Gold Fields. A.13/1856–7，2 December 1856，*VPLA.*

67. Regulation for the Chinese on the Gold Fields. A.80/1586–7, 14 July 1857,*VPLA.*Under Comryuce of Panengen io Victoria Act, 18 Vic., no. 39, sec. 6.

68. Eric Rolls, *Sojourners: The Epic Story of China's Centuries-Old Relationship with Australia: Flowers and the Wide Sea*, pp.144–145. 最

后华人虽然只能另寻新矿，但"黑色矿脉"以"广州矿脉"（Canton Lead）之名传遍了整个维多利亚。华人在此采矿定居发展起来的城镇被命名为"阿拉拉特"（Ararat），这也成为维多利亚殖民地唯一因华人初步定居而发展起来的城镇。

69. Kathryn Cronin, *Colonial Casualties: Chinese in Early Victoria*, p.21.

70. Geoffrey Serle, *The Golden Age: A History of the Colony of Victoria, 1851– 1861*, p.80.

71. 陈志明编：《澳洲党务发展实况》，11页，悉尼，中国国民党澳洲总支部，1935。

72. Kathryn Cronin, *Colonial Casualties: Chinese in Early Victoria*, p.21.

73. Report of the Board Appointed to Consider the Claims of Certain Chinese in the Buckland District to Compensation, 31 December,1857, no.6,1856–57, *VPLC* .

74. Petition,17 July,1857, E.18, 1856–57, *VPLC*.

75. Legislative Council on the Subject of Chinese Immigration, 17 Nov., 1856, D.19.1856–57, *VPLC*.

76. Petition, 15 September, 1857, E.76/1856–57,*VPLA*.

第06章

/ 荒野中的新生机

对于淘金热中华人移民遭受的诸多不公，澳大利亚权威的民族主义史学家杰弗里·布莱尼（Geoffrey Blainey）的观点颇具代表性。他认为暴力排华固不足取，但是华人移民确实有招人误解和排斥的理由，尤其是他们生活圈封闭，与欧洲移民群体疏于交流。但现在可以相信，这种现象的出现，不纯粹与华人移民自身文化传统和生活习俗有关，其本身也是种族歧视的结果。许多殖民者开始鼓吹建立一个白人至上的新欧洲，而官方则试图塑造一种孤立的华人生态。不过，即便是保守的布莱尼教授对自己的观点也做出过补充：

> 华人的生活方式对说英语的矿工没有产生什么影响，但有两个例外，一个是蔬菜种植业，另一个是针灸。[1]

就目前可以获得的各种档案与研究来看，维多利亚淘金热时代中医药的发展并没有产生广泛的社会影响。[2] 然而，蔬菜种植业就大不相同了，这是一个引发殖民地社会高度关注和认可的活动。事实上，在排斥华人淘金活动渐趋高涨的氛围下，舆论对华人移民在农耕方面的能力依然充满期待。1856 年 6 月的雨季，《巨人报》刊登了一封来自东北部矿区比奇沃斯的读者投稿：

> 在这个地区，如果没有充足且廉价的劳动力，根本甭指望能发展任何农业。而确保比奇沃斯永续繁荣的唯一途径就是让华人来耕作这些土地……他们的耐心几乎是无穷的，有好几百人干活，每人也只要 1 英镑的周薪。任何有点追求的农场主如果雇用华人，都会发现他们比旺加拉塔（Wangaratta）或者奥尔伯里（Albury）的人强得不是一点半点……[3]

基于大量考古学的证据，最新的研究也表明：

> 中国的蔬菜种植者至少在半个世纪里都是澳大利亚与新西兰新鲜蔬菜和水果生产的关键角色。即便在最边缘农业活动区都可以发现他们的痕迹，从崎岖的中部奥塔哥山岭（Central Otago）到澳大利亚的荒漠之中。[4]

一切都源自曾经满目疮痍的维多利亚矿区。很难想象，在原生态惨遭破坏的矿区，如果没有充足的新鲜蔬果供给，淘金移民社会将遭受何种煎熬。在这一章要展示的是，华人移民蔬菜种植业的兴起是矿业边疆生态转型的必然结果，也是华人面对采矿业的种族排斥时积极找寻出路的产物。以蔬菜种植业为起点，华人移民竭尽所能移植并发挥了珠三角故乡的农业生产经验与技术，让被踩躏和破坏的荒野焕发出亮丽的绿色新生机。无论是种植蔬菜、清理荒地还是发展混合经济、捕售水产，华人移民都为淘金热后澳大利亚农牧业复合生态的发展做出了独特的贡献，这不仅意味着华人生态影响力在南太平洋内陆资源边疆的扩大，更让华人移民生态元素成为殖民地整体移民新生态不可或缺的要素。

/ 华人蔬菜种植活动的兴起

营养不良问题

对所有新兴移民社会而言，财富是发展的基础，饮食是生存的前提。然而包括维多利亚在内，澳大利亚殖民地的密集型农业发展并不顺利。一个重要的掣肘在于它的自然环境。与原住民靠烧荒农业维生不同，欧洲殖民者的生存依赖于粮食种植与家畜饲养，而澳大利亚东南部地区的自然整体难以支撑这种混合的密集型农业。[5] 雪上加霜的是，囿于因犯殖民地的背景，澳大利亚也一直缺乏具有丰富农业经验的移民。1803 年，有 400 个殖民者首次在维多利亚沿海平原开展定居农耕，结果他们根本无法应对天气恶劣、地块破碎、土壤贫瘠等挑战，苦熬七个月后焦头烂额地撤退了。随着19世纪30年代牧羊业大扩张的兴起，澳大利亚密集农业的发展有一定推进，以墨尔本为中心的亚拉河口和墨累河沿岸形成了零星的农耕区，但是维多利亚依然难以充分做到粮食自给。而日后名声远播的三大矿区，都属于欧洲人眼里的荒野边疆，定居者只有少量农牧场主。然而平地起惊雷，淘金热瞬间吸引来了成千上万的移民矿工，他们非但不生产反而大量消耗食物。饮食需求激增与食物供给有限性之间的矛盾随之激化。不仅如此，在采矿业勃兴的冲击下，许多已开发耕地不是被抛荒就是遭受发掘，维多利亚耕地面积到1854年才恢复到1851年的水平，而主要种植的作物还是充作畜力饲料的干草，小麦的产量只有1851年的四分之一。[6]多诺文等人之所以对矿区生态承载力产生担忧，并不完全是杞人忧天。

由于无法做到常规食品的自给自足，所有新矿区居民解决吃喝问题基本依靠两个途径，最直接的是就地取材，获取山珍野味。在淘金热的早期阶段，矿工们成群结队大量捕杀野生动物充饥是司空见惯的行为。许多记录都证实矿工们周末普遍都有捕猎飞鸟的习惯，野鸽子、鸼、鹌鹑，尤其是体形较大的美冠鹦鹉（cockatoo）等无一幸免，而鹦鹉肉炖汤一度成为矿区特色美食。一位欧洲矿工曾在日记中记录道：

> 我们的枪手经常射击长着漂亮羽毛的鹦鹉，尤其是澳大利亚特产的玫瑰鹦鹉。昨天晚上我们还射杀了白色的美冠鹦

鹀，现在用来做晚饭。[7]

饿极了的矿工有时候甚至连澳大利亚笑翠鸟（kookaburras）都不放过，这种鸟是可以吃毒蛇的，所以通常来说矿工们还是对它保持更多的敬畏。此外，澳大利亚林区特有的琴鸟、袋鼠、鸸鹋、鸭嘴兽等不会飞翔的动物因为体形较大，不仅被捕来囤积食用，而且猎杀活动本身就被当作一种消遣娱乐。[8] 一名矿区管理员就曾经记录说，卡索曼矿区曾经发生过一天杀掉 1 000 多只袋鼠的事情，矿工们杀着玩，然后就是大吃特吃。[9]

在栖息地破坏与大屠杀之下，甚至整个维多利亚殖民地的本土动物都开始濒临灭绝，一则 1857 年的记录说：

> 鸸鹋，这种引人注目的、没有翅膀的鸟一度充斥着原始的草地，脚踏着现在墨尔本等地所处的开阔林地，现在几乎看不见了，哪怕是在很偏远的地方。还有奇怪的黑色美冠鹦鹉，10 ～ 12 年前还在墨尔本附近叽叽喳喳，现在甚至整个殖民地都看不到几只了。澳大利亚稀奇古怪的四足动物在人和他们的扈从面前迅速撤退。[10]

依靠野生动物维生越来越难了，解决矿工日常需求的另一种方式就变得更加突出，那就是挥金如土，进口物资，包括粮食和日用品。这种补给方式虽然成本较高，但在淘金收入的支撑下依然能够维持：

商店都开始倒卖淘金装备。……商店里满是红的或蓝的斜纹哔叽布料衬衫，加利福尼亚帽，皮带，正宗的淘金手套、矿靴，红白相间的毯子。[11]

除了进口采矿必需品，还有成吨的面粉、茶叶、糖与油料从欧洲、亚洲与北美舶来，短短一两年澳大利亚一跃成为世界市场的大买家。[12]

幸运的是，在牧羊业大扩张后，澳大利亚羊肉和牛肉的供应是相对充足的，但是淘金热爆发后的数年中，除了羊肉外，无论是面粉还是副食价格都普遍翻倍。[13] 所以在绝大多数不过分节俭的欧洲矿工中，最主流的食谱就是水煮风干羊肉配未经发酵的大面饼（damper）。关于一个四人淘金小组的需求，有记录说：五周的食品需求至少包括面粉250磅、糖60磅、茶叶7.5磅以及肉300磅。[14] 大量的历史材料都表明了一个事实，那就是尽管矿区的物质生活简陋，食谱单调，但是碳水化合物、蛋白质与脂肪的摄取需求其实不太难满足，只是当年的矿工们无论如何都难以获取足够的维生素。

因为澳大利亚单调的原生植物群落中没有什么可口肥美的野菜，除非矿工能像考拉一样消化桉树叶子，或者像袋鼠一样咀嚼刺喉的袋鼠草。直到19世纪50年代中期，矿工们憧憬的绝大部分蔬菜与水果既难以保鲜，又不适合远程颠簸，常常供不应求。由于缺乏维生素A以及维生素B_1，夜盲症与脚气病成为矿区最常见的疾病。由于长期营养不良或者营养不均衡，矿工们的体质与免疫力也普遍堪忧，身体不适或者罹患痢疾时，缺医少药的他们又只能喝苏打水配肥羊肉缓解痛苦，但结果是雪上加霜：

> 绝大部分疾病都是准备食物不够仔细精心、休息时直接躺在地面、夜间睡觉不注意保温、不注意衣服的防潮等导致的。……所以医生的药方很简单——吃好一点，推荐吃土豆、牛肉、洋葱、腌渍的鱼，但这些常常被矿工认为是过于奢侈的食品。[15]

矿区生态转型中的蔬菜种植业需求

在相当长时间内，矿业边疆市场上的新鲜蔬菜价格比新鲜肉类还要昂贵，哪怕是洋葱这样容易保存的品种。所以从 1852 年下半年起，越来越多的矿工要求占用矿坑附近的土地搞农副业，这样就可以吃到水果、蔬菜和鸡蛋。[16] 尽管金矿管理当局没有考虑过矿工占用土地发展种植业的问题，但是许多矿工已经开始自发圈占土地，比如 1854 年 9 月，矿区的早春时节，《巨人报》就激动地报道说：

> 矿工们正在放弃游牧式的生活，建立起更多耐久的定居区，他们也更加注意园艺问题了，这很可能会创造出更充裕

的蔬菜供给能力。[17]

事实上，1855 年之后，矿区人口对发展农业的诉求越发强烈，发展农业的时机也更加成熟。因为进入 19 世纪 50 年代后期，地表最浅层的沉积金开发由于资源枯竭而失去了吸引力，大部分矿工开始转入深井矿开发，投资门槛高、开发周期长的新矿种——石英金矿的开采也逐渐崛起。显然，黄金开采越来越需要相对稳定的驻扎作业而不是流动作业。由于采矿公司支付工资比较稳定，越来越多的矿工也受雇成为产业工人而定居矿区。与此相应，矿区城镇化不断加速，如巴拉瑞特在 1852 年宣布建镇，而到 1855 年已升级成为自治市，并在 1863 年成为议会的一个选区，本迪戈、卡索曼与比奇沃斯也先后经历了类似的过程。至 19 世纪 50 年代末，整个维多利亚荒野中因淘金热形成的小镇多达上百个，尽管这些小镇多数还是以帐篷为主。至 1861年，维多利亚三大矿区总人口已经达到 22.8 万，其中矿工人口只有 10 万左右。城市景观的兴起不仅意味着矿区社会行业分化，许多人有精力从事需要稳定经营的农副产业，也意味着矿区形成了庞大而持续的居民日常消费市场。非常重要的是，在"尤里卡栅栏暴动"之后，矿区发展农业的制度障碍进一步被打破。"矿工的权利"不再禁止矿工在矿坑附近圈占土地生产农副产品做补给。1857 年后一系列选地法（Land Select Act）公布，矿工正式获得购买土地的权利，这极大激励了矿区居民购买土地开展农业的意愿。

在这些主客观条件的刺激下，维多利亚殖民地的农业发展迅速。比如，1854年时，整个殖民地耕地是5.5万英亩（1英亩约合0.4公顷），然后每年平均增加6万英亩，到1860年时耕地已增加到41.9万英亩。同期内殖民地全境各类农场和种植园的数量则从3 000个增加到13 000个，从业人数从7 500人增加到35 000人。1858年时，维多利亚的小麦已经实现了半数自给自足，马铃薯则全部自给自足。[18]这种现象的出现，标志着淘金热在持续破坏澳大利亚腹地原生态的同时，也产生了建设并维持一种移民主导的新生态的趋势。矿区开始从一种单纯消耗自然资源的矿业边疆向更具持久性的农矿复合型边疆转型。

但是，殖民地农业的整体发展并不意味着矿区新鲜蔬菜的供给问题得到了充分解决。因为整体农业用地的增加，主要还是满足粮食与草料的生产，并不是蔬果种植。诚然，在任意一个定居农业体系里，蔬果种植业占地比重都不会很大，但是其经济利润与营养贡献远大于其占地比。而且对矿工及其他消费者而言，蔬果供应问题未见得只靠扩大种植面积就能解决，关键是如何能够保证品质新鲜与选购便利。这样看来，矿区吃菜难还是一个大问题。因为矿井附近的土地在持续数年的翻掘淘洗后，腐殖质严重流失，几乎失去了复耕的可能。大量矿渣与淤泥的堆积，使得矿区大部分土地坑洼不平，难以打理。所以，殖民地耕地面积看似增加了，但它们大多不在矿区中心，后勤补给仍然取决于远程运输。不同的媒体资料都显示，维多利亚城镇居民的蔬菜供应在1855年后有所好转，但供应量与零售价格仍旧不够稳定。一方面，因为担心保鲜的问题，市场到货后通常倾向于买家来批发而不是零售；另一方面，货源品种比较随机，并不能确保选择的多样性。[19] 此外，欧洲矿工农业经验不足，能够掌握土地平整与追肥、管理多种蔬菜混种的菜园并且深入社区推销零售的劳动力更是罕见。总之，虽然市场需求与供给都在变大，但在矿区要想随心所欲吃点蔬菜，还是不容易的。

华人蔬菜种植业的兴起

面对矿区饮食补给的问题，华人移民又如何应对呢？传统研究认为华人饮食以蔬菜和主食为主，不像白人矿工那样深深依赖肉食，他们也买不起肉，所以很快就开展蔬菜种植业。[20] 1854年维多利亚金矿情况调查委员会报告的举证材料中有如下一段对话——华人浩官被询问："华人能种麦子和蔬菜吗？"他立刻回答："是的，所有华人都喜欢务农。"[21] 这段问答也反映出在维多利亚矿区，华人擅长农业种植近乎一种常识。但直到1857年，议会调查报告仍然显示，华人移民基本没有从事土地开发与商业种植的经济活动。[22] 事实上，珠三角来的华人移民淘金者解决饮食问题的方式跟欧洲同行并没有太大不同。华人移民尤其是珠三角移民确实常吃蔬菜，但绝不是只青睐素食。与欧洲矿工一样，在矿区他们也捕杀过野生动物，尤其是小型鸟类，甚至是啮齿动物，同时他们的主食基本依靠进口。一开始华人移民是自己携带大米踏上移民之路，后来也利用以墨尔本为中心的大米销售渠道。[23]

只是，相比于从工业革命中逃逸出来的欧洲矿工，沉浸于故乡传统小农生活习惯的华人移民确实更强调自给自足。华人移民的随身行李总是装上可以维持相当长时日所需的食品和生活用具。尽管如今很难厘清华人一开始究竟吃些什么副食，但是一条有趣的旁观者记录透露出部分信息：

> 在南澳登陆而来的华人带着鸭子，他们居然提着鸭子。切好的、腌制好的鸭子，储存在装满油的罐子里。他们还带着自己酿的酒，那种足以让人醉倒而不是提神的酒。[24]

从 1857 年 6 月维多利亚矿区华人定居点张贴的政府告示来看，华人矿工居民区一定普遍饲养猪和羊了，因为管理规定明文要求"各家好好看管猪和羊"[25]。猪是比较耗费饲料的大型家畜，也并非英国食谱青睐的肉食，所以它们出现在矿区很大程度上说明无论身心遭受多大摧残，华人移民特色的口腹之需不容磨灭。从这一点看，华人移民出于自己所需而种植蔬菜也不足为奇。

需要强调的是，华人的饮食习惯或务农传统是一种主观因素，它能解释华人愿意并擅长种菜，但并不足以解释蔬菜种植何以在华人淘金移民中流行。在讨论华人蔬菜种植业的发展时，切不可脱离矿区生态与社会变化的大趋势。在人口流动性极强的淘金热高潮时代，华人移民的工作风格相对耐心细致，尤其是当他们开采二手矿时，总是很仔细地围绕一个矿坑连续工作。所以他们可能在一片区域驻留较长的时间，从而得以在不完全脱离采矿活动的情况下，照顾到蔬菜生长的周期。更重要的是，1855 年后欧洲矿工在矿区不断掀起排华骚乱，这意味着华人移民在采矿业的生存空间越来越小，利用废弃土地种菜更不容易引起白人和管理当局的刁难。蔬菜种植业初步发展起来之后，有一个欧洲裔农学家就尖刻评论说："华人种植业是通过把白人矿工不屑占用的土地哄骗过来才得以发展的。"[26]

当然，如果将华人移民发展蔬菜种植业仅仅理解为逃避种族冲突的夹缝求生行为，也失之片面。因为一个现实在于，矿区持续的干旱在 1858 年中逐渐结束，随着充盈的降雨，围绕水源分配而产生的种族冲突明显缓解了。但华人的淘金活动并没有明显的反弹，反而是他们的蔬菜种植业开始快速勃兴。一位居住在东北部矿区比奇沃斯的欧洲女性回忆说，从 19 世纪 50 年代末起，

> 种植蔬菜的华人已经非常多，矿上几乎所有人需要的蔬菜都由华人提供。[27]

比奇沃斯一带属于水源比较稳定且充裕的地区，这里的华人移民种植蔬菜具有更好的环境基础，但这也意味着淘金会更容易。所以，华人的蔬菜种植业兴起的背后有解决自身吃喝需求的原因，有迫于种族冲突压力另谋生计的压力，但还有同样重要的驱动力，那就是矿区广泛萌芽的定居生活方式与农矿复合新生态，减轻了矿区人口的生存压力，化解了各种社会矛盾，也产生

了更大的饮食供给需求。

进入 19 世纪 60 年代，由于浅层土地中的沉积金越来越稀少，所以欧洲淘金者也要另谋出路，或者成为新兴矿业公司的薪酬工人，致力于地下深层石英石金矿开发。随着淘金热渐趋消退，一度弥漫的争先恐后、零和游戏的社会氛围淡化了。欧洲矿工虽然依然反对公司雇用廉价的华工，却也不再敏感于华人淘洗废旧矿。一度聒噪的澳大利亚的自然只属于欧洲移民的种族主义舆论开始降温，以至于 1865 年殖民地政府正式宣布废除限制华人移民入境法及种族隔离制度，都没有引发明显的反弹。1863 年的一则媒体报道回顾说：

> 大约在六或八年前，大部分矿区都开始兴起了石英矿的开采与粉碎，规模越来越大，远远超越了之前原始粗糙的淘金体系。……政府自由签署许可证让人们圈占土地定居或者发展种植……水源供给在一定范围内也有保障了，铁路和马路都开始通车；对于游商和蔬菜种植者来说，最偏远的地方也变得容易进入了。[28]

显然，矿区社会的这些变化并没有给华人提供采矿领域的新契机，但给了他们考虑新事业的机会。因为深井矿开发的投资成本与工程技术要求显而易见要远高于传统淘金活动，所以多数华人移民难以建立自己的采矿公司。因此到 1865 年左右，大约有 23 000 名华人放弃淘金，先后离开维多利亚矿区前往别处包括返回中国。而选择了留下的 17 000 人中，相当数量的人继续停留于淘洗废旧的浅层金矿，赚取糊口的收入，但更多人开始转行兼职做牧羊人、勤杂工、伐木工，尤其是回归他们最熟悉的行当——农业种植。[29]

不仅如此，维多利亚议会在 1860 年、1862 年、1865 年及 1869 年四次颁布选地法。尤其是 1862 年的选地法允许矿工以每英亩 1 英镑的价格在自己工作的矿坑附近选购土地，而个人最大块的农业圈地可以达到 320 英亩，额外还可拥有 320 英亩的放牧场，申购费用也无须一次性付清。这就完全打破了密集化商业种植活动的土地供给瓶颈，包括华人在内的全体居民都从中受益。一个典型的例子就是阿星（John Ah Siug），他是 19 世纪 50 年代赴澳华人淘金者中唯一给当地人留下口述史料的矿工。他定居于淘金热最喧闹的中部矿区，也成为这里最早的华人菜农之一。1866 年他利用新公布的选地法修正案第 42 款建设起 32 平方英里的大菜园，种植的是西瓜和各种蔬菜，还养了鸡，只是一开始都是为了自己和同伴吃，其主业仍然是淘金。不但如此，他还从当地的欧洲农场主那里购买牛肉及养鸡、鸭用的饲料。[30]

事实上，尽管不同矿区华人蔬菜种植业的起步时间并不相同，但到 19 世纪 60 年代后期，它们在几乎各大矿区都已经明显存在。1868 年，牧师威廉·杨（William Young）曾受议会委托调查当时维多利亚矿区华人劳工的经济状况。在报告中杨牧师称，矿区华人有 1.7 万人，其中近 1 000 人（6%）在农忙时节受雇收割庄稼，为期不超过 2 个月，有 813 人种植和出售蔬菜，另有 240 多人从事剪羊毛工作。显然，蔬菜种植业及其他农业生产已经成为华人移民重要的职业，而且人数在迅速增长。[31]

表 6.1　维多利亚殖民地从事农业的华人 [32]

地区	种菜工	剪羊毛工	收获季节工	该地区华人总数
巴拉瑞特	47	0	100+	2 300
阿沃卡	10	0	30	250
阿拉特拉	20	60 ～ 70	40	1 076
马里布洛	50	1	400	1 400
卡索曼	30	0	8 ～ 10	1 000
戴尔斯福德	56	0	150	1 021
比奇沃斯	400	70	150	7 000
本迪戈	200	100+	100+	3 500
总计	813	231 ～ 241+	978 ～ 980+	17 547

物质文化史学者对维多利亚中部卡索曼 - 本迪戈矿区华人社会的研究也表明，当地华人矿工在 19 世纪 60 年代大量转向其他行业，尤其是蔬菜种植与销售，不再仅仅是满足自需。而且这里的华人也与墨尔本及其他地方性中心的华人社会结成了来往密切的物资与信息分享网络，改善蔬菜种植的品种、技法，提高产量。[33] 无论如何，从 19 世纪 60 年代开始，矿区中的华人蔬菜种植者已经大量种售生菜、卷心菜、马铃薯和萝卜。[34] 这里至少前三种蔬菜并

非四邑人的大宗菜品，显然华人的蔬菜种植业已经主要指向了广阔的欧洲裔人口市场。

毫无疑问，离开矿区向整个澳大利亚殖民地扩散的华人矿工也会从事蔬菜种植业，尤其是各种城镇附近都开始建立中国式的蔬果种植园，这使得华人不再是所谓"过客"或"旅居者"（Sojourner），他们与伴随他们的各种蔬菜、菜园成为澳大利亚殖民地新生态不可或缺的要素。

/ 珠三角农耕经验的传播与矿区生态重建

农耕高手的养成

澳大利亚的华人移民如此迅速地在耕种活动中崭露头角绝非偶然，因为他们当中大多数人就是农耕高手出身，如前文已经提到的谭仕沛。19世纪下半叶前往澳大利亚的华人移民大多来自珠江三角洲的四邑，而在19世纪环太平洋淘金热之前，珠三角乡村已经是中国农作物品种最丰富、产量最高的地区之一，还积累了高超而复杂的农业生产技术经验。四邑地区属于典型的亚热带季风气候，地势北高南低，地貌以丘陵为主，河渠纵横，平地零碎分布，自然植被丰茂。此地年平均气温在23摄氏度左右，年降雨量最低也在1 000毫米左右。显然，这里的自然条件与澳大利亚东南部殖民地并不全然相同，尤其是四邑地区拥有充足的降水和肥沃的土壤。但在澳大利亚，四邑移民几乎抓住了所有可能的机会，在所有环境中都不遗余力地施展其在农业领域的才华。

珠三角地区的农民营造了颇为精妙而高产的农业生态体系，包含多样化的种植与养殖活动，这是他们能够在海外农作活动中大显身手的根本原因，从加利福尼亚到澳大利亚都有他们的痕迹。首先最出名的就是桑基鱼塘。所谓桑基鱼塘就是为充分利用土地而创造的一种挖深鱼塘、垫高基田，然后在基田上种植桑树、塘内养鱼的立体人工生态系统。桑基鱼塘是池中养鱼、池埂种桑的综合养鱼方式，蚕粪可做饲料，而定期挖掘鱼粪池泥又可肥田，是典型的高效有机农业生产方式。[35] 此外还有轮作制度，即每年种两季水稻，间种蔬菜与红薯。[36] 最重要的是，19 世纪下半叶，四邑已经成为珠三角地区蔬菜种植业的中心地区之一，品种达到 30 多种，通过水路供应广州、佛山等大城市。[37] 水果种植业也是另一项重要的农业生产活动，如新会的橘子产量大、品质好，1840 年时已经成为清廷的贡品。此地还特产蒲葵，名声甚盛。[38]

其次，这里的生产技术是充分适应当地具体的雨热条件而发展起来的，这主要练就了四邑人出色的水利技术。四邑地区虽然雨水充沛，但降水也有季节分布不平衡现象，当厄尔尼诺现象导致澳大利亚东部地区发生干旱时，这里的降水也会减少，但是在大多数时候仍然受季风影响。春季降雨期的延长与台风雨都可能导致水灾，丘陵密集、河网细密、沿海地势低洼的地理特点则加剧了水灾的威胁。为了生存，这里的水利建设任务非常繁重。比如，晚清时台山县主要依靠民间力量修建了"蛮陂头渠"，它从山里出发，曲折十余里，西流猴岭，斩截山脉，转折分流，注于锦坡朗，灌溉 1 000 多亩土地，而且渠、圳（田边环绕的水沟）密布。[39] 除了桑基鱼塘，沿海低洼地区居民为了适应环境还发展起注重疏导内涝和保持土壤肥力的农田生产体系。作为四邑新会人，著名学者梁启超曾对家乡植橙留下一段生动的描绘：

> 吾县植物之大宗者，艺谷之外，曰桑，曰蔗叶，曰蒲葵，曰柑橘，曰橙。……老农请言植橙之费，吾县濒海，凡种植家皆筑围以避潮。围内为埕，资畜泄焉，此为第一义。其费每亩为二两四钱。犁地为界，界有小濠，此为第二义。犁地之费，每亩八钱，开濠如之。买树为第三义。每树一株，值银三分六厘，每亩之费，为五两四钱。吾县之田，每年中价，二两四钱而赁一亩，其初植之第一年，田主重征之，率亩而加三两焉，此为第四义。都其总数，初植之第一年，凡亩而费十四两八钱，一切备矣。橙五年而实，向言亩值五百四十两有奇者，六年以后之事也。老农又为余言，田艺谷既久，其土涂于新树最不利，而番薯最宜，故第一年必植薯。植薯之利，每年可三两六钱。新树畏烈日，自第二年至第五年，必间岁植蔗及瓜豆芋栗之属以捍蔽之。植蔗之利，年可二十两。植瓜豆之利，年可十四两。其视艺谷所

获，已一倍至二倍矣。围堤内外，树以杂果木，堤外二排，一蒲葵，二水松。堤内三排，荔蕉桃李柏间树之，堑可以畜鱼，濠可以艺禾，橙下余地，可以植蔬。……治田之工，每百亩仅用四人。（惟植橙用工特少，橙熟收实时则雇散工耳。）每年中价，人约十二两，一切取之于围堤濠堑所出之物，恢恢然有余矣。故植橙百亩者，六年以后可以不费一钱，而坐收五万四千两之利。[40]

这一段信息量丰富的记录充分说明四邑农民普遍擅长修筑堤坝、水渠，用以引水和排水，而且水利设施的修建是灵活变通的。这将很好地解释 19 世纪 60 年代后四邑移民为什么能在澳大利亚及新西兰的各大矿区开展大型的围场淘金作业，同时在局部推广灌溉种植业时能那样得心应手。不仅如此，他们熟悉掌握土地肥力的变化，懂得不同肥力的土壤适合不同的作物，也能利用有机肥料改良土壤。此外，他们将轮作的技能发挥到极致，在培育果树直到收获的周期中几乎种植了所有可以耕作的其他农作物。毋庸置疑，四邑移民同样是出色的农业生产者，这将大大增加其海外拓荒的竞争力。正是凭借这些水利技术和蔬果种植技术，华人在遥远的殖民地满足了移民社会的饮食需要，也促进了南太平洋内陆地区农矿新生态的崛起。

需要补充说明的是，布莱尼等学者曾经认为华人在废旧矿淘金方面的某些成功可能与他们早已拥有采矿经验有关。[41] 但仅就四邑的自然环境而言，这种可能性很低。因为首先这一区域曾经发现的具有可采价值的冲积金矿仅有一座，还是在恩平县，虽然历史上偶尔有人在此淘洗金子，但直到 1930 年才有重大发现。[42] 此外，在维多利亚淘金热爆发之前，这里有一定开采价值的矿产主要是石灰石等非金属矿，利润率低且不足以形成支柱性产业，也就催生不出大量矿工。总之，这些侧面的例证更加说明对四邑移民而言，他们在海外的环境改造经验基本源于其在故乡的农业活动传统，而不是工矿技能。

化腐朽为神奇

维多利亚殖民地农业耕地的增加，相当程度上是通过清理欧洲移民的所谓荒地而获得的，尤其是配合畜牧业对干草料的需求而建立，但是华人租赁荒地基本上是为了种植蔬果。1857 年后，在选地法的保障之下，一些华人移民可以相对自由地进入矿区城镇近郊的荒地，凭借自己的农耕经验，寻找靠近水源的肥沃地块扩大蔬菜种植活动。这相对容易，基本上就是将地表除草平整后种植蔬菜。比如，19 世纪 70 年代成为矿工蔬菜基地的罗登河谷地农业区就是被华人开发出来的，土地租赁记录与考古学研究证明这里一共形成了三大块菜园用地，都靠近卡索曼矿区最后一个被发掘的大型沉积金矿——亚历山大山（Alexander Mount），距离最近的矿工集镇沃恩（Vaughan）仅有一千米。尽管已经无法得知菜地的奠基者，但是其耕作方式都是相同的：

在这里，华人用耙子将土壤翻松，然后在土地中齐刷刷地垄出菜畦，再沿着划好的菜田格子挖浅浅的方形水井，最后进行浇灌。[43]

以此为例，维多利亚中部矿区许多城镇附近相对肥沃的土地都发展起了蔬果种植园。在华人农夫的照料下，这些种植园往往能够持续许久。比如 1867 年，一个名叫李春（Li Chun）的华人根据 1865 年选地法在罗登河谷地沃恩小镇附近开发了一个新菜园，面积接近 5 英亩，经过三次转手，最终到 1912 年才停止了种植活动。[44] 这个菜园曾经持续雇用过其他华人种菜，包括季节性用工。考古发掘证明这个菜园还建立了相当完备的灌溉系统与生活区：

在河道的北部，可以看到由植物、道路、一排排田畦和住宅组成的复杂系统，河道南部则遗留了道路、水坝、房屋以及渠道，许多断断续续的碎石堆说明这里曾经有过河堤，但是后来被破坏了……这里还出土了近 3 000 件人造物品，包括金属、玻璃器皿、陶器……[45]

与欧洲移民的农场不同，罗登河谷的华人菜园有一个显著的特点：虽然菜地可能属于不同主人，但之间没有明显的区隔空地，没有地界标识，包括没有任何篱笆。显然，菜地的运作是依靠集体合作的，差别只体现在不同菜地的蔬菜品种不同。

图 6.1　华人新开辟的蔬菜种植园 [46]

相比于上述这种常规土地上的种植业，更令人惊叹的是华人在恶劣地形与地质条件下发展的蔬菜种植业，而这是更常见的情况。珠三角的农业经验与技术在这里充分展现了优越性。淘金热爆发后，首先是许多耕地被抛荒，在澳大利亚洪旱交替气候的冲击下，土壤退化，杂草丛生：

> 没人再关照它们（花园）了……本地生的木蓝、仙人掌果、红白玫瑰、黄茉莉、枣树、印度胶树以及千奇百怪的花朵和灌木丛……都湮没在齐腰高的杂草堆里……花园变成了杂草构成的荒漠。[47]

更糟糕的情况是，淘金活动直接破坏了本来完整平坦的土地。除了浅表沉积金矿开采时代已经积累的土壤与水系破坏问题，19世纪60年代后矿区的土地还因为石英矿开发而越发"体无完肤"。石英矿开发的土方量通常远远高于冲积金矿。比如，在本迪戈的露天石英矿开采中，矿区地表土壤先被大面积的剥离，然后矿工再用强力炸药爆破巨大的石英矿脉，动辄涉及数百平方米的地面。这样在很短的时间里，被开采过的石英矿坑与矿井都会变得崎岖不平，而由于彻底失去了土壤覆盖，地表植被几乎没有自我复原能力，矿渣的堆积也造成了河道淤塞。

　　19世纪60年代后，这种问题在维多利亚最大的矿区本迪戈最为突出，由于经年累月的金矿开发，这一带已经很难找到成片的可耕地了。按常理看，要这里发展农副业很可能是事倍功半的，然而华人移民硬是通过自己的双手证明了什么叫化腐朽为神奇。华人以每0.125英亩1英镑的年租金从官方手中获得耕种许可证，然后若干华人想方设法通过拼凑，将几块狭小的土地合并成大小适中的菜地，然后一起进行蔬菜种植。最重要的是，

　　　　在密集的矿坑中，华人愿意花大量的时间清理掉板结的黏土块以及数不清的石英石废渣，然后反复松土并平整土地。[48]

　　不仅如此，华人移民还要施加底肥。首先，他们引入了四邑的绿肥技术。绿肥就是把废弃的新鲜植物揉碎埋入土里当作基

肥。种植工作开始后，他们又始终注意施加有机肥追肥，就是把积攒的人畜排泄物和有机垃圾埋入土壤。华人菜农会专门走访营地收集这些肥料，而四邑矿工社区的头领也要求麾下矿工把生活垃圾与粪便堆积到指定区域，否则就要罚款。[49] 这个经验得到了非常普遍的应用，也成为华人蔬菜特别优质的关键原因。考古学的材料证明在罗登河农业区，华人定居区从来没有蓄粪池和有机垃圾的堆积，这与白人定居区很不同。这说明华人把这些有机物都用作肥料了。[50]

不仅如此，华人的农田水利技术也被广泛应用到蔬菜种植业上。1863 年本迪戈再次遭遇旱灾，民众在向政府求助的申诉中说华人菜农利用了引水渠技术，通过挖掘渠道从远处深山引来水流，避免了旱灾对蔬菜业的毁灭性打击。罗登河谷的菜地考古也发掘出环状的水渠遗址，其实就是珠三角地区农田"圳"的应用。不仅如此，在极端缺水的情况下，华人菜农还可以完全靠人力肩挑手抬取水浇灌菜园，为了避免被炽烈的阳光灼伤，华人通常每日天亮前就开始浇灌菜地，异常勤劳。这种习惯一直保持到 19 世纪末期有自来水应用为止。1868 年杨牧师在报告中说，三大矿区中，华人蔬菜种植业影响力最大的地区并不是水土条件最好的巴拉瑞特，恰恰是海拔最高、地形最崎岖的东北部矿区，以及土壤最不肥沃且经年缺水的中部矿区，绝对不是偶然的。[51]

中国农耕技术的应用在移民社会赢得了相当的认可，本迪戈的媒体就曾评论说：

华人用极大的耐心应用了他们从本国乡村获得的知识，简直让欧洲人无比羡慕和嫉妒……如果没有华人，人们要多付 50% 的钱才能买到生菜、洋葱和水萝卜。[52]

在 1862 年与 1865 年议会的两次调查报告中，都可以找到对华人在相对干旱地区种植蔬菜的评价，通篇溢美，简直让人不敢相信，仅仅数年前，也是同样的机构，终日忧心忡忡唯恐华人成为殖民地的麻烦制造者：

……是蔬菜种植而不是淘金，让他们成为对这个殖民地有用的人。在卡索曼、桑德赫斯特（本迪戈）和巴拉瑞特，他们以巨大的毅力，在相当长的时间里掌控了这些市场的供给。他们种植中国白菜以及欧洲人熟悉的其他蔬菜，他们挖掘渠道并且浇灌土地，坚持不懈地用粪土肥田。[53]

……华人菜农简直就是国家的财宝，这个殖民地几乎没有哪个城镇居民可以不依靠华人的蔬菜存活，他们持之以恒地提供如此高品质的新鲜蔬菜。至少就矿区的情况来说，在任何集镇里，想要跟华人比试一下生产和销售蔬菜的念头都可以放弃了。[54]

就在种族歧视立法被废除的 1865 年，本迪戈还举办了农产品推广会，专门印发了中文宣传材料，还让华人菜农自己做广告。[55] 而十年前这里是澳大利亚第一个公开举行排华集会示威的地方。很明显，通过蔬菜种植业，华人移民与矿区欧洲移民的交流大大加深，蔬菜交易市场成为双方沟通与合作的舞台。事实上，华人从蔬菜种植活动中也改善了自己的经济条件。1866 年《巨人报》就记录说：

> 有一个菜园子由 5 个华人运作……大概有 3 英亩大小，这 5 个华人的人均周薪是 1 英镑。对欧洲人来说，这似乎也不多，但是已经远远超过淘金那些人的平均收入了，而且比他们在自己国家能挣到的钱高了差不多两倍。[56]

这不是个别的现象。比奇沃思著名的华人蔬菜种植园主金龙（Gin Long）在 1867 年回国探亲了两年，临走前当地媒体评价他道：

> 金龙在这里生活的时候并没有积攒下多少宝贵的金属，尽管他是被它吸引到这个殖民地来的。他是通过种植蔬菜而不是挖掘土地发财的。他在多个农业和园艺展销会上赢得了奖状……加上他文明又温和，赢得了各个阶层无数消费者的青睐。[57]

由于蔬菜种植业领域的回报相对丰厚，华人移民转型从事农业活动的比例在 19 世纪 60 年代后节节攀升。根据 1867 年威廉·杨牧师报告的统计数字计算，华人菜农在矿区男性华人总就业人口中所占比例是 4.6%，而参看 1871 年维多利亚统计局的资料，整个殖民地华人菜农占华人人口的比例已经上升到 8%，再到 1881 年，菜农比例上升到 19%。[58] 在乡村地区，菜农、零售店主、牧场临时工并列成为华人移民的三大主要职业。正在这种发展态势下，矿区的蔬菜种植业促成了一个意外的积极效果——许多被采矿破坏的地表景观与土壤又变得富有生机。

新物种

从推动构建移民殖民地新生态的角度看，华人蔬果种植活动的大发展还有一些影响深远的后果。一个最容易被忽略的贡献是，华人从珠三角引来了新物种，还使其成为澳大利亚移民生物圈的一员。实事求是地看，与故乡不同的气候与地理环境决定了珠三角当年常见的作物不太可能在澳大利亚东南部地区繁衍壮大。许多证据确实也表明华人种植的蔬果几乎都是欧洲移民熟悉和喜好的，他们并没有广泛引入他们最熟悉的桑树、茶叶、红薯与花生。1873 年时，一位从美国移民来的著名演员兼剧院经理曾描绘他在维多利亚乡镇见到的华人种植的蔬菜品种：

> 华人用如此少的可耕地培育出如此多奢侈的蔬菜，简直是这个国家蔬果种植的希望。蔬果种植终结了"羊肉和大饼"的统治，代之以物美价廉的卷心菜、生菜、土豆、西红柿、

芜菁、胡萝卜，一串串的葡萄，一筐筐的西红柿。[59]

但是这不意味着华人没有引入新的物种，如最近的考古学成果就确认了维多利亚华人定居点遗迹附近有香葱（spring onion）的生长，但早已经野化，这是本土植物体系中根本没有的。由于白人喜欢吃的是欧洲韭葱（leek），所以香葱必定是华人引种的。[60]事实上，华人菜农顺手引入的一些新物种不仅在当年就引起了注意，甚至成为当地社会文化的一部分。

罗登河谷农业种植区的物质文化史研究显示，维多利亚中部地区梅树（plum）的种植非常普遍，这并不是欧洲人带入澳大利亚的。梅树得到了这一带居民广泛的欣赏和喜爱，因为这里当年几乎没有欧亚大陆常见的开花果树，同时这些果树还能结出可口的水果。除了直接吃鲜梅子，华人还会腌制梅子或者用它泡酒，晒干的梅子也可以用来做开胃零食帮助消化。更重要的是，梅树具有审美和文化象征意义，因为在矿区6月开始的阴冷冬季中，只有梅树依然有翠绿的叶子甚至绽放花朵。当地移民社会都认识到，在中国珠三角地区的民间习俗里，梅花象征着繁育与克服逆境，是家家户户春节时用以装点烘托节日气氛的重要植物。[61]

另一个有趣的例证是本迪戈的柚子树（pomelo）。可以确认，这种植物是19世纪末由一名叫作孙阿多（Sam Ah Dore）的蔬菜种植者在本迪戈北部的小镇艾尔莫尔（Elmore）最早引入的，移植到本迪戈后，立刻在华人社区流行开来。柚子是珠三角重要的特色果木，同样具有四季常绿的特点，它们在气候相对干燥寒冷的本迪戈存活下来，不啻为当地荒凉景观中的一抹亮色。虽然在本迪戈柚子树很难结出累累硕果，但它很快也获得了当地欧洲裔居民的欢迎。本迪戈每年复活节时，华人都会举行隆重的庆祝活动，因为当时的节气类似于珠三角的春节时分。庆祝活动中重要的仪式就是舞龙，表演开始的动作就是用柚子叶蘸水拍打龙头。[62]

无论是蔬果的种植、水坝的修建还是道路的修缮，都与采矿活动具有本质不同的生态与社会意义。蔬果种植业促成了耐久且与当地自然环境充分交融的人造景观，标志着一种对新大陆的土地更持久的物质与精神联系，更是澳大利亚移民生态体系得以稳步拓展壮大的基本保障。以罗登河谷地农业种植区为代表，围绕蔬果种植出现的大量基础设施，都是顺应当地地理环境和人居需要而修建的。几代华人都在努力克服自然条件的不利，投入了大量的人力与技术，精心营建和维护这些设施。这是19世纪60年代之前的矿区边疆社会无法想象的。

因采矿活动而诞生的蔬菜种植业是华人与澳大利亚环境互动的重要内容。蔬菜种植业的成功，既是华人转行谋生所需，更是他们在发挥传统经验的同时改造当地自然环境、满足社会需求的结果。

/ 华人多样化的农副生产活动

华人为什么行

　　相比于开发金矿，从事农业活动的地域性限制更少。比如，起源于维多利亚矿区的华人蔬菜种植业四处开花，很快遍及澳大利亚各大城镇。这也给华人移民投身多样化的农副生产活动以巨大信心。19 世纪的最后 30 年，整个澳大利亚殖民地与农业生产相关的活动中，华人都表现不俗，这引发了不少学者的兴趣。在分析加利福尼亚华人移民农业的成功历史经验时，陈素贞（Chan Sucheng）认为，华人之所以成功，不仅是靠勤劳和从中国带来的技术，更是因为他们的零售经商文化以及学习和创新的能力。[63]沃维克·弗罗斯特（Warwick Frost）也认为，澳大利亚华人农民的成功多缘于其组织能力而非作业技能。欧洲人尤其在谷物品种选择与种植、劳力安排和产品市场营销方面羡慕华人。[64]从华人移民经济与职业发展角度看，这些论断都非常精准。不过，从直接推动澳大利亚殖民地移民生态变化的角度看，至少在淘金热后农矿复合生态的兴起阶段，华人移民引人瞩目主要还是因为其作业经验和态度，而不是营销能力。

　　因为在地广人稀且缺乏密集农业基础的澳大利亚殖民地，无论是否出于商业目的，移民生态每一寸的扩大，前提都是"开荒"，也就是大幅改造不利于人类定居的原生态，营造可供移民持续定居和工作的新生态，这一过程中最关键的要素就是体力与技术兼备的农业劳动力。但对 19 世纪 50 年代的欧洲移民而言，开荒与劳动密集型农业代表的是一种落后的社会生产。19世纪后半叶，北大西洋地区之所以在全世界的生产技术进步中引领风骚，关键在于工业化水平高、制造业强大。而在澳大利亚与新西兰殖民地，社会发展的首要任务还停留在拓荒与确立最基本的第一产业，这显得低端，而且做雇农意味着要忍受较低的收入，同时又要有极大的耐心以及与农业开发相关的水土知识，这是当时工业化欧洲的移民，尤其是英国移民所缺乏的。乔安娜·博柳（Joanna Boileau）就指出，19 世纪下半叶澳大利亚与新西兰的欧洲移民不仅缺乏从事密集型农业的耐心与技艺，甚至一方面承认自己懒散，另一方面又瞧不起这种"地位低下"的职业。[65]

所以华人的工作能力立刻就凸显出来。在 19 世纪末，一份来自维多利亚殖民地的考察报告如此对比了欧洲裔与华人劳工在工作态度上的差异：

> 在（墨尔本远郊）的菜园里，你可以看到很多白人在劳动。他们时而停下来讲讲话，时而抬头看着天空和远处的风景，或欣赏着烟斗里静静喷出的一圈圈烟雾，或往手心吐口唾沫。华人从不抬头，从早到晚不停地干活。他们把田分成一块块长方形，中间的沟槽可以保存每一滴水，仔细地呵护着每一株幼苗，用一片片包装袋或木板给它们遮阳挡风，并且不停地松土，不知疲倦地浇水。[66]

许多澳大利亚农学家甚至思考如何吸收华人种植业中的密集型种植与劳动力投入的模式："就生产工具而言，华人对欧洲移民影响不大，但是在工作态度和组织模式上，华人产生了很大影响。"[67]

更麻烦的是，诸多英国移民殖民地中，澳大利亚与新西兰发展大型农业的地理基础非常差。除了水源问题，这里根本没有北美大平原那样易于进入与开发的广阔温带沃土。在北美，依靠足够的投资、灌溉与铁路等配套基础设施，就能顺利发展起高效的单一种植经济。西进运动几乎是顺理成章地发生，但是，澳大利亚的国土总体贫瘠而干燥，占大陆80%的地表属于荒漠。整个殖民地时代从精英到普通人都相信，对于农业开发来说，澳大利亚的干旱是普遍而无法克服的问题。[68] 19世纪中期，除了尚在尝试引种小麦的南澳大利亚，在殖民者最宜居也最密集的东部地区，只有大分水岭到海岸线之间纵深不超过200千米的狭长地块可供农耕，但牧羊业已经先入为主，其中还至少有四分之一属于欧洲殖民者短时间内难以适应的热带。所以从总体上看，之所以是牧羊业与淘金热让澳大利亚闻名天下，不仅是因为欧洲青壮年人口没有兴趣不远万里移民澳大利亚开荒，也是因为澳大利亚不可能形成类似北美大平原那等能供养大量人口的大型集约化农业。

淘金热之后澳大利亚出现了农业发展的重大需要，特别是大量涌入的矿工对多样化农产品的需求非常庞大且急切，而这加大了开辟荒野并开展多种农副生产的需要，最终为华人移民提供了展现身手的大舞台。包括很少为学界所注意的渔业在内，正是由于华人多样的生产技能、耐心的工作态度和全面的环境适应力，他们得以在澳大利亚殖民地新生态的各个角落留下深刻印记。

荒野的开拓

维多利亚殖民地作为淘金热的中心，顺理成章成为华人多样化农业开发活动的起点。不过在 19 世纪 60 年代前后，有大量移民从维多利亚东部与北部跨越墨累河进入了新南威尔士的西部与南部地区，尤其是里弗赖纳（Riverina），加上通过悉尼抵达的华人农民，新南威尔士一度也拥有了近两万名华人移民。他们从事包括淘金在内的各种生产活动，但发展最顺利的依然是农业。这些区域都属于气候相对干燥且深入内陆的稀树草原，有季节性地表径流但没有金矿矿床，因此在 1860 年前只有很少的农牧业据点。

根据官方档案，绝大多数华人最初是受雇以季节性劳工的方式卷入粮食与饲料生产的，主要协助欧洲人的农场收获小麦与干草。临时性参与农业劳动的华人数量持续攀升与他们越来越难以单凭淘金来维持生计有关。以 1867 年为例，维多利亚殖民地参加秋季收获的兼职华人矿工人数比投身蔬菜种植的还多，总计达到了 980 人以上——当时的菜农不过 813 人。[69] 秋收和剪羊毛一样要求在短时间内进行高强度的劳动，有着吃苦耐劳特质的华人显然是非常合适的。

除了受雇于收割庄稼的活动，当地清理地表开辟农场或牧场的活动也往往由华人承担。与澳大利亚东南部多数地区一样，农业区的田地要通过开荒和毁林才能平整出来。而对于耐心的华人来说，没有什么地方会因为太贫瘠或者条件太干旱而不能进入。[70] 伐木活动往往是为了给欧洲移民们提供木材。19 世纪70 年代早期，约翰·福特（John Ford）在维多利亚北部墨累河边的瓦衮雅（Wahgunyah）农耕区设立面粉磨坊，所需木材燃料全部由 40 个华人伐木队承担，每工作一次至少要消耗一批 11 捆（cords）的木材。而这里仅 1873 年全年的供货量就是每 14 天送24 批。[71] 这种工作量是一般白人工人难以想象的。

到 19 世纪 80 年代之后，树皮环剥法正式合法化，于是"许多澳大利亚华人把他们的大部分时间和精力用于开发澳大利亚的处女地……而伐木和剥树皮的工作常常由华工承担"[72]。树皮环剥和伐木从技术上看没有太大难度，就是在面对巨大的树木时，剥掉一圈树皮，造成树木死亡，然后再慢慢砍伐和清理。但是，这是非常耗时且费力的活动，尤其是在挖掘大树树根的时候，而且在荒野里重复这种劳动也是枯燥单调的，欧洲裔劳工很少有人愿意从事这一工作，而华人仍然可以做得很好，最终这也形成一项职业。根据杨进发的研究，19 世纪 80 年代以后不仅是维多利亚，在新南威尔士开荒工作中也已经形成了独立、著名的华人树皮环剥及伐木团队。比如，一名叫作陈球（Jimmy Ah Kew）的华工，他是 19 世纪 50 年代淘金热中移民维多利亚的，然后 60

年代在瓦衮雅开了小商铺，同时开始组织同胞承揽开荒工作，最终一步步进入新南威尔士的里弗赖纳。他手下有 500 人的树皮环剥与伐木雇员，作业范围从瓦衮雅开始到里弗赖纳，绵延数百英里，涉及五个集镇。[73] 显然，华人再次证明了自己在这块边疆地区谋生的优势。

事实上，开荒活动并不是一蹴而就的，而且新开辟的土地往往会被欧洲裔投资者作为小麦农场或牧羊场，这同样需要华人劳动力的支撑，最终促成里弗赖纳出现了所谓"华人营区"（Chinese Camps）。1883 年，新南威尔士副警察总长马丁·布瑞南（Martin Brennan）与新南威尔士社会地位极高、首屈一指的华商梅光达（Quong Tart）划出了五块土地供从事土地开发工作的华人移民定居，一共入住 869 人。[74] 以较大的纳兰德拉（Narrandera）营地为例，可以清楚地看到一种荒野腹地中的华人移民生态景观是如何被创造出来的。这个营地的土地所有者叫作"三爷"（Sam Yett），在此居住的华人移民从事包括蔬菜种植、农业雇工、厨师、小商店主、赌场与鸦片馆的工作。营地用栅栏做围墙，围墙外有一个果园，还有数公顷的蔬菜种植园。不仅如此，华人在营地北方的蓝金泉（Rankin Springs）凿了水井，然后把泉水引入营地。泉水被保护得非常好，延伸出来的灌溉渠堤岸被加固过，泉眼上盖了木板以便保持清洁。考古发掘显示，这个营地边还有两个棚屋，是铁匠铺，远处还有一座关帝庙，充分反映了这里华人定居生活的持久性。这五大营地都有灌溉良好的蔬菜园，利用水井与墨累河支流马卢比奇河（Murrumbidgee River）的水源，华人修建起了交错的水沟网络。而在最西面的营地，还树立了两个大水车与引流渠，蓄水池可以一次蓄水 1 350 升。[75] 1890 年，里弗赖纳的行政主管报告，华人在这里定居，已经在希尔斯顿镇（Hillston）以北开辟出 9 万公顷的土地，如果没有华人劳动力的投入，这里根本不可能发展起农业种植，同时也不可能变成这个区域最大的畜牧基地。[76] 在 1890 年左右，整个里弗赖纳地区的华人居民达到 1 600 人，而欧洲移民常住人口仅仅数十人。这个案例凸显的不仅仅是华人开辟荒野的能力与工作态度，而且是依托土地清理活动，华人可以如何成功地运作起一个可持续的人居生态体系。这里完全堪称荒野中的唐人街。

混合农副产业中的华人

　　无数研究都喜欢浓墨重彩地描绘华人移民如何勤劳勇敢，不畏艰辛，承担社会需要但欧洲移民又不愿意从事的工作。可是，如果认为华人仅仅在耗费体力的苦活累活上独占鳌头，那就又是一种浅见和刻板印象。因为至少在澳大利亚的荒野里，他们完全能够开展非常精妙复杂的混合农业种植活动，这是在故乡世代熏陶的结果。进入 19 世纪 70 年代，农业活动不断蔓延和壮大，除了小麦、玉米、燕麦等粮食与饲料作物，经济作物大开发也成为一项重要的农业活动。维多利亚殖民地和澳大利亚多数殖民地一样，对北半球来的移民而言就是一块处女地，这里究竟可以种些什么呢？它变成了培育外来农作物的试验场。在蔬果种植方面，一个首要的项目就是西红柿生产的起步——维多利亚完全依赖华人才建立起了闻名澳大利亚的西红柿产业。不仅鲜西红柿是欧洲人厨房里不可缺少的传统蔬菜，西红柿酱更是他们每天都可能需要的基本调味料。而在19世纪下半期，华人在维多利亚种植的西红柿已经完全满足了数十万人市场的需求。[77] 此外还有啤酒花、烟草种植业的萌芽也都跟华人相关，而这些作物更不是仅凭体力和耐心就可以侍弄好的。澳大利亚所谓新欧洲的农业生态中，混合农业因为较高的利润附加值而广受重视，而这种所谓新欧洲生态的营造，其实也融入了华人的贡献。在部分地区，华人甚至还扮演了先驱角色。

一个例子是老矿工潘阿兴（Pan Ah Shin）与亨利·阿兴（Henry Thomas Ah Shin）父子[78]。1879年，潘阿兴带着六岁的儿子从巴克兰河谷向西北方向迁徙到了国王河谷（King Valley）的埃迪（Edi），随后建立了自己的小农场。这一带在当时由于没有重要的金矿发现，仍然是人迹罕至的区域。落户后，他们披荆斩棘，头一年就种植燕麦、烟草和啤酒花，接下来的五年里又种植起了马铃薯和小麦。这对父子采用轮作的方法获得了很大的成功，并且最终在当地定居。[79] 此外，地方史学家的研究发现，这里的啤酒花与烟草种植农场是华人首创的，其中一个以"潘洛"（Pan Look）为姓的三兄弟创办的大种植园起到了关键作用。[80] 由于混合农业是欧洲移民也非常关注的，所以华人在这个领域出众的成就不可避免地引发了欧洲裔投资者的重视，这也使得华人有了与欧洲移民充分合作的机会。弗罗斯特的研究注意到两个有趣的案例：1887 年，一个名叫威廉·罗恩（William Lyons）的欧洲裔商人曾对当时的皇家蔬菜产品调查委员会介绍了自己与华人烟草种植者的合伙协议。他提供土地、犁具，并提前备好仓库，华人提供种植和加工处理所需的劳力，并负责自行管理。销售所得他与华人四六分成。1897 年，另一名来自国王谷的商人介绍了自己与华人的签约过程。合同条约规定：他提供 200 英亩已犁好的土地，筑好篱笆，搭好烟草加工支架，分享三分之一的利润，而华人负责烟草种植和加工，分享三分之二的利润。这两个案例中利润分享的规则说明，华人农场主实际上掌握了该地区烟草种植业的主导权。[81]

显然，华人移民只要有机会就能发挥出传统的经验，运作相对复杂且经济回报率较高的农业生产体系。这里最值得一提的是葡萄种植业，因为它所衍生的葡萄酒产业直到今天仍然是维多利亚农业经济的主要支柱之一。维多利亚矿区在 19 世纪 50 年代中期就已经开始有了葡萄酒酿造业，这是为了满足矿工饮酒的需要。到 60 年代中期，葡萄酒业全面发展，可是如果要保证足够的产量和地道的口味，还需要特殊葡萄品种的引种、剪枝、采摘、储藏与加工，全部过程都很麻烦。它既需要密集的劳动投入，又需要严格的工艺规范，果园终年需要照顾，回报周期也长，不同于一般的蔬菜和庄稼的种植，很少有欧洲移民能胜任相关的全套工作。但是，华人几乎在第一时间就卷入了这项产业，而且很快就获得了很高评价。一个佐证就是葡萄园里华人的工资丝毫不比白人技术工低，甚至更高，而这在纯体力劳动的农业雇工领域是很不可思议的。一个最极端的例子是，1864年奥利弗山（Olive Hills）大葡萄园主休·弗雷泽（Hugh Fraser）干脆宣布只愿意雇用华人，他说华人粗活细活都能做，性格也非常文静温顺，从不酗酒聚会：

> 如果没有华人的助力，要想顺利发展这个产业将是异常困难的，因为根本找不到什么欧洲劳工。他们如果要干这个，会提出非常不合理的条件。华人就不同，跟他们签了合同，他们就安安稳稳、耐心勤奋地干活，而且关键是值得信赖，什么活儿干得都井井有条。而白人呢，还看不起华人……但是葡萄园的各种工作确实是片刻都停不下来的。[82]

葡萄园主如此青睐华人不仅是因为他们勤劳顺服，而且因为他们工作能力异常全面。其实早在1855年的报纸材料就说明华人擅长嫁接技术，当时部分农场零星的雇工记录里就有所显示：

> 不能不说华人在照料果园方面有一套，他们会嫁接，而且在移植植株之前会时不时扭折枝条或者切掉植株的一块皮，为的是把它们栽种到土里时能够恰当地促进新根的发育。[83]

这段记述至少说明许多华人具备一些让果园主无法抗拒的专业技

能，如嫁接、插苗、蓄根等，这都是葡萄种植关键的技术。考虑到许多四邑移民本身是水果种植业的专家，他们能够在维多利亚葡萄园迅速找到发挥自身专长的机会也就不足为奇。不仅如此，有部分华人干脆自己做了葡萄园的老板。1891 年时，维多利亚官方记录的葡萄酒庄园主共有 400 人，其中 9 名明确是华人。[84]澳大利亚在 20 世纪崛起为世界上最重要的新兴葡萄酒产区，其最著名的葡萄酒生产基地是南澳大利亚，但其实澳大利亚全境都有非常优质的葡萄酒庄园，而早在 19 世纪中后期，维多利亚与新南威尔士葡萄种植景观的勃兴就已经凝聚了华人的汗水与智慧。

"咸鱼"的挣扎

在淘金热之后澳大利亚殖民地复合型农矿生态兴起过程中，绝大部分激动人心的故事都发生在内陆腹地，这使得学者们都忽略了澳大利亚重要的地理位置特征——沿海。事实上，捕鱼与鱼产品加工同样是移民饮食重要的补给来源，更是他们与本地环境互动的重要内容。尽管在殖民地草创的时代，捕鱼被认为是缺乏专业性的、低收入的且危险的活动，但随着捕鱼技术的改进，至 19 世纪末，渔业已经成为澳大利亚最重要的经济产业之一。[85]而最新的考古研究证明，华人也曾深度参与了殖民地近海的渔业捕捞与加工活动，而且是以一种类似当年海参捕捞及贸易的方式与海洋产生了联系。

对于欧洲移民消费者来说，尽管他们并不拒绝食用腌制的鱼肉，但新鲜的鱼肉仍然是一种普遍的口味要求。然而在 1880 年之前，由于没有冰块，哪怕是近海捕捞的鱼类，从渔港运到中心城镇的市场也无法保鲜。尤其是在 19 世纪 60 年代后，无论是新鲜肉类还是蔬菜都变得廉价充足，因此腌制的鱼肉在欧洲移民消费者中并没有太大的市场。但是对于四邑来的华人来说，无论鱼的品种如何，大小与否，新鲜或腌制，都能够成为可口的食物，这是珠三角传统饮食文化所决定的。毫不意外的是，至少从 1857 年开始就有华人捕鱼并腌制鱼肉的记录：

> 华人的商业终于在圣基尔达（St. Kilda）、吉隆（Geelong）和施耐普角（Schnapper Point）出现了，是咸鱼加工，海湾里什么鱼他们都拿去腌了。[86]

尽管华人也会驾驶渔船出海撒网捕鱼，但是 1873 年的记录显示，许多华人与欧洲渔民不同，他们是三五成群地拉着大渔网直接从海滩徒步下海捕捞浅水区中的鱼群。[87] 尽管这样很难捕捞到大鱼，但是对华人移民来说，只要有鱼即可。所以，华人的捕鱼活动虽然强度不大，单次收获不高，但是正因为主要不依赖渔船，也不需要考虑保鲜问题，所以其足迹分布非常广泛，整个澳大利亚东部沿海都留下过华人的足迹，田野研究发现，维多利亚东部有许多沿海地名叫作"华人溪"（Chinese Creek）、"华人长滩"（Long Chinese Beach）等。[88] 华人移民通常会就地取材，砍伐林木熏干鱼或及时搭架子晾晒。1865 年的记录显示，在吉普斯兰（Gippsland）的瓦尼特（Wannet）海滩，仅仅一天，一小队华人就腌制了至少 2.5 吨鱼。[89] 不仅如此，华人渔民中显然有经验比较丰富的成员，因为许多记录显示，华人渔民经常在夜晚或者黎明时分捕鱼。[90]

此外，与欧洲移民还有一点不同，对华人来说，食用鱼刺比较多的淡水鱼也是很常见的事情。澳大利亚的淡水鱼品种较少，而且因为土壤流失问题较为严重，地表径流又不足，淡水鱼通常被认为有土腥味。但这对于会腌制鱼的华人而言根本不是问题。有人回顾说，1863 年左右就有记者发现许多华人在新南威尔士的麦格理湖（Lake Macquarie）捕捞和加工淡水鱼：

> 我抵达了阿铁先生（Mr. Ah Tie）的房子，他是加工腌鱼的总监……从他那里我得知有 17 个华人正在捕捉和腌制湖里的鱼，现在有 9 个人正在加工腌制。……而阿铁先生上司的房间装修得富丽堂皇，比任何一个在湖边居住的欧洲人的房子都好。[91]

显然，腌制鱼具有很高的利润。但如此高的效率同时不挑剔原料品种，依然不足以满足华人市场的需求，于是大量采购欧洲渔民的收获，也成为华人加工腌鱼的重要进货渠道。19 世纪 60 年代早期，维多利亚东部最重要的渔业区吉普斯兰阿尔伯特渔港（Port Albert）的渔夫"由于交通困难，无法将成筐的鲜鱼运向墨尔本的市场，只能把整船的渔获都卖给华人，华人的收购价是每吨 4 英镑"[92]。当时市场价每吨鱼平均不到 3 英镑，因此华人的出价可谓厚道。华人购买鱼是用来晾晒鱼干及腌制咸鱼的，这是四邑移民饮食文化中非常普遍的食材。直到 19 世纪 90 年代仍有记录显示，阿尔伯特渔港每周至少给华人供应 1 吨鱼，售价是 8 英镑 16 便士，而通过蒸汽机给墨尔本市场运输鱼 3.5 吨，仅仅得到 10 英镑左右收入，而且保鲜难度依然不小。所以，大量渔民倾向于将鱼类出售给华人，数万人的华人市场本身就足以刺激对鱼类的捕捞，而不少欧洲移民也消费腌制的鱼肉。为此，许多欧洲人也开始捕捞淡水鱼。

在整个 19 世纪，澳大利亚东南部殖民地近海渔业捕捞没有造成严重的鱼群衰退问题，但是这并不意味着不存在生态破坏。实事求是地讲，华人移民要为此承担一定的责任，这不仅是因为华人对鱼类的消费虽然总量不大，但也是移民社会向海洋攫取资源的一部分。更重要的原因在于，华人捕鱼的工具与方法富有特色。因为网眼太小，而且因为集体协作的关系，华人捕鱼可能使用超级大网，最极端的有 500 多米长、9 米多深，结果在短期内可能导致特定浅海地区鱼群灭绝。[93] 1880 年新南威尔士州议会对维多利亚东部鱼市主管理查德·塞莫尔（Richard Seymour）进行了听证，他回答道：

> "我在冬季会听到渔民抱怨华人，因为他们捕捞了规格上不被准许捕捞的鱼。"

"你听说过他们用六张网连在一起捕鱼吗？"

"我听说过。"

另一个渔夫休·罗根（Hugh Logan）则在听证中做出如下证词：

"你们会把小鱼放回水中吗？"

"会的，但是华人捕捞所有的小鱼，把它们用网眼很小的网捞起来。"

当然，同样的听证记录显示，欧洲移民一样有采用"绝户网"的方式捕捞鱼的。比如，在记者曾经造访过的麦格理湖，欧洲渔夫承认：

那里只能捕捞到小鲷鱼了；但是我们的渔夫对这个湖的破坏比华人用小眼网干的还过分。这个湖已经被毁了。[94]

在澳大利亚殖民地时代的渔业记录中，华人渔民捕捞的水产与海鲜种类非常丰富，包括欧洲移民较少食用的贝壳类，如鲍鱼。毫无疑问，华人移民直接参与的渔业活动对当地生态造成了一定的干扰，而且华人腌制鱼并大量消费的情况也刺激着当地的捕鱼业。

/ 小　结

19 世纪 50 年代后，华人移民在金矿开发活动中遭遇了严重的瓶颈，但是华人移民积极应对，及时抓住了矿区生态与社会转型的契机，以蔬菜种植业为起点，移植并发扬了自己在故乡积累的农业才华，参与甚至创造了多样化的拓荒、种植以及渔业活动。这使得他们强化了与欧洲移民的交流与合作，从而更紧密地融入了整个移民社会。从生态变化的角度看，华人移民以矿区为原点，不断放大并且拓展了自己对当地原生态的影响，甚至包括水域生态。事实证明，在改变澳大利亚原生态、创造移民新生态的过程中，华人移民不仅提供了欧洲移民难以相提并论的持续体力劳动，也拥有大量的专门技术和经验。很难想象，如果没有华人的助力，澳大利亚广大的荒原腹地还能迅速焕发出不一样的生机。华人移民已经成为澳大利亚殖民地多元文化移民社会及生态不可或缺的部分。但是，他们的脚步并没有停歇，一个距离澳大利亚并不算遥远的岛国，也向他们缓缓开启了大门。

注释

1. Geoffrey Blainey, *A Land Half Won*, Melbourne, Pan Macmillan Australia Pty Limited, 1995, p.165.
2. 有关 1900 年后中医药在澳洲传播的论文，参见 Ray Tiquia,"'Bottling'

an Australian Medical Tradition: Traditional Chinese Medicine during the Australian Federation," in *After the Rush: Regulation, Participation and Chinese Communities in Australia, 1860–1940*, eds. John Fitzgerald, Sophie Couchman and Paul Macgregor, Kingsbury, Otherland Literary Journal, 2004, pp.192–203.

3. *Argus*, 26 June, 1856. 旺加拉塔和奥尔伯里是当时澳大利亚东南部地区重要的农牧业基地。

4. Joanna Boileau, *Chinese Market Gardening in Australia and New Zealand: Gardens of Prosperity*, Switzerland, Springer Press, 2017, p.271. 奥塔哥是新西兰南岛中部高地，环境恶劣，但也发生了淘金热。

5. Donald S. Garden, *Victoria: A History*, pp.11–12.

6. Geoffry Serle, *The Gold Age: A History of the Colony of Victoria, 1851–1861*, p.231.

7. Thomas Woolner and Amy Woolner, *Thomas Woolner, R. A., Sculptor and Poet: His Life in Letters*, New York, AMS Press, 1917, reprinted in 1971, p.21.

8. Geoffrey Serle, *The Golden Age: A History of the Colony of Victoria, 1851–1861*, p.79.

9. John Hunter Kerr, *Glimpses of Life in Victoria*, Kila, Kessinger Publish, 2010, p.233.

10. William Westgarth, *Victoria and the Australian Gold Mines in 1857: With Notes on the Overland Route from Australia Via Suez*, p.22.

11. C. Manning Clark, *Select Documents in Australian History, 1851–1900*, vol.2, p. 8.

12. William Westgarth, *Victoria and the Australian Gold Mines in 1857: With Notes on the Overland Route from Australia Via Suez*, p. 8.

13. Bruce Davidson, *European Farming in Australia: An Economic History of Australian Farming*, Amsterdam, Elsevier Scientific Publishing Company,

1982, p.122.

14. Bruce Moore, *Gold! Gold! Gold!: A Dictionary of the Nineteenth-Century Australian Gold Rushes*, p.27.

15. 同上书 , p.27。

16. Geoffry Serle, *The Gold Age: A History of the Colony of Victoria, 1851–1861*, pp.84, 133.

17. *Argus*, 8 September, 1854.

18. Geoffrey Serle, *The Golden Age: A History of the Colony of Victoria, 1851–1861*, p.92.

19. *Geelong Advertiser and Intelligence*, 12 February, 1856, p.4; *Bell's Life in Victoria and Sporting Chronicle*, April 25, 1857, p. 2.

20. Kathryn Cronin, *Colonial Casualties: Chinese in Early Victoria*, p.6.

21. Evidence Presented to the Commission on the Chinese, including those of J. A. Panton and the Chinese Howqua, p.336.

22. Report of Select Committee on the Subject of Chinese Immigration, *VPLC*, 1856–1857, vol. 2, pp. iii–iv.

23. Eric Rolls, *Sojourners: The Epic Story of China's Centuries-Old Relationship with Australia: Flowers and the Wide Sea*, pp.108–109.

24. Thomas Drury Smeaton,"The Great Chinese Invasion（1865）," in *Gold Fever: The Australian Goldfields 1851 to the 1890s*, ed. Nancy Keesing, pp. 118–120.

25. Regulation for the Chinese on the Gold Fields , 14th July, 1857, A.69, *VPLC*, 1856–7.

26. Kathryn Cronin, *Colonial Casualties: Chinese in Early Victoria*, p.65.

27. Emily Skinner and Edward Duyker, *A Woman on the Goldfields: Recollections of Emily Skinner, 1854–1878*, Carlton, Vic., Melbourne University Press, 1995, p.56. 1864 年卡索曼矿区的媒体也报道称，华人种植的蔬

果让当地人得到了充足的新鲜食材，参见 *Mount Alexander Mail*, 30 March 1864, p.2。

28. J. A. Patterson, *The Gold Fields of Victoria in 1862*, pp. 2–3.

29. Warwick Frost,"Migrants and Technological Transfer: Chinese Farming in Australia:1850–1920," *Australian Economic History Review*, vol.42. no.2, 2002, pp.116–117; *Moultl Alexaltder Mail*, 17 February, 7 April 1864.

30. 第 42 款允许矿工在任何矿坑附近开发皇家领地，每年交年费即可。参见 Jong Ah Siug, translated by Ruth Moore and John Tully, *A Difficult Case: An Autobiography of a Chinese Miner on the Central Victorian Goldfields*, Daylesford, Jim Crow Press, 2000。

31. W. Young, Report on the Condition of The Chinese Population in Victoria, August 1968, no.56, *VPLC*, pp.21–22.

32. W. Young, Report on the Condition of The Chinese Population in Victoria, pp.5–14.

33. Keir Reeves, "Historical Neglect of an Enduring Chinese Community," *Traffic*, issue 3, 2003, pp. 53–77.

34. Warwick Frost, "Migrants and Technological Transfer: Chinese Farming in Australia: 1850–1920," p.124; Zvonkica Stanin, "From Li Chun to Yong Kit: A Market Garden on the Loddon, 1851–1912," *Journal of Australian Colonial History*，vol. 6, 2004, p. 21.

35. 这一生产模式非常出名，因此第一批关注澳洲华人移民矿工史的学者都有所注意。参见 Jean Gittins, *The Diggers from China : The Story of Chinese on the Goldfields* , p.18。

36. 江门市地方志编纂委员会编：《江门市志》，600 页，广州，广东人民出版社，1998。

37. 新会县地方志编纂委员会编：《新会县志》，308 页，广州，广东人民出版社，1995；台山县方志编纂委员会编：《台山县志》，268 页 , 广州，广东人民出版社，1998。

38. 新会县地方志编纂委员会编:《新会县志》, 285、297 页, 广州, 广东人民出版社, 1995。

39. 台山县方志编纂委员会编:《台山县志》, 294 页, 广州, 广东人民出版社, 1998。

40. 梁启超:《说橙》, 见《饮冰室合集》第一册, 114 ~ 115 页, 北京, 中华书局, 1989。

41. Geoffrey Blainey, *The Rush That Never Ended: A History of Australian Mining*, p.84.

42. 恩平县地方志编纂委员会编:《恩平县志》, 151 页, 北京, 方志出版社, 2004。

43. Zvonkica Stanin, "From Li Chun to Yong Kit: A Market Garden on the Loddon: 1851–1912," p.30.

44. Zvonkica Stanin, "From Li Chun to Yong Kit: A Market Garden on the Loddon: 1851–1912," p.30.

45. Zvonkica Stanin, "From Li Chun to Yong Kit: A Market Garden on the Loddon: 1851–1912," pp.26–27.

46. 图片来源于维多利亚金斯顿地方史学会（Kingston Local History Association）。

47. William Howitt, *Land, Labour and Gold: Or, Two Years in Victoria with Visits to Sydney and Van Diemen's Land*, p.18.

48. *Bendigo Advertiser*, 22 July, 1862.

49. Kathryn Cronin, *Colonial Casualties: Chinese in Early Victoria*, p.92.

50. Zvonkica Stanin, "From Li Chun to Yong Kit: A Market Garden on the Loddon: 1851–1912," p.30.

51. W. Young, Report on the Condition of The Chinese Population in Victoria, August 1968, no.56, *VPLC*, p.22.

52. *Bendigo Advertiser*, 3 December, 1863; 30 January, 1863.

53. J. A. Patterson, *The Gold Fields of Victoria in 1862*, p.138.

54. *Age*, 24 February, 1865.

55. *Bendigo Advertiser*, 18 September, 1865.

56. *Argus*, 14 July, 1866.

57. *Bruce Herald*, 11 September, 1867.

58. 参见 W. Young, Report on the Condition of The Chinese Population in Victoria, August 1968; G Oddie,"The Lower Class Chinese and the Merchant Elite in Victoria: 1870–1890," *Australia Historical Studies*, vol.10, no.37, 1961, pp.66–67。

59. Edwin. C. Booth, *Australia in the1870s*, London, Virtue & Co, 1873, reprinted 1975, pp. 31–32.

60. Keir Reeves and Benjamin Mountford, *Court Records and Cultural Landscapes: Rethinking the Chinese Gold Seekers in Central Victoria*, p.5.

61. Zvonkica Stanin, "From Li Chun to Yong Kit: A Market Garden on the Loddon: 1851–1912," p.31.

62. Russell Jack，*Bendigo Pomelo Tree*, Bendigo, Golden Dragon Museum, 1997, p.2.

63. Chan Sucheng, *This Bitter Sweet Soil the Chinese in California Agriculture 1860–1910*, Berkeley, University of California Press, 1989, p.20.

64. Warwick Frost, "Migrants and Technological Transfer: Chinese Farming in Australia: 1850–1920," p.124.

65. Joanna Boileau, *Chinese Market Gardening in Australia and New Zealand: Gardens of Prosperity*, p.114.

66. Evelyn May Clowes, *On the Wallaby through Victoria*, London, William Heinemann, 1911, pp.196–197.

67. Warwick Frost,"Migrants and Technological Transfer: Chinese Farming in

Australia: 1850–1920," p.129.

68. 乔瑜：《澳大利亚殖民时期"干旱说"的形成》，载《学术研究》，2014（6）。

69. 根据以下材料中的数据合算：W. Young, Report on the Condition of the Chinese Population in Victoria, August 1868。

70. Douglas Montague Gane, *New South Wales and Victoria in 1885*, London, S. Low, Marston, Searle & Rivington, 1886, p.58.

71. 一捆相当于 3.12 立方米木材。Cora Trevarthen, "After the Gold is Gone: Chinese Communities in Northeast Victoria, 1861–1914," *Journal of Chinese Australia*, issue 2, 2006, p.7.

72. [澳] 杨进发著，姚楠、陈立贵译：《新金山：澳大利亚华人，1901—1921 年》，55 页，上海，上海译文出版社，1988。

73. 同上书，54 页。

74. *Wagawaga Adversitser*, 8 Jan, 1884.

75. Barry McGowan, "Chinese Market Gardens in Southern and Western New South Wales," *Australian Humanities Review*, no.36, 2006.

76. Tom E. Parr, *Reminiscences of a NSW South West Settler*, New York, A Hearthstone Book, 1977, pp.14–16.

77. Colin Webb and John Quinlan, *Greater than Gold: A History of Agriculture in the Bendigo District from 1835 to 1985*, Melbourne, Victoria 150, 1985, p.270.

78 由于欧洲文化中的姓名书写是将姓氏放在最后，所以在官方文件中，大量二代及三代华人移民是以祖先的名字作为姓氏的。例如，最早有记录可查的华人移民麦世英后代的姓就变成了"世英"。

79. Jocelyn Groom, *Chinese Pioneers of the King Valley*, Wangaratta, Centre for Continuing Education, 2001. 参见条目"潘阿兴"（Pan Ah Shin）。

80. 根据口述史记录，潘洛的啤酒花农场最兴旺时占地达到 1 500 英宙，他曾经在墨尔本定居，不过最终回到了欧文斯矿区。Cora Trevarthen, "After the Gold is Gone: Chinese Communities in Northeast Victoria, 1861–1914," p.4.

. Warwick Frost, "Migrants and Technological Transfer: Chinese Farming in Australia, 1850–1920," p.127.

82. David Dunstan, *Better Than Pommard! A History of Wine in Victoria*, Melbourne, Australian Scholarly Publishing, 1994, p.110；*Albury Border Post*, 13 January, 1888.

83. *Argus*, 23 June, 1855.

84. 具体名单详见 Royal Commission On Vegetable Products, *Handbook on Viticulture for Victoria*, Melbourne, Kessinger Publishing, LLC, 1891, pp. 149–169。

85. Auster M. Bowen, "Colonial Chinese Fish Curing Activities in Victoria, Australia," *The Artefact*, vol.29, 2006, p.5.

86. *Bendigo Adverstiser*, 5 January, 1857.

87. Auster M. Bowen, *Archaeology of the Chinese Fishing Industry in Colonial Victoria*, Sydney, Sydney University Press, 2012, p.52.

88. 同上书，p.53。

89. *The Gippslander*, 10 November, 1865.

90. *Illustrage Australian News*, 4 December, 1873.

91. *Australian Town and Country Journal*, 9 July, 1870.

92. *Gippsland Standard*, 7 July, 1944.

93. Auster M. Bowen, *Archaeology of the Chinese Fishing Industry in Colonial Victoria*, p.59.

94. 同上书, pp.58–59。

/ 再造金山   Rebuilding Jinshan

第07章

/ 新西兰与昆士兰

从 19 世纪 60 年代开始，越来越多的华人移民转行从事淘金之外的职业，而且从业领域越来越复杂。仅以拉芙乔对本迪戈地区的统计为例，到 1882 年华人已经至少涉足 63 个行业。[1] 这不仅说明了华人经济与社会生活的多样化，也意味着他们与这里的土地及其他移民群体的联系更深入，更昭示着他们将与南太平洋地区产生更全面的接触，尤其是当时欧洲移民缺乏兴趣或不敢进入的空间，新西兰与昆士兰就是其中的代表。相对于以悉尼为中心的新南威尔士和以墨尔本为中心的维多利亚而言，这两个地方都属于英国在南太平洋地区拓殖的边缘地带。它们与澳大利亚殖民地的核心地带也就是东南部地区存在重大差异，而且新西兰与昆士兰本身也形成鲜明对比，可谓"冰火两重天"。新西兰是纬度与海拔都比较高、气候相对寒冷的海岛，尤其是南岛，而昆士兰则纬度较低，尤其是它的北部地区拥有澳大利亚大陆其余地方罕见的湿热气候。华人移民在这种反差明显的环境中都扎下根来，正说明了他们超强的环境适应力与改造力。

关于 19 世纪新西兰华人移民生态的演变，得益于新西兰有限的地理范围与人口规模，伍德明（James Ng）已经完成了详尽的史实考订与史料整理，而毕以迪（James Beattie）则成功地将华人淘金移民的经历放置到新西兰新欧洲生态演化的整体进程中加以理解，这都成为本章叙事与思考的重要基础。而对于昆士兰来说，尽管缺乏有关华人移民环境史的专题研究，但这里一度云集了 1.7 万名华人，几乎所有涉及自然资源开发的历史记录中都可以找到他们活动的印迹，足以让我们管窥华人移民在此生产生活的面貌。总之，本章试图在前人研究的基础上探讨华人移民介入这里自然资源开发的过程，说明华人移民对新西兰与昆士兰新生态的形成具有重要意义。这是欧洲移民生态扩张的需求以及华人移民从环境适应力到专业技能都满足这种需求的必然结果。华人移民在这两个殖民地的活动也说明了中国农田水利经验的广泛适用性。华人在推动新欧洲生态扩张的同时，也成功拓展了自己的生态。

/ 新西兰，新希望？

意外来信

1865 年 10 月，墨尔本的几个华埠领袖突然收到了一封特别来信，寄信方是新西兰达尼丁商会（Dunedin Chamber of Commerce），内容是询问他们能否组织一些华人矿工前往新西兰南岛淘洗废旧金矿。前文已述，华人移民淘洗废旧金矿实属无奈之举，还为此招致了大量歧视与虐待。但让人意外的是，居然有人欣赏甚至期待华人在这方面的才能，这不啻为许多华人淘金者的新希望。

但是，达尼丁是个遥远而陌生的地方，它是新西兰南岛奥塔哥省（Otago）的省会，与墨尔本隔着宽阔的塔斯曼海（Tasman Sea），两地直线距离都有 2 285 千米。[2] 毫不奇怪的是，大部分华人领袖没有做出回应，几年前矿区密集发生的暴力排华冲突令他们心有余悸，谁也不知道在更遥远的新西兰会发生什么。不过，他们仍然推举了一名叫何阿美（Ho A Mee）的商人前往传说中的新西兰踩点。何阿美在 12 月初抵达了达尼丁，受到了当地政府和商会代表的隆重接待。[3] 在交流中，他最关心的问题是，能否确保华人作业的地方不会与欧洲矿工发生冲突。接待方再三保证，华人矿工将享受与欧洲移民同等的人身安全与自由保障。确实，达尼丁商会在给墨尔本发信前，得到了奥塔哥省理事会（Otago Provincial Council）的书面承诺：

> 这个殖民地不存在对任何外国移民的限制，只要其母国与本国是友好国家。[4]

从今日可觅的资料中已无从得知何阿美回到墨尔本后如何跟同胞介绍新西兰的情况，但是从 1865 年 12 月底开始，确实陆陆续续有华人淘金者从墨尔本抵达，随后又慢慢分散进入奥塔哥中部高地的荒凉金矿区，到 1867 年，已经有 1 500 名左右华人在奥塔哥从事废旧矿淘洗工作，这个数字在 1871 年达到 3 500 人左右，1881 年时达到 5 000 人左右。[5] 就这样，华人移民生态拓展到了南太平洋的岛屿区域。但是，奥塔哥省为什么想邀请华人移民入境开发废旧金矿呢？这绝不是殖民当局的突发奇想。

淘金热后的危机

正当新西兰以自己的节奏按部就班地发展时，1851 年澳大利亚突然爆发的淘金热让它措手不及，吸收英国移民的节奏被打乱，同时各省政府都开始担心人口流失。不过事实上这种情况并不严重，因为新西兰当时由自耕农构成的移民社会已经稳固地建立在农牧混合经济体系之上。一个基本的表现是，新西兰移民人口的性别比例跟美国更类似，而不像澳大利亚那样充斥着躁动的雄性荷尔蒙。[6]

不过出于增加财富的考虑，各省政府也开始学习墨尔本的方式，通过悬赏来吸引淘金者开发金矿。比如，奥克兰商会就推动了 1852—1853 年的克罗曼多（Coromandel）淘金热与 1856—1857 年的黄金湾（Golden Bay）淘金热，但其规模根本无法与澳大利亚相提并论。直到 1861 年 5 月 23 日，一名来自塔斯马尼亚的淘金者加布里埃尔·雷德（Gabriel Read）才改变了局面。他凭经验在奥塔哥省中部高地发现了高品位的金矿，旋即引发了浩大的奥塔哥淘金热。1861—1864 年，这里的矿工人数一度达到 24 000 人。奥塔哥位于新西兰南岛东岸，虽然在 1843 年就有殖民者进驻，但直到 1848 年 3 月 21 日才迎来第一批有组织的苏格兰移民。他们在登陆点建立了达尼丁镇（Dunedin），这就是爱丁堡的盖尔语名称。到 1861 年淘金热之前，奥塔哥省已经有 12 000 名定居者，多数人是虔诚的长老会派（Presbyterians）教徒。包括中部高地的部分地区在内，此时的奥塔哥也已经形成了稳定的种植业与畜牧业，谷物产品主要出口到澳大利亚矿区，而蓄养的 50 万只绵羊则支撑起繁荣的羊毛产业。

显然，与当年澳大利亚矿区整体偏远孤绝、商贸不至的状态不同，奥塔哥淘金热发生在一个欧洲式农牧生态已经稳固建立起来的局部环境中，它只是让既有农牧复合生态又增加了矿业成分而已。新西兰的淘金热普遍在第一时间内就与农牧生产及商品贸易齐头并进。不仅如此，奥塔哥淘金热爆发后，慕名而至的矿工主要来自维多利亚矿区及英国康沃尔郡等具有矿业传统的地区，金矿开发势如破竹。移民矿工们从达尼丁出发，一路向西，短短一年之内就遍布了整个高地。至 1862 年初，位于南阿尔卑斯山区（South Alps）最深处雪山与冰川湖交错地带的箭镇（Arrow Town）也形成了大型矿场，作为水运中转港的皇后镇（Queens Town）几乎在一夜之间闻名遐迩。整个 19 世纪 60 年代，奥塔哥出口的黄金价值 1 000 万英镑，而羊毛出口也有 357 万英镑，达尼丁一度成为新西兰第一大城市。[7]

但是爬得越高，摔得越重。淘金热带动的全面繁荣其实有泡沫隐患。原来奥塔哥的金矿几乎全是浅层沉积金矿，固然便于个体淘金者作业，然而一旦大块的黄金被发掘殆尽，淘金者们就会转投别处，经验丰富的淘金者尤其加速了富矿耗竭的进程。1864年初，南岛西海岸发现新的富矿的消息传来，奥塔哥的人口立刻就开始流失。1861年，奥塔哥的人口一度从13 000人增加到67 000人，但到1864年初时仅剩47 000人，黄金产量则从前一年度的614 387盎司回落到436 012盎司，到1865年初时，人口锐减到18 800人。至1865年底时，奥塔哥矿区的人口只剩下10 845人，其中包括1 053名妇女儿童，黄金产量已经腰斩，仅剩259 139盎司。[8] 在这种局面下，短期内伴随淘金热急剧膨胀起来的经济泡沫开始破碎，农牧业及服务业即刻面临严峻的萧条风险。殖民地商人需要贸易，农牧场主需要农业劳工，省政府则需要出产黄金清偿债务。当地媒体大声疾呼：

> 众所周知的重大问题是，我们的金矿需要增加矿业人口……增加人口太重要了，就算是黑人，那也比没有人好。[9]

1865年4月，奥塔哥省财长也警告省委员会：

> 如果要继续维持本身的财政信誉，如果要避免恐慌性的后果，那么政府绝对需要有一个有利可图的产业维持……迅速且坚决地采取一切手段……否则会破产。[10]

据省政府估算，在1865年时矿区的淘金者需要增加5 000人以上才能维持当地经济，因此每个月都需要引入至少400人才行，但是再从英国专门组织移民不仅缺乏吸引力，而且成本昂贵，实属远水难解近渴。[11] 由此，澳大利亚的 40 000 名华人矿工就进入了大家的视线，尤其是维多利亚，它刚刚取消了限制华人入境的法案。长期从事进出口贸易的达尼丁商会格外清楚华人移民在维多利亚矿区的表现与遭遇，于是率先鼓动省政府及议会尽快采取行动，引入华人淘金者，挽救达尼丁濒临崩溃的移民社会。

争议与抉择

引入华人移民进驻矿区的设想一经公开，就立刻引发了社会舆论的强烈反响。非常有趣的是，类似 1854—1855 年在维多利亚矿区发生的场景在新西兰重演了。首先，奥塔哥尚存的矿工群体立刻表达了激烈的反对，他们给出的申诉中列出了华人矿工的十条"缺陷"与"威胁"，除了文化冲突的成分，也列举了华人会破坏水源与土地、会占据欧洲移民生存空间的所谓理由：

> 欧洲人的离开仅仅是暂时的，但是如果旧有的栖所被华人的洪流淹没……他们就再也不会想重新回来了。[12]

但是，达尼丁商会总结了过去 13 年来华人淘金者在澳大利亚的遭遇，认为维多利亚矿区排华舆论的所谓理由根本是无稽之谈。他们公开反驳了奥塔哥出现的陈词滥调：

反对中国移民的观点⋯⋯来自隔壁的殖民地。维多利亚一度有很强烈的排斥华人移民的偏见。人们坚信他们是野蛮人，沉溺于异教徒的活动，而且肮脏且不道德，对文明的人口来说，华人不干净，不能触碰。认为他们是来洗劫这里土地中生出的财富⋯⋯把它们统统带回他们的天朝之国。⋯⋯

所有这些反对意见都是八到十年前维多利亚的矿工普遍提出的，也不奇怪⋯⋯当时他们对于自己要反对的人的特性和习惯不甚了解，所以找各种理由反对。华人主要被想象为竞争者，从古老的国家来掠夺黄金殖民地的收成。这种感觉深深扎根在对华人的强烈厌恶之中，毫无疑问，几乎所有的英国矿工都有。偏见如此盛行，以致出台严苛的立法禁止或者不鼓励华人移民。可这些措施后来又怎么样了？ 10英镑的人头税从一开始就形同虚设，现在已经废止了，为什么？毫无疑问是因为对华人的偏见已经迅速消失了。⋯⋯没有一项对华人的严重指控能够经得起实践考验。犯罪记录并没有显示他们比其他人更邪恶。他们行动上很少有暴力攻击性。他们也不酗酒或者酒后斗殴。他们很精明而且也有技巧，在跟人打交道的时候的确会欺诈，对商业伦理有冒犯，但这也不只是他们的特点。那些关于他们特别不道德以及邪恶的印象⋯⋯都是没有事实基础的。[13]

随后，达尼丁商会又论证了华人移民对殖民地的积极意义，尤其是分析了百业待兴的移民社会需要有价值的劳动者：

现在维多利亚大众对华人的印象是：他们是一个平和的、举止得体的、勤勉的、有用的殖民者群体。……一个事实在于，他们当中赤贫的或者行乞的人很少。他们是工业力量一只很有力量的臂膀，将殖民地里的黄金变为财富。

……作为一种原则般的是，他们满足于开发英国矿工要么放弃要么不太在意的矿坑。耐心且持续地淘洗，从土里面找到最后的黄金财富，无数英亩这样的土地经过华人的开发又变得有出产了，否则就会被白白废弃掉。很难说华人矿工到底损害了多少英国矿工的利益。但不难理解，他们为殖民的黄金生产做了多少额外的贡献。作为消费者，他们也帮助维持了商业，他们的价值实在有太多可说的，看看他们让维多利亚的商人如何赞许。华人不是最糟糕的顾客，而是对公共收入有贡献者。

对于许多亟待发展和维持的产业来说，华人也是非常急需的一类殖民者，不仅是矿业，而且包括其他领域……塔斯马尼亚东海岸有很多华人定居点，能帮助捕捉并且加工用于出口的鱼……我们到底为了什么要发起或者叫嚣着要用法律去驱逐这些人？特别是在这样一个时候，我们的金矿区荒芜了，在没有任何理由或者需要的情况下，成百上千的人都逃离并奔赴新的金矿，我们还要抵制？奥塔哥的金矿能够维持和回报那些给它带来发展的劳工……假如这个省被如此草率地放弃的黄金土地在此时能被华人开发，护送黄金的卫队回来时就会告诉世界这个是伟大的故事。

……他们所有的殖民经历都证明他们是无害的勤勉的

人，能在换了别人会挨饿的地方生存，满足于其他人不屑一顾的成果。此外，有理由相信，如果有更多的华人来到我们中间，而且他们中更多的人回到自己的故土，那就能够给那里带去更多的……（福音）的种子。[14]

在"生态"概念没有诞生的时代，达尼丁商会支持华人移民的表述看似反映了经济发展上的考量，但其实已经透露出对移民殖民地生态多样化的认同。他们反复使用了"殖民者"（colonist）这个表述，它通常是欧洲裔人口的自称，与澳大利亚主流舆论普遍使用"外国人"（foreigner）来指代华人形成明显差异。至少奥塔哥的商业精英认为，殖民者必须要改变这里的土地景观，而华人是这里的移民新生态中可以包容的有益成分。而最后一段的表述也说明，在传福音宗教理想更浓郁的新西兰，虽然也存在对华人文化的贬抑评价，但他们相信通过充分接触，华人能够跟欧洲移民融合。对此，奥塔哥最大的媒体更是简洁直白地概括了支持华人移民的理由，那就是他们对土地与农耕生态的亲和力：

> 欧洲矿工把矿区的土地给荒废了，于是矿坑的所有人就很希望劳工来继续开发，因为那些矿主投资了机械设备，如果没有劳动力，投资就打水漂了。采矿靠自己是根本干不过来的，而华人就提供这样的劳动力。事实上，矿区大部分地区其实仅仅是被有限地开发了，而且维多利亚的华人矿工也证明他们对已经被欧洲人开发过的矿更感兴趣，在新西兰当

然也可能是这样的。他们是这样的一群被需要的矿工，不会干扰英国矿工的活动。

关键在于华人也是出色的土地耕耘者，他们能很迅速地帮助我们发展园艺和农业生产活动，推动本省相关事业的进步。……反对引入华人移民的人假定欧洲矿工会回来重新开发土地，问题是现在既然这里的金矿都不足以吸引他们来开采，他们总竞逐着新的富矿而不是想着定居，怎么还会回来（耕耘）？……[15]

与澳大利亚的矿业边疆不同，在腹地并不辽阔的新西兰，自耕农移民们奠定的边疆社会文化对土地的感情也更深。土地出产财富的增值固然重要，但它更要基于对土地稳定而持久的投入与经营，这样的土地伦理确实与华人移民的特性更契合。于是在1865年9月，达尼丁商会饱含着期许的邀请信踏上了前往墨尔本的旅程，随后发生了本章开头的故事。

/ 华人移民与新西兰农矿生态的发展

新西兰华人社会初成

1865年底开始，以何阿美为首的墨尔本商人先后组织了1 500多名华人矿工陆续抵达达尼丁，奥塔哥省为此派出官员专门引导其进入矿区作业。但是，华人移民真正大批抵达还要到19世纪60年代末。他们中的大部分人来自四邑，也有少数来自三邑。不过在70年代后，以三邑特别是番禺为主的华人开始成为新西兰华人移民的主力。1871年第一次有确切记载显示华人移民整船直接从中国抵达新西兰：一艘叫"简·桑兹号"（Jean Sands）的运输船从香港运来了315名华人，其中有妇女和儿童。[16]考虑到永远离开新西兰的华人和身故的华人，19世纪曾经抵达过新西兰的华人应该在8 000名左右（参见图7.1）。[17]

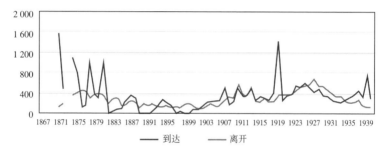

图7.1 1867—1939年华人出入新西兰情况[18]

图中的缺口表明了来源的差异。该图显示了返乡流，体现了广东人典型的旅居观念（sojournerism），也表明出现了出乎邀请方意料的连锁性迁移，使广东人能继续累积资本带回家。

根据1896年的数据，当时新西兰67%的华人来自番禺，17%来自四邑，2.5%来自增城，3.5%来自香山（今中山），2%来自东莞，只有1人来自福建。这一方面反映了跨太平洋贸易网络中信息在侨乡传播的广泛性，另一方面也反映了珠三角华人移民内部微妙的地域势力范围意识。至少19世纪80年代之前，四邑人在整个维多利亚及新南威尔士殖民地部分区域牢牢确立了地缘优势，也缺乏二次移民的紧迫感，于是珠三角其他地方的移民就更倾向于另觅山头。

有趣的是，尽管新西兰的华人移民是为开发废旧矿而来的，但是他们几乎从抵达新西兰之初就开始从事多样化的职业，尤其是同步发展淘金与蔬果种植业。这种状态与同时期澳大利亚华人移民的职业多样化趋势是相应的，也反映了新西兰殖民地同样缺少能够跟华人媲美的农业人口，哪怕这里自耕农背景的移民比例较高。在进入矿区的过程中，四邑人走的是达尼丁北部的内陆路线，三邑人则走向达尼丁南部。华人群聚性较高的采金场中，怀塔胡纳（Waitahuna）主要分布着四邑人，圆山（Round Hill）矿场的工人则主要来自番禺。番禺人的果蔬种植业很快也垄断了新西兰北岛的北帕莫斯顿（Palmerston North）和旺加努伊（Wanganui）以及南岛达尼丁郊区的凯科拉谷地（Kaikorai Valley）。到 20 世纪初，达尼丁的许多果蔬种植者、惠灵顿的大部分水果销售商基本上是花都人或增城人。[19] 毫无疑问，这种抱团使得新西兰华人在人员及信息上更能够互通有无，也更易于交流和引入中国的物种与农业技术经验。

采矿作业

依事先的约定，华人进入奥塔哥之后基本上聚集到废旧的沉积金矿作业。虽然淘洗二手矿的欧洲矿工绝对人数还是更多，但在官方的有意引导下，华人往往重点开发小型矿场，作业面积为 0.8 ~ 2 公顷，这就避开了欧洲矿工已经掌控的富矿脉。当然，富矿开采的许可费昂贵，大部分华人也无法负担。[20] 后来的历史证明，1865 年时官方认为奥塔哥矿区的人口在既有规模上再容纳 5 000 名矿工的估算大体准确。尽管欧洲矿工对华人矿工的到来多有抵触并与之发生口角，但他们本身也不是当地居民的主体，所以奥塔哥并没有像维多利亚矿区那样发生明显的种族间暴力冲突。另外一些原因在于，华人移民没有持续激增的现象（参见图 7.2），同时新西兰的华人淘金者们虽然也根据血亲与地缘关系结成团队作业，但基本上是 3 ~ 8 人的小组，没有形成像澳大利亚那样上百人作业的大型围场，因此也就不那么显眼了。

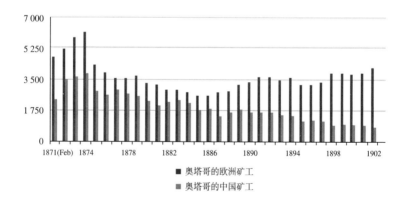

图 7.2　1871—1902 年奥塔哥来自欧洲、中国的金矿工人数量[21]

不过华人移民的能耐在于，就算在奥塔哥矿区并不占人数上的绝对优势，也可以短时间内就在数个采金场形成优势，比如在圆山等老矿区，不仅作业效率高，而且持久。这里一个重要的原因在于奥塔哥的自然环境非常特殊。尽管新西兰整体属于湿润的温带海洋性气候，但是奥塔哥中部高地却是一个另类的存在，接近大陆性气候。因为新西兰南岛西部纵贯着海拔超过 3 000 米的南阿尔卑斯山，挡住了塔斯曼海上飘来的水汽，结果位于迎风坡的西海岸地区年降雨量可能达到 1 000 毫米，而位于背风区的奥塔哥中部高地只有 300～500 毫米。奥塔哥中部高地也是新西兰气温起伏最大的地区，部分淘金场在冬季（7 月）平均气温仅有 8 摄氏度，而夏季（1 月）可以达到 37 摄氏度。结果是奥塔哥中部高地极为缺水，河流在夏季常常断流，在冬季却可能结冰。加上地势崎岖，缺乏林木，相对新西兰其他地区，这里并不适合持续定点的生产生活。然而许多广东移民不仅本身吃苦耐劳，而且早已经在维多利亚的内陆腹地尤其是本迪戈、欧文斯等矿区经受了磨炼，对这样的环境并不特别陌生。事实上，从今天箭镇矿区留存至今的华人淘金者营地遗迹来看，为了靠近水源，有些用木板搭建的棚屋直接就嵌在峭壁下的石缝中，这或许能避雨，但在漫长的严冬中，必然要经受谷底不停歇的寒风（参见图 7.3）。

　　不过，华人独领风骚的原因并不只在于能忍受风霜摧折，还在于珠三角地区水利技术的运用，包括圩田作业的方式。比如，面对废旧的矿坑，为了扩大矿土挖掘量，通常会将既有矿坑加深

图 7.3　箭镇的华人营地遗迹

箭镇保留至今的华人营地，尚存十余座华人淘金者的棚屋。该地深入的考古发掘工作及管理由湖区博物馆（Lake District Museum）负责，该照片拍摄于 1902 年。

加宽，然后自上而下如修建梯田般逐层挖掘矿土，形成不同高度的作业面。这样无论是运输矿土到更上一层用淘洗篮淘洗，还是在特定区域注水搅拌，都可以就近捡出黄金：

> 华人矿工小组这样就逐步将整个谷底作业一遍，挑出"最后一盎司黄金"，而且剩下的东西都井井有条，因为大石头都已经井井有条地码好了，这成为华人作业的标志。[22]

这种将不同形态的矿渣分类堆放，尤其是垂直垒起石头的风格与澳大利亚部分华人淘金作业区出现的景观如出一辙。麦戈文（Barry McGowan）对19世纪60年代新南威尔士华人淘金者开发的二手矿进行考古发掘后强调，华人堆积起的废渣总是整整齐齐垂直排开，实际上又形成了比较牢固和加高了的岸壁。[23]

不过华人最令欧洲矿工佩服的能力还是通过各种技术与装置解决引水问题。事实上，在澳大利亚与新西兰所有农矿生态的建立过程中，水道（water-races）都至关重要，无论是冲洗矿土、确保饮用水源还是灌溉作物，都必不可少。从美国的加利福尼亚到澳大利亚的维多利亚再到新西兰的奥塔哥，华人明显已经习惯于在水资源稀缺的金山环境中修建水道，也完成了相关技术的环太平洋传播。[24] 比如，加利福尼亚水车就是华人带到新西兰的。新西兰矿业技术史专家尼克·麦克阿瑟（Nicol MacArthur）指出，在加利福尼亚，木桨链式水车（wooden-paddled chain-pump）被公认为华人的发明，只不过它从加利福尼亚传到澳大利亚和新西兰矿区后被称为加利福尼亚水车。[25] 另有专家认为奥塔哥使用的水车是一种改良版本，因为径流短，需要减少体积，所以不带板条和销栓的输送带。[26] 这是完全可能的：在澳大利亚的维多利亚矿区，至少在19世纪60年代初时，比奇沃思已经有华人移民建造起木质百叶水车引水，周围人觉得这不啻为一项聪明绝顶的发明。[27] 水车修成，华人再在水车提水口挖掘渠道，渠道很深但是口并不宽。许多华人矿工已经是沿着水渠淘洗金矿，或者说挖到哪里，就把水渠修到哪里。

1877 年一个英国淘金者记述了自己从远处观察华人矿工使用脚踏水车作业的场景：

> 我穿过加布里埃尔谷地，注意到有大约 25 个华人，他们分为 3～4 人的小组正在干活。他们好像正在做各种舞蹈的动作。我是说直到我看到他们的矿坑里面有水流出来才意识到他们在用脚踏水车引水。这种加利福尼亚水车用脚踏带动叶片轮转动，在华人当中很常见。[28]

此外，溪流中的围场作业也被引入了奥塔哥矿区水源相对充足的地方。华人矿工与欧洲人一样，都使用木头或石头垒成的翼坝改变"河流流向，要么令其遇到堤岸减弱流势、转变方向，要么分流河水，排干一侧河床，以便在裸露的河床上作业"[29]。19世纪 60 年代这种技术的扩散在澳大利亚与新西兰几乎是同步的。比如，在新南威尔士的兰坪滩（Lambing Flat）矿区，这里的地理条件与奥塔哥矿区及维多利亚的欧文斯矿区接近。华人矿工从维多利亚东北部转移到此之后，与德国工程师合作，将传统的在河流中筑坝的技术应用到矿区河流中，成功地改变了河流的流向，解决了矿区的缺水问题。

的确，华人移民与欧洲矿工不仅相互学习、借鉴水利技术与作业设备，而且会直接合作。比如，在奥塔哥矿区中，艾达山金矿中长达 108 千米的艾达山水道（Mt. Ida Water Race），就是欧洲矿工团队出资雇用华人修建大型水道的著名案例。而且欧洲矿工也与华人劳工一起参加工作，如圆山金矿区的波特水道（Port Water Race）：

> 在韦基（Wy Kee）的带领下，中国承包人工作了 14 个月，修建起长达 22 千米的水道。这条水道起于乔治溪（George Creek），经朗伍德（Longwood）通到圆山，蜿蜒前行。……水道穿过"由很多红色硬木或铁木组成的密集灌木林"，其中有"相当大一部分"横穿岩石的表面，"还得用炸药爆破才行"。水道于 1889 年完工，它是"该地区最大的水道，上部近 4 英尺宽，底部 3 英尺宽，深 2 英尺 8 英寸"，韦基"为此举办了庆功宴"。……在这种氛围下，应该没有人会怪韦基先生。[30]

当年无论在澳大利亚还是新西兰，这种欧洲劳工与华人劳工协作并且联欢的故事都是非常罕见的。这说明华人移民在兴修水利方面的才华实在无可抗拒。事实上，奥塔哥矿区稳定的人工水源几乎全部控制在欧洲移民手中，1865 年华人最初进入矿区起就需要租用或购买蓄水池，这反倒减少了因产权不清晰而引发的用水纠纷。但恰恰由于擅长水利的华人在奥塔哥的淘金活动异常成功，以至于 1900 年某报纸报道，除了水源，当地的"商店、旅馆、教会、水道、矿区、采矿权（mining rights）主要都受华人控制"，这成为当地欧洲移民对华人由嫉生恨、最终走向排华的重要原因。[31]这恰恰从侧面证明，华人移民为奥塔哥省尤其是中部高地矿区移民社会的复兴发挥了何种影响力，华人移民生态如何深深扎根于新西兰腹地。

景观冲击

显然，来自澳大利亚的华人淘金者将自己对殖民地景观的冲击也带到了新西兰矿区，这种经验在传授给从中国新抵达的同胞后，不可避免地进一步扩大了华人淘金活动对新西兰环境的影响。毕以迪在最近的研究中概括华人淘金者的影响时称之为"移动山河"[32]。因为如同在加利福尼亚与澳大利亚矿区一样，矿区的地貌和水系是最受淘金行为影响的，而华人作业的主要内容又是对土地的二次开发。

新西兰长老会传教士亚历山大·唐（Alexander Don）一直负责追踪记录并服务华人淘金移民的生活。他在 1882 年访问华人淘金者密度最大的圆山矿区后感慨道：

> 我被深深地震撼了，当人类的双手伸向容易被改变的自然时竟能造成如此巨变。毫无疑问，曾几何时，石溪（Stony Creek）与附近的地方一样美丽，溪谷有长满苔藓的河岸与优雅的杪椤（tree-fern），如今看起来却是一团糟，遍布着巨石、被连根拔起的树木以及淤泥。[33]

华人修建的所有水道都会因为引流、泄水而造成森林毁坏、淤泥漫浸的景观。尤其是波特水道这样的大型设施，高架渠道技术的应用使得很多原本不会被淘金活动触碰的缺水崎岖地区也无法独善其身。在 1890 年欧洲投资公司全面接手矿山之前，圆山的华人淘金者承包了大量修建引水道、挖掘隧道的工程。1882 年《奥塔哥目击者》(*Otago Witness*)记录说:

> 华人在大片土地上挖掘出矿土,然后通过可控制的排水系统淘洗。大部分淤泥从奥拉威拉溪(Orawera Greek)流到法卡帕图湾(Whakapatu Bay),部分则流到乔治湖(Lake George)。采矿导致……平原变成泥滩,溪流消失,有些地表径流从 4 英里缩短至仅约 50 英尺。[34]

圆山矿区的华人聚居点"广州村"(Canton Village)也说明了引流的环境影响(参见图 7.4),除了照片下方的滑坡场景,房屋背后隐约显现的山脊其实是淘金后堆积的矿渣山。

图 7.4 1903年1月10日圆山的"广州村"[35]

这个村庄由大约 30 个建筑组成。包括小木屋、商店、烟馆(opium smoking)、赌场。照片中最大的房子是两层楼房,也是仅有的一座楼房,不太清楚它是一家茶馆还是餐厅,属于里弗顿公司(Riverton firm)。

由于奥塔哥矿区处于相对干燥的内陆高原，这里林木植被非常稀少，木材匮乏的问题比维多利亚矿区更为严重。[36] 除了气候的限制因素，在欧洲殖民者抵达新西兰的几个世纪前，毛利人已经在南岛东海岸大量砍伐森林，也导致了奥塔哥地区森林的消失。所以当淘金热发生之后，奥塔哥的矿工不仅缺乏木材做建筑材料，连冬季御寒的薪柴都极端缺乏。一种常见的现象就是，19世纪80年代之前，奥塔哥高地的矿工和中国青藏高原的居民一样，收集干牛粪做燃料，这种燃料被戏称为"水牛薯片"（baffulo chip），其他有特色的燃料还有被称为"卡拉迪斯"（kaladdies）的亚麻花蕊。[37] 此外，支撑金矿开发的木材建材消耗强度更大，如一则1869年的报道所说：

> 采矿的每个阶段都需要消耗很多树木，它们是必不可少的。只有使用非常沉重的木材支撑井壁和运输矿土的设备，才能挖掘到深层的沉积金矿脉；淘洗黄金的设施（如淘洗篮）也要用木材制造；长达数英里的水道通常是木质水槽连接起来的。如果没有木质的设备，就无法继续开采石英矿脉，也不能在岸上、山上或地表引流冲刷矿土。[38]

结果，奥塔哥矿区大部分金矿的木材都要依靠异地供给。比如，艾达山金矿区（Mt. Ida Gold Field）的矿工要依靠达尼丁北部霍克斯伯里丛林（Hawkesbury Bush）的木材，最大的金矿邓斯坦（Dunstan）山谷以及附近的两个小金矿都要依靠达尼丁西部塔帕努伊丛林（Tapanui Bush）的木材，靠近南阿尔卑山的几大矿区如箭镇则必须依靠冰川湖如瓦卡提普湖（Lake Wakatipu）附近的灌木来支撑。[39]

华人聚居的圆山比较特殊，它位于朗伍德（Longwood）森林，从命名上就可以得知这里的林木比较高大。这个金矿相对不缺木材，但是经过持续砍伐后，森林消失得也很快。如同在维多利亚矿区曾经发生过的场景那样，树木一方面是急需的建材和燃料，矿工们不遗余力地攫取，另一方面它们本身又遭矿工们厌恶而毁于刀斧，因为它们会妨碍视线，阻碍矿工放手挖掘土地。事实上这也是圆山在华人移民抵达前尚没有被高密度开发的重要原因之一。总之，奥塔哥矿区的树木无论如何都会被砍伐掉。1882年，亚历山大·唐牧师就在日记中写道，圆山的华人在安息日也忙着伐木。[40]更有趣的是，1888年的一则新闻还报道了华人雇用欧洲人砍伐木材，用雪橇运送柴火。[41]事实上，与其他所有的金矿一样，圆山矿最终也要依赖木材进口，除了新西兰本身的木材，来自波罗的海、北美、澳大利亚大陆的木材也被源源不断输入，显然华人矿工与欧洲矿工一样通过淘金活动放大了新西兰对远方环境的影响。

淘金活动导致的森林消耗与水土流失最终造成了许多天然水体的污染。比如，圆山附近的乔治湖和法卡帕图湾都受到了污染。1882年有媒体报道乔治湖可能会不可避免地消亡：

　　一片美丽的水域……上有黑天鹅和野鸭游弋……看起

来令人遗憾的是这片湖会因采矿而被破坏，这恐怕是无法
避免的。[42]

一语成谶，1888 年时同一份报纸报道说：

> 呜呼哀哉，环绕湖水的原始森林不久后就会成为伐木者
> 冰冷斧头下的亡魂。[43]

乔治湖面积有 91 公顷，围绕湖泊的森林消失后，至少在短期内
会造成地表的裸露，而在干燥内陆要恢复森林，耗时是漫长的。
不仅如此，对湖泊的最近一次科学采样表明，"历史上在湖泊径
流的采金活动，导致湖底充满大量沉积物"[44]。乔治湖及其森林
的厄运并不单纯是由华人移民淘金者带来的，但是他们的活动确
实也与新西兰生态破坏有一定的关系。

蔬果种植业的崛起

恰如澳大利亚华人移民一样，以淘金者为先驱的新西兰华人
移民对当地环境的冲击是不容回避的，这可以被视为国际移民对
原生态无情破坏的一个内容，但更重要的是他们也要积极建设可
持续的新移民生态，否则移民殖民地就只能消亡。如前文所述，
新西兰绝大部分移民聚居区在 19 世纪 60 年代时已经初步建立起
了农牧生态，而华人移民的抵达对这种生态的巩固和发展做出了

坚实的贡献。

　　相比于 19 世纪 50 年代中期澳大利亚华人淘金移民的先驱者，60 年代后期才成批进入新西兰的华人移民更加得益于跨太平洋贸易网络，因为此时跨国物资与人员的流动更加成熟便利，从中国等地进口自己习惯的食物、酒、药物等日用品不再困难，尤其是大米、陶瓷、报纸、书写工具等都有充足的保障。[45] 议会听证材料显示，1871 年奥塔哥的华人淘金者年收入大概是 60～77 英镑，生活成本是 21～25 英镑。如果给欧洲人打工，平均一周的工资至少 1 英镑，通常可以省下一半。最终每年的结余可能相当于当时珠三角农民年均纯收入的 3～4 倍。[46] 这也保证了新西兰华人移民的物质生活基础。所以新西兰华人移民很少从事粮食作物的生产，而是依靠进口粮食。唐牧师在跟踪记录中表示，对于珠三角移民来说，大米简直就是"生活的基础，与我们吃的所有食物相比，大米都有极高的地位，人们一天至少吃两次米饭，有时吃三次"，有些时候米饭也要配菜，包括：

> 猪肉、卷心菜、羊肉、芹菜、洋葱、鱼（新鲜的和腌制的都有）、腌菜、芜菁、家禽、土豆，鸭子，等等。随便吃点的时候就只吃油酥点心。[47]

有趣的是，中国人吃的大米不一定都来自母国，1880 年之前，大米主要来自澳大利亚、印度、爪哇，之后则大多从日本和经香港（香港是当时中国最重要的对外贸易港之一）进口。[48] 由于新西兰也是一个特产肉类的地方，在大部分情况下，华人矿工是不缺少蛋白质的，包括有腌鱼下饭。[49] 此外，媒体还报道过华人房屋的屋檐下会挂一些"奇怪的东西"，如"鹿角、蛇干和其他难以描述、令人不快的东西"，这很可能就是中医进口的药材，而新西兰的原生态里面，几乎找不到中华传统医学能涵盖的药用动植物。[50]

但是对于新鲜副食的需求，新西兰华人移民是就地解决的。这就如同在澳大利亚一样，促成了新西兰前所未有的蔬菜种植业大繁荣。首先，华人矿工营地几乎在第一时间就有了自己的蔬菜种植与禽畜饲养活动，无论是奥塔哥中部矿区还是南岛其他的华人定居点，文献材料与考古发掘都发现华人营地可以自己满足鸡、猪、牛及鸡蛋和蔬菜的需求，糖、面粉、面包则可以通过当地市场解决。[51]

> 中国淘金者的确与众不同，他们都有一个园子，即使是在最破的房子里住的最穷的人都有一个园子。[52]

新西兰华人不仅在奥塔哥获得了成功，而且很快随着自身的流动进入了所有蔬菜消费市场，充分展现了华人一边发挥传统特长一边迅速适应新环境的优秀素质。至 19 世纪 80 年代，华人菜农几乎在新西兰所有欧洲裔人口集中的大据点都崭露头角，包括南岛的克赖斯特彻奇和北岛的惠灵顿。华人同样给新西兰引进了母国常见的植物种子，如枸杞这种植物在新西兰的出现，就是为了满足广东人对枸杞叶的消费需求而引入的，除此之外的奶白菜、芥菜、水芹菜、青菜及香葱、豆芽也都彰显了浓郁的中国特色口味。[53] 1883 年的一个记录则显示了华人携带中国芜菁种子进入新西兰的动机：

> （一个华人男子）小心翼翼地携带了一批来自中国的芜菁种子，他认为就像其他的中国品种一样，这些种子比外国品种更为优质。[54]

华人蔬菜种植业当然不可能只满足自身的市场，他们很快就根据欧洲移民的市场需求发展有针对性的蔬菜种植品种，尤其是土豆、白菜、豌豆。值得一提的是，华人很快就适应了当地相对寒冷的气候，还有针对性地种植了耐低温的作物，包括玉米、醋栗、草莓以及各种绿叶蔬菜。[55] 这是在当时的澳大利亚大陆几乎不可能做到的。华人菜农擅长根据具体环境灵活种菜还表现在南岛和北岛种植蔬菜的差异上。19 世纪 70 年代后，新西兰北岛的华人蔬菜种植业开始起步，而这里逐渐流行种植的许多蔬菜在南岛并不常见，如白萝卜、中国香葱、芫荽、枸杞、菊花菜、中国甜瓜以及葫芦。[56] 这样，欧洲移民的蔬菜品种也就不断丰富起来。以北岛最北部的中心城市奥克兰为例，这里气候温暖，无霜期长，华人辛勤劳作，根据不同品种蔬菜成熟期的差异，一年可以种两到三季蔬菜。相比之下，欧洲裔菜农往往一年只种植一季蔬菜。对华人菜农陈达枝的研究显示：

他种植的蔬菜有卷心菜、豌豆、大豆、莴苣、西红柿、南瓜、红薯和土豆。而当时欧洲裔菜农种植的主要是土豆和洋葱这样的根茎类蔬菜。华人的蔬菜收获后，直接售卖至奥克兰市的主妇手中，新鲜便宜，种类繁多，非常受欢迎。[57]

不仅如此，华人还根据奥塔哥的气候，种植了并不属于珠三角传统上擅长种植的水果，照样取得巨大的丰收，推动了新西兰南岛水果业的大发展。19 世纪 70 年代，奥塔哥高地的华人已经种植了桃子、梅子、杏子、苹果和梨。许多菜农也转行做了果农，如东莞人黎东保（Lye Bow）来到矿区后，迅速发现这里可以种植蔬菜。1890 年的农展会获奖记录显示，他的苹果、梨、梅子都得过奖状。[58] 有评论写道：

他是一个毫无保留地推动水果种植的热心人，时刻准备着得到嘉奖，强劲有力地推动了水果种植产业的发展。[59]

黎东保的果园在 1900 年左右发展到 14 英亩，在崎岖的山地这是很壮观的景象。他并非没有竞争者，但是几乎没有哪个欧洲裔的果农能打败他，而这绝不是因为他运气好，随随便便就能成功。当地人注意到，他在经营果园的最初几年就能非常好地防止病虫害，尤其是蛾虫（plutella cruciferarum）灾害——这摧毁了附近许多的果园，但几乎没有给他的果园造成损失。这是为什么呢？历史记录中语焉不详，但是另一条线索给了我们可能的答案。

1888 年，新西兰的园艺专家柯克（T. Kirk）报告了当时整个新西兰出现了严重的蛾虫灾害。当时英国移民无意中把这种害虫带入了惠灵顿地区的卷心菜园，结果在缺乏天敌的新西兰，蛾虫迅速繁衍，到处蔓延开来，对新西兰各地的菜园和果园都构成了严重的危害。可是，正当欧洲裔蔬果种植者四处求购杀虫剂的时候，柯克却注意到了华人对抗虫害的方法。他试图推荐欧洲移民学习，但几乎无人能够效法。原来，华人的办法就是"不知停歇"地用手捉虫子，同时给整个园子铺撒石灰粉。这种办法需要高频度的操作，同时还得把控好剂量：

> 他们无所谓时间，也无所谓痛苦。他们工作从早到晚，他们的菜园子始终被打理得干干净净、整整齐齐，绝对不会任凭港口舶来的虫子繁殖累积；他们小心地浇灌作物，而那种手工捉虫的方法，足以让任何一个英国人都抓狂。[60]

黎东保很可能通过他所在的华人社交网络掌握了相关的病虫害防治办法。无论如何，不管是华人的工作态度还是农业技术，都是当时的欧洲移民难以想象的。这就解释了为什么华人移民及从业者数量并不占多数，却能在蔬果种植业中势不可当地崛起。

事实上，除了满足口腹之需，中国蔬果种植者还发展了观赏作物的种植，如圆山矿区的华人营地就种植了美丽的玫瑰。[61] 更有甚者如园丁王古（Wong Koo），他在 1871 年达尼丁园艺展览会上展示了"中国水仙"（narcissus tazetta var. chinensis），这是新西兰首次记录到水仙的出现。[62] 事实上很多华人园丁在花卉种植中崭露头角，时不时就在欧洲裔同行举办的花卉栽培比赛上获奖。不少新西兰的媒体都跟澳大利亚的同行一样，在评论中国蔬菜种植者时毫不吝惜溢美之词：

> 地球上没人能比华人在半英亩的肥沃土地上种植更多作物，土地的每一英寸都被华人利用了，一丁点儿都没有浪费。在其他各种条件相同的情况下，华人在一英亩地上的收成比英国人种两英亩地的出产还要多得多。[63]

虽然平原狭小，但新西兰比澳大利亚大陆拥有更适宜欧洲人定居的气候与地理，所以一种欧洲式的混合农牧矿生态似乎势不可当地在南北两岛崛起，而毛利人主导的原生态在 19 世纪最后十年几乎完全边缘化了。但是现在看来，这并不是一种单纯的欧洲物种和文化在原住民环境中调适与复制的结果，华人移民不仅助力了这种生态扩张的速度与成效，更为其注入了自身的特色，而这还仅仅是一个序幕。

/ 昆士兰：热带的召唤

白人禁土

对于以悉尼与墨尔本为核心的澳大利亚东南部殖民地而言，大陆东北角的昆士兰与孤悬外海的新西兰一样，都算是天高皇帝远。1859 年 6 月，正当维多利亚矿区的华人淘金移民开始转行种植蔬果之时，昆士兰从新南威尔士正式分离了出去，恰如 1851 年时的维多利亚。不过与坐拥绵羊、黄金的"澳大利亚福地"不同，昆士兰独立时政府财政盈余居然不到 1 英镑。即便如此，独立也是两相情愿的，因为以悉尼为治所的新南威尔士殖民政府对于管理昆士兰实在力不从心。比如，昆士兰的首府叫布里斯班，是整个新殖民地最南端也最靠近悉尼的据点，但这两地还隔着 733 千米，无论是交通通信还是公共服务都是难题。

但是距离还不是关键问题，对欧洲移民来说，新西兰是更遥远的地方。这块殖民地根本的问题在于根本不适宜欧洲移民定居：昆士兰 55% 的领土在南回归线以北，是典型的热带气候，剩下的大部分地区也是亚热带气候。以纵向的大分水岭为界，在面向东部海岸的迎风坡以及狭长的沿海地区，降雨充沛，分布着稠密的热带丛林与沿海红树林，而大分水岭以西的广大腹地则是干热的大陆气候，全年平均气温可以达到 31 摄氏度，还有八个月左右的旱季，滴雨不下。以约克角为顶点的极北部地区（Far North），隔着托雷斯海峡与巴布亚新几内亚相望，不仅天气异常湿热，还时常有热带气旋光临，在澳大利亚这是绝无仅有的。就连在这里生活的一部分原住民也不同于大陆其余地方的原住民，他们属于美拉尼西亚人的亲族，被称为"托雷斯海峡居民"[64]。在昆士兰，经过数万年的相互适应，原住民能够与咸水鳄、毒蛇及各种热带病虫害共同生息，但对英国及其他欧洲殖民者而言，这里却成为一个生存的禁区。英帝国史学家沃维克·安德森（Warwick Anderson）指出，在 19 世纪的大部分时间里，没有人质疑澳大利亚北部不是英国的殖民地，但这又是一个"白人不能待的地方"（No Place for A White Man）。其实对欧洲人的生态扩张来说，这里与地球上所有其他的热带地区一样，都是一种障碍：

> 澳大利亚的热带地区越来越被标示为一块分离的、种族上不可靠的领土；它与更文明开化的、风景如画的且人畜无害的南部新月形地区形成了鲜明对比。从医学文献、地理报告以及通俗文学中看，"热带"和"温带"是对立的，是"野性"对抗"文明"，是"纵欲"对抗"克制"。而就一种种族上的对立来说，是"有色的"对抗"白色的"。[65]

欧洲人尤其不适应昆士兰的湿热天气，因为澳大利亚绝大部分地区都以干燥著称，而新西兰更为温和湿润。昆士兰极北部地区的湿热气候让欧洲殖民者精神萎靡而且额外消耗体力，这是广泛的共识。此外，这里还有大量对欧洲移民而言恐怖的热带流行病，包括黄热病和疟疾，对于习惯了干爽环境的欧洲人来说，无休止的蚊虫叮咬本身就已经是一种折磨。[66] 正是因为大部分地区环境严苛，昆士兰才会在 1829 年被选为专门接纳重刑犯的流放地。这是欧洲移民进驻昆士兰的起点。即便如此，到 1840 年流放制度废止时，囚犯也只有 100 人。随后尽管出台了贱价出售土地以吸引殖民者的措施，但 30 年后也就是到 1871 年时，占地172 万平方千米的昆士兰依然只有区区 12 万白人定居者，这还是殖民当局的估测，当局能确定的只是布里斯班地区居住着 25 000名白人。而狂热的帝国主义分子戴尔（R. W. Dale）鼓吹说，若要使昆士兰变得人口稠密，

> 开发者不一定非要属于建立了悉尼、墨尔本和阿德莱德（南澳大利亚首府——引者注）的伟大种族，因为他们无法在热带气候下持续高强度劳动……英格兰人、苏格兰人不行，连爱尔兰人都不行，他们可以找到资本，也可以指挥劳工，但是劳工本身还得是有色人种。[67]

澳大拉西亚地理学会昆士兰分会的创始人埃德蒙德·拉梅斯里（Edmond Marin La Meslee）说：

> 欧洲人发现这里的气候实在不适合户外活动，如果北部昆士兰要充分发展，就需要强制引入劳动力，能承受这种天气的劳动，那就是非洲黑人、印度人或者华人。[68]

令人惊惧的是，尽管澳大利亚原住民当中只有极少数量的部落有食人的传统，但他们基本上都分布在昆士兰，这本身就说明当地的动植物不足以让人类获取足够营养。事实上，原住民吃人的情况主要出现在 19 世纪，这与殖民者不断侵占他们的栖息地以及霸占并消耗水源有关，这使得原住民失去了鱼类及鸭子等传统食物来源。[69] 当然，原住民对移民社会最大的威胁还不是吃人，而是有组织地袭击殖民者的营地和村镇，因为这些人造新景观侵夺了原住民原本用来狩猎和采集果实的土地。比如，晚至 1873 年 8 月到 11 月，还有原住民连续袭击昆士兰内陆的大城镇吉尔伯特镇（Gilbert Town），造成殖民者死伤及财产损失。由于缺乏有效的武装保护，包括华人在内的全体拓殖者只能放弃城镇：

> 他们是危险的，他们能比南方部落更好地组织起来反抗白人入侵，他们真正为领土而战。……原住民投掷长矛非常精准，那矛柄由轻、细、强的芦苇秆支撑，倒钩顶端由四种小树的硬木制成。其中的库克敦铁木（Cooktown ironwood），叶子有毒，曾毒死了许多运输者的马和阉牛。[70]

在昆士兰的热带地区，不仅是自然环境，原生态中就包含了强大的反抗力量，这些都决定了欧洲移民生态即便敢在这里扩展，也会是一个艰难的过程。但是，对于珠三角来的中国移民来说，这反而成了一个机会。事实上，华人移民几乎凭借一己之力开始改变这里的生态，最终为这里全面建立新移民生态打下了基础。

帕尔默河淘金热中的华人移民

虽然据信在 1859 年前已经有华人移民以各种劳工身份零星进入昆士兰的情况，但他们正式批量出现要到 19 世纪 60 年代后期，这是淘金华人为了回避澳大利亚主要矿区欧洲矿工的压力，不断向偏远地区找寻金矿的结果。[71] 1867 年，有部分华人淘金者从新南威尔士内陆越境进入昆士兰的开普河（Cape River）寻找金矿，然后逐渐溯流而上，进入吉尔伯特河（Gilbert River）流域。就考古学与地方史研究的统计来看，到 1871 年，昆士兰大致已有 430 名华人移民，随后十年中，从沿海到内陆的各个定居点都出现了华人的身影，包括乔治敦（Georgetown）、帕尔默河（Palmer River）、库克敦（Cooktown）、道格拉斯港（Port Douglas）以及凯恩斯（Cairns），等等。[72]

对华人移民昆士兰而言最大的刺激当数帕尔默河淘金热的爆发。1873 年到 1874 年初，昆士兰大分水岭以西的干旱内陆河帕尔默河发现了巨大的浅层沉积金矿。这是当局为了刺激本地资源开发并吸引移民而派出探险队搜索的结果。不仅如此，1874 年初昆士兰当局还取消了黄金出口税以鼓励矿工阶级成长。[73] 消息很快传到了布里斯班、悉尼及墨尔本，果然就有淘金移民闻风而至，数月内帕尔默矿区淘金者就增加到 9 000 人。但是让昆士兰当局震惊的是，这里面居然有 7 000 名是华人。原因很简单，昆士兰极北地区的自然环境让欧洲移民望而生畏。虽然在各个肤色的人群里都可以找到要钱不要命的人，但对于早已在维多利亚及新南威尔士深井金矿公司中工作的矿工以及其他行业的欧洲移民而言，前往远离成熟殖民据点的热带北方冒险还是得不偿失。帕尔默河矿区几乎没有畜牧业，没有政府的有效管理，也没有现成的交通、商店及通信网络，比1851年前的维多利亚矿区还缺乏定居基础，除非移民能像当地原住民可可明尼人（Koko-Minni）一样生活。[74] 从南部殖民地前往帕尔默金矿的长途陆路交通几乎不存在，因此只能由海路先坐船抵达库克敦，然后翻越大分水岭，徒步200千米才能进入矿区，旅途耗时近一个月。此外，库克敦是热带海洋性气候，每年有六个月的雨季，天气湿热，补给困难，所有物品都可能潮湿霉变。

但是，对于珠三角的移民来说，昆士兰极北地区所有上述挑战都不足以令人畏葸不前。一年当中有八个月气温在30摄氏度左右根本不是什么稀奇事，毕竟家乡也差不多，何况此时华南移民已经遍布热带东南亚，全面开展着自然资源开发活动，而他们在澳大利亚的矿工同胞，与其在东南部老矿区苦苦挣扎，夹缝求生，不如去帕尔默河发掘新金矿。所以至1875年帕尔默河淘金热达到最高潮时大致吸引来了30 000名淘金者，其中绝大部分是华人。1873年12月开始运营布里斯班到库克敦航线的澳大利亚"东方与澳大利亚汽船公司"（Eastern & Australia Steamship Company）在1875年开始将航线延伸至香港，这样从中国去往澳大利亚的移民就可以直接前往昆士兰殖民地了。[75] 与新西兰的情况相似，此时来昆士兰的大多是三邑地区而不是五邑地区的移民。根据1877年的统计，还有近20 000名淘金者在帕尔默河挖掘黄金，其中 18 000 名是华人。经考古学家研究，帕尔默矿区采掘面积有 66 万公顷，出产黄金类达到 40 吨。⁷⁶澳大利亚鼓吹排斥华人的矿工和舆论领袖一定没有想到，正是他们鼓吹澳大利亚自然资源专属于欧洲移民及其后裔，千方百计将华人排挤出东南部殖民地的富矿区，反倒促使华人移民有机会分享澳大利亚热带地区的黄金资源。这不啻对排华种族主义莫大的讽刺之一。

大自然似乎是有意眷顾华人的。帕尔默河矿区不仅气候和环境不利于欧洲矿工生产，而且矿产品种也让他们失望。这里的黄金几乎完全是河道中累积下来的沉积金，虽然埋藏很浅，但颗粒很小，所以对习惯个体劳作的欧洲淘金者而言，收获几乎不可测。此外，在旱季时淘金还要及时引水和蓄水，同时还要忍受饥饿和酷暑。而对华人淘金者而言，面对这样的矿藏，只需要复制在其他矿区已经积累的浅层矿淘洗方法即可。略有不同的是，在帕尔默河矿区华人可以占据大片的土地进行团队作业。淘洗的时候，两人挖矿，两人运土，剩下的人都用淘洗篮淘洗和分拣黄金，晚间则过磅记账。日复一日，所有的矿土都淘洗三到四遍。由于存在团队互助的模式，华人矿工一时间没有收获也不会立刻影响生计，所以能在恶劣的矿区持久工作。对此欧洲矿工极不服气，称这是"运气"：

> 到处都是华人……他们系统地工作，拿走了地表所有的东西，而不是只选最有希望的挖掘点工作，这是欧洲人的风格，这样坚持不懈地工作当然有收获了，本来这里金子分布

也是不均衡的，所以总有运气能够撞上。大家有一种印象，这里的黄金有四分之三都落到了华人的手里。[77]

考虑到华人在移民总人口中的比例，这个印象显然大体不错。帕尔默河矿区最大的集镇帕尔默维拉（Palmerville）"几乎每一个商店、旅馆、面包房和肉摊都是中国人开的。附近的五月镇（Maytown）也一样"[78]。帕尔默河淘金热就这样成为整个澳大利亚乃至环太平洋淘金热历史上唯一完全由华人移民主导的淘金热。

华人移民生态的扎根与壮大

作为在人数上占据绝对优势的移民群体，华人移民在昆士兰极北地区原生态的改造中毫不意外地发挥了主导作用，这是其他殖民地都无法比拟的。当然，这并不意味着华人不用为适应这里的环境付出代价。比如，1873 年从中国直接抵达的移民谭仕沛花了一个月时间才从库克敦翻越大分水岭进入帕尔默矿区，一路苦不堪言："履巉岩，越崎岖……疲困已极，交步难移"，爬山途中他又遭遇了迎风坡的地形雨，被山洪及积水挡住了去路，只能坐等干耗，"栉风沐雨，淋漓尽致。守望水涸，而糇粮已尽。我迫转回谷党（库克敦），以解粮食"[79]。当他从库克敦再次出发最终进入矿区后，又发现自己作为一个新手，缺乏淘金经验，事倍功半：

乃始淘沙，绝不渐金，怒焉忧之。适郭良兄道出其间，
不吝指教，始晓开采，而所采又属无多。每日不过一二分
金，仅足糊口而已。[80]

显然，绝大部分华人移民在矿区安顿和作业都需要艰难地适应地
质环境。

更糟糕的是，热带病也严重侵袭从事高强度体力劳动的淘金
移民，包括疟疾和热病。以谭仕沛为例，他的回忆录多次提到了
自己及亲朋受伤或者身患在家乡没有见过的怪病。比如，在采金
数周后，他就发现自己脚底长了痈疽，听有经验的人建议用火烤
之法治愈后才又加入淘金团队作业。不久之后他的父亲与弟弟先
后得了一种极可能是脚气病的"黑疹毛钉"病。困顿之下，国内
亲戚卖掉其祖宅汇款支援，但父亲和弟弟复病，最终耗尽钱财，
只能滞待于库克敦。不仅如此，谭仕沛迫于生计随伙伴顺帕尔默
河而下，进入其干流米歇尔河（Mitchell River）尝试淘金时，又
遭遇了内陆原住民袭击，几乎吓死：

是晚钟鸣九点，突闻野人声嚣，同人群起，鸣炮示警，
终夜戒严，如临大敌。守至天明，立即徙避。[81]

原住民吃华人的记录也不罕见。比如，1875 年 6 月 3 日的一则
记录说，有四位欧洲矿工曾经追击过袭击华人的原住民。这些人
袭击华人营帐后掳走一人，结果该人被找到时已经被铁铲分尸煮

食，骨头洒落满地。欧洲矿工追踪痕迹进入了一个地形恶劣的高地，但是开了几枪后就撤离了，因为发现对方人数众多。[82]

在这种原生态下，华人移民要定居并发展实属筚路蓝缕，披荆斩棘，而他们做到了开天辟地。帕尔默淘金热爆发后不久，许多华人就开始种植蔬果供应当地市场需求，在缺乏后勤补给的昆士兰内陆，这成为维生的基础。淘金热于 19 世纪 70 年代末逐渐消退时，更多华人移民开始在矿区及沿海承包土地，开荒发展精细农业。当时尚未入籍归化的华人无法购置土地，所以只能通过租赁欧洲移民的土地加以开发，这促成了一种双赢：

> 通常的习惯是，若干个华人从欧洲裔农场主处租一块土地，大概有 5 ～ 50 英亩，年租金 1 先令。华人来清理土地并种植作物，为期 5 年。这是一种双赢的合作。华人作为外国人在不能购买土地的情况下能够便宜地使用它，而欧洲人又可以确保这里的土地从此适合耕种。[83]

在昆士兰大部分地区，茂密的林木植被尤其是沿海地区的热带雨林是混合农业最大的障碍，而欧洲移民根本没有足够体力和人手征服丛林，所以华人几乎垄断了昆士兰最早的毁林开荒与农业种植活动。[84] 阿瑟顿（Atherton）公有土地调查专员在接受昆士兰皇家土地专门调查委员会听证时被询问："你认为，如果没有华人，白人可以担当此项工作吗？"专员回答道："我认为连一半的土地都开垦不了。华人很善于垦荒。铲除这里的灌木（scrub）

是一门艺术。"[85] 土地清理之后就是种植各种作物，与维多利亚等农业基础较扎实的殖民地不同，华人种植的作物中包括玉米与水稻等主食，这是由当地粮食供给率低决定的。不仅如此，华人还实现了蔬果业的局部完全垄断，这也是全澳大利亚罕见的。比如，考古学家伊安·杰克（Ian Jack）与 凯蒂·赫尔墨斯（Katie Holmes）结合田野挖掘和租金缴纳记录的统计指出，1883 年时帕尔默河矿区一共有 68 个蔬菜种植园，全部都是华人的，随着淘金产业的不断萎缩及人口流失，这个数字在 1885 年时降为 57 个，1887 年时降为 36 个。这并不意味着华人农业种植活动的衰落，而恰恰意味着他们的农业生产在不断转移，遍地开花。[86]

对热带环境的适应性，是华人农业种植活动在昆士兰崛起的关键，首先就是解决供水问题。对华人菜农阿涛（Ah Toy）的菜园的考古发掘，可以证实阿涛采用了木制水坝拦截溪水，再挖掘沟渠将溪水引流进入菜园，他还修建了木制的引水槽从山上的溪水中引水，以防溪流干涸时菜园断水。菜园部分区域还有数个引水槽的分流管道，保证浇灌时的便利性。这说明阿涛已经非常了解昆士兰内陆地区旱季与雨季降水极端变化的特点。不仅如此，阿涛显然对菜园有很明确的规划，在溪流北部的园子主要种植玉米、红薯以及蔬菜，而在溪流南部的园子主要种植果树，包括释迦（custard apple，也叫番荔枝）、橘子和橙子，还混种了芋头、山药和粗叶菠萝。[87] 毫不夸张地说，这简直就是把珠三角的热带菜园与果园整体复制到了昆士兰。更重要的是，华人移民在种植技巧上也充分考虑了热带环境的特点。

1878 年的一则报道说：

> 在育种的时候，华人就做了非常多的考量与布置。他们
> 选择了靠近篱笆的能被荫庇的地方。他们会反复翻耕土地，
> 不管土地有多肥沃，每次都要把粪肥买入；每次翻耕之后，
> 地里都要浇透水……在一年当中的这个时候，太阳如此毒辣
> 辣的，一排排插好的木桩或者硬木板子都要围着育秧的地，
> 嫩苗或者树苗被栽到板子围出来的地里，上面再密密架上晒
> 干的小树枝，这就形成了保护秧苗的小房子，阴凉的影子就
> 盖住了种苗。[88]

昆士兰的气温很高，阳光过度暴晒问题一直是边疆混合农业育苗
工作的障碍，华人不辞劳烦，相当于为秧苗专门搭建了遮阳板。

由于极北地区的华人移民人口一度占相当的优势，所以华人
蔬果种植很大程度上是为了满足同胞需求而选择种植品种的。比
如，芋头与山药这两种作物基本上只有华人消费，而且非常有趣
的是，几乎所有的华人菜园都种植了大量生姜，这是几乎没有在
维多利亚矿区出现的，因为气候不够适合。珠三角人民非常看重
生姜的药用价值，而它在热带与亚热带地区长势最好，所以昆士
兰广泛出现生姜种植，是华人移民生态优势的重要的标志。[89] 但
是昆士兰华人移民农业的自给自足并不等于自我封闭，他们与殖
民地经济与移民生态的整体变化密切联系。19 世纪 80 年代开始，
昆士兰当局开始引入太平洋岛屿上的美拉尼西亚契约工——也就

是卡纳卡人（Kanakas）——种植甘蔗，发展蔗糖业，而他们的主食就是红薯，几乎全部由华人农场提供，因为珠三角移民种植红薯一年可以收获两季，而且是混种其他作物，一英亩地一年能产 14 吨，这是让同时期的欧洲移民叹为观止的。19 世纪 80 年代初期，每吨红薯售价 3.1～5 英镑，华人仅仅种植红薯就可以获得很高利润，而在 1885 年甘蔗业萧条、岛屿劳工减少后，华人移民大范围改种马铃薯，这又是为了满足欧洲裔人口需要。[90]

几乎所有的案例都表明，昆士兰极北地区华人农业生态表现出的地域流动性、环境适应性与品种弹性都很突出，尤其是后文将提到这里还出现了大规模单一种植经济作物如香蕉的现象。[91]这些当然都是华人为了满足经济需要而不断调整的结果，但是客观上极大促成了一种华人生态的扩张。在昆士兰尤其是它的极北部地区，华人因素在移民生态的建立和发展过程中体现了其余地区难以比拟的主导性，这不能不说是他们更适应这里类似家乡环境的结果。当然，华人移民持续将昆士兰的原生态改造为可供移民定居的农矿生态更大程度上便利了欧洲移民的进入。1865—1875 年，昆士兰殖民地的总人口从 86 921 人增加为 169 105 人，增加了 8 万多人，而在 1875 年华人移民大批进入之后，1885 年时全殖民地总人口增加到 316 681 人，增加了近 15 万人。相比之下，原住民人口则从 19 世纪 70 年代的 5 万人左右下降到 1881 年的 2 万人左右。[92]

/ 小　结

在面临淘金热降温以及矿区欧洲移民矿工的排斥时，华人的生计并没有轻易被摧毁。相反，通过多样化的生产活动，尤其是农副生产活动，华人移民在更广阔的资源边疆推动了移民新生态的建设。在殖民地社会经济发展与移民生态扩张的大趋势下，华人不断向更偏远的新西兰与昆士兰迁徙、定居，不管是应邀前往还是主动开拓，都促使其与南太平洋腹地多样化的环境发生互动，同时也深深推动了当地生态的变化。

在气候较寒冷而农牧业基础较好的新西兰，华人移民极大地促成了新西兰农矿复合生态的巩固与拓展。不管是开展淘金还是蔬果种植，都以较小的人口体量产生了较大的生态影响，赢得了广泛的关注。而在气候上更接近故乡珠三角的昆士兰尤其是其极北部热带地区，华人移民则率先确立自己的生态优势，这说明了华人自由移民强大的环境适应能力与改造能力。

需要看到的是，无论在新西兰还是在昆士兰，华人移民最初都是因为金矿开发而至，但是最终都确立了多样化的生计，在促进移民新生态的全面崛起时，将华人特有的生态要素和环境改造经验注入其中。尤其是在欧洲移民不甚适应的热带地区，华人移民对原生态的冲击和新生态的建立都具有更大影响，这再次说明了所谓新欧洲移民生态的多元性起源。19 世纪 80 年代后，华人移民将以更强有力的方式，加速推动澳大利亚与新西兰的生态变化。

注释

1. V. Lovejoy, "Depending upon Diligence: Chinese at Work in Bendigo, 1861–1881," p.26.

2. 与澳大利亚不尽相同，新西兰从 1852—1876 年建立了所谓"半联邦制省级政府体系"（semi-federalist provincial system of government）。全境设一名总督以及由总督提名组成的上议院和选举产生的下议院。根据选区，新西兰被划分为六个省：奥克兰、惠灵顿、塔拉纳基、纳尔逊、坎特伯雷、奥塔哥。在这个体系下，省具有极大的权力和职责，包括自行决定各种基础设施的建设以及组织并吸引移民。

3. *Otago Witness*, 23 December, 1865.

4. *Otago Witness*, 4 November, 1865.

5. C. A. Price, *The Great White Walls are Built*, Canberra, Australian National University Press, 1974, p.277.

6. [新西兰] 菲利帕·史密斯著，傅有强译：《新西兰史》，66 页，北京，商务印书馆，2009。

7. Malcolm McKinnon, *Gold Development, the Encyclopedia of New Zealand*, 2008.（电子资源，无页码）

8. James Ng, *Windows on a Chinese Past*: *How the Cantonese Gold Seekers and their Heirs Settled in New Zealand*，vol. 1, pp.123–124.

9. *Otago Witness*, 19 January, 1867.

10. Otago Provincial Council, "Budget Alarm," *Votes and Proceedings*, session XX, 1865, pp.3–4.

11. Otago Provincial Council, "The Immigration Report," *Votes and Proceedings*, session XXI, 1865, p.12.

12. *Otago Witness*, 30 September, 1865.

13. *Otago Daily Times*, 21 September, 1865.

14. *Otago Daily Times*, 21 September, 1865.

15. *Otago Witness*, 30 September, 1865.

16. *Otago Witness*, 29 July, 1871.

17. Manying Ip ed., *Unfolding History, Evolving Identity: The Chinese in New Zealand*, p.14.

18. James Beattie, "Hungry Dragons: Expanding the Horizons of Chinese Environmental History—Cantonese Gold-Miners in Colonial New Zealand, 1860s–1920s," p.111.

19. George McNeur, *Feeling the Way in the Canton Villages*, Dunedin, Otago Daily Times, 1902, p.2.

20. Neville Ritchie, *Archaeology and History of the Chinese in Southern New Zealand During the Nineteenth Century: A Study of Acculturation, Adaptation and Change*, Dunedin, University of Otago, 1986, pp.53–56.

21. 资料来源于 James Ng, "Number of Chinese Goldminers in Otago," *in Windows on a Chinese Past: How the Cantonese Gold Seekers and Their Heirs Settled in New Zealand*, vol.1, Dunedin, Otago Heritage Books,1993, p.156。

22. James Ng,"The Sojourner Experience: The Cantonese Goldseekers in New Zealand, 1865–1901," in *Unfolding History, Evolving Identity: The Chinese in New Zealand*, ed. Manying Ip, p.16.

23. Barry McGowan,"The Economics and Organization of Chinese Mining in Colonial Australia," *Australian Economic History Review*, vol.45, no.2, 2005, p.126.

24. 参见 Michael MacLellan Tracey,"No Water-No Gold-Applied Hydrology in Nineteenth Century Gold Mining," *Proceedings of the Australian Mining History Association 1996 Conference*, Canberra, Home Planet Design and Publishing, 1997。

25. Nicol Allan MacArthur, *Gold Rush and Gold Mining: A Technological Analysis of Gabriel's Gully and the Blue Spur, 1861–1891*, Dunedin, University of Otago, 2014, p.39. 有照片显示，1862 年奥塔哥加里布埃尔谷地（Gabriel's Gully）已经采用了这种水车，是从维多利亚矿区引入的。

26. Christopher Davey, "The Origins of Victorian Mining Technology, 1851–1900," *The Artefact*, 1996, p.54.

27. Jean Gittins, *The Diggers from China: The Story of Chinese on the Goldfields*, pp.75–76.

28. *Dunstan Times*, 7 December, 1877.

29. Neville Ritchie, *Archaeology and History of the Chinese in Southern New Zealand during the Nineteenth Century: A Study of Acculturation*, p.60.

30. *Otago Witness*, 18 April, 1889.

31. *Otago Witness*, 31 May, 1900.

32. James Beattie, "Hungry Dragons: Expanding the Horizons of Chinese Environmental History—Cantonese Gold-Miners in Colonial New Zealand, 1860s–1920s," p.120.

33. Alexander Don,"Our Chinese Mission," *The New Zealand Presbyterian*, 1 July 1882, p.6.

34. *Otago Witness*, 7 October, 1882.

35. 资料来源于 "Canton","Icabod", Round Hill Goldmining, 1903, Hocken Library / Uare Taoko o Hākena, University of Otago, Dunedin, c/nE2407/16；关于建筑的介绍参见 Alexander Don,"Our Chinese Mission," *The New Zealand Presbyterian*, 1 July 1882, p.6。

36. Neil Clayton,,"Settlers, Politicians and Scientists: Environmental Anxiety in a New Zealand Colony," *Environment and Nature in New Zealand* 9, no. 1, 2014, pp. 20–21.

37. *Tuepeka Times*, 17 April, 1873. Carl Walrond, "Gold and Gold Mining—Otago," in *The Encyclopedia of New Zealand*, 2006.（电子资源，无页码）

38. *Otago Witness*, 18 September, 1869.

39. *Otago Witness*, 18 September, 1869.

40. Alexander Don,"Our Chinese Mission," *The New Zealand Presbyterian*, 1 October 1882, p.67.

41. *Southland Times*, 26 July, 1888.

42. *Otago Witness*, 7 October, 1882.

43. *Otago Witness*, 9 March, 1888.

44. Marc Schallenberg and David Kelly, *Ecological Condition of Six Shallow Southland Lakes*, Report no. 2198, p.1, Nelson, Cawthron Institute, 2012.

45. Neville Ritchie, *Archaeology and History of the Chinese in Southern New Zealand during the Nineteenth Century: A Study of Acculturation, Adaptation and Change*, p.155.

46. James Ng, *Windows on a Chinese Past*: *How the Cantonese Gold Seekers and Their Heirs Settled in New Zealand*, p.98.

47. Alexander Don,"Our Chinese Mission," *The New Zealand Presbyterian*, 1 December 1882, p.104.

48. James Ng, *Windows on a Chinese Past*: *How the Cantonese Gold Seekers and Their Heirs Settled in New Zealand*, p.355, note 29a. 参见 E. O'Gorman,"Experiments, Environments, and Networks: Commercial Rice Cultivation in South-Eastern Australia, 1900–1945," in *Eco-Cultural Networks and the British Empire: New Views on Environmental History*, eds. James Beattie, Edward Melillo, and Emily O'Gorman, New York, Bloomsbury Academic, 2015, pp.233–262。

49. Alexander Don,"Our Chinese Mission," *The New Zealand Presbyterian*, 1 October 1882, p.66.

50. *Otago Witness*, 9 March, 1888; Alexander Don,"Our Chinese Mission," *The New Zealand Presbyterian*, 1 August 1882, p.28.

51. A. Piper, "Chinese Diet and Cultural Conservatism in Nineteenth-Century Southern New Zealand," *Australian Journal of Historical Archaeology*, vol. 6, 1988, pp.34–42.

52. James Beattie, "Hungry Dragons: Expanding the Horizons of Chinese Environmental History—Cantonese Gold-Miners in Colonial New Zealand, 1860s–1920s," p.134.

53. 参见 James Ng, *Windows on a Chinese Past: How the Cantonese Gold Seekers and Their Heirs Settled in New Zealand*, , vol.1, p.338, 引注 143g；p.341, 引注 151a, 151b。根据本人与华南乡村经济史专家刘志伟教授的交流，这里的奶白菜应该不是现在中国常见的奶白菜，而是被广府人称为"匙羹白"的一种非常适合于晒菜干的小型白菜，如今已经很少见。这符合当时华人移民的物种知识范围与实际需求。

54. Alexander Don, "Our Chinese Mission," *New Zealand Presbyterian*, 1 January 1883, p.127.

55. Lily Lee, Ruth Lam, *Sons of the Soil: Chinese Market Gardeners in New Zealand*, Pukekohe, Dominion Federation for New Zealand Chinese Commercial Growers, 2012, p. 21.

56. James Ng, *Windows on a Chinese Past: How the Cantonese Gold Seekers and Their Heirs Settled in New Zealand*, vol. 2, p. 55, 脚注 35b.

57. 吴敏超：《新西兰华人与海上丝绸之路——以陈达枝为中心的探讨》，载《广东社会科学》，2019（2）。

58. *Otago Witness*, 1 March, 1894; 4 March, 1897; 24 February, 1898.

59. *Otago Witness*, 28 May, 1896.

60. *Hawke's Bay Herald*, 13 November, 1888.

61. Alexander Don, *New Zealand Presbyterian Chinese Mission: Twenty-first*

Inland Otago Tour, 1907–1908, Dunedin, Otago Daily Times, 1908, p.5.

62. James Beattie, Edward Melillo, and Emily O'Gorman eds., *Eco-Cultural Networks and the British Empire: New Views on Environmental History* , p.3.

63. *Tuapeka Times*, 7 August, 1886.

64. John Woinarski, Brendan Mackey, Henry Nix and Barry Traill, *The Nature of North Australia: Natural Values, Ecological Processes and Future Prospects*, Canberra, Australian National University Press, 2007, pp.4–7.

65. Warwick Anderson, *The Cultivation of Whiteness: Science, Health, and Racial Diversity in Australia*, Carlton, Melbourne University Press, 2002, p.73.

66. 同上书 , p.82。

67. R. W. Dale,"Impressions of Australia: Speculations About the Future," *Contemporary Review,* vol.54, 1888，pp.838–839.

68. Edmond Marin La Meslee, *The New Australia*, London, Heinemann Educational Australia Pty Ltd, 1979, p. 204.

69. 参见 Hector Holthouse, *River of Gold: The Story of the Palmer River Gold Rush*, Sydney, Angus and Roberson, 1967, pp.1–14；[澳] 艾瑞克·罗斯著，张威译：《澳大利亚华人史（1800—1888）》，157 页，广州，中山大学出版社，2017。

70. [澳] 艾瑞克·罗斯著，张威译：《澳大利亚华人史（1800—1888）》，157 页，广州，中山大学出版社，2017。

71. Keer Reeves,"Sojourners or a New Diaspora? Economic Implications of the Movement of Chinese Miners to the South-West Pacific Goldfields," *Australian Economic History Review,* vol.50, no.2, 2010, p.189.

72. 相关城镇的分布图可参见 Heather Burke and Gordon Grimwade, "The Historical Archaeology of the Chinese in Far North Queensland," *Queensland Archaeological Research*, vol.16, 2013, p.122。库克敦是当时

昆士兰最北部的海运港口，1875 年后成为华人移民进入澳大利亚的主要口岸之一。但是昆士兰最早的华人移民群体是从陆路进入吉尔伯特与乔治敦的。

73. Table LX-Schedules of Taxes, Duties, Fees, Rents, Assessments, and All Other Sources of Revenue, *Queensland Votes and Proceedings*（简称 QVP），Brisbane, Queensland Government, 1874, vo1.II, p.ll.

74. Jillian Comber,"Parlmer River Gold Rush," *Australasian Historical Archae-ology*, vol. 13, 1995, pp. 41–42.

75. Noreen Kirkman,"From Minority to Majority: Chinese on the Parlmer River Gold-Fields, 1873–1876," in *Race Relations in North Queensland*, ed. Henry Reynolds, Townsville, History Department, James Cook University, 1993, p.243.

76. Peter Bell, *Gold, Iron and Steam: The Industrial Archaeology of the Palmer Goldfield*, History Department, James Cooks University of North Queensland, 1987, p.6.

77. *Queenslander*, 26 February, 1876.

78. *Cooktown Herald*, 29 May, 1875; 21 July, 1875.

79. 谭仕沛:《阅历遗训》，见刘渭平:《澳洲华侨史》，45 ～ 46 页，台北，星岛出版社，1989。

80. 同上书，46 页。

81. 同上书，47 页。

82. [澳] 艾瑞克・罗斯著，张威译:《澳大利亚华人史（1800—1888）》，165 页，广州，中山大学出版社，2017。

83. Cathie May,"The Chinese Community in North Queensland," in *Lectures on North Queensland History*, ed. B. J. Dolton, Townsville, James Cook University, 1974, p.124.

84. 1898 年之前，澳大利亚文献中没有"雨林"（rainforest）这个词，把昆士兰相对低矮的原始密林都称为"灌木"（scrub），对澳大利亚东南部稀树草原景观中的灌木则一直以"bush"来代指，这恰恰说明了昆士兰自然在欧洲移民眼中的另类性。

85. Royal Commission on Land Settlement, *QVP*, 1897, vol.3, Q4006.

86. Ian Jack and Katie Holmes,"Ah Toy's Garden: A Chinese Market Garden on the Palmer River Goldfield, North Queensland," *Australian Journal of Historical Archaeology*, vol. 2, 1984, p.51.

87. Ian Jack and Katie Holmes,"Ah Toy's Garden: A Chinese Market Garden on the Palmer River Goldfield," p.52.

88. *Queenslander*, 19 January 1878.

89. Joanna Boileau, *Chinese Market Gardening in Australia and New Zealand: Gardens of Prosperity*, p.69.

90. *Queenslander*, 7 February, 1885.

91. Henry Reynolds, *North of Capricorn: The Untold Story of Australia's North*, Crows Nest, Allen & Unwin, 2003, p.78.

92. 澳大利亚联邦统计局, Minimum Estimates of the Indigenous Population, States and Territories, 1788–1971, Population（a）（b）by Sex, States and Territories, 31 December, 1788 onwards, *Australian Bureau of Statistics*, 2008。

第 08 章

资本的力量

19 世纪 60 年代之后，随着华人移民在澳大利亚与新西兰殖民地不断离散并确立起多元化、稳定化的生产生活，他们显然已经成为移民社会一股不可忽略的力量，也对当地生态变化及经济的成长发挥了不可磨灭的影响。在这个过程中，如同所有的移民群体一样，华人移民也日益明显地出现了社会分化：以商人和企业家为主的精英阶层脱颖而出。1890 年出访的晚清外交官、开眼看世界的知识分子之一薛福成就明确注意到澳大利亚华商的活跃性：

> 雪梨（悉尼——引者注）粤商二十九家，华人商工共四千，其在内地开店及种植者亦六千余。……雪梨华商，运售茶叶、豆油居多，视美利滨（墨尔本——引者注）较大。埠内华人种植烟叶者，近年稍有起色。又叭拉辣（巴拉瑞特——引者注）埠，为美利滨英督所辖，地多金矿，矿深者

六百尺至千尺不等。华商工人约七百余名，散处挖金、种植者亦数百人。[1]

在 19 世纪后半期，无论在澳大利亚还是在新西兰，几乎所有的第一代华人移民资本家都有白手起家的特点，都有卷入金矿开发的经历，当然其中许多人最初的资本积累并非直接来源于淘金，而是来自支撑矿区人口消费的零售业。以广泛分布的零售业为基础，华人商人又整合了最具行业竞争力的蔬果种植等农副产业，形成了跨地域甚至跨国性的人员与物资流通网络。以梅光达与雷亚妹为代表的华商甚至在 19 世纪 80 年代就成为澳大利亚商业银行（Commercial Bank of Australia）的 18 名理事和最大的股东之一。[2] 至 1901 年澳大利亚联邦成立时，以新南威尔士与维多利亚殖民地为中心，已经形成了一个"稳固的商人阶级，经营进出口贸易、水果和香蕉批发业和食品杂货蔬菜业"[3]。

在传统的华人华侨史研究中，华人经济精英阶层尤其是华商素来是研究者们最青睐的研究对象。因为他们是最能彰显华人移民能动性的代表，关于他们的史料也相对丰富。在 1975 年联邦政府废止"白澳政策"前，澳大利亚最权威的史学专业期刊《澳大利亚历史研究》（Australia Historical Studies）仅刊载过一篇以华人移民为主题的论文，作者杰弗里·奥迪（Geoffrey Oddie）就是将华人移民社会分为"商业精英"（the merchant elite）与"低下阶层"（the lower class）来展开论述的。[4] 杨进发在《新金山》里对华商群体也多有着墨，近年来费约翰则进一步发掘了华商网络的社会与政治意涵。就个案而言，有关梅光达、刘光明等华商的具体研究也不罕见。[5] 然而，正是由于对商人身份的过分关注，传统研究无意中也淡化了许多华人经济精英的实业家身份。事实上，从 19 世纪 60 年代开始，许多华人就不仅涉足贸易领域，更直接参与并推动了澳大利亚与新西兰的工业化，而他们所造成的社会与生态影响也是惊人的。

对此，本章的兴趣并不在于探索华商的个人经历、组织网络、经营之道或对华人社会的影响，而是根据华人资本的活动领域，展示华人移民如何参与甚至引领了殖民地多样化产业发展。本章要说明华人资本的崛起意味着华人移民不再仅仅靠肌肉与毅力改造自然，而是凭借专业化设备、规模化开发以及产业链建设，大范围且高强度地推动澳大利亚与新西兰的社会与生态变化。矿业开发、水果种植和农牧业领域的具体案例表明，华人移民资本能够利用殖民地具体的自然禀赋、法律及市场变化，壮大自己的事业，最终在殖民地乃至母国的土地上留下深刻的印记。

/ 工业化采矿的生态影响

轰鸣的石英石矿场

对 19 世纪下半叶的华人移民而言，淘金是其挺进澳大利亚与新西兰腹地边疆的最初诱因，而矿产业也成为华人资本运作的起点，如前文曾经提到的马拉搅拌机的使用，就促成了华人集资参与机械化作业的现象。但是传统研究在讨论华人经济精英时，很少关注到华人工矿企业，而是把目光都集中于华人商人。因为通常人们都认为华人缺乏资本与现代科学技术，不擅长工业化采矿。[6] 这一结论不能说是错误的，但是实际情况远比这种刻板印象复杂。

从19世纪50年代后期开始，由于高品位的沉积金矿藏枯竭，除了昆士兰，澳大利亚几乎所有殖民地黄金生产的重心都转向了开采石英石金矿与沉积金矿的贫矿。石英石金矿的矿脉通常埋藏于地下深处，黄金伴生坚硬的石英石，需要使用包括炸药在内的爆破手段进行大面积开采，然后用重型机械粉碎矿石，再以剧毒化学品提纯黄金方能盈利。这显然远远超出个体淘金者的能力范畴，唯有依靠资本、技术与劳动力的密集投入才能实现。1858年中，维多利亚政府颁布新的矿业法，将采矿公司租赁土地面积上限提高到100英亩。[7] 从此，技术与政策的组合利好促成了矿业股份公司如雨后春笋般涌现。不过根据1859年的统计，维多利亚矿区成立的103家石英石矿公司中没有一家华人企业。当时从事石英石矿开采的华人雇工也仅有24人，而进行浅层沉积矿淘洗的华人淘金者还多达25 000多人。到1885年时，石英矿开发已经成为维多利亚矿业生产的支柱，但华人从业者依旧不过200人，而从事废旧矿淘洗的矿工则有4 784人。[8]

在机械化采矿兴起过程中，华人资本没有迅速在石英矿开发中大放异彩具有必然性。除了资本有限，不足以运营工业企业之外，也有文化上的解释，即落叶归根的文化包袱使得他们不愿意投入开发周期很长的活动。[9]但这种解释显然是牵强的，因为华人农业活动充分说明了他们能够也愿意扎根新家园。这里最重要的原因还是在于欧洲矿工抵制矿产公司雇用华工，同时也不欢迎华人资本投入石英矿开发。[10]不过最近发现的档案显示，华人资本在石英矿投资领域绝不是知难而退的。1861 年 7 月，巴拉瑞特的矿区巡视员托马斯·柯万（Thomas Cowan）就报告华人成立了一家石英矿公司——香港石英矿公司（Hong Kong Quarz Mining Company），总共有 25 名股东，还雇用了一名欧洲裔经理。这家公司规模并不小于当时欧洲人掌控的公司，所以引起了官方和媒体的共同关注：

> 这个公司拥有一台 35 匹马力的粉碎机，此外还有 10 匹马力的蒸汽机满足鼓风和抽水的需要。……这个公司是附近最完备的矿业公司，耗资 1 900 英镑。……他们已经打了一座 130 英尺深的矿井，然后横向又挖掘了 40 英尺长、20 英尺宽的作业面。试验性粉碎加工的成果显示，产量是每吨矿石产金 8 克左右。[11]

如此低的产量意味着这家公司黯淡的盈利前景，果然仅仅六个月后它就倒闭了。不过在当时的矿区，这种短命的石英矿业股份公司并不罕见。香港石英矿公司的例子恰恰说明了在矿业地质及矿冶专业知识不够成熟的时代，自然环境的阻力才是矿产投资的最大风险。抛开种族歧视的问题，大部分机械化采矿企业遭遇投资失败的风险都很高，这足以让矿区人数不断递减的华人移民及其资本轻易不敢追加投资。而 19 世纪 80 年代后，专业知识的积累以及科学研究都证明，大部分石英石富矿脉都在地下 200 英尺以上，只要有持续的大额投资与地下发掘技术，石英矿企业就可能成功。[12]

事实上，掌握了相当的矿冶知识后，华人石英矿公司也开始崛起。巴拉瑞特在 1882 年与 1884 年先后出现了华豪广州石英矿公司（Woah Hawp Canton Quartz Mining Company）和华豪香港石英矿公司（Woah Hawp Hong Kong Company）。华豪广州公司成立时拥资 7 500 英镑，以每股 10 先令的价格发行了 15 000 份股票，1892 年时股价涨到每股 1 英镑。华豪香港公司成立时融资 8 000英镑，以每股 10 先令的价格发行 16 000 份股票。[13] 这绝不低于当时石英矿公司的平均水平，而其股东不仅来自商人阶层，也有矿工、腌鱼业者及蔬菜种植者，所有股东都是华人，包括司法顾问春育（Chun Yut）。[14]

有趣的是，华豪广州公司的主矿井就是当年香港石英矿公司的旧址。尽管在矿井下作业的矿工基本上是华人，但公司也雇用了欧洲矿工（参见图 8.1），至于在地上进行加工作业的工人与技术人员则更是中西合璧，欧洲裔的雇员包括技术经理、引擎操作工、铁匠、制动工程师。公司成立时就装备了 15 个锤头的矿石粉碎机，而到 1889 年，在技术经理爱德华·哈迪（Edward Hardy）的协助下，公司发展出了全套的矿业挖掘加工体系，包括"完善且改良了的鼓风机与抽水机，还有新的锥阀驱动钻头"[15]。该公司在 1888 年又申请了额外 12 英亩的采掘区，尽管媒体报道显示实际申请面积是 7 英亩，而且最终未被批准。[16] 但无论如何这都说明公司在稳步成长，而且在 19 世纪 80 年代澳大利亚殖民地排华立法重新抬头的时代，华人依然保持了跟欧洲移民社会的积极交流与合作。杰弗里·奥迪就认为，由于华人石英矿公司能够雇用洋员并进行管理层合作，在排华舆论强烈的移民社会，仍然有人承认"华人小范围内还是促进了殖民地贸易与经济繁荣的"[17]。根据黄金出售记录的统计，这家公司截止到 1901 年 7 月时，大约销售出了 58 130 盎司黄金，这样的业绩在当时是引发关注的。[18]

图 8.1　1895 年华豪广州石英矿公司蒸汽机房内部情况[19]

值得注意的是，华豪广州公司蒸汽机房内的两位操作工都是欧洲裔雇员，这体现了移民社会跨种族的合作。

需要指出的是，相较于淘金热高潮时沉积金矿开发的规模，此时石英金矿开采的广度较小，对地表既有景观的冲击也较弱。但它的作业特征是以机械化方法深入地下采掘，这就造成了矿区土地尤其是深层土壤结构与地下水系的破坏。早在 19 世纪 60 年代就有人分享了自己参观 130 米深的大型石英矿井的感受：

> ……在向新采掘面爬行的过程中，我又感到了无边的黑暗，微弱的烛光显得苍白无力。突然又听到爆破声，经常是几个采掘面的回音交错在一起。有人喊一声'点火啦'，然后就嗖地闪躲到一个庇护棚里。因为爆破炸出的碎石会飞溅四溅。爆破的余音隆隆，简直就好像加农炮齐放。最终我深入距离地球表面 130 米左右的矿底了，抬头看，有一点亮光高高悬在头顶上，那是入口。我简直后悔来这里。……体验够了，终于可以再次爬出去回到地球母亲的怀抱了！[20]

如前文所述，在石英金矿开发领域，华人无论从人数还是资本上讲，都仅仅是有限地参与，不过其影响力还是不容完全忽视的。比如，在 1897 年时，华豪广州公司的挖掘深度已经达到了 210 米左右，其挖掘的矿石、土方以及造成的地下水系影响不难想象。又如 1882 年 11 月到 1883 年 7 月下旬，公司第一个矿井仅掘出的纯矿石就达到 6 500 吨，提取黄金 1 643 盎司。到 1910 年时产量已经明显下降，但一个月还挖掘了 80 吨矿石，提取了 103 盎司黄金。[21] 这不仅意味着地表多出了惊人的矿渣山，也意味着地下采空区造成地质塌方的危险剧增。[22] 19 世纪 90 年代时，政府已经有法规要求最终将矿渣回填入井下，但是至少被扰乱的地下水系并不会有所恢复。1896 年 4 月 4 日，华豪广州公司的主矿发生了严重火灾，勘灾记录显示，一旦抽水机停止抽水，

> 周围所有矿坑都被华豪矿井里溢流出来的水给淹没了，而且周围石英矿脉还有天然水不断奔涌出来，升降梯漂浮在水面。[23]

不仅如此，石英矿石的加工与黄金提炼更是对环境造成污染。因为所有矿石都需要煅烧脆化后再去粉碎，这就大量消耗煤炭和木材，造成了空气污染。而提炼黄金的方式则更加危险，因为它要使用剧毒的化学物质。工业化炼金最早的办法是所谓"汞齐法"（amalgamation of gold），就是利用黄金亲水银的特性将清洗并研磨后的石英石金矿颗粒与水银充分混合。水银分子湿润金粒表面后，就会向其内部扩散并形成"汞齐"即水银与金的合金，过滤掉杂质后再把汞齐放入蒸馏器皿内，在封闭条件下将合金加热，利用水银沸点低的特点，让汞齐受热分解，水银汽化后挥发，最后留下的就是相对高纯度的黄金了。[24] 众所周知，水银汽化后是有剧毒的，尽管当局要求所有公司不得在城郊提炼黄金并要求安装密封回收水银的设备，但作业毒害健康的风险依然巨大。从 19 世纪 80 年代后期开始，随着矿冶技术的进步，为了降

低成本和提高作业效率，氰化物开始逐渐替代水银成为提炼黄金的主要化学药品，可以想象矿区的空气与水土又会遭遇怎样的损害（参见图8.2）。1902年的媒体报道就显示，包括华豪广州公司在内的巴拉瑞特石英矿区存在明显的矿业废水污染当地河流的问题，因为不断有人公开投诉饮用天然水后中毒。[25]

应该说，在机械化作业的石英石矿业开发中，华人资本的影响力并非不存在，但还是很有限的，对环境破坏应该担负的责任也相对次要，但是毫无疑问华人资本对上述现象的出现还是起到了一定的作用，尤其是考虑到许多华商还参与投资了由欧洲移民资本主导的石英矿企业，如墨尔本华商刘光明就参与或独立投资了至少三家金矿公司。[26]

图8.2　油画"巴拉瑞特东部的华豪广州石英矿"[27]

这是一幅1895年的作品，很明显华豪公司的作业区已经是一个系统化机械化作业的矿场，地表堆积着尾矿堆，植被基本被破坏殆尽。竖立着烟囱的加工厂则在进行煅烧矿石或提炼黄金的工序。

搬山卸岭的水力冲刷

作为一种不可再生的资源，高品位的沉积金矿被开发殆尽后，贫矿也开始进入了投资者的视野，其中也包括华人移民资本家。所谓贫矿就是指含有黄金细碎颗粒的原始矿土或废矿土以及含有黄金碎屑的河床淤泥。显然，包括淘洗废旧矿坑在内的采矿活动都属于贫矿开发。[28] 19世纪80年代后期兴起的机械化贫矿开发方法，是指利用专业采矿机械装备对含金量较低的土层进行大面积的开发，通过尽可能多地冲洗贫矿矿土然后分拣出黄金小颗粒，最终实现盈利。无论从规模、收益率还是环境后果上讲，它都远远超过华人发挥传统水利经验进行的废旧矿淘洗。

华人资本之所以在贫矿开发领域相对密集，主要原因是欧洲移民资本因为其单位利润率低而缺乏投资兴趣。换言之，在欧洲移民牢牢霸占优质矿产资源的前提下，华人才在矿业经济中发挥了一些补充作用。不过需要指出的是，尽管华人投资者参与回报率低的贫矿开发是不得已为之，这不等于他们不试图通过加大开发力度而提升总利润。事实上，华人资本格外热衷于租赁相对大片的矿场进行规模化开发。随着资本的集中化以及水利技术的加持，华人移民采矿作业的效率和收益都大大提升，生态影响自然也逐渐放大了。

在贫矿的工业化开发过程中，水力冲刷法（hydraulic mining）率先引发了关注。这一方法起源于加利福尼亚，其整个作业过程是：

依赖大量可靠的水源供给……其最具破坏力的环节是：
在可能含有黄金的山坡以及陡峭的河岸表面挖出一条斜槽，
一直挖到岩基上，然后用高压水枪喷溅出来的激流沿着槽痕
冲刷矿土。……这样一个淘金者每次可以对付 50 至 100 多立
方米的矿土方，在一个正常的冬季工作日，这种方法的工作
效率可以是其他冲刷方法的两倍。[29]

随着矿区越来越普遍地利用蒸汽机抽水，即便在较为缺水的
维多利亚中北部矿区也出现了这种淘金方法。其作业的流程是先
修建水坝蓄水，然后用高压水枪进行冲刷。不过，这种作业方法
在新西兰更受到华人资本的青睐，一个原因在于澳大利亚矿区整
体缺水，这种作业方式除了要付出土地租赁的成本，保证水源供
给的成本也太高。在澳大利亚，除了部分大公司将水力冲刷采矿
作为一种补充业务，这种方式本身没有特别流行。另一个原因在
于这种需要聚集劳工进行大面积露天作业的淘金方式容易引发欧
洲矿工的关注，华人移民不愿意轻易介入。相比之下，在不缺少
水源、矿业相对次要、欧洲矿工群体也较小的新西兰，华人采用
水力冲刷作业的压力较小，因此这种作业也就变得更为流行。根
据毕以迪的研究，在奥塔哥矿区及西海岸矿区，华人在水力冲刷
采矿方面都是颇有存在感的。[30]

新西兰的贫矿在 19 世纪 80 年代广泛应用了水力冲刷法后，
"少数矿工在几周内就能完成原本要 100 人花费数月才能完成的
大事"[31]。这造成的环境影响是此前的沉积金矿开发者无法想象

的。例如，在奥塔哥中部诺科迈（Nokomai）金矿附近的怀凯阿（Waikaia）地区，华人移民苏庭（Sue Ting）出资从欧洲移民手中购买了阿盖尔水道有限公司（Argyle Water Race Co.）。1885年，他又投资1 500英镑将水道扩展到相邻的隘谷。[32] 水道扩建工程是富有挑战性的，因为它要改变一条河流的走向，然后把水从21千米远的地方用管道引到冲刷区地势较高的蓄水池，其间要穿过深深的峡谷。而在冲刷作业时，蓄水池会被接上管道，自上而下延伸到需要冲刷的矿土堆前，打开龙头，瞬间就有高压水射出。整个作业需要有16名华人矿工同时配合：

> 现在的工作是冲走一整座小土山。……在采掘面上，摆放好了一条长长的帆布软管，（高压）水从管嘴排出，快速侵蚀土山基座的深层切口。上层的土就脱落下来，全部顺着水道冲下来，含金的矿土就分散到各处，等待人们跟进淘洗拣选。就像我们看着阿盖尔矿区的一个采掘面作业的那样，岩石轰鸣而下，土山下有近百来个装满矿土的木车，但这不是什么稀奇的事，毕竟采掘面有足足75英尺深，地表凝聚力不够，你感觉整个土山都会缓慢移动。[33]

显然，水力冲刷采矿法其实就是人为制造山体滑坡，这对地表景观的影响是颠覆性的。大量的山体表层土和岩石被冲刷到平地，最后会改变河道并在河流下游造成大面积淤积。对此，如同在石英金矿开发领域一样，尽管从整体上看华人资本只发挥了有限的作用，但在局部范围中的影响力还是有所体现的。

　　比如，在诺科迈地区，新西兰著名的华人资本家徐肇开
（Choie Sew Hoy）、徐金培父子也投资进行水利冲刷采矿（参见图
8.3）。1898 年他们以最大股东的身份成立了诺科迈水力采矿公司
（Nokomai Hydraulic Company），修筑了长达 32 千米长的水渠（后
来延伸到 83 千米）。[35]

图 8.3　20 世纪初新西兰南岛纳思比地区水力冲刷作业的华人[34]

照片拍摄于 1901 年，从左至右的人物分别为：苏海（SueHoy）、麦沾恩（George
H. McNeur）、沈彬（ShumBun）。

　　诺科迈公司从一开始就依赖于华人和欧洲移民投资者的资
金，也同时聘用不同肤色的采矿工程师和矿工经营。公司用相应

的利益进行再投资，结果一直运作到 1943 年才最终停业。为了维护穿行于崇山峻岭之中的水渠，公司派人日夜不间断监管，以防有人破坏或风化腐蚀导致的管道泄水和蓄水池堤坝崩溃。徐肇开设计了分段管理的办法，每段中部盖一座小屋，供看管人起居住宿。每隔一定时间，看管人都要沿水渠巡逻，然后与其他分段的看管人约定地点会面，再回程，小歇后再向反方向巡逻，日夜不停，风雪无阻，这真是用毅力放大了华人资本克服新西兰环境阻力的能耐。[36]

然而，水力冲刷法只是华人矿业资本介入当地经济与生态变化的起点之一，以徐肇开为代表的华人资本家还完成了更富有想象力的创造。

吞噬大地的挖泥船

徐肇开是一个非常典型的白手起家的华人移民资本家，也是新西兰殖民地工业化采矿最重要的推手之一。他于 1837 年出生在今天广东省广州市花都区（当年为"北番禺"）社岗村，少年时代曾前往旧金山淘金，发现机会渺茫后又辗转到了澳大利亚维多利亚矿区淘金，切身感受到手工作业不可能真正盈利，于是转为经商，最后于 1869 年抵达新西兰达尼丁从事零售业，销售粮食与采矿工具。由于他采用允许赊账的办法经营，所以广泛受到同胞认可。积累了一定资本之后，徐肇开在 1880 年决定投身机械化采矿，实现规模化经营，由此开启了新西兰历史上的第一个机械化挖掘工程。上文提到的诺科迈水力采矿公司其实已经是他一系列矿业投资项目中的最后一个了。在此之前，他创造性地采用挖泥船（Dredging）发掘河床与浅滩中的贫矿，大获成功，无意中也开启了新西兰史无前例的挖泥船采矿业大繁荣，也展现了华人资本的生态影响力。

徐肇开在矿产业的成功具有许多必然性。首先，他本人几乎全程参与了整个环太平洋淘金热，在主要矿区都有驻扎生活和工作的经验，而从加利福尼亚、澳大利亚再到新西兰，他目睹过多样化的矿区自然环境与金矿开采的技术。同时，他也有持续经商的背景与经济头脑，而且具有出售采矿设备的专门知识。因此，面对新西兰矿区总体缺乏高品位沉积矿与石英矿脉，同时地表径流与滩涂较多的特点，徐肇开决定采用挖泥船来挖掘河床中的沉积金以及之前淘金活动中反复淤积的尾矿。最神奇的是，他亲自对传统的挖掘船进行了改进（参见图 8.4），新设计的挖掘船铲斗非常深（斛斗式），主挖泥臂架短且吃水浅，这样就能在新西兰水位较浅的河道、滩涂及淤积平原上工作。随着技术的改进，徐肇开设计的挖泥船以新西兰采金船而知名，也成为后世全世界挖掘黄金和锡的采矿船的原型。[37]

1880 年，徐肇开选定了休特弗河（Shotover River）的大沙滩作为采掘场，成立了大沙滩黄金矿业公司（Big Beach Gold Mining Company），这是他个人全资的私人公司。但在 1889 年 1 月新挖泥船制造完毕投入使用、公司决定扩大作业面积后，他就开始向华人社会公开招募股票。新公司名义资本高达惊人的 87 000

图 8.4 徐肇开设计的挖泥船正在作业[40]

英镑,后修正为 72 000 英镑。成功募资后,徐肇开担任董事长,又聘用了詹姆斯·戈尔(James Gore)担任公司总经理。4 月正式投产后,每天出产价值 40 英镑的金砂。事实上,徐肇开在 1889 年后又投资 11 000 英镑从克赖斯特彻奇的机械厂订购了三艘新的大型挖泥船以扩大生产。短短几年内公司就需要更多更大的挖掘机,充分说明了徐肇开公司生产规模的增长速度。凭借极高的收益,大沙滩公司成为新西兰最早尝试公开上市的挖掘公司,不过因为缺乏足够的证券业经验,公司资本过度分散,分红不算多。但无论如何在徐肇开挖泥船掘金获得成功的鼓舞下,从 1889 年 6 月开始,整个新西兰南岛都掀起了挖泥船机械化淘金的高潮,至

1900 年前后总计出现了 170 多艘挖泥船，而生产效率最高的依然是大沙滩公司。到 1898 年，大沙滩公司的挖掘机已经深入水下 15 米，无法再进一步挖掘，徐肇开果断结束了公司业务，将机械设备转让给其他同行，实现了完全的盈利，随即又轻松投资创办了前文提到的诺科迈水力采矿公司。[38] 不仅如此，徐肇开另外还投资了三个小型石英石金矿，同样也吸收了华人与欧洲移民共同的投资，只不过雇用的是华人劳工。他还控制了多达 175 公顷的河矿，开发了多条重要的输水渠，甚至成立了专门的供水公司给部分矿区供水。[39] 这明显改善了当地生产生活所需的稳定水源的供给条件。

徐肇开推动的矿业生产活动最大限度地开发了土壤中的贫矿，也改善了当地水源供给体系。不过，当挖泥船掘金活动全面展开后，当地环境也发生了不可小觑的新一轮重塑。比如，络绎不绝跟进的欧洲挖泥船造成了土地损毁问题，尤其是不利于保护新西兰本来比较肥沃可用于农耕的土壤。1906 年的一则媒体文章说：

> （工业化采矿）破坏了大量富饶的、可耕种的土地，将其湮没在大片一文不值的黏土和砾石之下，一时间，河床上很多优质土壤因为堆积污泥原浆和淤泥沉积物而无法利用。……（挖泥船活动）将许多长势良好的绿野变为一片褐色废石……杂乱的荆豆、金雀花、大鳍蓟、千里光开始入侵……挖泥船上受到腐蚀的铲斗，还有高压水枪强有力的喷

射，让点缀着壮丽植被的富饶土壤……转变为完全不可逆的荒漠。[41]

正如毕以迪所注意到的，这篇慷慨激昂的文章对当时布洛克岛（Island Block）上的挖掘作业进行了激烈的抨击。布洛克岛是一条内河的沙洲，位于达尼丁西南部。这里的挖泥船每年吞掉 726 000 立方米的土方，"为获得 5 000 英镑的黄金，每年实际摧毁价值相当于 36 000 英镑的土地"[42]。不仅如此，徐肇开研发的挖掘船传入澳大利亚后，同样掀起了对河道淤积贫矿的开发高潮。[43]

事实上，早在 19 世纪 70 年代维多利亚矿区就有人发明了减少泥浆淤塞与污染的办法：

> 经过淘洗后流出的尾矿泥浆水被导入一个水池里进行沉淀，然后设立水泵将浑水吸起来，一直把它抬升到离地较高的位置，再倾倒入一个早已设立好的水槽导流。这个水槽比较长，泥水流淌的过程中，比重较大的杂质就会沉淀下来，经过一定距离的导流，重新返回水坝里的水就较为纯净了，几乎是清的。这个水泵花费很低，能节省三个人的劳动力。[44]

然而，没有任何证据表明，这个方法得到了推广和传播，因为它增加了采矿的成本。不管是欧洲投资者还是华人投资者，都没有考虑过采纳类似的方法来减少机械化作业对环境的整体冲击。[45] 重温这段澳大利亚及新西兰工业化采矿的历史时，我们不可忘记在此时澳新殖民地的整体经济结构中，金矿开发早已不占主体地位。而在尚存的金矿产业里，华人的盈利空间以及社会与生态影响也不可能举足轻重，但华人移民的能动性与创造力依然是清晰可辨的。工业化采矿在一定程度上延续了淘金热时代的环境问题，这本质上体现了一种人类文明在工业化早期阶段环保意识方面普遍无法突破的时代局限性。但与此相应的环境问题，最终也刺激了澳大利亚与新西兰最早的一批环境保护立法。[46] 相比之下，对于华人农业资本来说，集约化生产时代的到来，未必是单纯的环境破坏，更可能是展现其重塑生态之能的大舞台。

/ "香蕉王国"

华人商业与农业整合的生态意义

纵观 19 世纪下半叶，澳大利亚华人移民中的经济精英聚集在悉尼与墨尔本，新西兰的华人经济精英集中在达尼丁，这都不是偶然的，因为这里是移民社会人口最密集的地方，也是基础设施最优良、商贸枢纽地位最稳固的地方。1870—1890 年，维多利亚与新南威尔士殖民地的对华贸易主要掌握在华人手中，而新西兰的对华贸易也由华人所主导。不过如同华商经济活动的范围一样，华人资本活动造成的生态影响远远不止停留在中心城市，而是几乎遍布移民经济产业可能触及的所有自然角落。就华人资本而言，除了部分工矿业的投资，将华人移民最擅长的农副产品种植业与商业贸易结合，是其扩大影响力的关键。[47]

华人零售店的兴起与淘金热直接相关，无论在维多利亚、新南威尔士、昆士兰还是奥塔哥，华人移民都要消耗大量无法自给自足的中国货物，包括大米、丝绸、茶叶、瓷器、生姜及各种副食品，由此这些地区就通过香港这个外贸口岸与华南地区保持了密切的商品贸易来往。在淘金热中发财的少数华人移民开始将资本投入商业时，一些大规模的华人商业企业就涌现出来，从事华人移民往中国的钱财汇兑业务，也就近批发零售华人蔬果种植园的产品。比如，在悉尼今日可以眺望悉尼歌剧院的著名景点岩石区（Rocks）北部地区，华人就合资从欧洲移民手中租赁土地，发展起较大的股份制蔬菜种植与销售公司。1884 年的一条记录说：

> 蔬菜种植者们形成了小型的公司，每个人都持有一定股份。最大的一家叫作合义菜园（Hop Yick Garden）。……靠近公路收费站处有一大片土地，很长一段时间都是荒地，没有什么出产，最近被一群华人承包了，他们开始非常精心地修整地面，准备向当地蔬菜市场提供大量产品。一大块土地已经种上了作物，剩下的土地则继续在翻耕、开发，要种上更多的蔬果。[48]

显然，进入 19 世纪末，蔬菜种植业得到了华人投资的稳定支撑，市区华人商号往往也是菜园投资者，可以确保新鲜蔬果的销路，这大大改变了蔬果种植业在矿区边疆兴起时菜农需要上门推销的游商（Hawker）经营风格。这种变化象征着蔬果产销链完成了整合，生产与销售的集约化、专门化与规模化特征越来越明显。需要注意的是，宗族与乡缘纽带在这种产业链整合中扮演了重要角色，比如，从中山来的移民主要在老乡开设的商店里消费，也利用老乡的商号进行汇兑。[49] 这种习惯大大提高了华人商业网络在寻找投资、开辟市场乃至解决纠纷时的效率。从生态上看，它促使一些特定品种的植被大面积扩张，进而成为华人物质文化景观的一种代表。

　　在诸多农副产品产销链中，华人资本活动最密集的领域是香蕉种植与销售业。至 1891 年时，澳大利亚华人移民人口最多的维多利亚殖民地至少有 800 名华商，其中 300 多人都参与贩售包括香蕉在内的来自华人种植园的新鲜农产品。而通过香蕉产业的盈利，"对华贸易即便没有被他们垄断，也基本被其掌控，他们还从印度、毛里求斯及新加坡进口大宗物资"[50]。香蕉产销活动中最具影响力的公司是永生、泰生和永安商号。它们在墨尔本与悉尼都设立了分号，但其最大的财富来源以及环境影响都发生在距离这些中心城市 3 000 千米之外的昆士兰极北地区。华人香蕉产业的崛起，充分体现了华人资本如何通过跨地域乃至跨国性的生态—文化交流网络推动了殖民地生态的改造。

华人热带作物种植的源起

在澳大利亚与新西兰的各种水果行业中，香蕉是当时殖民地社会少数几种市场需求庞大但又依赖热带环境才能生产的品种。毫无疑问，从环境要求上看，湿热的昆士兰殖民地沿海地带是最适宜发展香蕉种植的，偏偏这里又是欧洲移民感官上的自然禁区，所以这个产业就成为华人移民主导的行业。以悉尼与墨尔本的资本为基础，以被帕尔默河淘金热吸引来的华人移民尤其是三邑移民为劳动力，华人资本控制了从种植园投资、招工、生产、销售到贸易的全部流程，恰如夏威夷华商在当地发展出来的甘蔗种植与蔗糖生产业一样。[51]

值得一提的是，昆士兰的香蕉本身起源于中国。因为虽然地处热带，但无论在昆士兰还是在南太平洋诸岛屿，本土的原生态中是没有香蕉这个物种的。今日在南太平洋地区常见的所谓卡文迪许香蕉（Cavendish Banana）也叫中国香蕉（Chinese Banana），原产于华南地区及东南亚地区。1835 年时，最早在南太平洋群岛传教的教士约翰·威廉（John William）拜访了德文郡的公爵，公爵向他展示了经毛里求斯刚刚被引入其英国庄园的中国香蕉植株。1839 年约翰·威廉重回萨摩亚群岛进行传教时随身携带了几盆香蕉苗。虽然抵达目的地时仅剩一盆还活着，但它很快就在适宜的气候下生长起来。随着富有探险精神的传教士在南太平洋各地活动，香蕉于 1848 年传入了斐济及毗邻的昆士兰。[52] 威廉神父一定没有想到自己充当了全球物种交流的重要媒介，他把香蕉引入了全新的环境，触发了一连串新的历史进程。

但是香蕉并不是华人在昆士兰种植热带经济作物的最早选择。在 19 世纪 80 年代淘金热平息之前，除了库克敦、凯恩斯、道格拉斯港等一些殖民据点，昆士兰北部沿海地区仍然热带雨林密布，大规模的农作物种植活动方兴未艾。淘金热走向平息后，华人移民转向种植业，同时也开始清理森林，但其主要目的还是种植粮食和蔬菜，毕竟需要优先满足生存性消费。1889 年政府的农业经济调查报告显示，当时昆士兰北部最大的农业生产基地凯恩斯大量种植水稻，而且基本上由华人移民掌控：

> 在凯恩斯及道格拉斯港，水稻基本上都是华人种的。在老港口一带，大片的水田里装点着一个舂米的作坊，一直在工作。老早以前就有证据昭示昆士兰生产的大米将足够满足本地市场的消费需求。不过，就算到了这个程度，我们的大米或许还不足以出口，因为跟爪哇及中国廉价的稻谷种植者相比，我们这里劳工生产成本高，利润不够大。[53]

凯恩斯地区的地势相对开阔，而且原始林木以低矮的红树林为主，所以华人很快就清理出大片耕地。这份官方材料证明当时华人的水稻种植规模也相当可观，甚至有希望满足本地市场的需求。在当时的昆士兰极北部地区，大宗物资几乎全部依靠外来进口，包括大米都要被征收重税，而华人开发水稻种植，不仅减轻了自己的基本经济负担，也让移民社会在昆士兰北部边疆得以顺利维持。

但是，华人移民改造原生态的活动并不仅仅停留在粮食作物的种植上，他们很快就尝试利用投资来发展大规模的单一农业种植园盈利。1880 年，一个名叫合华（Hap Wah）种植园的投资项目正式起步，大约吸纳了 100 名华人移民的股份，还聘请了欧洲移民安德鲁·里昂（Andrew Leon）作为经理。合华种植园位于凯恩斯南部，占地达到惊人的 600 英亩，主要种植甘蔗与棉花。华人也因此成为凯恩斯最初的甘蔗种植者。与此同时，为了满足种植园工人的生活需要，农场也自己饲养了猪、各种家禽，种植花生和水稻，进而形成了一个典型的乡村移民生态群落。但是这项投资最终在 1886 年宣告失败：棉花因为气候太过湿润而无法出产成熟饱满的果实，而甘蔗榨糖活动则因为机械设备窳劣且不足用而无法保证品质，加之劳动力成本的压力，种植园的所有财物最终作价 15 000 英镑出售，损失高达 20 000 英镑。这是整个澳大利亚与新西兰各种记录中仅见的华人开展大型农业投资最终惨败的案例。[54] 但从这里就可以看出，华人对自己较有把握的农作物种植产业颇有信心和雄心。当然，即便像珠三角移民这样富有农业经验的人也会遭到大自然的愚弄。现在看来，这个种植园从一开始就选错了目标。19 世纪 60—70 年代英国殖民者在斐济发展棉花种植园惨遭失败，也证明了在南太平洋热带地区种植棉花商业上不可行。但华人移民显然没有及时得到相关的情报，何况珠三角移民在传统上也不够熟悉这种经济作物。至于甘蔗榨糖，则需要在短时间内进行高强度的加工，斐济是通过引入印度契约工解决劳动力不足问题的，而以昆士兰当时有限的农业劳动力供给量，蔗糖产业很难提高效益。[55]

不过，昆士兰当局始终在大力推动热带经济作物种植。从1889年的调查报告中可以发现，官方对咖啡、烟草、肉桂及香草等各种可能获得的热带经济作物种植业都充满期待。[56] 但是最终当局还是选择了在凯恩斯、汤斯维尔（Townsville）等地鼓励甘蔗种植园和水果种植园，因为甘蔗种植与蔗糖生产是当时整个西方资本主义世界最成熟的热带经济作物种植业和加工业，无论是技术还是市场都有足够的保证，因此在自由移民劳工不愿前往昆士兰种植甘蔗的情况下，西方资本家就通过引入太平洋岛屿劳工即卡纳卡人来发展甘蔗种植园及制糖业。[57] 昆士兰殖民当局为此还在1889年成立了甘蔗种植业调查委员会。

与甘蔗种植及蔗糖加工产业相比，昆士兰当局对水果种植业则充满了忧虑。原来，除了技术与管理经验相对不足，香蕉等水果种植业还有额外的风险：

> 第一，香蕉等（水果）容易腐坏，如果不及时运到港口再转运，就会导致严重损失。……第二，（白人）投资者缺乏成熟分销商与市场。……此外，水果行业前景是不错，但是目前这里的大部分土地还是没有被清理。[58]

官方的担忧不是没有道理的，首先，对于当时能够赢得移民市场青睐的廉价热带水果，欧洲资本缺乏种植经验，而且澳大利亚是欧洲移民殖民地，不敢再大量引入亚裔劳工。其次，与蔗糖不同，热带水果通常很难实现远程运输，尤其是在凯恩斯一带，基础设施落后，航运条件差，保鲜技术也不过关。最后也是非常棘手的是，缺乏拥有批发与分销能力的商人及其网络。面对这样尴尬的局面，说来也不意外，华人移民再次出手了。

华人香蕉产销业的崛起

对于华人移民来说，昆士兰极北地区的气候与土壤、欧洲移民资本对香蕉种植业的冷漠，恰恰是他们发展香蕉产业的天赐良机。因为来自珠三角的华人在香蕉种植领域本就是得心应手的，其吃苦耐劳的作风也使他们无惧开荒与照料蕉园的辛劳。更重要的是，在墨尔本及悉尼的成熟华商群体能够给予投资并且保证分销渠道。

1886 年，凯恩斯地区首次有记录显示香蕉开始向澳大利亚南部殖民地出口，尽管今天无法确定具体是哪位商人最早经营这门生意，但是其投资与产量显然是稳步增加的。[59] 根据 1992 年澳大利亚联邦统计局的回溯数据，1880—1881 年昆士兰香蕉产量只有 914 吨，1885—1886 年就达到了 2 108 吨，1890—1891 年则是 27 941 吨，1895—1896 年 18 873 吨，1900—1901 又上升为 29 491 吨，1905—1906 年则是 31 878 吨。[60] 1901 年，第一次有明确的记录显示昆士兰华人集资创办了专营香蕉批发业务的公司——格拉顿贸易公司（Geraldton Trading Company），同时该企业也在墨尔本、悉尼、阿德莱德乃至珀斯等地开设水果商店。其中位于墨尔本罗塞尔街（Russell Street）的商店其实是一个大型批发市场，足足占据了两个街牌号的地皮。[61] 这标志着在世纪之交，澳大利亚热带地区的华人香蕉产业走向了全盛。事实上，更大量的华人资本是从墨尔本与悉尼等华商聚居地流向昆士兰的。以昆士兰为生产基地，以悉尼与墨尔本等为销售基地，规模庞大的华人水果产销业迅速崛起，尤其是由广东中山人掌控的永生、永安与泰生公司。中山人马应彪与好友郭标早在19世纪80年代后期就在悉尼连续创办了蔬菜杂货销售商号永生、永泰与泰生，而在19世纪90年代后，它们都转向经营香蕉等水果贸易。1897年，同样来自中山的郭乐、郭泉兄弟在从永生商号离职后，又自行集资1 700英镑在悉尼创办了永安果栏，主营业务也是香蕉贸易。为了形成自己稳定的供货基地，这些商人都不断向昆士兰注资开辟种植园。不仅如此，以泰生公司为代表的水果商号还迅速把种植园扩展到了斐济，因为这里劳动力更便宜，而且通往悉尼的海运条件更好。1902年时，"永安水果公司联合马应彪等开办的永生、泰生公司，在斐济开辟种植园，初期即达350英亩，每半月有1万串香蕉运往悉尼"[62]。这家名叫"生安泰"的公司其实成了香蕉种植业的卡特尔。1913年时，泰生果栏在昆士兰与斐济总共拥有超过1 000亩的香蕉种植园，此前它在1905年时还成为斐济政府的香蕉承包商。[63]

香蕉产销业的大繁荣最终促成了华人的行业垄断地位。1906年新南威尔士水果交易所主席在接受议会听证时就表示："斐济的香蕉贸易已经从英国人手中完全转入华人手中。"[64] 1908 年悉尼的一家欧洲裔水果代理商警告说，新南威尔士州的香蕉贸易据信有 80% 以上由华人垄断，而华人在回击中承认，华人控制了新南威尔士州香蕉贸易大约一半的份额。1907 年，墨尔本也报告说，本地区的华人垄断了全部的香蕉供应。[65] 如此垄断，香蕉产业的利润也是惊人的。1901—1913 年，永生公司每年仅对斐济的营业额就达到 18 200 ~ 31 200 英镑。而 1899 年的数据显示，永生公司在昆士兰的香蕉贸易营业额也高达 36000 英镑。泰生于 1921 年透露其营业额在 5 万~ 6 万英镑。[66]

在华人香蕉产业高收益的刺激下，1909 年后欧洲裔商人也开始插手这一贸易，而且享受昆士兰政府允诺的 800 英镑起步贷款资助。尽管华人种植者得不到这样的补贴，但其地位至少在 1913 年前由于得到来自南方的投资而巩固，而他们也只把香蕉卖给华人商贩，反过来也强化了华人投资者的优势地位。[67] 但是打压华人香蕉王国的后果也是立竿见影的。1909 年悉尼的香蕉价格迅猛上涨，媒体采访永生公司原因，答复如下：

> 主要原因是昆士兰实际上开始放弃香蕉种植业了，因为华人不再在这里大面积种香蕉。因为他们得不到足够的劳工照顾蕉园。华人农业劳工太少了，移民法限制这类人进入澳大利亚，那从经济角度考虑，种植园主只能停止种香蕉。而斐济遭遇了飓风，香蕉园损毁严重……[68]

事实上，种族歧视政策不仅打压了华人的经济活动空间，也抑制了华人生态的扩张。

香蕉产业与环境的相互影响

欧洲各海外殖民地发展单一种植业伊始，无论何种粮食作物或经济作物，其产业发展的生态前提普遍都是摧毁当地的原生植被。比如，在昆士兰殖民地，甘蔗种植活动早就开启了损毁雨林的进程。既有的研究显示，在 19 世纪 60 年代甘蔗与咖啡等种植园兴起之前，尽管已经零星出现其他农牧业生产活动，但澳大利亚东部热带地区的原生森林依然接近完好无损状态。[69] 但是到 1867 年底，昆士兰已经出现了 2 000 英亩甘蔗田，6 座榨糖厂。随后甘蔗种植园不断向北部延伸，同时深入内陆腹地达 70 千米的热带雨林都开始被清理。1869 年时，昆士兰的榨糖厂已经增加到 10 座，随后 10 年中又增加到 28 座。而在 19 世纪 80 年代初期，甘蔗种植业进入全盛期，仅其中心麦凯（Mackay）地区就拥有 26 座榨糖厂终日隆隆作响。[70] 在这样迅猛扩张的过程中，除了直接清理林木充作甘蔗田，劳工居住以及后勤补给活动也导致了不可小觑的植被清除或消耗。事实上，从新南威尔士北部到昆士兰北部广袤沿海平原的原始森林普遍遭受了重大损失。"从总体上看，其生态影响是将多样化的沿海生态体系转变为仅适合个别农作物品种或外来物种生存的生态体系，而这些外来物种中大部分又被视为有害的杂草。"[71] 毫无疑问，作为欧洲资本推动的昆士兰农业经济支柱产业之一，甘蔗种植及蔗糖生产活动已经决定性地改造了当地环境。

相对后起的香蕉种植业也具有类似的影响。总体来说，从经济收益上看，香蕉产业为澳大利亚华人资本的增值提供了空前有力的保证，同时也扩大了当地人类经济活动对原生态的改造：

> 香蕉树一旦成熟，可以连续产果，五六年后就必须砍伐掉重新栽种新苗同时施肥。而华人发现开辟新的蕉园，清理雨林要比立刻挖掉残根和施肥重新种植更节省劳动力，也更省钱，所以凯恩斯附近大量森林就被这样砍伐掉了。[72]

考虑到新香蕉树的成熟期本身需要 9 ～ 11 个月，因此一个香蕉园最多 6 年就可能需要重新耕种或者另辟新址，这使得华人的香蕉种植业导致的毁林现象不断蔓延。由于缺乏对华人香蕉种植园面积的完整统计，昆士兰及斐济为此损失的森林规模难以准确估测。在 1910 年昆士兰香蕉产业整体衰落时，一位记者仍然如此描绘凯恩斯地区的一个华人香蕉种植园：

> 我看到的香蕉种植园一定为它的华人园主创造了巨大的利润。这个种植园大概有 100 英亩，现在每英亩收割后留下的香蕉树茬有 180 个左右，据说每个秋季，每一株都能产 6 串。眼下每串香蕉在墨尔本能卖 8 先令。你只要做一个简单的乘法就可以算出来华人拥有的这个产业能创造多少利润。[73]

在香蕉品种与技术与 19 世纪末相比没有大变化的情况下。根据这个材料可以推算，一英亩土地一个产果季节能出产 1 080 串左右的香蕉。而在华人香蕉王国的全盛时代，永生公司的老板郭标透露，从 1899 年开始，公司每周仅从昆士兰一地就能收到 7 000 串香蕉。[74] 而杨进发的统计是，1899 年昆士兰殖民地出产的香蕉为 360 万串，1900—1901 年为 230 万串，1902—1903 年为 110 万串，1905 年再次跃升为 190 万串。[75] 考虑到香蕉的丰果期在每年秋季，由此可以想象在 1899 年昆士兰至少有 3 000 英亩以上的土地才能支撑如此大的产量。

其次，需要强调，华人香蕉王国的发展固然导致毁林问题，但并不见得是建立在对土壤营养的掠夺性压榨之上的，许多蕉园在休耕数年后会被肥田后重新种植。即便是新清理出的土地，种植者也会将杂草等用作绿肥施入土壤，有时还会间种水稻，并且不断追加有机肥料。1889 年接受询问的欧洲农民就表示："再不行的土地，只要你把它送给华人种上三到四年，那就没问题了。"[76] 这与西方殖民者利用外来苦力支撑的热带经济种植园尤其是甘蔗种植业形成了鲜明对比，后者常常导致土壤肥力迅速耗竭和水土流失。事实上，除了个别企业化运作的大种植园依靠进口化肥维持种植业，绝大部分小甘蔗种植园都是全力种植几轮甘蔗后就放任土地荒芜了。"小农场主们缺乏农业知识与相关教育，这意味着他们没有什么渠道阅读农业技术文献，也无法对土壤质量进行化学检测，进而努力改善土壤质量。"[77] 而早在 19 世纪 80 年代，就有当地农业专家发现昆士兰东北部甘蔗种植园一方面土壤肥力不足，另一方面其重要水源赫伯特河（Herbert River）的水流越来越浑浊，而且"河岸越来越低……土质如此松软，每当河岸边缘偶发一些滑坡时，河岸崩坍就停不下来了"[78]。耐人寻味的是，1909 年后，当局开始竭尽全力扶植欧洲资本排挤华人香蕉种植园，但还得学习华人肥田的技术——给土地施加粪肥。1909 年 4 月的一则报道说：

> 大约 7 个月前开始，政府做了一个试验以便让旧的香蕉园恢复肥力，农业部门给种植园运送了大量"预制"好的粪肥，现在它们已经被施加到土地里，看看下个月初开始能否让这里重新种植香蕉。大家都在兴致勃勃地观察。……如果能成功，就可以让欧洲人来种植了。[79]

尽管昆士兰适宜种香蕉，但是并不意味着这里就没有环境挑战。首要面临的问题就是气候变化对香蕉种植业的打击经常让人猝不及防。1901 年是一个出现了拉尼娜现象的年份，昆士兰遭受了比较罕见的霜冻，结果导致香蕉严重减产。[80] 但是从相反的角度看，厄尔尼诺现象出现时，巨型台风不仅会席卷斐济等岛屿，也会对昆士兰的香蕉园造成严重打击。1906 年、1911 年、1918 年都是有确切记载的台风肆虐之年。比如，1906 年 3 月的报道就显示：

> 最近的一次台风重创了格拉顿与凯恩斯的香蕉种植园，

导致了这些地区产量的锐减。……各港口运出的香蕉只有
1万串了，而之前还是3.3万～3.6万串。……布里斯班每周
原本能接收到280箱香蕉，现在只有50～60箱。[81]

此外，大规模香蕉单一种植园生态的兴起，意味着病虫害防
治的问题也不轻松。因为单一作物种植生态体的生态多样性很差，
所以一旦发生病虫害，就很难通过自然办法遏制病虫害扩散。[82]
1901年，昆士兰香蕉种植园出现了一种胶病（gumming），香蕉
树外形看上去非常健康，但是砍掉就发现树芯已经烂成胶状，而
且整个植株统统烂心，搞不清楚病因，最终只能砍伐香蕉树，让
出田地去种甘蔗。[83] 大概在1898年4月，悉尼的农业检疫部门无
意中发现昆士兰凯恩斯地区的香蕉种植园出现了严重的果蝇侵食
问题，调查发现情况非常严重：

> 这比蠹蛾（codlin moth）还要难对付……甚至在绿色（未
> 成熟）的香蕉里都能找到这种害虫的蛆，由于很难逐一排
> 查，所以检察官建议（新南威尔士农业部）完全禁止进口凯
> 恩斯地区的香蕉，但是部长很犹豫要不要采取这种极端的措
> 施。当地的桃子和橘子也已经感染了，不管要考虑采取什么
> 措施，都必须要遏止这种害虫。[84]

从1899年的报道看，昆士兰的果蝇其实很可能最初来自新
南威尔士的桃子种植园，但是在昆士兰因为环境更为适宜，所以

才得到了大量繁殖，尤其是分布广泛的香蕉种植园成为它们繁衍的乐园。[85] 原本昆士兰的香蕉"个头很大，远比斐济香蕉的个头更大，市场前景极好"[86]，但大量蝇蛆入侵了种植园，造成香蕉树被大面积砍伐，香蕉严重减产。同时由于担心病虫可能通过物流进一步扩散到其他水果种植园，最终澳大利亚南部殖民地纷纷转向进口斐济的香蕉。1907 年，维多利亚殖民地开始要求对昆士兰出产的香蕉逐箱进行果蝇检疫，此举严重打击了香蕉种植信心，成为昆士兰华人香蕉王国最终衰落的又一大重要原因。

不过，由于华人经济精英本身处于一个将中国与南太平洋地区紧密连接起来的生态—文化交流网络，香蕉种植业导致的生态影响远不止在澳大利亚或斐济发生，这里充满了意外的戏剧性。首先，昆士兰与斐济香蕉的丰产与销售，导致了太平洋岛屿地区原住民人口饮食结构的变化，尤其是昆士兰甘蔗种植园中的原住民劳工，他们开始把邻近华人种植园出产的卡文迪许香蕉带皮烘烤后食用，因为其果型大但口味略酸。他们回到各自的家乡后，也把这种习惯带回本部落，最终使得包括整个美拉尼西亚群岛及部分波利尼西亚群岛都开始流行食用香蕉。香蕉树继椰子树之后也成为热带岛国的新标志性景观。[87]

其次，在昆士兰香蕉种植与销售业中发家致富的中山移民并没有停止他们资本运作的脚步，而这对中国现代城市商业景观造成了异常醒目的影响。率先迈出传奇一步的是马应彪，他在 1894 年携带资本返回中国，并于 1900 年筹集到 25 000 港元开办了一家百货公司，命名为先施公司。马应彪在悉尼时对当地百货公司明码标价出售商品的模式印象深刻，于是在先施公司也采取相同的办法，获得了广泛认可。1913 年时先施公司建造起了高达七层且安装了电梯的百货大厦，拥资达 700 万港元。随后又在广州和上海兴建百货大楼。尤其是 1917 年在上海南京路上设立了同样为七层楼高的百货公司，至今仍然是南京路商业街的地标。

1907 年时，永安公司的老板郭乐也回到了香港，筹资 16 万元建造了永安百货大楼，这笔钱汇聚了包括他四个弟弟在内的 20 名华人水果商的财富。1918 年，永安百货同样在上海南京路建起了新的七层楼高的百货大楼，而且正对着先施公司，随后又新建了 19 层楼高的新商厦。永安公司一举成为中国高档百货公司的象征。1899 年，在昆士兰香蕉贸易富商梁坤和的指引下，中山石岐人李敏周前往昆士兰殖民地汤斯维尔从事蔬果种植活动，随后逐渐开始经营零售商店。完成资本原始积累后，1926 年他在先施公司高管黄焕南的协助下，与脱离先施公司的同乡刘锡基一起在南京路上租赁了犹太裔商人哈同的地产，创办了七层楼高的新新公司。1912 年，同样与先施公司马应彪有着密切联系的永生水果行老板蔡兴回到香港建立了大新公司，而其兄弟蔡昌也在 1912 年从马应彪的先施公司中独立出来，先是与蔡兴在香港与广州经营百货公司，最后于 1936 年 1 月 10 日一起在上海南京路创办了蔡氏资本发起的大新百货公司，商场高达十层，建筑面积达 8.2 亩，面积之大、装修之豪华、设备之先进，成为中国近代百货界新的王者。[88]

中国近代百货业的奠基人都是来自澳大利亚的华人移民，而他们起家的资本，又都来自昆士兰及斐济的香蕉贸易。作为一种人造的环境，豪华壮观的百货大楼成为中国近代城市最吸引眼球的景观，其实是中国与南太平洋内陆生态与文化联系的必然结果。

/ 蔬菜、木耳与奶酪

如同澳大利亚华人同行一样，新西兰的华人经济精英也在殖民地的工商业发展中扮演了显眼的角色。比如前文已经提到的徐肇开，以他为代表的华人移民和欧洲移民一起成为新西兰原生态变化的强力推手，也将新西兰与更广阔的外部世界空前联系起来。19世纪70年代后，三邑移民开始在新西兰华埠占据主导地位。他们筹集资本、开拓市场、提供服务的对象主要也是三邑人，尤其是番禺人。徐肇开在采矿业之外也广泛投资零售业与国际贸易，他的杂货铺给奥塔哥矿区的华人和欧洲移民提供了五花八门的进口商品，尤其是来自中国的货物。如毕以迪援引的材料所总结：

> 在这些来自中国的异域移民当中，他们开的商店就像一座座桥头堡。商人们给华人矿工提供货物和服务，比如住宿、贷款、咨询以及……烹饪、饮筵、会所和非正式的信息交流……并经常提供翻译、写信等服务，他们还经常提供医

疗以及传统中药。到 19 世纪 80 年代，至少有 40 名华人店主。考古证据和当时至今的广告，都显示华人采矿引出了当地和国际的资源需求。[89]

由于新西兰华人数量较少，他们比澳大利亚华人更清晰地展示了华人资本如何针对南太平洋地区腹地特有的自然禀赋发展农产业与乳制品业，同时也借助 19 世纪下半叶的跨太平洋交通网络，高效连接了中国与新西兰的生态及文化。

陈达枝：从城郊进军中心

在最新的研究中，新西兰华人企业家陈达枝（Chan Dah Chee）得到了相当多的关注。其中一个重要原因在于他经营的蔬果种植园得到了系统的考古发掘，学者们获得了许多物质文化研究的扎实素材。而更重要的是，如吴敏超的研究所展示，他作为近代中国与新西兰经济文化交流的代表性人物，其事迹在全世界华人精英中都具有典型性。[90]由于他在果蔬种植、批发零售与国际贸易领域都非常活跃，他的成长经历充分体现了华人移民可以如何全面地影响殖民地景观。此外，与偏居新西兰南岛的早期华人移民不同，陈达枝主要活动于奥克兰，这是 1865 年前新西兰殖民地的首府，始终是新西兰人口最密集、城市化程度最高的地区。陈达枝在奥克兰的郊区与城市中心都留下了深刻印记。

1851 年陈达枝出生于广东东莞的望牛墩，1867 年时与两个兄弟一起抵达了新西兰北岛的奥克兰。与诸多当时前往新西兰的珠三角移民一样，他们原本的目的地是南岛的奥塔哥矿区，但是由于一路晕船不适，他们在奥克兰登陆后就安顿了下来，开始在梅凯尼克斯湾（Mechanics Bay）从事蔬果种植业。正如上一章已经提到，陈达枝这样出身珠三角乡村的移民会毫不犹豫地优先营建自己最熟悉的农业生态，而比起南岛的定居点，奥克兰纬度与海拔较低，气候更温暖湿润，还处于开阔的沿海湿地，无论种植作物还是贩售农产品都很方便。种种因素都决定了他可以迅速壮大自身实力，他的蔬果种植产业很快就显示出集约化经营的特征。

租赁小块土地发展菜园完成资本原始积累后，1882 年 8 月，陈达枝以每年 95 英镑的租金正式租下奥克兰城郊 7.25 英亩的土地，命名为江风园（Kong Foong Yuen），租期是 21 年。1903 年租约到期后，陈达枝又将租期延至 1920 年，因此他连续经营这个菜园长达 38 年。[91] 相比于新西兰华人蔬菜种植园大多不超过 5 英亩的占地规模，江风园不啻为一个大型农场。它位于一个小山谷中，火山灰形成了肥沃的土壤。其中有一条小溪蜿蜒而过，便于灌溉。作为一个典型的商业种植基地，陈达枝雇用了同乡来打理菜园，根据吴敏超的推算，雇工人数可能多达 20 人。[92] 2006 年，江风园地区开展了一次抢救性考古活动，挖掘出土了 100 年前的锄头、杈子等农具，形状、品质类似于中国国内的农具。[93] 这说明华人将国内的农作物种植经验、灌溉方式和农业工具都移植到了新西兰。

由于产销一体化的运作，陈达枝的资本迅速膨胀。从 1905 年起，他在奥克兰西部的埃文代尔区（Avondale）又购买了 35 英亩蔬菜园，由此他的菜园成为罗斯班克半岛（Rosebank Peninsula）上最大的蔬菜园。陈达枝购买了埃文代尔菜园后，将江风园改为蔬菜包装和储运基地。此外，还有记录显示他在奥克兰的普基科希（Pukekohe）郊区也购置了一块菜园。[94] 据当时的报纸报道，陈达枝总计拥有 200 英亩的菜园。[95] 这或许存在夸大，但是毫无疑问，比起 19 世纪 80 年代在南岛租赁小块土地经营的华人蔬菜种植者，吸纳了密集投资的大型中国式蔬菜种植园成为华人移民在奥克兰城郊创造的特色文化景观。

为了配套批发零售大量农产品，1882 年陈达枝也在奥克兰通往港口的最繁华的皇后街（Queen Street）13 号开设了蔬果店阿枝商店。[96] 这是非常明智的，因为奥克兰在 19 世纪 70 年代后为了弥补首府搬迁到惠灵顿而导致的资本流失，在港口附近大力发展商业区与居民区，利用水上交通开辟北岸（North Shore）居民点。把商店开在这里，虽然投资更大，但是消费更活跃，盈利更容易。从 1894 年开始，陈达枝的商店不仅经营水果蔬菜，也出售自中国进口的商品。阿枝商店出售的几乎所有商品都来自中国，除了当时由欧洲裔商人垄断的茶叶贸易。这就满足了华人移民及部分欧洲移民需要的大米、豆类、猪肉、咸鱼、帽子、灯笼、中药等五花八门的需要。[97] 第一家商店开张后不久，陈达枝的第二家商店就在皇后街 1 号开业了。这家商店干脆位于航运大楼的对面，异常醒目，因向航运业和旅店提供商品而为人们所熟知。到 1927 年，陈达枝已先后在奥克兰开设了六家商店，多位于靠近海滨的闹市区和交通枢纽附近，很好地顺应了奥克兰北岸人口增长的趋势。[98] 除了百货业，1886 年陈达枝又接手了海关东大街上的斯堪的纳维亚餐厅（Scandinavian Dinning Room），保留了原来的员工，每餐均售 6 便士。[99] 以此为开端，陈达枝又连续并购多家饭店与宾馆：

> 陈达枝经营饭店，有三大特色。一是装潢考究，城市饭店的装修费为 250 英镑，配备了一流的炊具和洗涤池，还有大型热水锅炉和餐具烘干设备。二是餐食物美价廉，中午供应汤和牛排，餐费仍为 6 便士。三是饭店不仅提供食宿，也收购各种货物，如木耳、铜和铜饰品、锌、铅皮茶叶罐、蜂蜡、鱼翅等。[100]

显然，以江风园为基地，陈达枝从奥克兰城郊起家，最终在移民城市的中心地带都留下了自己的印记。无论是蔬果、百货店还是宾馆饭店，都有力地支撑了奥克兰移民社会的壮大与发展。陈达枝显然不仅仅是复制母国的生产生活经验，也积极吸收了欧洲移民文化。奥克兰郊区与港口区的移民生态标志着中国元素与欧洲元素的充分融合。然而，他对新西兰殖民地生态的影响，远不止在奥克兰一地。事实上，他也在当时中国与新西兰最重要的自然产品交流活动中扮演了重要角色。在这个交流活动中，新西兰一方的端点并不在城市，而在位于北岛最南端的深山里。

周祥:"菌王"的诞生

　　成就了陈达枝的人叫作周祥。与前文提到过的徐肇开一样,1828 年左右出生于广州的周祥也是个履历丰富的人。他最初移民到新加坡从事家政服务,又在 1856 年前往澳大利亚维多利亚矿区淘金并开设零售店。1866 年后,他从墨尔本到达新西兰奥塔哥矿区。从这里开始观察周祥接下来的人生轨迹,完全可以推测出这是一个不想走寻常路的男人。他似乎并不满足于终日跟奥塔哥扎堆的华人打交道:他既没有投资华人的金矿,也没有种菜;他开了杂货铺,但是从事的是收购废旧金属再卖往中国的生意,同时还推销玩具。大概两年之后,周祥就决定离开达尼丁前往北岛开启人生新旅程。不过,他既没有去惠灵顿这样市场相对较大的殖民地首府,也没有去气候温和而且商贸便利的奥克兰,而是定居于北岛沿海的塔拉纳基地区(Taranaki)。塔拉纳基最壮观的景观是火山,火山下是茂密的山地林区,这里曾经是毛利人的重要聚居区,当时刚刚经历"毛利战争"的洗礼,即当地的欧洲拓殖者与毛利部落之间围绕土地归属权的战争。这里华人移民不多,而周祥在抵达塔拉纳基后继续以收集废旧金属再出口中国为生。

　　很快,周祥就证明了自己另辟蹊径的人生一定会得到大自然的眷顾,因为他有机会接触到一般人无法企及的环境。周祥反复游走在塔拉纳基林区收集废品时,也在仔细观察并感受着新西兰大自然的奇异。之前这里为开辟农场曾砍倒过许多树木,它们倒在林间逐渐腐朽。有一天,他偶然发现这些森林中的腐木上大量生长着一种真菌，也就是树生毛木耳（Auricularia polytricha）。周祥立刻意识到，这种在欧洲移民社会中毫无价值的生物可能在中国颇有市场，于是他立刻返回广州推销新西兰的木耳，同时指示留在新西兰的同伴尽可能多地收购木耳。[101] 1870 年，周祥在新西兰的新普利茅斯（New Plymouth）开店收购木耳，1872 年和1882 年又分别在英格尔伍德（Inglewood）和埃尔瑟姆（Eltham）开设分店。木耳收购价为每磅 2 ～ 4 便士，相当于奶油的收购价，后来价格上涨到每磅 8 ～ 10 便士。矿工们采摘木耳，送到周祥开设的杂货店里。周祥将新鲜木耳晒干后，从新普利茅斯运到达尼丁，再由轮船运到香港和广东，大获其利。仅 1872—1882 年的十年间，经由周祥的公司从新西兰出口到中国的木耳就达1 700 吨，价值 7.8 万英镑以上。[102] 从 1880 年至 1920 年，新西兰木耳出口总价值达到 401 551 英镑。[103]

木耳贩售活动将殖民地劳工及自然资源与华人资本、商业网络及中国市场充分整合了起来。周祥鼓动在丛林里定居的底层欧洲移民和原住民毛利人去采集木耳，然后经脱水后装船运往达尼丁，再经悉尼或者直接出口到中国。这是一个超长途的加工贸易产业，显然需要殖民地其他华商的支持。而 19 世纪 80 年代，周祥很轻松就找到了能与之合作的伙伴。第一个人就是以达尼丁为基地的矿业资本家徐肇开。作为一个连挖泥船都能改造的人，徐肇开为木耳贸易提供了可靠的航运工具。第二个人就是以奥克兰为基地的陈达枝。奥克兰是当时新西兰国际贸易最重要的中转港口，陈达枝在这里不仅收购木耳，而且参与分装与转运，将新西兰的木耳出口到中国。[104] 为此，陈达枝在奥克兰专门开设了一家木耳营销公司，公司的电传地址就是"Fungus"（木耳），并且有两条业务电话线保持畅通。此外，陈达枝经营的餐厅也常年收购木耳。[105] 海关记录表明，陈达枝和香港的商号广大行（Kwong Tai Ou）之间保持了密切的商业合作关系，陈达枝以成本价将木耳海运至香港广大行，广大行则以成本价将丝绸运至新西兰，陈达枝再进行分销。[106]

不仅如此，一些欧洲商人也参与此项贸易，如奥克兰商人约翰·里德（John Reid）就是最早进入此领域的欧洲人。事实上，采集木耳的活动很快就有所推广，因为无论是南岛还是北岛的港口都有木耳运输的记录，达尼丁、惠灵顿、纳皮尔（Napier）都在其中。在 1890、1895 和 1906 三个年份，木耳分别占新西兰出口至中国贸易总值的 46%、75% 和 86%。[107] 纯天然的黑木耳而不是加工好的金条成了新西兰与中国贸易的纽带。

木耳贸易为塔拉纳基萧条的经济注入了活力，并促使这里从实物交易体制转向货币经济体制。因为 19 世纪 50 年代以来"毛利战争"断断续续，严重阻碍了当地的投资和农业发展。大部分拓殖者缺乏将森林改造成农场的资金。在惨淡经营的丛林经济中，木耳给许多苦苦挣扎着的农场主提供了一线生机：

> 在 1870 年周祥到来并用货币支付工资之前，许多定居者甚至为支付年租发愁，但是一看到木耳，就知道自己不会垮了。[108]

对于贫穷的毛利人来说，此前备受战争和土地剥夺之苦，而周祥到来之后他们从采集木耳中获得了收入。随着木耳采集规模的持续增长，当地收入水平也开始上升。采集者最初的工资是每磅木耳半便士，到 19 世纪 90 年代已经是每磅 3 ～ 4 便士。[109] 周祥的成功也促使北岛其他的丛林居民开始采集木耳，而且新西兰民间称这些木耳为"塔拉纳基羊毛"。[110]

新西兰成为自治领后，周祥被媒体称为"新西兰菌王"。[111] 他的木耳生意不仅规模很大，而且具有可持续性，没有记录显示当时发生了过度采摘和森林破坏问题。在吸收中国传统经验后，周祥要求木耳采摘工作在干燥天气中进行，哪怕林区多数时候是阴雨天。采摘时尤其要防止损伤木耳根部和周围的有机物。

> 采摘下的木耳要放在铁片上搁在太阳底下晒，非常重要的一点是切不可沾上沙尘土灰，要保持清洁，因为它主要用来煲汤。[112]

木耳脱水不能像海参一样用火烤，因为任何人工加热都会破坏木耳的风味，降低其价值，这也就避免了毁林取薪。周祥用木耳产业的盈利在塔拉纳基新设了三家商店，从拓殖者手里收集干木耳和鸭茅草（cocksfoot）种子——鸭茅草特别适合在新焚烧过的森林土壤里播撒生长——随后转售。[113] 周祥的商店也向当地居民出售百货，包括从中国进口来的丝绸、小摆件、樟脑盒、腌制的生姜，甚至包括中国产的油画。[114]

从"菌王"到"乳业大亨"

从 19 世纪 80 年代末开始，周祥不仅用木耳出口的盈利发展零售业，也开始率先投资建立需要冷藏的黄油产业。这一产业最终取代了木耳产业，因为它要求将森林辟为牧场养牛。在塔拉纳基地区，由于环境阻力，北部一直吸引了更多拓殖者和资本的流入，而南部的发展停滞不前。原来，南部地区分布着大片湿地和森林，不仅交通困难，而且缺乏刺激发展的高利润率产业。在塔拉纳基南部森林中，拓殖者艰难地清理出小片的土地建立起家庭农场，其规模之小仅能勉强糊口：大部分家庭饲养了 8～10 头母牛，兼靠采集木耳和种植草种的收入维生。[115] 周祥尝试过向定居者购买其用牛奶自制的黄油，但是发现品质极差，这激发了他引入工厂化体系全面革新当地乳制品生产的想法。这一设想与当时蓬勃发展的国际交通网络以及持续增加的全球市场需求相吻合。当时的技术革新也使周祥能够生产出高品质的黄油。1887 年，他开办了三家黄油厂和一家奶油厂。最大的一个被命名为"禧年（Jubilee）"，仅建造和装备费用就高达 3 700 英镑，采用了最新的进口设备及个人的巧妙发明。[116] 比如，两台丹麦产的奶油分离机一小时就能加工 150 加仑牛奶，而周祥自己发明了新型黄油搅乳器和冷却系统，这些都确保了产量的提高。[117] 他的冷却系统首先在地下 100 多米深的地方炸出一条引水通道，然后驱动一台 8 匹马力的水车为机器提供动力并冷却黄油。[118] 几年之后他又进行了技术改造，安装了蒸汽机和冷冻设备。这很可能是新西兰黄油产业使用的第一台冰柜。[119]

除了对新技术的投入，周祥也严格控制牛奶生产、销售、贸易的全部环节。他引进了一项至为关键的新生产模式，即分散供奶（share milking）以确保牛奶供应的稳定性，这已成为所有现代乳制品业的特征。[120]周祥不仅投资养殖了200头奶牛，还自主设计了新产品的包装。黄油品牌之所以叫"禧年"，是为了突出对维多利亚女王登基庆典的纪念，它面向的是钟情于所谓"帝国制造"的英国消费者。而这样的远程市场的开辟也得益于当时冷冻货轮的出现，它能将新西兰的奶制品保鲜运输到英国市场。由于品质卓越，新西兰很快取代丹麦成为英国黄油市场的主要供给者。[121]尽管塔拉纳基的运输条件一度落后，但在新西兰政府投资港口基础设施并发展铁路货运后，物流条件就大幅改善。周祥抓住了这一契机：他修建的禧年工厂到达最近的埃尔瑟姆火车站只需要五分钟。[122]通过帕蒂亚（Patea）或新普利茅斯港，铁路将周祥的工厂与国内外市场都连接起来。

通过运用新技术发掘塔拉纳基的自然禀赋，周祥工厂的黄油品质远胜普通丛林农场制造的劣质咸黄油。在1889年达尼丁博览会上，周祥的黄油赢得了两个证书和一个出口商品银杯。[123]好口碑意味着更大的销量，也让养殖场主获得更高的收入与更多的投资。1888年，周祥给牛奶养殖者的报酬为每加仑2便士，次年就增长到3便士。1894年的一封读者来信说：

　　简而言之，工厂体系成就了这个地区，改善了人们的生活条件，要是没有周祥，这里的居民绝不可能在如此短的时间里就达到这样的状态。[124]

周祥的乳制品产业成为塔拉纳基南部社会、经济和环境变迁的桥头堡。然而乳制品生产及奶牛养殖场的扩展，使得整个地区的毁林现象不断向内陆延伸：

> 在西部从沿海地带及南面的哈瓦拉（Hawera）地区开始，东部则沿着山路和铁路一直蔓延。[125]

从1893年到1920年，乳制品产业为拓殖者大举进军塔拉纳基南部丛林地带提供了持续的动力和资本。通过放火毁林、营建牧场以及汇集来自欧洲的人口与牲畜，整个地区的景观都发生了天翻地覆的改变。乳制品生产创造的需求使当年底土地价格在19世纪最后十年中增长了六倍，也刺激了交通建设。[126]

周祥的产业对林业景观的改造主要是将原始森林转变为开阔的草原。这不仅是为了营建整洁的牧场，也是为了获取木材制造装运黄油的箱子。例如，在建立禧年工厂时，周祥要求签订合同的奶农在工厂附近方圆数英亩内清除树林并播种耐踩踏的牧草种子。不仅如此，乳制品生产也促进了其他形式的环境改造，奠定了适合人类群聚生活的生态基础。比如，周祥的奶油厂位于内陆湿地的边缘，基础设施落后，交通条件窳劣。为了确保生产与生活的质量，周祥推动了排干沼泽、砍伐森林、修建基础设施等活动，这些活动直到 20 世纪 20 年代才宣告停止。[127]

乳制品生产造成的社会与生态后果影响深远。随着森林景观向牧区景观的转型，与林区环境相关的散居杂工生活也一去不返了，取而代之的是相对稳定的牧场生活，工作内容也更集约化，比如在一些地方最终只保留下单一的牧草种植活动。

随着越来越多的欧洲移民效仿周祥进驻并从事畜牧业，奶牛的养殖规模持续扩大，其排泄物改变了土壤的成分，比如养殖场排放的污水最终流入溪流并自然分解。由于牧草种植需要肥料，从密克罗尼西亚海域的瑙鲁和大洋岛（Oceania Island，现称班纳巴岛 [Banaba Island]，属基里巴斯）上由华人矿工挖掘来的磷酸肥被施加在塔拉纳基的土壤中，成为新生态的组成元素。不仅如此，当地沿海地区乔木的退化导致许多农场和果园暴露在从海上直冲而来的暴风雨中，倒灌的咸水也导致了果园、菜地和草场的盐碱化。[128] 对此，欧洲拓殖者匆忙引种外来植物构筑防护带以代替被砍伐掉的树木，结果包括枸杞和伏牛花（Barberry）在内的许多品种后来成为入侵性的杂草物种。当然，塔拉纳基地区的这些变化是包括周祥在内的所有早期定居者不可能预料的。

值得后人正视的是，周祥用实业启动了塔拉纳基经济推进的车轮，赢得了毛利人和白人拓殖者的普遍尊重。在发展木耳产业的过程中，周祥将中国的知识、华人网络和市场与新西兰的大自然和劳动力连接起来。相比之下，他的乳制品产业则面向澳大利亚及英国市场，也整合了殖民地移民劳工与家庭劳动力。尽管排华立法与种族主义氛围在新西兰持续增长，但是他依然保持了在社会上层的影响力，不仅成为地方商会创始会员，也参与了市政工程。他掌握了流利的英语，也迎娶了欧洲裔妻子，深深融入了殖民地社会。他是南太平洋殖民地许多类似的华人移民商人的一个缩影，周游在母国与移居地之间，依靠开发殖民地和中国的资源与市场成就人生。

/ 小　结

在汗牛充栋的海外华人移民商人历史的研究中，澳大利亚与新西兰华人经济精英的地位是相对不甚彰显的。但大量具体的案例都表明，在这两个似乎孤立的南太平洋殖民地，华人经济精英同样是光芒四射的。恰恰由于这里的移民社会与生态建立较晚，华人资本才显现出格外强大的能动性与创造力。在采矿、经济作物种植以及农副特产生产领域，通过集约化、专业化、现代化及机械化的装备、技术和经营理念，华人资本空前改造了殖民地的原生态，也大大促进了华人移民与其他移民生态与文化的融合。他们不仅在移民群体内部具有崇高地位，而且在欧洲裔人口中也享有盛誉；他们不仅善于学习整合外来的经验与装备，同时也输出自己的技术与成果。

尤其重要的是，华人资本通过殖民地内部的交通网络和跨国海上贸易网络，成功地打造了产销一体化链条，而且将澳大利亚、新西兰与中国乃至更广阔的世界连接起来。尤其是以陈达枝、周祥及中山蔬果产业四大家族为代表的华人资本，格外促进了中国与南太平洋殖民地社会与生态变化的联系。他们都属于19世纪国际移民潮背景下，全球经济与生态加速一体化的代表性案例。

不过，华人资本家的成功经验并不意味着作为一个整体的华人群体都能迎来安居乐业的命运。事实上，华人资本激发或推动的经济生产活动、与此直接相关的殖民地环境变化以及不断融入了华人文化要素的移民生态，恰恰复兴了19世纪50年代维多利亚矿区已经出现的排华论调。在19世纪最后20年中，殖民地的相当一批欧洲移民对华人潜在的生态优势表现出焦虑与排斥，利用包括公共卫生问题在内的各种社会议题对华人移民进行污名化。[129] 当然，如王赓武所提醒，华人移民的命运不可能单纯由生态要素决定，它同样取决于移民社会中的权力构建，尤其是欧洲移民掌握的政治话语权对华人生态存在意义的判断。欧洲移民能够通过政治制度手段遏制具有竞争性的华人生态：

> 在澳大拉西亚、加拿大和美国，从来没有如此多的新移民，其人数对由欧洲新移民控制的当地政权构成挑战。[130]

绝非偶然的是，随着华人移民社会与生态的不断崛起，澳大利亚与新西兰殖民地都加速进入了所谓"永久性限制华人移民入境的时代"[131]。

注释

1. （清）薛福成著，宝海校注：《出使四国日记》，129 页，北京，社会科学文献出版社，2007。

2. G. Oddie, "The Lower Class Chinese and the Merchant Elite in Victoria: 1870–1890," pp.66–67. 这两位移民都是台山人，但并非淘金移民，梅光达因被传教士收养来到澳大利亚，后以零售业起家。雷亚妹则被认为是引导华人赴澳淘金的鼻祖。他们也参与投资了金矿公司，但最终均告失败。

3. [澳]杨进发著，姚楠、陈立贵译：《新金山：澳大利亚华人，1901—1921 年》，63 页，上海，上海译文出版社，1988。

4. G. Oddie, "The Lower Class Chinese and the Merchant Elite in Victoria: 1870–1890," pp.66–67.

5. 华人学界对华人移民经济与商业生活最早的关注，大致起源于我国台湾学者的调研，参见刘达人、田心源编著：《澳洲华侨经济》，台北，海外出版社，1958。比较新近的具体研究，除了杨进发、伍德明的总体性研究，也扩大到澳大利亚华商对殖民地宗教与文化生活的影响，参见 Ian Hamilton Welch, "Alien Son: The life and times of Cheok Hong Cheong（Zhang Zhuoxiong），1851–1928", Ph.D diss., Australian National University, 2003. 关于早期华商个案的研究集中在梅光达等代表性人物上，参见 Robert Travers, *Australian Mandarin: The Life and Times of Quong Tart*, Kenthurst, Rosenberg Publishing, 1981. 关于华商的网络，除了费约翰等对中国国民党在澳大利亚的组织的关注，最近也有了对更早期经验的研究，如 Nicholas Dennis Guoth, "Beyond a Cup of Tea: Trade Relationships between Colonial Australia and China, 1860–1880", Ph.D diss., Australian National University, 2017。

6. 参见 John Fitzgerald,"Sophie Couchman and Paul Macgregor," in *After the Rush: Regulation, Participation and Chinese Communities in Australia, 1860–1940,* eds. John Fitzgerald, Sophie Couchman and Paul Macgregor。

7. Geoffry Serle, *The Gold Age: A History of the Colony of Victoria, 1851–1861*, p.217.

8. Raffel Birrell,"The Chinese Miners and the Law," in *Stoking a Claim: Gold and the Development of Victorian Milling Law*, ed. Raffel Birrell, Carlton, Melbourne University Press, 1998, p. 84.

9. 参见 B. Chou, "The Sojourning Attitude and the Economic Decline of Chinese Society in Victoria, 1865–1930," in *Histories of the Chinese in Australia and the South Pacific*, ed. P. Macgregor, Carlton, Melbourne University Press, 1995。

10. 参见 Andrew Markus, *Fear and Hatred: Purifying Australia and California, 1850–1901*。

11. Thomas Cowan, Reports of the Mining Surveyor, Division 3, Ballarat, July 1861 to December 1861, *Mines Department Records*, Department of Primary Industries, Minerals and Petroleum, Victoria; *Argus*, 29 August, 1861. 报告显示，当时应该不止一家华人石英矿业公司，因为至少还有"兴盛"（Hing Sing）与"和新"（Ho Sen）等会与这家香港石英矿业公司混名。

12. William Baragwanath, *Memoirs of the Geological Survey of Victoria No 14: The Ballarat Goldfield*, Melbourne, Victoria Department of Mine, 1923, p.135.

13. *Victoria Governmental Gazette*, no.7, 27 January 1882, p.208；Copy of Agreement, Rules and Regulations of the Woah Hawp Hong Kong Company NL in 1884, *Defunct Mining Company Records*, Unit 244, File 3208, VPRS567, Public Record Office Victoria（PROV）.

14. Notice of Change of Office, April 1891, *Defunct Mining Company Records*,

Unit 194, File 2750, VPRS 567, *PROV*. "春育"是本人自行音译，未能查到其标准中文名。其履历可参见 Pauline Rule，Chun Yut, Australian Chinese Program, Latrobe University。所有股东记录可参见 Anna Kyi, "Unravelling the Mystery of the Woah Hawp Canton Quartz Mining Company, Ballarat," *Journal of Australian Colonial History*, vol. 6, 2004, p.63。华豪香港公司大致于1894年歇业，其资产拆分出售后，部分整合进了华豪广州公司。

15. *Ballarat Star*, 6 April, 1896；Half-Yearly Reports, 1884–1890，*Defunct Mining Company Records*, Unit 244, File 3208, VPRS 567, PROV.

16. Registers of Applications for Mining Leases in 1888, Unit 4, no. 594, VPRS 1458, PROV; *Ballarat Star*, 6 April, 1896.

17. G. Oddie,"The Lower Class Chinese and the Merchant Elite in Victoria: 1870–1890," p.69.

18. *Ballarat Star*, 6 April, 1896.

19. Woah Hawp Canton Engine House Interior, ca.1895，原图藏于澳大利亚国家图书馆。

20. J. A. Patterson, *The Gold Fields of Victoria in 1862*, pp.35–38.

21. *Ballarat Star*, 28 July, 1883; *Geelong Advertiser*, 7 February, 1910.

22. 1887年12月下旬，华豪香港公司就发生了严重的塌方事故，造成至少一名华人被脱落的矿道支架木砸死。*Leader*, 31 December, 1887.

23. *Ballarat Star*, 7 April, 1896.

24. Jan Todd, *Colonial Technology: Science and the Transfer of Innovation to Australia*, Studies in Australian History, Cambridge, New York, Cambridge University Press, 1995, p.111.

25. *Argus*, 15 September, 1902.

26. Anna Kyi,"Unravelling the Mystery of the Woah Hawp Canton Quartz Mining Caompany, Ballarat," *Journal of Australian Colonial History*, vol. 6,

2004, p.63.

27. A. J. Jenkins,"Woah Hawp Canton Mine, Ballarat East, circa 1895", 原图藏于维多利亚州图书馆。

28. Susan Lawrence,"Poor Man's Diggings: Subsistence Mining in the Nineteenth Century," *Australasian Historical Archaeology,* vol. 13, 1995, pp.59–68.

29. J. M. Powell and M. Williams eds., *Australian Space, Australian Time: Geographical Perspectives*, Melbourne, New York, Oxford University Press, 1975, p.48.

30. James Beattie, "Hungry Dragons: Expanding the Horizons of Chinese Environmental History—Cantonese Gold-Miners in Colonial New Zealand, 1860s–1920s", *International Review of Environmental History*, vol.1, no.1, 2015，p.123.

31. Randall Rohe, "Mining's Impact on the Land," in *Green Versus Gold: Sources in Californian Environmental History*, ed. Carolyn Merchant, Washington, D.C., Island Press, 1998, p.130.

32. 参见James Ng, *Windows on a Chinese Past*: *How the Cantonese Gold Seekers and Their Heirs Settled in New Zealand*, vol. 1, p.175, footnote 184c。

33. *Mataura Ensign*, 24 January 1888, 4.

34. 照片藏于新西兰国家图书馆，编号：1/2-019157-F. Alexander Turnbull Library, Wellington, New Zealand。

35. James Ng, *Windows on a Chinese Past*: *How the Cantonese Gold Seekers and Their Heirs Settled in New Zealand*, vol.1, pp.315–320; Terry Hearn and Ray Hargreaves, *The Speculator's Dream: Gold Dredging in Southern New Zealand*, Dunedin, Allied Press, 1985, p.12.

36. 杨汤城口述，丁身尊整理：《新西兰华侨史》，35 页，广州，广东人民出版社，2001。

37. James Ng, *Windows on a Chinese Past*: *How the Cantonese Gold Seekers and Their Heirs Settled in New Zealand*, vol.1, p.316.

38. 杨汤城口述，丁身尊整理：《新西兰华侨史》，34 页，广州，广东人民出版社，2001。

39. James Ng, *Windows on a Chinese Past*: *How the Cantonese Gold Seekers and Their Heirs Settled in New Zealand*, vol.3, pp.315–316.

40. 照片藏于维多利亚奥塔哥图书馆，编号：S15-035a, c/nE4616/36, Hocken Collections, University of Otago。

41. *Tuapeka Times*, 8 September, 1906.

42. *Tuapeka Times*, 8 September, 1906.

43. Don Garden,"Catalyst or Cataclysm: Gold Mining and the Environment," *Victorian Historical Journal*, vol.72, no. 1–2，2001, p.41.

44. J. A. Patterson, *The Gold Fields of Victoria in 1862*, p.42.

45. James Beattie,"Hungry Dragons: Expanding the Horizons of Chinese Environmental History—Cantonese Gold-Miners in Colonial New Zealand, 1860s–1920s," p.128.

46. 同上书，p.128。

47. 19 世纪末华人资本较活跃的领域也包括家具制造业，这也可能导致本地毁林或消耗境外木材的情况，不过相对于能够直接影响环境的采矿业与种植业，其对移民殖民地生态的影响力并不突出，本书不予专门关注。相关研究线索可参见 [澳] 杨进发著，姚楠、陈立贵译：《新金山：澳大利亚华人，1901—1921 年》，57 ～ 62 页，上海，上海译文出版社，1988。

48. *Cumberland Mercury*，25 June，1884.

49. [澳] 杨进发著，姚楠、陈立贵译：《新金山：澳大利亚华人，1901—1921 年》，66 页，上海，上海译文出版社，1988。新西兰的情况参见 James Ng, *Windows on a Chinese Past*: *How the Cantonese Gold Seekers*

and Their Heirs Settled in New Zealand, vol.1, chapter 2A.

50. G. Oddie, "The Lower Class Chinese and the Merchant Elite in Victoria: 1870–1890," pp.66–67.

51. Hawaiian Historical Society,"Chinese Merchant-Adventurers and Sugar Masters in Hawaii: 1802–1852," *Hawaiian Journal of History*, vol.8, 1974, pp. 3–25.

52. E. Massal and J. Barrau,"Pacific Subsistence Crops: the Banana," *New Caledonia: South Pacific Commission Quarterly Bulletin*, vol.6, no.1, 1956, p.12. 有材料显示昆士兰香蕉物种的引入也有独立的起源，18 世纪 30 年代官方植物学家沃尔特·希尔（Walter Hill）受命在昆士兰北部引种香蕉，但是因为缺乏足够的种植经验与运输条件，一直仅仅停留在试验状态。参见 Geoffrey Bolton, *A Thousand Miles Away: A History of North Queensland to 1920*, Canberrra, Australian National University Press, 1970。

53. Royal Commission on Sugar Industry, *Minutes of Evidence and Report of Royal Commission on Sugar Industry*, Brisbane, Queensland Parliament, 1889, p.36.

54. Cathie May,"The Chinese Community in North Queensland," in *Lectures on North Queensland History*，ed. B. J. Dolton, Townsville, James Cook University, 1974, p.123.

55. 参见王玉:《殖民主义与斐济生态变迁 （1800 年代—1940 年代）》第二章、第三章，硕士学位论文，北京大学，2009。

56. Royal Commission on Sugar Industry, *Report of the Royal Commission*, Queensland Parliament, 1889, p.36.

57. 参见王华:《南太平洋岛民强制劳工贸易的发展、特点和影响（1863—1911）》，载《世界历史》，2018（3）。

58. Royal Commission on Sugar Industry, *Report of the Royal Commission*, p.36.

59. Cathie May,"The Chinese Community in North Queensland," in *Lectures on North Queensland History*, ed. B. J. Dolton, p.124.

60. Sophie Couchman,"The Banana Trade: Its Importance to Melbourne's Chinese and Little Bourke Street, 1880s–1930s," in *Histories of the Chinese in Australasia and the South Pacific*, ed. P. Macgregor, Melbourne, Museum of Chinese Australian History, 1995, p.77.

61. Sophie Couchman,"The Banana Trade: Its Importance to Melbourne's Chinese and Little Bourke Street, 1880s–1930s," p.80.

62. 郑嘉锐:《雪梨市中山华侨考察记事》, 见郑嘉锐、李承基等撰译:《中山文史第二十四辑: 中山人在澳洲》, 49 页, 中山, 政协中山市文史委员会, 1992。

63. Royal Commission on the Fruit Industry, *Minutes of Evidences*, Commonwealth Parliament, vol.4, 1913, Q 8422.

64. Royal Commission on the Customs and Excises Relating to Fresh Fruits, *Minutes of Evidence*, Commonwealth Parliament, vol.4, 1906, p.1115.

65. *Age*, 17 January, 1907.

66. [澳] 杨进发著, 姚楠、陈立贵译:《新金山: 澳大利亚华人, 1901—1921 年》, 72 页, 上海, 上海译文出版社, 1988。泰生公司还参与太平洋岛国的其他转口贸易, 因此这个营业额不完全来自香蕉业。

67. 20 世纪 20 年代后, 昆士兰政府立法实际上禁止了有色人种从事香蕉种植业, 加之其他经济与社会原因, 华人橡胶种植业走向了衰落。参见 [澳] 杨进发著, 姚楠、陈立贵译:《新金山: 澳大利亚华人, 1901—1921 年》, 73 ～ 74 页, 上海, 上海译文出版社, 1988。

68. *Clarence and Richmond Examiner*, 31 October, 1908.

69. Peter Griggs, Deforestation and Sugar Cane Growing in Eastern Australia, 1860–1995, *Environment and History*, vol.13, no.3, 2007. pp. 257–258.

70. Clive. R. Moore, *Queensland Sugar Industry from 1860 to 1900*,

Queensland, History Department, James Cook University, 1973, p.30.

71. Peter Griggs, *Deforestation and Sugar Cane Growing in Eastern Australia, 1860–1995*, p.261.

72. Sophie Couchman,"The Banana Trade: Its Importance to Melbourne's Chinese and Little Bourke Street, 1880s–1930s," p.80.

73. *The Telegraph,* 5 November, 1910.

74. Royal Commission on the Customs and Excises Relating to Fresh Fruits, *Minutes of Evidence*, Commonwealth Parliament, vol.4, 1906, p.1150.

75. C. F. Yong, "The Banana Trade and the Chinese in NSW and Victoria, 1901–1921," *ANU Historical Journal*, vol. 1, no. 2, 1964, pp. 28–35；[澳] 杨进发著，姚楠、陈立贵译：《新金山：澳大利亚华人，1901—1921年》，308页，上海，上海译文出版社，1988。

76. Royal Commission on Sugar Industry, *Minutes of Evidence and Report of Royal Commission on Sugar Industry*, Q129, Q1645.

77. Clive. R. Moore, *Queensland Sugar Industry from 1860 to 1900*, p.38.

78. Peter Griggs, *Deforestation and Sugar Cane Growing in Eastern Australia, 1860–1995*, p.272.

79. *The Telegraph ,*10 April, 1909.

80. *Morning Post*, 29 November, 1901.

81. *The Brisbane Courier*, 24 March, 1906.

82. 参见 Cathie R. May, *Topsawyers: The Chinese in Cairns, 1870–1920*, Queensland, History Department, James Cook University, 1984, p.124。

83. *Morning Post*, 31May, 1901.

84. *The Queenslander*, 23 April, 1898.

85. *The Week*, 14 April, 1899.

86. Royal Commission on Sugar Industry, *Report of the Royal Commission*, p.37.

87. E. Massal and J. Barrau, "Pacific Subsistence Crops: the Banana," pp.11–12.

88. 对依靠澳大利亚水果贸易崛起的上海四大百货公司的社会史研究还可参见连玲玲：《打造消费天堂——百货公司与近代上海城市文化》，北京，社会科学文献出版社，2018。

89. Neville Ritchie, *Archaeology and History of the Chinese in Southern New Zealand during the Nineteenth Century: A Study of Acculturation, Adaptation and Change*, pp.34, 37; James Ng, *Windows on a Chinese Past*: *How the Cantonese Gold Seekers and Their Heirs Settled in New Zealand*, vol.1, pp.200–201; James Beattie, Edward Melillo, and Emily O'Gorman eds., *Eco-Cultural Networks and the British Empire*: *New Views on Environmental History*, p.161.

90. 参见吴敏超：《新西兰华人与海上丝绸之路——以陈达枝为中心的探讨》，载《广东社会科学》，2019（2）。

91. 参见 Lily Lee and Ruth Lam, *Chan Dah Chee, 1851–1930: Pioneer Chinese Market Gardener and Auckland Businessman*, Auckland, self-published, 2009, p. 5。转引自吴敏超：《新西兰华人与海上丝绸之路——以陈达枝为中心的探讨》，载《广东社会科学》，2019（2）。19世纪末，能够不更换主人而持续经营的华人种植园在澳大利亚并不常见，这很大程度上是因为新西兰的种族歧视问题较澳大利亚轻。

92. 吴敏超：《新西兰华人与海上丝绸之路——以陈达枝为中心的探讨》，载《广东社会科学》，2019（2）。

93. 吴敏超：《新西兰华人与海上丝绸之路——以陈达枝为中心的探讨》，载《广东社会科学》，2019（2）。

94. *Auckland Star*, 3 December, 1927.

95. *New Zealand Herald*, 17 December, 1920.

96. *Auckland Star*, 3 December, 1927.

97. William Tai Yuen, *The Origins of China's Awareness of New Zealand 1674–1911*, Auckland, New Zealand Asia Institute, 2005, pp.101–102.

98. 北岸地区居住的多数是从事商贸与公务的居民，所以至今仍然是奥克兰的"富人区"，其居民消费能力很高。

99. *Auckland Star*, 4 October, 1886.

100. 吴敏超：《新西兰华人与海上丝绸之路——以陈达枝为中心的探讨》，载《广东社会科学》，2019（2）。

101. *Hawera & Normanby Star*, 5 July, 1923.

102. 杨汤城口述，丁身尊整理：《新西兰华侨史》，37页, 广州, 广东人民出版社，2001。

103. James Beattie, "Hungry Dragons: Expanding the Horizons of Chinese Environmental History—Cantonese Gold-Miners in Colonial New Zealand, 1860s–1920s," p.137.

104. *New Zealand Herald,* 17 December, 1920；*Auckland Star,* 14 December, 1922.

105. *Auckland Star*, 28 March, 1896.

106. Lily Lee and Ruth Lam, *Chan Dah Chee, 1851–1930: Pioneer Chinese Market Gardener and Auckland Businessman*, p. 21.

107. William Tai Yuen, *The Origins of China's Awareness of New Zealand 1674–1911*, p. 101.

108. *Hawera & Normanby Star*, 5 July, 1923.

109. *Evening Post*, 19 August, 1922.

110. 杨汤城口述，丁身尊整理：《新西兰华侨史》，137页, 广州, 广东人民出版社，2001。

111. *Feilding Star*, 30 January, 1911.

112. *Auckland Star*, 7 March 1923.

113. 参见 James Ng, *Windows on a Chinese Past*: *How the Cantonese Gold Seekers and Their Heirs Settled in New Zealand*, vol. 3, pp.307–319。

114. Helen Wong, *In the Mountain's Shadow: A Century of Chinese in Taranaki,*

1870–1970, Unkn, Helen Wong, 2010, p.24.

115. G. I. Rawson, "The Evolution of the Rural Settlement Pattern of Lowland South Taranaki, 1860–1920," M. A. thesis, University of Canterbury, 1967, p.53.

116. H. J. Andrew, *The History of Eltham, N. Z. Cradle of the Dairy Export Industry*, Eltham, Eltham Borough Council, 1959, p.25.

117. *Otago Daily Times*, 25 February, 1890.

118. *Hawera & Normanby Star*, 5 July, 1923.

119. James Ng,"Chew Chong," *Dictionary of New Zealand Biography,* 2006.（电子资源，无页码）

120. 在这种起源于新西兰的乳业生产模式中，乳制品工厂不设自己的养殖场，而是资助周围可靠的养殖者养牛挤奶，以避免集中饲养可能面临的乳品供应风险。

121. Tom Brooking and Eric Pawson, *Seeds of Empire: The Environmental Transformation of New Zealand*, p.94.

122. *Bush Advocate*, 27 March, 1890.

123. *Hawera & Normanby Star*, 8 October, 1920.

124. *Hawera & Normanby Star*, 23 February, 1894.

125. G. Rawson, "The Evolution of the Rural Settlement Pattern of Lowland South Taranaki, 1860–1920", p.29.

126. Andrew, *The History of Eltham, N.Z. Cradle of the Dairy Export Industry*, p.26.

127. G. Rawson, "The Evolution of the Rural Settlement Pattern of Lowland South Taranaki, 1860–1920," p.57 ; *Taranaki Daily News*, 6 March, 1959.

128. Rollo Arnold, *Settler Kaponga, 1881–1914: A Frontier Fragment of the Western World*, Wellington, Victoria University Press, 1997, pp.145–146.

129. 具体的论述可参见费晟：《"环境焦虑"与澳大利亚殖民地反华话语

的构建》，载《世界历史》，2017（4）；《论1881年悉尼天花流行期间的排华运动》，载《世界历史》，2020（5）。

130. 王赓武著，赵世玲译：《海外华人：从落叶归根到追寻自我》，40页，北京，北京师范大学出版社，2020。

131. 参见 Anddrew Markus, "Governmental Control of Chinese Immigration to Australia, 1855–1875," in *The Overseas Chinese in Australasia: History, Settlement and Interactions*, eds., Henry Chan, Ann Curthoys, Nora Chiang, Canberra, Australian National University Press, 2001。所谓永久性反对华人移民入境的时代，是以1881年后新南威尔士与维多利亚殖民地带头发起反对华人移民入境法案为开端的，直到1895年至1900年澳大利亚殖民地全境都通过类似立法，并最终促成澳大利亚联邦从1901年成立起就奉行"白澳政策"的国策。

第09章

/ 终 章

1878年11月，苏格兰裔移民作曲家彼得·麦克考米克（Peter McCormick）在悉尼首次演奏了一首热情洋溢的赞歌。这首后来成为澳大利亚国歌的《前进，澳大利亚》（*Advance, Australian Fair*）唱道：

> 澳大利亚人，让我们大家一起欢乐吧，
> 因为我们年轻又自由。
> 我们有金色的土地与财富供开发，
> 我们的家被大海环绕。
> 我们遍地都是大自然的馈赠，
> 又美，又富，又宝贵。
> 让历史的每一页，每一个脚步，
> 都见证澳大利亚前进。

而新西兰的国歌《天佑新西兰》（*God Defend New Zealand*）

诞生得更早。1876年爱尔兰裔移民诗人托马斯·布拉肯（Thomas Bracken）在达尼丁首次展示了他的作品，其中唱道：

> 祝愿上帝保佑我们的自由之境。
> 摒弃污点和羞耻，
> 守护我们国家的纯洁之名，
> 为她不朽的名望而加冕，
> 上帝保佑新西兰。
> 愿我们山峦永在，
> 自由之堡恒立海中。

　　澳大利亚与新西兰最终分别确立这两首歌为国歌都是20世纪70年代之后的事情，但是把这两首歌放到一起看，从歌词中就可以感受到两个同源殖民地的差异。虽然它们都是以英伦三岛移民为先驱创造的新欧洲国家，是享受人生之所，但又各有各的自豪之处。澳大利亚土地辽阔，海域无垠，土地上的自然资源丰富，移民社会发展蒸蒸日上，而新西兰国歌几乎每一句都直戳澳大利亚早期移民历史的痛处。新西兰自诩纯洁、拥有道德制高点，未曾容纳过被母国流放的囚徒。

　　当然，在原住民尤其是澳大利亚的原住民看来，这些歌词或许具有莫大的讽刺性，而对这里的早期华人移民而言，歌词中描绘的美好景象也凝聚着他们的才智与汗水，只是这一事实长期被尘封在历史档案的深处。通过本书有限文字的记述，读者们不难看到澳大利亚与新西兰华人持续而全面的能动性。

更重要的是，本书的故事反复提醒我们，近代华人向海外移民的历史从来都不只是中国历史或华人的历史，更是世界历史的重要内容，无论这个世界历史是国别的、区域的还是全球性的。对中国来说，它始终激励我们从中外交流的角度思考中国在近现代全球物质与文化交流中的影响。对于长期与世隔绝的澳大利亚与新西兰等南太平洋地区而言，华人移民也大力推动了它与外部世界尤其是中国及亚洲的直接联系。华人移民应该被视为中国与南太平洋地区生态与文化交流持续深入的关键载体。从 18 世纪末至 20 世纪初，资本主义世界市场体系与欧洲主导的殖民主义向地球上最陌生的海域扩张，中国与南太平洋地区绝非偶然地产生了交集。以中国华南口岸为节点，一种纵跨而不仅是横跨太平洋的生态与文化交流网络也不断发育和形塑。随着涟漪般转换、拓展的资源边疆，中国前所未有地与澳大利亚、新西兰等南太平洋地区的陆地与水体紧密相连。这个网络的发展固然依托了殖民者打造的海洋交流网络，却并不能被简单视为一种副产品。就中国对当地生态变化的影响而言，从空间范围上看，它从低纬度海域不断向高纬度海域拓展，最后向内陆深深延展；从动力机制上看，它由单纯的原料市场需求驱动扩大到劳动力、资本与技术迁移的合力作用。这一发展过程并不平衡，但是从未停歇。

从 1789 年到 19 世纪 50 年代，中国主要通过原料贸易影响了南太平洋世界的社会与生态，其特点是欧洲殖民者为中国市场开辟新资源边疆，动植物特产源源不断地通过华南口岸流入中国。需要强调的是，此时澳大利亚与新西兰等地特定生物种群数量的减少，绝非单纯是中国市场消费导致的，更主要是欧洲殖民者和欧美资本家为了扩大对华贸易利润而不惜开展灭绝性商业砍伐与捕捞的结果。这些行为还有一个重要的社会与生态后果，即澳大利亚及新西兰滨海地区的各种次级生态体系被重新整合。澳大利亚与新西兰的原住民在获得新技术、经济收益与长途旅行的机会之外，也开始更多面临航海灾难和新疾病造成的伤害。比如，海参贸易使得澳大利亚北部原住民与包括东南亚的望加锡人、华人以及欧洲人在内的不同人群产生了史无前例的持续交流。以海参主产区阿纳姆地的尤古努人为例：

> 相比于澳大利亚其他地方的原住民，他们对未来英国殖民的冲击有更充分的准备。他们早就暴露在天花、雅司病（Yaws）以及性病的流传中，对火器、烟草和酒精也更司空见惯。他们能够使用统一的外语交流从而克服地区间的差异，还变得善于同外来陌生人打交道……尤古努人也曾经前往海外，一些人曾经在望加锡长期居住，甚至与当地人通婚。直到今天他们也认为望加锡人和他们是一回事。[1]

而在新西兰，原住民毛利人和欧洲劳工都介入了海豹捕猎和剥皮的工作。[2]由于从业者们都需要长期待在陆地上合作，原住民与外来者的交流和融合也更加紧密。原住民获得了铁器等新工具，也获得了诸如猪这样的新家畜和马铃薯这样的新作物，这对当地社会的饮食结构和定居模式都产生了革命性的影响。同样，新的疾病也进入原住民社会，造成了重大冲击。[3] 更重要的是，这一时期中国与南太平洋的海上生物与文化交流，为 1850 年前后华人移民成群结队前往南太平洋地区铺平了道路。

　　1851 年前后，中国对澳大利亚及新西兰的社会与生态影响迎来了全新的变化。尽管鸦片战争后中国的国际政治地位开始不断下滑，但中国对世界生态与文化的影响力客观上反而急剧放大。这里的根本原因在于，虽然中国被迫卷入了不平等的国际体系而且处于"半衰败、半边缘"的外忧内困，但它对外部市场的开放不断加深，也更加接受资本主义对全球资源的调配。以华南居民为主体的中国移民成规模且有组织地投入南太平洋内陆地区的自然资源开发，他们也就前所未有地成为中国因素影响当地生态与社会变化的直接推手。以澳大利亚在牧羊业大扩张中短暂地引入厦门契约劳工为开端，华人移民开始全面接触到陌生而富有挑战性的自然，而在淘金热的激励下，成千上万的珠三角移民自发涌入了澳大利亚与新西兰的内陆。以澳大利亚的维多利亚矿业资源边疆为起点，华人移民不断向整个殖民地扩散，虽有落叶归根者，但同样有许多人扎根定居。无论是作为"旅居者"还是"定居者"，他们都通过多样化的生产生活在澳大利亚与新西兰的各个自然带印上了鲜明的中国烙印。

　　但我在意的不仅仅是华人移民在促进太平洋地区一体化以及全球生态一体化中的影响问题。我更关心的是，在澳大利亚与新西兰乃至南太平洋区域历史的整体撰述中，如何赋予华人移民与其历史影响相称的地位。在经历漫长的民族主义史学乃至种族主义的历史编纂之后，本书展示的史实至少要求修正国际环境史学界的一个共识，即澳大利亚与新西兰的原生态因为欧洲移民及其生态扩张活动而被全面改变，变成了一种不可避免地混合了原住民因素的新欧洲生态。直到2015年，作为澳大利亚当代最具国际知名度的环境史学家之一，汤姆·格里菲斯（Tom Griffiths）在新论文中依然强调：

> 澳大利亚的环境史……是殖民者文化缓慢适应一种独特的生态环境及令其费解的原住民空间的结果。[4]

格里菲斯是在20世纪70年代后经历澳大利亚原住民平权运动的洗礼成长起来的学术界代表，他和他的同道们猛烈批判澳大利亚与新西兰历史编纂中以欧洲为中心的传统叙事，强调原住民社会及其生态遭受的损害，肯定原住民文化的历史意义，但他们依然没有真正超越学界民族主义历史叙事的局限。因为在这些学者的笔下，澳大利亚与新西兰这两个20世纪才诞生的新兴民族国家似乎只有霸道的欧洲移民与被伤害的原住民。可是，澳大利亚与新西兰在18世纪末就已经形成了国际移民社会，进入19世纪后这个移民社会更加开放且多元。那么，如果正视原住民的历史影响是必需的，多元文化移民的不同历史角色又在哪里？尤其是对环境史研究而言，它对跨越民族国家行政地理边界流动的复杂环境要素更加敏感。澳大利亚与新西兰的环境史学却忽略这样的问题，不能不说是一种遗憾。

本书大部分的论述都在试图补充说明，改变澳大利亚与新西兰的"殖民者"不应该仅仅被理解成是盎格鲁‐撒克逊移民或者是欧洲裔移民，而应该是一种多元文化背景的复杂的拓殖者群体。至少从19世纪下半叶开始，华人移民毫无疑问是欧洲移民之外最具生态影响力的外来定居者。无论是在澳大利亚还是新西兰，移民新生态在这里的兴起与壮大，不单纯是欧洲物种、技术、文化向当地移植并适应其环境的结果，而是一种复杂且多维度的各种生态要素交流、冲突和融合的产物。

尤其值得注意的是，华人移民对这里移民生态的影响力说明，他们绝不像许多传统研究所展示的那样内敛、封闭且缺乏自主选择性。尤其令人感慨的是，以澳大利亚蔬果业"四大商业家族"以及新西兰实业界以徐肇开、周祥等为代表的华人经济精英，能够充分掌握不同殖民地自然环境特性，发掘中国传统文化优势，整合不同族裔的人群，利用当地经济与法律规则，积极融入主流社会，极大释放了中国因素对澳大利亚与新西兰生态的影响。与更早期的海产贸易不同，是华人资本而不仅是中国市场驱动整合了当地自然与国际贸易网络。华人资本空前有组织且创造性地开发了最符合当地自然条件的特色资源边疆，尤其是在开发金矿贫矿、种植香蕉以及生产乳制品等领域，发挥了引领作用乃至实现垄断，进而主导了当地景观的局部重塑。但是，19世纪末澳大利亚与新西兰华人移民及其生态最终的命运说明，在种族主义大行其道的氛围中，无论华人有什么表现，都不再重要。欧洲生态的全球扩张，尤其是在新大陆的扩张，不仅仅来自欧洲移民生态对原生态的压倒性替换或改造，更在于它不择手段地压制了其他移民竞争者。对这一点的反思或许值得长期坚持，因为用一种生态威胁的话语将特定移民群体妖魔化的逻辑仍然在我们这个世界不同的角落不时浮现。

注释

1. Michael Cooke,"Makassar and Northeast Arnhem Land: Missing Links and Living Bridges," Batchelor College, Northern Territory, July 1987. 转引自 Regina Ganter,"China and the Beginning of Australian History," p.15。

2. Jim McAloon,"Resource Frontiers, environment and settler capitalism, 1769–1860," in *Making a New Land: Environmental Histories of New Zealand*, eds. Eric Pawson and Tom Brooking, p.76.

3. 参见 Athol Anderson, *Welcome of Strangers: An Ethnohistory of Southern Maori 1650–1850*, Dunedin, Otago University Press, 1998。

4. Tom Griffiths, "Environmental History, Australian Style," *Australian Historical Studies,* vol. 46, issue 2, 2015 , pp.157–173.

参考书目

外文原始档案（按首字母排序）

Accounts and Papers (AP), British Parliament

Australian Town and Country Journal

Historical Records of Australia

The New Zealand Presbyterian, Presbyterian Church, Dunedin

Victoria Governmental Gazette

Victoria Public Record System, Public Record Office Victoria (PROV)

Votes and Proceedings, Otago Provincial Council (OPC)

Votes and Proceedings, Queensland Parliament

Votes and Proceedings, the Legislative Assembly of New South Wales

Votes and Proceedings, the Legislative Assembly of Victoria

Votes and Proceedings, the Legislative Council of New South Wales

Votes and Proceedings, the Legislative Council of Victoria

报刊媒体（按首字母排序）

澳大利亚

Age

Albury Border Post

Argus

Australian Town and Country Journal

Ballarat Star

Bendigo Advertiser

Bruce Herald

Clarence and Richmond Examiner

Cooktown Herald

Cumberland Mercury

Geelong Advertiser and Intelligence

Gippsland Standard

Illustrage Australian News

Leader

Melbourne Punch

Morning Post

Mount Alexander Mail

Sunday Times

Sydney Morning Herald

The Brisbane Courier

The Gippslander

The Queenslander

The Telegraph

The Week

Wagawaga Adversitser

新西兰

Auckland Star

Bush Advocate

Dunstan Times

Evening Post

Feilding Star

Hawera & Normanby Star

Mataura Ensign

New Zealand Herald

Otago Daily Times

Otago Witness

Southland Times

Taranaki Daily News

Tuepeka Times

中文著作（按作者国籍、朝代与姓名拼音排序）

1. ［澳］艾瑞克·罗斯著，张威译：《澳大利亚华人史（1800—1888）》，广州，中山大学出版社，2017。

2. ［澳］安东尼·瑞德著，吴小安、孙来臣译：《东南亚的贸易时代：1450—1680年》第一卷《季风吹拂下的土地》，北京，商务印书馆，2010。

3. ［澳］大卫·沃克著，张勇先等译：《澳大利亚与亚洲》，北京，中国人民大学出版社，2009。

4. ［澳］戈登·格林伍德编，北京编译社译：《澳大利亚政治社会史》，北京，商务印书馆，1960。

5. ［澳］杰弗里·博尔顿著，杨长云译：《破坏和破坏者：澳大利亚环境史》，北京，中国环境科学出版社，2012。

6. ［澳］罗伯特·休斯著，欧阳昱译：《致命的海滩——澳大利亚流犯流放史：1787—1868》，南京，南京大学出版社，2014。

7. ［澳］斯图亚特·麦金泰尔著，潘兴明译：《澳大利亚史》，上海，东方出版中心，2009。

8. ［澳］杨进发著，姚楠、陈立贵译：《新金山：澳大利亚华人，1901—1921年》，上海，上海译文出版社，1988。

9. ［美］艾尔弗雷德·W. 克罗斯比，郑明萱译：《哥伦布大交换：1492年以后的生物影响和文化冲击》，北京，中信出版社，2018。

10. ［美］奥德姆、［美］巴雷特著，陆健健等译：《生态学基础》（第5版），北京，高等教育出版社，2009。

11. ［美］J. R. 麦克尼尔著，韩莉、韩晓雯译：《阳光下的新事物：20世纪世界环境史》，北京，商务印书馆，2013。

12. ［美］J. 唐纳德·休斯著，梅雪芹译：《什么是环境史》，北京，北京大学出版社，2008。

13. [美] J. 唐纳德·休斯著，赵长凤等译:《世界环境史：人类在地球生命中的角色转变》(第 2 版)，北京，电子工业出版社，2014。

14. [美] 贾雷德·戴蒙德著，谢延光译:《枪炮、病菌与钢铁——人类社会的命运》(修订版)，上海，上海译文出版社，2016。

15. [美] 孔飞力著，李明欢译:《他者中的华人：中国近现代移民史》，南京，江苏人民出版社，2016。

16. [美] 马立博著，王玉茹、关永强译:《虎、米、丝、泥：帝制晚期华南的环境与经济》，南京，江苏人民出版社，2012。

17. [美] 马立博著，夏继果译:《现代世界的起源：全球的、环境的述说，15—21 世纪》(第 3 版)，北京，商务印书馆，2017。

18. [美] 斯蒂芬·J. 派因著，梅雪芹等译:《火之简史》，北京，生活·读书·新知三联书店，2006。

19. [美] 唐纳德·沃斯特，侯文蕙译:《尘暴：1930 年代美国南部大平原》，北京，生活·读书·新知三联书店，2003。

20. [美] 约翰·根室著，符良琼译:《澳新内幕》，上海，上海译文出版社，1979。

21. [美] 约翰·R. 麦克尼尔、[美] 威廉·H. 麦克尼尔著，王晋新、宋保军等译:《人类之网：鸟瞰世界历史》，北京，北京大学出版社，2011。

22. [美] 詹姆斯·C. 斯科特著，郑广怀等译:《弱者的武器》，南京，译林出版社，2011。

23. [新西兰] 菲利帕·史密斯著，傅有强译:《新西兰史》，北京，商务印书馆，2009。

24. [英] 沃特金·坦奇著，刘秉仁译:《澳洲拓殖记》，北京，商务印书馆，2008。

25. (清) 王锡祺辑:《小方壶斋舆地丛钞》，杭州，杭州古籍书店，1985。

26. 陈碧笙：《世界华侨华人简史》，厦门，厦门大学出版社，1991。

27. 陈翰笙主编：《华工出国史料汇编》，北京，中华书局，1985。

28. 陈志明编：《澳洲党务发展实况》，悉尼，中国国民党澳洲总支部，1935。

29. 恩平县地方志编纂委员会编：《恩平县志》，北京，方志出版社，2004。

30. 付成双：《自然的边疆：北美西部开发中人与环境关系的变迁》，北京，社会科学文献出版社，2012。

31. 何芳川：《崛起的太平洋》，北京，北京大学出版社，1991。

32. 江门市地方志编纂委员会编：《江门市志》，广州，广东人民出版社，1998。

33. 李文治编：《中国近代农业史资料》，北京，生活·读书·新知三联书店，1957。

34. 连玲玲：《打造消费天堂——百货公司与近代上海城市文化》，北京，社会科学文献出版社，2018。

35. 梁启超：《饮冰室合集》，北京，中华书局，1989。

36. 林语堂：《中国新闻舆论史》，上海，上海人民出版社，2008。

37. 刘达人、田心源编著：《澳洲华侨经济》，台北，海外出版社，1958。

38. 刘平：《被遗忘的战争——咸丰同治年间广东土客大械斗研究》，北京，商务印书馆，2003。

39. 刘渭平：《澳洲华侨史》，台北，星岛出版社，1989。

40. 刘渭平：《大洋洲华人史事丛稿》，香港，天地图书有限公司，2000。

41. 刘渭平：《小藜光阁随笔》，台北，三民书局，1991。

42. 刘新成主编：《全球史评论》第十二辑，北京，中国社会科学出版社，2017。

43. 梅伟强、张国雄主编：《五邑华侨华人史》，广州，广东高等教育出版社，2001。

44. 台山县方志编纂委员会编：《台山县志》，广州，广东人民出版社，

1998。

45. 王赓武著，赵世玲译：《海外华人：从落叶归根到追寻自我》，北京，北京师范大学出版社，2020。

46. 王铁崖编：《中外旧约章汇编》，北京，生活·读书·新知三联书店，1957。

47. 新会县地方志编纂委员会编：《新会县志》，广州，广东人民出版社，1995。

48. 杨汤城口述，丁身尊整理：《新西兰华侨史》，广州，广东人民出版社，2001。

49. 张秋生：《澳大利亚华侨华人史》，北京，外语教学与研究出版社，1998。

50. 张天：《澳洲史》，北京，社会科学文献出版社，1996。

51. 郑嘉锐、李承基等撰译：《中山文史第二十四辑：中山人在澳洲》，中山，政协中山市文史委员会，1992。

外文著作（按作者姓名首字母排序）

1. A. G. L. Shaw, *A History of the Port Phillip District: Victoria before Separation*, Carlton, Melbourne University Press, 1996.

2. A. Huck, The Chinese in Australia, Melbourne, Longmans, 1968.

3. Alexander Don, *New Zealand Presbyterian Chinese Mission: Twenty-first Inland Otago Tour, 1907–1908*, Dunedin, Otago Daily Times, 1908.

4. Andrew Markus, *Fear and Hatred: Purifying Australia and California, 1850–1901*, Hale & Iremonger, 1979.

5. Andrew Sharp, *The Discovery of the Pacific Islands*, London, Greenwood Press, 1960.

6. Ann Curthoys and Andrew Markus eds., *Who Are Our Enemies?: Racism and the Australian Working Class*, Sydney, Hale and Iremonger, 1978.

7. Antoine Fauchery, A. R. Chisholm, and Ron Edwards, *Letters from a Miner in Australia*, Melbourne, Georgian House, 1965.

8. Arthur Bowes Smyth, *A Journal of a Voyage from Portsmouth to New South Whales and China in the Lady Penrhyn, Merchantman. 1789*. Reprinted as Paul G. Fidlon and R.J. Ryan eds., *Journal of Arthur Bowes Smyth: Surgeon, Lady Penrhyn 1787–1789*, Sydney, Australian Documents Library, 1979.

9. Athol Anderson, *Welcome of Strangers: An Ethnohistory of Southern Maori 1650–1850*, Dunedin, Otago University Press, 1998.

10. Auster M. Bowen, *Archaeology of the Chinese Fishing Industry in Colonial Victoria*, Sydney, Sydney University Press, 2012.

11. *Australia: Its Scenery, Natural History, Resources, and Settlements; with a Glance at Its Gold Fields*, London, The Religious Tract Society, 1854.

12. B. J. Dolton ed., *Lectures on North Queensland History*, Townsville, James Cook University, 1974.

13. Bendigo Chinese Association, *The Walk from Robe*, Bendigo, Great Golden Dragon Museum, 2001.

14. Bruce Davidson, *European Farming in Australia: An Economic History of Australian Farming*, Amsterdam, Elsevier Scientific Publishing Company, 1982.

15. Bruce Moore, *Gold! Gold! Gold!: A Dictionary of the Nineteenth-Century Australian Gold Rushes*, Oxford University Press ,2000.

16. C. A. Price, *The Great White Walls an Built*, Canberra, Australian National University Press, 1974.

17. C. F. Yong, *The New Gold Mountain*, Adelaide, Ralphael Arts, 1977.

18. C.Y. Choi, *Chinese Migration and Settlement in Australia*, Sydney, Sydney University Press, 1975.

19. Campbell Macknight, T*he Voyage to Marege: Macassan Trepangers in Northern Australia*, Melbourne, Melbourne University Press, 1976.

20. Carolyn Merchant, *Green versus Gold: Sources in California's Environmental History*, Washington, D.C., Island Press, 1998.

21. Cathie R. May, *Topsawyers: The Chinese in Cairns, 1870–1920*, Queensland, History Department, James Cook University, 1984.

22. Chan Sucheng, *This Bitter Sweet Soil the Chinese in California Agriculture 1860–1910*, Berkeley, University of California Press, 1989.

23. Colin Webb and John Quinlan, *Greater than Gold: A History of Agriculture in the Bendigo District from 1835 to 1985*, Melbourne, Victoria 150, 1985.

24. D. Armitage and A. Bashford eds., *Pacific Histories: Ocean, Land, People*, Basingstoke, Palgrave Macmillan, 2014.

25. David Dunstan, *Better Than Pommard! A History of Wine in Victoria*, Melbourne, Australian Scholarly Publishing, 1994.

26. Donald Denoon and Philippa Mein-Smith with Marivic Wyndham, *A History of Australia, New Zealand and the Pacific*, Oxford and Malden, Blackwell, 2000.

27. Donald Garden, *Australia, New Zealand, and the Pacific: An Environmental History*, Santa Barbara, ABC-CLIO, 2005.

28. Donald S. Garden, *Victoria: A History*, Melbourne, Nelson, 1984.

29. Donna R. Gabaccia and Dirk Hoerder eds., *Connecting Seas and Connected Ocean Rims: Indian, Atlantic, and Pacific Oceans and Chinese Seas Migrations from the 1830s to the 1930s*, Leiden, Brill, 2011.

30. Douglas Montague Gane, *New South Wales and Victoria in 1885*, London, S. Low, Marston, Searle & Rivington, 1886.

31. Edmond Marin La Meslee, *The New Australia*, London, Heinemann Educational Australia Pty Ltd, 1979.

32. Edward Hammond Hargraves, *Australia and Its Gold Fields*, London, Ingram and Co., 1855.

33. Edwin. C. Booth, *Australia in the 1870s*, London, Virtue & Co, 1873, reprinted 1975.

34. Elizabeth Sinn, *Pacific Crossing: California Gold, Chinese Migration, and the Making of Hong Kong*, Hong Kong, Hong Kong University Press, 2013.

35. Ellen Clacy, *A Lady's Visit to the Gold Diggings of Australia in 1852–53*, Echo Library, 2007.

36. Emily Skinner and Edward Duyker, *A Woman on the Goldfields: Recollections of Emily Skinner, 1854–1878*, Carlton, Vic., Melbourne University Press, 1995.

37. Eric Pawson and Tom Brookin eds, *Making a new Land: Environmental Histories of New Zealand*, Oxford, Oxford University Press, 2002.

38. Eric Pawson and Tom Brooking eds., *Making a New Land: Environmental Histories of New Zealand*, second ed., Otago, Otago University Press, 2013.

39. Eric Rolls, *Flowers and the Wide Sea: Citizens*, Brisbane, University of Queensland Press, 1980.

40. Eric Rolls, *Sojourners: The Epic Story of China's Centuries-Old Relationship with Australia: Flowers and the Wide Sea*, Brisbane, University of Queensland Press, 1992.

41. Evelyn May Clowes, *On the Wallaby through Victoria*, London, William Heinemann, 1911.

42. F. K. Crowly, *A New History of Australia*, Adelaide, the Griffin Press, 1974.

43. Fay Gale and Graham H. Lawton eds., *Settlement and Encounter: Geographical Studies Presented to Sir Grenfell Price*, Melbourne, OUP,

1969.

44. Francis Lancelott, *Australia as It Is: Its Settlements, Farms, and Gold Fields*, UK, BiblioBazaar, 2009.

45. G. Bulter Earp, *The Gold Colonies of Australia, and Gold Seeker's Manual*, London, G. Routledge, 1852.

46. G. C. Mundy, *Our Antipodes or, Residence and Rambles in the Australasian Colonies: With a Glimpse of the Gold Fields*, London, Richard Bentley, 1852.

47. G. W. Leeper ed., *Introducing Victoria*, Carlton, Victoria, Melbourne University Press, 1955.

48. Ged Martin ed., *The Founding of Australia: The Arguments about Australia's Origins*, Marrickville, Hale and Iremonger, 1978.

49. Geoffrey Blainey, A *History of Victoria*, Cambridge, Cambridge University Press, 2006.

50. Geoffrey Blainey, *A Land Half Won*, Melbourne, Pan Macmillan Australia Pty Limited, 1995.

51. Geoffrey Blainey, *The Rush That Never Ended: A History of Australian Mining*, Carlton, Melbourne University Press, 2003.

52. Geoffrey Blainey, *The Tyranny of Distance: How Distance Shaped Australia's History*, Melbourne, Macmillan, 1975.

53. Geoffrey Bolton, *A Thousand Miles Away: A History of North Queensland to 1920*, Canberrra, Australian National University Press, 1970.

54. Geoffrey Bolton: *Spoils and Spoilers: A History of Australians Shaping their Environment*, London, Allen & Unwin, 1981.

55. Geoffrey Russell, *Water for Gold!: The Fight to Quench Central Victoria's Goldfields*, Melbourne, Australian Scholarly Publishing, 2009.

56. Geoffrey Serle, *The Golden Age: A History of the Colony of Victoria, 1851–*

1861, Melbourne, Melbourne University Press, 1963.

57. George McNeur, *Feeling the Way in the Canton Villages*, Dunedin, Otago Daily Times, 1902.

58. H. I. London, *Non-White Immigration and the "White Australia" Policy*, New York, New York University Press, 1970.

59. H. J. Andrew, *The History of Eltham, N.Z. Cradle of the Dairy Export Industry*, Eltham, Eltham Borough Council, 1959.

60. Hector Holthouse, *River of Gold: The Story of the Palmer River Gold Rush*, Sydney, Angus and Roberson, 1967.

61. Helen Wong, *In the Mountain's Shadow: A Century of Chinese in Taranaki, 1870–1970* , Unkn, Helen Wong, 2010.

62. Henry Chan, Ann Curthoys and Nora Chiang eds., *The Overseas Chinese in Australasia: History, Settlement and Interactions* , Canberra, Australian National University Press, 2001.

63. Henry Reynolds, *North of Capricorn: The Untold Story of Australia's North*, Crows Nest, Allen & Unwin, 2003.

64. Henry Reynolds, *Race Relations in North Queensland*, Townsville, History Department, James Cook University, 1993.

65. Hugh Anderson and William Westgarth eds., *Report from the Commission Appointed to Inquire into the Condition of the Goldfields to His Excellency, Sir Charles Hotham*, Melbourne, Red Rooster Press,1855.

66. Hugh Anderson, *Commission Appointed to Enquire into the Conditions of the Gold Fields of Victoria*, Melbourne, Red Rooster, 1978.

67. Iain McCalman, Alexander Cook and Andrew Reeves eds., *Gold: Forgotten Histories and Lost Objects of Australia*, Melbourne, Cambridge University Press, 2011.

68. Ian R. Tyrrell , *True Gardens of the Gods: Californian-Australian Environmental*

Reform, 1860–1930, Berkeley, Calif., University of California Press, 1999.

69. Ian W. G. Smith, *The New Zealand Sealing Industry History, Archaeology, and Heritage Management,* Wellington, New Zealand, Department of Conservation, Victoria University, 2002.

70. J. A. Patterson, *The Gold Fields of Victoria in 1862*, Melbourne, Wilson & Mackinnon, 1862.

71. J. Arthur Phillips, *The Mining and Metallurgy of Gold and Silver*, London, E. and F.N. Spon, 1867.

72. J. La Croix, *Sheep, Squatters, and the Evolution of Land Rights in Australia: 1787–1847*, Working Paper Printed by The Cliometric Society, University of Wisconsin, 1992.

73. J. M. Powell, *Watering the Garden State: Water, Land and Community in Victoria, 1834–1988*, Allen & Unwin, 1989.

74. J. M. Powell and M. Williams eds., *Australian Space, Australian Time: Geographical Perspectives*, Melbourne, New York, Oxford University Press, 1975.

75. Jack Brook, *From Canton with Courage*: *Paramatta and Beyond Chinese Arrivals, 1800–1900*, self-printed, 2010.

76. James A. Lerk, *Bendigo's Mining History, 1851–1954*, Bendigo, Bendigo Trust, 1991.

77. James Beattie, Edward Melillo, and Emily O'Gorman eds., *Eco-Cultural Networks and the British Empire: New Views on Environmental History*, New York, Bloomsbury Academic, 2015.

78. James Belich, *Making Peoples: A History of the New Zealanders: From Polynesian Settlement to the End of the Nineteenth Century*, Auckland, Penguin Press, 1996.

79. James Bonwick, *Notes of a Gold Digger and Gold Diggers' Guide*, Good

Press, 2019.

80. James Flett, *The History of Gold Discovery in Victoria*, UK, Hawthorn Press, 1970.

81. James Ng, *Windows on a Chinese Past, How the Cantonese Gold Seekers and Their Heirs Settled in New Zealand(vol.1); Round Hill; Alexander Don; Missions; Mixed Marriages; The Opium Evil(vol.2); Larrikinism and Violence: Immigration Issues, 20th Century Assimilation: Biographies(vol.3);Don's Roll of Chinese'(vol.4)*, Dunedin, Otago Heritage Books,1993.

82. James Wyld, *Gold Fields of Australia: Notes on the Distribution of Gold Throughout the World*, Including Australia, California, and Russia, RareBooksClub.com, 2012.

83. Jan Todd, *Colonial Technology: Science and the Transfer of Innovation to Australia, Studies in Australian History*, Cambridge, New York, Cambridge University Press, 1995.

84. Jean Gittins, *The Diggers from China: The Story of Chinese on the Goldfields*, Quartet Books, 1981.

85. Jenny Keating, *The Drought Walked Through: A History of Water Shortage in Victoria*, Melbourne, Dept. of Water Resources Victoria, 1992.

86. Jerry H. Bentley ed., *The Oxford Handbook of World History*, New York, Oxford University Press, 2011.

87. Joanna Boileau, *Chinese Market Gardening in Australia and New Zealand: Gardens of Prosperity*, Cham, Switzerland, Springer Press, 2017.

88. Jocelyn Groom, *Chinese Pioneers of the King Valley,* Wangaratta, Centre for Continuing Education, 2001.

89. John Fitzgerald, *Big White Lie: Chinese Australians in White Australia*, Sydney, University of New South Wales Press, 2007.

90. John Fitzgerald, Sophie Couchman and Paul Macgregor eds, *After the Rush: Regulation, Participation and Chinese Communities in Australia, 1860–1940*, Kingsbury, Otherland Literary Journal, 2004.

91. John Hunter Kerr, *Glimpses of Life in Victoria*, Kila, Kessinger Publish, 2010.

92. John Sherer, *The Gold Finder of Australia: How He Went, How He Fared and How He Made His Fortune*, London, Clarke, Beeton & Co., 1853.

93. John Ward, *British Policy in the South Pacific*, Sydney, Australasian Publishing Company, 1948.

94. John Woinarski, Brendan Mackey, Henry Nix and Barry Traill, *The Nature of North Australia: Natural Values, Ecological Processes and Future Prospects*, Canberra, Australian National University Press, 2007.

95. Jong Ah Siug, translated by Ruth Moore and John Tully, *A Difficult Case: An Autobiography of a Chinese Miner on the Central Victorian Goldfields*, Daylesford, Jim Crow Press, 2000.

96. Kathryn Cronin, *Colonial Casualties: Chinese in Early Victoria*, Carlton, Melbourne University Press, 1982.

97. Marc Schallenberg and David Kelly, *Ecological Condition of Six Shallow Southland Lakes*, Report No. 2198, Nelson, Cawthron Institute, 2012.

98. Kay Saunders, *Indentured Labour in the British Empire, 1834–1920*, London, Croom Helm, 1984.

99. Keir Reeves and Benjamin Mountford, *Court Records and Cultural Landscapes: Rethinking the Chinese Gold Seekers in Central Victoria*, The Journal of Public Record Office Victoria, 2007.

100. Keith Sinclair, *The Origins of the Maori Wars*, Wellington, New Zealand University Press, 1957.

101. Kuo Mei-fen, *Making Chinese Australia: Urban Elites, Newspapers and the*

Formation of Chinese-Australian Identity, 1892–1912, Clayton, Monash University Publishing, 2013.

102. Lily Lee and Ruth Lam, *Chan Dah Chee, 1851–1930: Pioneer Chinese Market Gardener and Auckland Businessman*, Auckland, self-published, 2009.

103. Lily Lee and Ruth Lam, *Sons of the Soil: Chinese Market Gardeners in New Zealand,* Pukekohe, Dominion Federation for New Zealand Chinese Commercial Growers, 2012.

104. Lionel Welsh, *Vermilion and Gold: Vignettes of Chinese Life in Ballarat*, Sandy Bay, Banyan Press, 1985.

105. M. Roe, *Journals and Letters of Captain Charles Bishop on the North West Coast of America, in the Pacific , and in New South Wales, 1794–1799*, Cambridge, Cambridge University Press, 1967.

106. M. F. Christie, *Aborigines in Colonial Victoria, 1835–86*, Sydney, Sydney University Press, 1979.

107. Mackaness ed., *Murray's Guide to the Gold Diggings: The Australian Gold Diggings, Where They Are and How to Get to Them*, London, Stewart and Murray, 1852.

108. Manning Clark, *Select Documents in Australian History (1851–1900)*, Sydney, Angus and Robertson, 1955.

109. Manning Clark, *A History of Australia：From the Earliest Times to the Age of Macquarie*, Melbourne, Melbourne University Press, 1963.

110. Manying Ip etc., *Unfolding History, Evolving Identity: The Chinese in New Zealand*, Auckland, Auckland University Press, 2003.

111. Marilyn Lake and Henry Reynolds, *Drawing the Global Colour Line: White Men's Countries and the Question of Racial Equality*, Calton, Melbourne University Press, 2008.

112. Mark Twain, *Following the Equator: A Journey around the World*, Hartford, Conn., American Pub. Co., 1897.

113. Marshall Clark and Sally K. May, *Macassan History and Heritage: Journeys, Encounters and Influences*, Canberra, The Australian National University, 2013.

114. Matthew Flinders, *A Voyage to Terra Australis undertaken for the Purpose of Completing Discovery of that Vast Country, and Prosecuted in the Years 1801, 1802, and 1803*, London, G. & W. Nicol, 1814.

115. Myra Willard, *History of the White Australia Policy*, Melbourne, Melbourne University Press, 1967.

116. N. F. Barr and J. W. Cary, *Greening a Brown Land: The Australian Search for Sustainable Land Use*, Melbourne, Macmillan Education Australia, 1992.

117. Nancy Keesing, *Gold Fever: The Australian Goldfields 1851 to the 1890s*, Sydney, Angus and Robertson, 1967.

118. Neville Ritchie, *Archaeology and History of the Chinese in Southern New Zealand during the Nineteenth Century: A Study of Acculturation, Adaptation and Change*, University of Otago, 1986.

119. Ng Bickleen Fong, *The Chinese in New Zealand: A Study in Assimilation*, Hongkong, University of Hongkong, 1959.

120. Nigel Murphy, *The Poll-Tax in New Zealand*, Wellington, New Zealand Chinese Association Inc, 1996.

121. Nicol Allan MacArthur, *Gold Rush and Gold Mining: A Technological Analysis of Gabriel's Gully and the Blue Spur, 1861–1891*, Dunedin, University of Otago, 2014.

122. Nigel Murphy, *Guide to Law and Policies relating to the Chinese in New Zealand (1871–1997)*, Auckland, New Zealand Chinese Association, 2006.

123. O. A. Bushnell, *The Gifts of Civilization: Germs and Genocide in Hawaii*, Hawaii, University of Hawaii Press, 1993.

124. P. Macgregor ed., *Histories of the Chinese in Australia and the South Pacific*, Carlton, Melbourne University Press, 1995.

125. P. Macgregor ed., *Histories of the Chinese in Australasia and the South Pacific*, Melbourne, Museum of Chinese Australian History, 1995.

126. Peter Bell, *Gold, Iron and Steam: The Industrial Archaeology of the Palmer Goldfield*, History Department, James Cooks University of North Queensland, 1987.

127. R. G. Ward ed., *Man in the Pacific: Essays on Geographical Change in the Pacific Islands*, Oxford, Clarendon Press, 1972.

128. Raffel Birrell ed., *Stoking a Claim: Gold and the Development of Victorian Milling Law*, Carlton, Melbourne University Press, 1998.

129. Richard Ellis, *The Empty Ocean: Plundering the World's Marine Life*, Washington, D.C., Island Press, 2003.

130. Richard Thackway, *Land Use in Australia: Past, Present and Future*, Canberra, Australian National University Press, 2018.

131. Robert McNab, *Murihiku: A History of the South Island of New Zealand and the Islands Adjacent and Lying to the South, from 1642 to 1835*, Wellington, Whitcombe and Tombs Limited, 1909.

132. Robert Travers, *Australian Mandarin: The Life and Times of Quong Tart*, Kenthurst, Rosenberg Publishing, 1981.

133. Robin A. Butlin, *Geographies of Empire, European Empires and Colonies, 1880–1960*, Cambridge, Cambridge University Press, 2009.

134. Rollo Arnold, *Settler Kaponga, 1881–1914: A Frontier Fragment of the Western World*, Wellington, Victoria University Press, 1997.

135. Royal Commission on Sugar Industry, *Minutes of Evidence and Report of*

Royal Commission on Sugar Industry, Brisbane, Queensland Parliament, 1889.

136. Royal Commission On Vegetable Products, *Handbook on Viticulture for Victoria*, Melbourne, Kessinger Publishing, LLC, 1891.

137. S. Korzelinski, *Memoirs of Gold-Digging in Australia*, Queensland, University of Queensland Press, 1979.

138. Samuel Sidney, *The Three Colonies of Australia, New South Wales, Victoria, South Australia, Their Pastures, Copper Mines, & Gold Fields*, London, Ingram, Cooke, & Co., 1852.

139. Sarah Burke Cahalan and Yota Basaki eds., *The Botany of Empire in the Long Eighteenth Century*, Washington, D. C., Dumbarton Oaks/Harvard University Press, 2017.

140. Stephen Henry Roberts, *Squatting Age in Australia 1835–1847*, Calton, Melbourne University Press, 1970.

141. Table LX-Schedules of Taxes, Duties, Fees, Rents, Assessments, and All Other Sources of Revenue, *Queensland Votes and Proceedings*, Brisbane, Queensland Government, 1874.

142. Terry Hearn and Ray Hargreaves, *The Speculator's Dream: Gold Dredging in Southern New Zealand*, Dunedin, Allied Press, 1985.

143. Thomas A. Rickard, *Man and Metals: A History of Mining in Relation to the Development of Civilization*, New York, Whittlesey House, 1932.

144. Thomas Gilbert, *Voyage from New South Wales to Canton, in the Year of 1788, with the Views of Islands Discovered*, London, Printed for J. Debrret, 1789.

145. Thomas Woolner and Amy Woolner, *Thomas Woolner, R. A., Sculptor and Poet: His Life in Letters*, New York, AMS Press, 1917, reprinted in 1971.

146. Tim Bonyhady, *The Colonial Earth*, Melbourne, Melbourne University

Press, 2000.

147. Tim Flannery, *The Future Eaters: An Ecological History of the Australasian Lands and People*, Sydney, Reed Books, 1994.

148. Tom Brooking and Eric Pawson, *Seeds of Empire: The Environmental Transformation of New Zealand*, London, I. B. Tauris, 2010.

149. Tom E. Parr, *Reminiscences of a NSW South West Settler*, New York, A Hearthstone Book, 1977.

150. Tom Griffiths, *Beechworth: An Australian Country Town and Its Past*, Greenhouse Publications, 1987.

151. Tom Griffiths and Libby Robin eds., *Ecology and Empire: Environmental History of Settler Societies*, Edinburgh, Keele University Press, 1997.

152. Vinita Damodaran and Anna Winterbotham eds., *The East India Company and the Natural World*, Basingstoke, Palgrave Macmillan, 2014.

153. W. P. Morrell, *The Gold Rushes*, London, Adam And Charles Black, 1940.

154. W. Westgarth, *Victoria and the Australian Gold Mines in 1857: With Notes on the Overland Route from Australia Via Suez*, London, Smith, Elder, and co., 1857.

155. Wang Sing-wu, *The Organization of Chinese Emigration 1848–88*, San Francisco, Chinese Materials Centre, 1978.

156. Warwick Anderson, *The Cultivation of Whiteness: Science, Health, and Racial Diversity in Australia*, Carlton, Melbourne University Press, 2002.

157. Waste Bate, *Lucky City: The First Generation at Ballarat, 1851–1901*, Melbourne, Melbourne University Press, 1978.

158. Willem Robert, *The Dutch Explorations, 1605–1756, of the North and Northwest Coast of Australia*, Amsterdam, Philo Press, 1973.

159. William Baragwanath, *Memoirs of the Geological Survey of Victoria No. 14: The Ballarat Goldfield*, Melbourne, Unkn, 1923.

160. William Beinart, *Lotte Hughes, Environment and Empire*, New York, Oxford University Press, 2009.

161. William Howitt, *Land, Labour and Gold: Or, Two Years in Victoria with Visits to Sydney and Van Diemen's Land*, Sydney, Ulan Press, 2012.

162. William Kelly, *Life in Victoria: Or, Victoria in 1853, and Victoria in 1858*, Kilmore, Australia, Lowden Pub. Co., 1858.

163. William Tai Yuen, *The Origins of China's Awareness of New Zealand 1674–1911*, Auckland, New Zealand Asia Institute, 2005.

164. Yan qinghuang（颜清煌）, *Coolies and Mandarins: China's Protection of Overseas Chinese During the late Ch'ing Period*（*1851–1911*）, Singapore, Singapore National University Press, 1985.

中文论文（按作者姓名拼音排序）

1. 陈泽宪:《十九世纪盛行的契约华工制》, 载《历史研究》, 1963（1）。

2. 戴一峰:《18—19 世纪中国与东南亚的海参贸易》, 载《中国社会经济史研究》, 1998（4）。

3. 丁见民:《北美早期印第安人社会对外来传染病的反应和调适》, 载《世界历史》, 2015（4）。

4. 冯立军:《认知、市场与贸易——明清时期中国与东南亚的海参贸易》, 载《厦门大学学报（哲学社会科学版）》, 2012（6）。

5. 傅义强:《当代西方国际移民理论述略》, 载《世界民族》, 2007（3）。

6. 黄道记、刘重民:《台山人涉外交往与出洋溯源》, 载《台山侨史学报》, 1989（1）。

7. 刘重民:《鸦片战争对侨乡的影响（江门市鸦片战争 150 周年纪念座谈会发言稿）》, 载《台山侨史学报》, 1990（2）。

8. 乔瑜：《澳大利亚殖民时期"干旱说"的形成》，载《学术研究》，2014（6）。

9. 邱志红：《新西兰华侨华人史研究的回顾与思考——以中文研究著述为中心》，载《暨南学报（哲学社会科学版）》，2016（2）。

10. 汪诗明、王艳芬：《如何界定南太平洋岛屿国家》，载《太平洋学报》，2014（11）。

11. 王华：《夏威夷檀香木贸易的兴衰及其影响》，载《世界历史》，2015（4）。

12. 吴春明：《"南岛语族"起源研究述评》，载《广西民族研究》，2004（2）。

13. 吴丹、张秋生：《大洋洲华侨华人研究综述》，载《东南亚研究》，2013（1）。

14. 吴敏超：《新西兰华人与海上丝绸之路——以陈达枝为中心的探讨》，载《广东社会科学》，2019（2）。

15. 张丽：《新西兰华侨华人史的英文著述研究》，载《暨南学报（哲学社会科学版）》，2016（2）。

16. 周湘：《清代毛皮贸易中的广州与恰克图》，载《中山大学学报论丛》，2000（3）。

17. 周湘：《清代尚裘之风及其南渐》，载《中山大学学报（社会科学版）》，2005（1）。

18. 庄国土：《世界华侨华人数量和分布的历史变化》，载《世界历史》，2011（5）。

英文论文（按作者姓名首字母排序）

1. A. K. Cavanagh, "The Return of the First Fleet Ships," *The Great Circle*, vol. 11, no. 2, 1989.

2. A. Piper, "Chinese Diet and Cultural Conservatism in Nineteenth-century

southern New Zealand," *Australian Journal of Historical Archaeology* 6, 1988.

3. Active Voices,"Hidden Histories: The Chinese in Colonial Australia," *Journal of Australian Colonial History*, special issue, vol.6, 2004.

4. "Alexander Don's Roll of the Chinese as an On-line Searchable Database," *Chinese Southern Diaspora Studies*, vol. 2, 2008.

5. Andrew Markus,"Chinese in Australian History," *Meanjin*, vol. 42, no. 1, 1983.

6. Anna Kyi,"Unravelling the Mystery of the Woah Hawp Canton Quartz Mining Company, Ballarat," *Journal of Australian Colonial History*, vol. 6, 2004.

7. Anne-Maree Whitaker,"From Norfolk Island to Foveaux Strait: Joseph Foveaux's Role in the Expansion of Whaling and Sealing in Early Nineteenth Century Australasia," *The Great Circle*, vol. 26, no. 1, 2004.

8. Auster M. Bowen,"Colonial Chinese Fish Curing Activities in Victoria, Australia," *The Artefact*, vol.29, 2006.

9. Barry McGowan,"Reconsidering Race: The Chinese Experience on the Goldfields of Southern New South Wales," *Australian Historical Studie*,vol.39, issue 124, 2004.

10. Barry McGowan,"The Economics and Organization of Chinese Mining in Colonial Australia," *Australian Economic History Review*, vol.45, no.2, 2005.

11. C. J. Davey,"The Origins of Victorian Mining Technology, 1851–1900," *The Artefact*, vol. 19, 1996.

12. Charles Fahey,"Peopling the Victorian Goldfields: 1851–1901," *Australian Economic History Review*, vol.50, issue 2, special issue, 2010.

13. Cora Trevarthen,"After the Gold is Gone: Chinese Communities in

Northeast Victoria, 1861–1914," *Journal of Chinese Australia*,issue 2, 2006.

14. D. R. Hainsworth,"Exploiting the Pacific Frontier: The New South Wales Sealing Industry 1800–1821," *The Journal of Pacific History*, vol. 2, no.1, 1967.

15. Don Garden,"Catalyst or Cataclysm: Gold Mining and the Environment," *Victorian Historical Journal*, vol.72, no. 1–2, 2001.

16. E. Massal and J. Barrau,"Pacific Subsistence Crops: the Banana, New Caledonia," *South Pacific Commission Quarterly Bulletin*, vol.6, no.1, 1956.

17. Frans J. Schuurman,"From Resource Frontier to Periphery: Agricultural Colonization East of the Andes," *Tijdshrift voor Economische en sociale*, Geografie, vol.69, no.1–2, 1978.

18. G. B. Weber,"History of Events Leading to the Discovery of Gold in Victoria and the Early Mining Years," *Australian Institute of Geoscientists Bulletin*, no.20, 1996.

19. G. Neil Phillips and Martin J. Hughes,"The Geology and Gold Deposits of the Victorian Gold Province," *Ore Geology Reviews*, vol.11, no. 5, 1996.

20. G. Oddie,"The Lower Class Chinese and the Merchant Elite in Victoria: 1870–1890," *Australia Historical Studies*, vol.10, no.37, 1961.

21. Geoffrey Blainey,"Australia: A Bird's-Eye View," *Daedalus*, vol. 114, no. 1, 1985.

22. Hawaiian Historical Society,"Chinese Merchant-Adventurers and Sugar Masters in Hawaii: 1802–1852," *Hawaiian Journal of History*, vol.8, 1974.

23. Heather Sutherland, "Trepang and Wangkang: The China Trade of Eighteenth-Century Makassar c. 1720s–1840s," *Bijdragen tot de Taal-, Land-en Volkenkunde*, vol. 156, No. 3, 2000.

24. Ian Jack and Katie Holmes,"Ah Toy's Garden: A Chinese Market Garden on the Palmer River Goldfield, North Queensland," *Australian Journal of*

Historical Archaeology, vol. 2, 1984.

25. Ian Tyrrell,"Peripheral Visions: Californian-Australian Environmental Contacts, 1850s–1910," *Journal of World History*, vol. 8, no. 2, 1997.

26. J. Beattie, E. O'Gorman, and E. Melillo,"Rethinking the British Empire through Eco-Cultural Networks: Materialist-Cultural Environmental History, Relational Connections and Agency," *Environment and History*, vol. 20, no.4, 2014.

27. James Beattie,"Hungry Dragons: Expanding the Horizons of Chinese Environmental History—Cantonese Gold-Miners in Colonial New Zealand, 1860s–1920s," *International Review of Environmental History*, vol.1, no.1, 2015.

28. Jillian Comber, Parlmer River Gold Rush, Australasian Historical Archaeology, vol. 13, 1995.

29. John C. Weaver,"Beyond the Fatal Shore: Pastoral Squatting and the Occupation of Australia, 1826 to 1852," *The American Historical Review*, vol 101, no. 4, 1996.

30. John Ling,"Exploitation of Fur Seals and Sea Lions from Australian, New Zealand and Adjacent Subantarctic Islands during the Eighteenth, Nineteenth and Twentieth Centuries," *Australian Zoologist*, vol. 31, no. 2, 1999.

31. John R. McNeill,"Of Rats and Men: A Synoptic Environmental History of the Island Pacific," *Journal of World History*, vol.5, no.2, 1994.

32. K. M. Dallas,"First Settlement of Australia: Considered in Relation to Sea-power in World Politics", Papers and Proceedings: *Tasmanian Historical Research Association*, vol.2, no.3, 1952.

33. Kathleen Schwerdtner Máñez and Sebastian C. A. Ferse,"The History of Makassan Trepang Fishing and Trade," *Plos ONE*, no.5, 2010.

34. Keir Reeves, "Goldfields Settler or Frontier Rogue? The Trial of James Acoy and the Chinese on the Mount Alexander Diggings," *The Journal of Public Record Office Victoria*, no. 5, 2006.

35. Keir Reeves, "Historical Neglect of an Enduring Chinese Community," *Traffic*, issue 3, 2003.

36. Keer Reeves,"Sojourners or a New Diaspora? Economic Implications of the Movement of Chinese Miners to the South-West Pacific Goldfields," *Australian Economic History Review*, vol.50, no.2, 2010.

37. Keir Reeves and Benjamin Mountford,"Sojourning and Settling: Locating Chinese Australian History," *Australian Historical Studies*, vol.42, no.1, 2011.

38. Keir Reeves and Tseen Khoo,"Dragon Tails: Re-interpreting Chinese Australian History," *Australian Historical Studies*, vol.42, no.1, 2011.

39. L. G. Churchward,"Rhode Island and the Australian Trade 1792–1812," *Rhode Island History*, vol. 7, no. 4, 1948.

40. Lee Mahony,"Book Review," *Journal of Global History*, vol.12, no.3 , 2017.

41. Libby Robin and Tom Griffiths,"Environmental History in Australasia, Environment and History," vol.10, no. 4, 2004.

42. Lionel Frost, "Australian Agricultural Historiography: A Survey," *Agricultural History*, vol. 71, no. 4, 1997.

43. Mae M. Ngai,"Chinese Miners, Headmen, and Protectors on the Victorian Goldfields, 1853–1863," *Australian Historical Studies*, vol.42, no.1, 2011.

44. Martin J. Hughes and Neil Phillips, "Evolution of the Victorian Gold Province-Geological and Historical," *Victorian Historical Journal*, vol.72, no. 1–2 , 2001.

45. Maxine Darnell,"Life and Labour for Indentured Chinese Shepherds in New

South Wales, 1847–55," *Journal of Australian Colonial History*, vol. 6, 2004.

46. Michael Roe,"Australia's Place in the Swing to the East 1788–1810," *Australian Historical Studies* , vol.8, no.30, 1958.

47. Neil Clayton,"Settlers, Politicians and Scientists: Environmental Anxiety in a New Zealand Colony," *ENNZ: Environment and Nature in New Zealand* 9, no. 1, 2014.

48. R. W. Dale,"Impressions of Australia: Speculations About the Future," *Contemporary Review*, vol.54, 1888.

49. Regina Ganter, "China and the Beginning of Australian History," *The Great Circle*, vol. 25, no. 1, 2003.

50. Rhys Richards, "New Market Evidence on the Depletion of Southern Fur Seals: 1788–1833," *New Zealand Journal of Zoology*, vol.30, no.1, 2010.

51. Rhys Richards,"The Easternmost Route to China and the Robertson Aikman Charts," *The Great Circle*, vol. 8, no. 1, 1986; "The Easternmost Route to China 1787–1792: Part II," *The Great Circle*, vol. 8, no. 2 ,1986; "The Easternmost Route to China: Part III," *The Great Circle*, vol. 9, no. 1,1987.

52. Ross H. Cordy,"The Effects of European Contact on Hawaiian Agricultural Systems 1778–1819," *Ethnohistory*, vol.19, no. 4, 1972.

53. Ruth Morgon,"Book Review, Australian Journal of Politics and History," vol. 62, no. 3, 2015.

54. Susan Lawrence,"Poor Man's Diggings: Subsistence Mining in the Nineteenth Century," *Australasian Historical Archaeology*, vol.13, 1995.

55. Tom Brooking and Eric Pawson,"New Zealand Environmental Histories," *Environment and History*, vol. 9, no. 4, 2003.

56. Tom Griffiths,"Environmental History, Australian Style," *Australian Historical Studies*, vol. 46, issue 2, 2015.

57. V. Lovejoy,"Depending Upon Diligence: Chinese at Work in Bendigo 1861–1881," *Journal of Historical and European Studies*, vol.1, 2007.

58. V. Lovejoy,"The Things that Unite: Inquests into Chinese Deaths on the Bendigo Goldfields 1854–65," *The Journal of Public Record Office Victoria*, no.6 , 2007.

59. Valerie Lovejoy, "Chinese in Late Nineteenth-Century Bendigo: Their Local and Translocal Lives in 'this Strangers' Country," *Australian Historical Studies*, vol.42, no.1, 2001.

60. Valerie Lovejoy, "Depending upon Diligence: Chinese at Work in Bendigo, 1861–1881," *Journal of Historical and European Studies*, vol. 1, no.1, 2007.

61. Warwick Frost,"Migrants and Technological Transfer: Chinese Farming in Australia: 1850–1920," *Australian Economic History Review*, vol.42, no.2, 2002.

62. Zvonkica Stanin, "From Li Chun to Yong Kit: A Market Garden on the Loddon: 1851–1912," *Journal of Australian Colonial History*, vol.6, 2004.

学位论文（按类别、作者姓名首字母排序）

1. Ian Hamilton Welch, "Alien Son: The life and times of Cheok Hong Cheong, (Zhang Zhuoxiong) 1851–1928," Ph.D diss., Australian National University, 2003。

2. Nicholas Dennis Guoth,"Beyond a Cup of Tea: Trade Relationships between Colonial Australia and China, 1860–1880," Ph.D diss., Australian National University, 2017.

3. G. I. Rawson, "The Evolution of the Rural Settlement Pattern of Lowland South Taranaki, 1860–1920," M. A. thesis, University of Canterbury, 1967.

4. 王玉：《殖民主义与斐济生态变迁（1800 年代—1940 年代）》，硕士学位论文，北京大学，2009。

附录一

悉尼杰克逊港与广州直接通航船次一览表（1788—1817 年）

序号	船名	出发地	抵达日	装卸内容	出港日期	目的地
1	夏洛特（Charlotte）	英格兰	1788 年 1 月 20 日	囚犯	1788 年 5 月 8 日	中国 *
2	彭林夫人（Lady Penrhyn）	英格兰	1788 年 1 月 20 日	囚犯	1788 年 5 月 5 日	
3	斯卡布罗（Scarborough）	英格兰	1788 年 1 月 29 日	囚犯	1788 年 5 月 6 日	
4	朱莉安娜夫人（Lady Juliana）	英格兰	1790 年 6 月 6 日（原文件为 12 月 5 日，有误）	囚犯	1790 年 7 月	
5	查士丁尼（Justinian）	英格兰	1790 年 6 月 20 日	日用物资（provision）	1790 年 7 月 28 日	
6	海王星（Neptune）	英格兰	1790 年 6 月 28 日	囚犯	1790 年 8 月 24 日	
7	斯卡布罗	英格兰	1790 年 6 月 28 日	囚犯	1790 年 8 月 8 日	
8	皇家上将（Royal Admiral）	英格兰	1792 年 10 月 7 日	男性囚犯	1796 年 11 月 13 日	

序号	船名	出发地	抵达日	装卸内容	出港日期	目的地
9	费城（Philadelphia）	费城	1792 年 11月 1 日	商品（merch）	1792 年 12月	
10	贝罗娜（Bellona）	英格兰	1793 年 1月 15 日	囚犯	1793 年 2月 19 日	
11	伯丁顿（Boddington）	爱尔兰	1793 年 8月 7 日	囚犯	1793 年 10月 13 日	
12	不列颠尼亚（Britannia）	巴达维亚	1794 年 6月 1 日	日用物资	1794 年 9月 1 日	
13	威廉（William）	英格兰	1794 年 3月 10 日	日用物资	不详	
14	青年威廉（Young William）	英格兰	1794 年 10月 4 日	存货（stores）	1795 年 10月 29 日（原文如此）	
15	必需（Indispensible，原文如此）	英格兰	1794 年 5月 24 日	日用物资	1794 年 6月 3 日	
16	海里翁（Haleyon，原文不清）	罗德岛	1794 年 6月 14 日	商品	1794 年 7月 8 日	
17	艾丽莎（Elisa）	开普殖民地	1794 年 7月 4 日	补给	1794 年 8月	
18	希望（Hope）	不详	1794 年 7月 5 日	商品	不详	
19	希尔芙（Sylph）	英格兰	1796 年 11月 17 日	商品	1796 年 12月 6 日	
20	威尔士王子（Prince of Wales）	英格兰	1796 年 11月 1 日	日用物资	1796 年 11月 23 日	
21	谷神星（Ceres）	英格兰	1796 年 1月 23 日	日用物资	1796 年 4月 3 日	
22	阿比盖尔（Abigail）	罗德岛	1796 年 2月 15 日	商品	不详	

序号	船名	出发地	抵达日	装卸内容	出港日期	目的地
23	*Sha Haumusear*（原文不清）	中国 **	*1796年2月25日*	商品	*1796年4月30日*	孟加拉
24	苏珊（*Susan*）	罗德岛	1796年4月19日	商品	不详	
25	必需（*Indispensible*）	英格兰	1796年4月30日	囚犯	不详	
26	大突厥（*Grand Turk*）	波士顿	1796年8月23日	商品	1796年9月	
27	Resource（原文不清）	罗德岛	1796年9月6日（原文为1799年，疑误）	补给	1796年9月14日	
28	水星（*Mercury*）	马尼拉	1797年1月11日	补给、修补	1797年2月	
29	恒河（*Ganges*）	英格兰	1797年6月2日	囚犯	1797年12月	
30	巴韦尔（*Barwell*）	英格兰	1798年5月18日	囚犯	1798年8月17日	
31	阿勾（*Argo*）	毛里求斯	1798年7月7日	商品	1798年10月7日	
32	瑞贝卡（*Rebecca*）	开普殖民地	1799年3月5日	商品	不详	
33	戴安娜（*Diana*）	美洲	1800年11月20日	商品	1800年12月1日	
34	皇家上将	英格兰	1800年11月22日	男性囚犯	1801年3月23日	
35	吞噬（*Swallow*）	英格兰	1800年6月3日	商品	1800年1月21日（原文如此）	
36	约翰·杰（*John Jay*）	罗德岛	1800年9月21日	商品	不详	

序号	船名	出发地	抵达日	装卸内容	出港日期	目的地
37	希望 （*Hope*）	普拉特河 （River Plate，阿 根廷地名）	1801 年 11 月 2 日	毛皮	1801 年 11 月 15 日	
38	加拿大 （*Canada*）	英格兰	1801 年 12 月 14 日	囚犯	1802 年 2 月 6 日	
39	米洛尼亚 （*Minorea*）	英格兰	1801 年 12 月 14 日	囚犯	1802 年 2 月 6 日	
40	尼罗 （*Nile*）	英格兰	1801 年 12 月 14 日	囚犯	1802 年 2 月 6 日	
41	福林斯伯 （*Fallingsby*， 原文不清）	美国	1801 年 1 月 21 日	商品	1801 年 1 月 31 日	
42	密苏里 （*Missouri*）	美国	1801 年 5 月 2 日	商品	1801 年 6 月 15 日	
43	*鹦鹉螺* （*Nautilus*）	*中国*	*1801 年 9 月 8 日*	*商品*	*1802 年 5 月 6 日*	**捕猎 海豹**
44	亚历山大 （*Alexander*）	英格兰	1802 年 10 月 16 日	囚犯	1803 年 1 月 3 日	
45	阿特拉斯 （*Atlas*）	英格兰	1802 年 10 月 30 日	囚犯	1803 年 1 月 3 日	
46	安 （*Ann*）	爱尔兰	1802 年 2 月 20 日	囚犯	1801 年 7 月 9 日（原 文如此）	
47	克罗曼德 （*Coromandel*）	英格兰	1802 年 6 月 15 日	囚犯	1802 年 7 月 22 日	
48	亚瑟 （*Arthur*）	美国	1802 年 6 月 21 日	商品	1802 年 7 月 22 日	
49	赫拉克勒斯 （*Heroules*）	爱尔兰	1802 年 6 月 26 日	囚犯	1802 年 8 月 12 日	
50	阿特拉斯	爱尔兰	1802 年 7 月 6 日	囚犯	1802 年 10 月 7 日	

（续表）

序号	船名	出发地	抵达日	装卸内容	出港日期	目的地
51	Pereens（原文不清）	英格兰	1802 年 8 月 4 日	囚犯	1802 年 10 月 7 日	
52	甘蔗（Sugarcane）	毛里求斯	1802 年 9 月 9 日	商品	1802 年 10 月 4 日	失踪
53	联盟（Union）	海峡殖民地	1803 年 10 月 6 日	毛皮	1804 年 8 月 29 日	
54	卡托（Cato）	英格兰	1803 年 4 月 9 日	存货	1803 年 8 月 10 日	失事
55	布里奇沃特（Bridgewater）	英格兰	1803 年 5 月 12 日	日用物资	1803 年 8 月 10 日	
56	罗拉（Rolla）	英格兰	1803 年 5 月 12 日	囚犯	1803 年 9 月 20 日	
57	艾俄洛斯（Aeolus）	纽约	1804 年 12 月 27 日	商品	1805 年 2 月 9 日	
58	玫瑰（Rose）	毛里求斯	1804 年 1 月 25 日	商品	1804 年 2 月 6 日	
59	克罗曼德	英格兰	1804 年 5 月 7 日	囚犯	1804 年 7 月 10 日	
60	实验（Experiment）	英格兰	1804 年 6 月 24 日	女性囚犯	1804 年 10 月 7 日	
61	独立（Independence）	巴斯海峡	1804 年 7 月 1 日	毛皮	1804 年 8 月 29 日	
62	哈灵顿（Harrington）	秘鲁	1805 年 3 月 4 日	原文不清	1806 年 2 月 27 日	
63	安	新西兰	1805 年 5 月 16 日	油脂	1805 年 11 月 20 日	
64	艾丽莎（Elisa）	毛里求斯	1806 年 12 月 20 日	货物	1807 年 1 月	
65	威廉·皮特（William Pitt）	英格兰	1806 年 4 月 11 日	囚犯	1806 年 6 月 25 日	
66	幸运（Fortune）	英格兰	1806 年 7 月 12 日（原文为 1816 年）	男性囚犯	1806 年 8 月 19 日	

446 / 再造金山　　Rebuilding Jinshan

序号	船名	出发地	抵达日	装卸内容	出港日期	目的地
67	鑫诺莱（Sinolair）	英格兰	1806 年 8 月 5 日	存货	1806 年 10 月 5 日	
68	*哈灵顿*	*中国*	*1808 年 3 月 3 日*	*商品*	*1808 年 5 月 16 日*	
69	*坚毅*（*Perseveranse*）	*中国*	*1808 年 5 月 5 日*	*商品*	*1809 年 8 月 8 日*	*捕猎海豹*
70	中意（Favorite）	斐济	1809 年 8 月 15 日	檀香木	1810 年 2 月 12 日	中国和斐济
71	加拿大	英格兰	1810 年 9 月 10 日	男性囚犯	1810 年 11 月 12 日	
72	天意（Providence）	英格兰	1811 年 7 月 2 日	女性囚犯与商品	1811 年 10 月 20 日	
73	*中意*	*中国*	*1811 年 8 月 24 日*	*商品*	*1811 年 9 月 28 日*	
74	萨丽（Sally）	毛里求斯	1811 年 8 月 24 日	原文不清	1811 年 10 月 22 日	
75	中意	德文特（Derwent，澳大利亚地名）	1811 年 12 月 14	小麦	1813 年 4 月 11 日	斐济和中国
76	厄尔·斯宾塞（Earl Spencer）	英格兰	1813 年 10 月 9 日	男性囚犯	不详	
77	查尔斯大公（Archduke Charles）	爱尔兰	1813 年 2 月 9 日	囚犯	1813 年 9 月 17 日	
78	幸运	英格兰	1813 年 6 月 12 日	男性囚犯	1813 年 9 月 14 日	
79	威灵顿（Marq Wellington）	英格兰	1815 年 1 月 27 日	男性囚犯	1815 年 4 月 4 日	

序号	船名	出发地	抵达日	装卸内容	出港日期	目的地
80	北安普顿（*Northampton*）	英格兰	1815 年 6 月 17 日	女性囚犯	1815 年 11 月 8 日（原文如此）	
81	猞猁（*Lynx*）	巴达维亚	1816 年 12 月 2 日	商品	1817 年 10 月 27 日	
82	安大略（*Ontario*）	波士顿	1816 年 1 月 30 日	商品	1816 年 3 月 27 日	
83	*旅行者*（*Traveller*）	*广州*	*1816 年 2 月 19 日*	*商品*	*1816 年 5 月 1 日*	*帝汶*
84	萨里（*Surry*）	英格兰	1817 年 7 月 27 日	男性囚犯	1815 年 11 月 8 日（原文如此）	

注：＊如无特别说明，船舶的航行目的地均为中国广州。

＊＊斜体加粗字表示由中国前往悉尼的直航船只。

资料来源：Port Jackson Administration, "Arrival of Vessels at Port Jackson, and Their Departure," *Australian Town and Country Journal*, 1891(1),pp.16−17.

附录二

淘金热时代维多利亚殖民地出口黄金至中国的数量和价值一览表

（1851—1879 年）

| 年份 | 黄金数量和价值 | | | | | | | 总计 |
| | 维多利亚领地 | | 其他领地 | | 小计 | | 金币 | |
	数量（单位：盎司）	价值（单位：英镑）	数量（单位：盎司）	价值（单位：英镑）	数量（单位：盎司）	价值（单位：英镑）	价值（单位：英镑）	价值（单位：英镑）
1851—1853 年	/							/
1854 年（11月）	1 250	5 000			1 250	5 000		5 000
1855 年	80 887	323 546			80 887	323 546	5 437	328 983
1856 年	120 223	480 890			120 223	480 890	2 200	483 090
1857 年	139 350	557 400			139 350	557 400	3 646	561 046
1858 年	104 601	412 419			104 601	412 419	13 870	426 289
1859 年	86 167	342 690			86 167	342 690	18 465	361 155
1860 年	85 677	343 727			85 677	343 727	68 402	412 129
1861 年	71 368	285 505			71 368	285 505	52 651	338 156
1862 年	60 575	242 451			60 575	242 451	84 275	326 726
1863 年	45 401	177 143			45 401	177 143	101 425	278 568

年份	黄金数量和价值							总计
	维多利亚领地		其他领地		小计		金币	
	数量（单位：盎司）	价值（单位：英镑）	数量（单位：盎司）	价值（单位：英镑）	数量（单位：盎司）	价值（单位：英镑）	价值（单位：英镑）	价值（单位：英镑）
1864 年	26 442	104 552	86	300	26 528	104 852	72 831	177 683
1865 年	19 529	78 125			19 529	78 125	52 854	130 979
1866 年	7 622	30 537			7 622	30 537	31 712	62 249
1867 年	9 969	39 854			9 969	39 854	57 865	97 719
1868 年	9 340	37 360	130	520	9 470	37 880	35 007	72 887
1869 年	9 176	36 704			9 176	36 704	43 258	79 962
1870 年	3 284	13 136	1 973	7 892	5 257	21 028	22 506	43 534
1871 年	1 032	4 128	2 780	11 120	3 812	15 248	17 403	32 651
1872 年	1 956	7 824	1 555	6 220	3 511	14 044	6 477	20 521
1873 年	880	3 622	2 536	10 143	3 416	13 765	12 574	26 339
1874 年	914	3 654	1 459	5 814	2 373	9 468	7 740	17 208
1875 年	347	1 389	2 406	9 624	2 753	11 013	1 632	12 645
1876 年	75	300			75	300		300
1877 年	/							/
1878 年	/							/
1879 年	/							/
总计	886 065	3 531 956	12 925	51 633	898 990	3 583 589	712 230	4 295 819

注：本表中的数据只包含维多利亚殖民地直接出口到中国的黄金的数量和价值。自 1865 年开始，虽然有大量邮轮运送的黄金出口到中国，但由于存在中转，无法纳入统计。

图书在版编目（CIP）数据

再造金山：华人移民与澳新殖民地生态变迁/费晟著.—北京：
北京师范大学出版社，2021.3（2023.3 重印）
ISBN 978-7-303-26803-0

Ⅰ.①再… Ⅱ.①费… Ⅲ.①华人－移民－历史－澳大利亚
②华人－移民－历史－新西兰 Ⅳ.①D761.138 ②D761.238

中国版本图书馆 CIP 数据核字（2021）第 021542 号

营 销 中 心 电 话 010-58805385
北 京 师 范 大 学 出 版 社
新 史 学 策 划 部

ZAIZAO JINSHAN

出版发行：北京师范大学出版社 www.bnup.com
　　　　　北京市西城区新街口外大街 12-3 号
　　　　　邮政编码：100088
印　　刷：保定市中画美凯印刷有限公司
经　　销：全国新华书店
开　　本：880 mm×1230 mm　1/32
印　　张：14.75
字　　数：317 千字
版　　次：2021 年 3 月第 1 版
印　　次：2023 年 3 月第 2 次印刷
定　　价：78.00 元

策划编辑：宋旭景　　　　　责任编辑：岳　蕾
美术编辑：王齐云　　　　　装帧设计：周伟伟
责任校对：段立超　　　　　责任印制：陈　涛